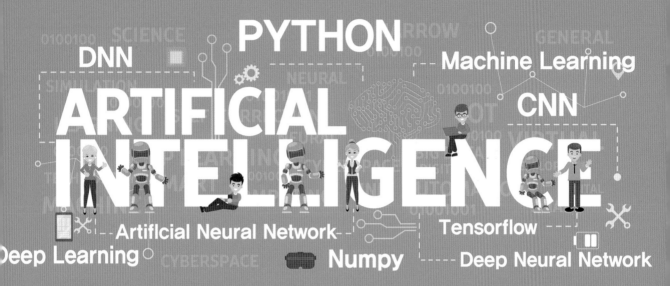

한 권으로 끝내는

파이썬 인공지능
입문+실전 [종합편]

파이썬+넘파이+텐서플로우로 인공지능 딥러닝 직접 구현하기
복잡한 수식없이 인공지능 이해하기!

한 권으로 끝내는

파이썬 인공지능 입문+실전[종합편]

파이썬 + 넘파이 + 텐서플로우로 인공지능 딥러닝 직접 구현하기

초판 1쇄 발행 | 2021년 09월 25일

지은이 | 서민우
펴낸이 | 김병성
펴낸곳 | 앤써북

출판사 등록번호 | 제 382-2012-0007 호
주소 | 경기도 파주시 탄현면 방촌로 548
전화 | 070-8877-4177
FAX | 031-942-9852
도서문의 | 앤써북 http://answerbook.co.kr

ISBN | 979-11-85553-86-3 13000

Preface
머리말

'알파고'가 천재 기사 '이세돌'을 4대 1로 이기면서 인공지능은 우리에게 큰 충격으로 다가왔습니다. 인공지능은 사람이 그 역할을 하던 다양한 산업 분야에 빠르게 적용되면서 영향력을 발휘하고 있으며, 국가의 주요한 경쟁력으로 자리잡고 있습니다. 필자가 느끼는 인공지능의 힘은 컴퓨터(CPU+GPU)의 속도에서 나온다고 생각합니다. 사람의 속도로는 겪을 수 없는 수많은 시행착오와 경험이 컴퓨터의 속도로는 가능하기 때문입니다. 알파고는 수백대로 구성된 컴퓨터를 이용하여 빛과 같은 속도로 바둑과 관련된 수천년간의 모든 경험을 쌓았습니다. 그리고 그 경험을 바탕으로 이세돌과 바둑을 둔 것입니다. 수천년의 바둑 고수인 알파고에 대해 인간 이세돌이 얻어낸 1승이 오히려 대단하다고 생각합니다. 이 책에서는 파이썬, NumPy, Tensorflow를 이용하여 인공지능 딥러닝 알고리즘을 구현해 보면서 인공지능의 원리를 이해해 봅니다. 이 책은 다음과 같이 구성되어 있습니다.

01 장에서는 인공지능의 딥러닝을 이해해 봅니다. 첫 번째, 딥러닝의 핵심인 인공 신경망이 무엇인지 알아보고, 딥러닝에 대해 어떤 학습 방법이 있는지 살펴보고, 생물학적 신경과 비교해 보며 딥러닝의 인공 신경망을 이해해 봅니다. 두 번째 딥러닝에 대한 기본 예제를 구글의 코랩과 Keras 라이브러리를 이용해 수행해 보면서 딥러닝을 접해봅니다. 세 번째 중고등학교 때 배웠던 기본적인 함수를 딥러닝의 인공 신경망으로 구현해 보면서 딥러닝의 인공 신경망과 함수의 관계를 이해해 봅니다. 마지막으로 손글씨 데이터, 패션 데이터를 이용하여 실제 활용되는 딥러닝을 살펴봅니다.

02 장에서는 파이썬을 이용하여 기초적인 딥러닝 알고리즘을 살펴보고 구현해 봅니다. 첫 번째, 딥러닝의 단일 인공 신경 알고리즘을 살펴보고 구현해 봅니다. 이 과정에서 순전파, 목표 값, 평균값 오차, 역전파 오차, 오차 역전파, 학습률, 경사 하강법, 인공 신경망 학습 등에 대한 용어를 정리하고 구현에 적용해 봅니다. 두 번째, 2입력 1출력 인공 신경, 2입력 2출력 인공 신경망, 3입력 3출력 인공 신경망, 2입력 2은닉 2출력 인공 신경망에 딥러닝 알고리즘을 적용해 봅니다. 세 번째, 딥러닝에서 주로 사용되는 활성화 함수인 sigmoid, tanh, ReLU, softmax를 살펴보고 적용해 봅니다. 또 softmax와 관련된 cross entropy 오차 함수에 대해서도 정리해 봅니다.

03 장에서는 NumPy 라이브러리를 이용하여 행렬 기반으로 딥러닝 알고리즘을 구현해 봅니다. 행렬을 이용하면 딥러닝 알고리즘을 일반화하여 자유자재로 인공 신경망을 확장할 수 있습니다. 첫 번째, NumPy를 이용하여 2입력 2출력 인공 신경망, 3입력 3출력 인공 신경망, 2입력 1출력 인공 신경, 1입력 1출력 인공 신경, 2입력 2은닉 2출력 인공 신경망을 구현해 봅니다. 이 과정에서 딥러닝 학습에 필요한 행렬 계산식을 유도하고 일반화합니다. 두 번째, 직접 구현한 NumPy DNN 라이브러리를 이용하여 손글씨 MNIST, FASHION MNIST 파일을 읽어서 학습해 봅니다. 이 과정에서 Tensorflow로 수행했던 예제의 결과와 비교해 봅니다.

04 장에서는 딥러닝 인공 신경망을 NumPy 예제와 Tensorflow 예제로 구현해 보면서 Tensorflow의 내부 동작을 이해해 봅니다. 이 과정에서 Tensorflow의 내부 동작을 정확히 이해하고 활용 능력을 극대화합니다. 또 최적화 함수인 경사 하강법에 대해 구체적으로 살펴봅니다. SGD, Momentum, AdaGrad, RMSProp, Adam의 최적화 함수 알고리즘을 살펴보고 구현을 통해 그 동작을 구체적으로 이해해 봅니다.

05 장에서는 CNN 알고리즘을 이해해보고 직접 구현해 봅니다. CNN은 영상 인식과 관련된 인공 신경망으로 특히 활용이 많이 되는 인공 신경망입니다. 첫 번째, CNN의 순전파 과정을 살펴보고 구현해 봅니다. 이 과정에서 convolution, filter, stride, padding, pooling 등에 대한 용어를 정리하고 구현에 적용해 봅니다. 두 번째, 손글씨 데이터, 패션 데이터를 이용하여 실제 활용되는 CNN 기반 딥러닝을 살펴봅니다. 세 번째, CNN의 역전파 과정을 살펴보고 구현해 봅니다.

06 장에서는 NumPy 기반으로 CNN 라이브러리를 구현하고 활용해 봅니다. 첫 번째, NumPy 기반으로 실제 활용할 수 있는 CNN 프레임워크를 구현해 봅니다. 그 과정에서 CNN의 세부적인 동작을 이해하고 Tensorflow와 같은 프레임워크의 활용 능력을 키웁니다. 두 번째, 직접 구현한 NumPy CNN 라이브러리를 이용하여 손글씨 MNIST, FASHION MNIST 파일을 읽어서 학습해 봅니다. 이 과정에서 Tensorflow로 수행했던 예제의 결과와 비교해 봅니다.

부록에서는 편미분과 연쇄법칙을 통한 역전파 수식 유도 과정을 자세히 소개합니다.

이제 인공지능은 선택이 아닌 필수입니다. 이 책이 독자 여러분을 통해 대한민국의 인공지능 경쟁력에 도움이 되기를 바랍니다.

저자 **서민우**

Reader Support Center

독자 지원 센터

독자 문의

앤써북 공식 카페의 [도서별 독자지원센터]–[파이썬 인공지능 입문+실전(종합편)] 게시판에서 [글쓰기] 버튼을 클릭하여 궁금한 내용을 질문할 수 있고 저자로부터 답변 받을 수 있습니다. 단, [카페 가입하기] 버튼을 클릭하여 앤써북 카페에 회원가입 후 진행할 수 있습니다.

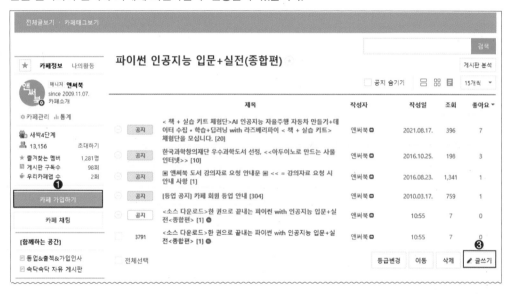

Reader Support Center

독자 지원 센터

책 소스 및 프로젝트 파일

책 소스 파일은 게시판 공지 글인 3791번 게시글을 클릭한 후 [다운로드] 링크 텍스트 클릭한 후 [다운로드] 버튼을 클릭해서 다운로드 받습니다. 다운로드 받은 책 소스는 압축을 풀면 챕터별 소스 파일과 관련 파일을 확인할 수 있습니다.

게시글에서 [다운로드] 링크 텍스트를 클릭한 후 [다운로드] 버튼을 클릭하여 소스 파일 다운 받기를 진행합니다.

※ 연습문제 해답은 제공하지 않습니다.

Contents

목차

Contents
목차

Chapter 02
인공지능의
딥러닝 알고리즘

Contents

목차

Chapter
03

넘파이(NumPy)
DNN 구현과 활용

Contents

목차

Chapter 04

텐서플로우(Tensorflow) 내부 동작 이해하기

Chapter 05
CNN 알고리즘의 이해와 구현

Contents

목차

Chapter 06

넘파이(NumPy) CNN 구현과 활용

Contents
목차

부록 편미분과 연쇄법칙을 통한 역전파 수식 유도

[안내] 이 책의 연습문제 해답은 제공하지 않습니다.

Python with AI

01

인공 지능
딥러닝의 이해

이번 장에서는 인공지능의 딥러닝을 이해해 봅니다. 첫 번째, 딥러닝의 핵심인 인공 신경망이 무엇인지 알아보고, 딥러닝에 대해 어떤 학습 방법이 있는지 살펴보고, 생물학적 신경과 비교해 보며 딥러닝의 인공 신경망을 이해해 봅니다. 두 번째 딥러닝에 대한 기본 예제를 구글의 코랩과 Keras 라이브러리를 이용해 수행해 보면서 딥러닝을 접해봅니다. 세 번째 중고등학교 때 배웠던 기본적인 함수를 딥러닝의 인공 신경망으로 구현해 보면서 딥러닝의 인공 신경망과 함수의 관계를 이해해 봅니다. 마지막으로 손글씨 데이터, 패션 데이터를 이용하여 실제 활용되는 딥러닝을 살펴봅니다.

01 _ 인공 신경망의 이해

이번 장에서는 인공지능의 딥러닝을 이해해 봅니다. 첫 번째, 딥러닝의 핵심인 인공 신경망이 무엇인지 알아보고, 딥러닝에 대해 어떤 학습 방법이 있는지 살펴보고, 생물학적 신경과 비교해 보며 딥러닝의 인공 신경망을 이해해 봅니다. 두 번째 딥러닝에 대한 기본 예제를 구글의 코랩과 Keras 라이브러리를 이용해 수행해 보면서 딥러닝을 접해봅니다. 세 번째 중고등학교 때 배웠던 기본적인 함수를 딥러닝의 인공 신경망으로 구현해 보면서 딥러닝의 인공 신경망과 함수의 관계를 이해해 봅니다. 마지막으로 손 글씨 데이터, 패션 데이터를 이용하여 실제 활용되는 딥러닝을 살펴봅니다.

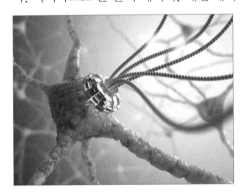

인공 신경망은 딥러닝의 약진에 의해 최근 몇 년 동안 주목을 받아왔습니다. 그러면 인공 신경망은 무엇이고 어떻게 만들어졌을까요? 여기서는 인공 신경망의 바탕이 되는 실제 생체 신경의 구조와 구성 요소를 살펴보고 그것들이 어떻게 인공 신경의 구조와 구성요소에 대응이 되는지 살펴봅니다.

인공 신경망이란?

독자 여러분은 지금까지 왜 사람에게는 아주 간단하지만 컴퓨터에게는 상상할 수 없을 정도로 어려운 일들이 있는지 궁금해 한 적이 있나요? 인공 신경망(ANN's : Artificial neural networks)은 인간의 중앙 신경계로부터 영감을 얻어 만들어졌습니다. 생체 신경망과 같이 인공 신경망은 커다란 망으로 함께 연결되어 있는 인공 신경을 기반으로 구성됩니다. 개개의 인공 신경은 생체 신경과 같이 간단한 신호 처리를 할 수 있도록 구현되어 있습니다.

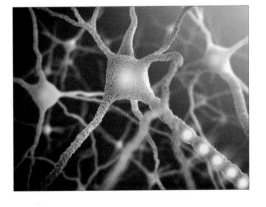

인공 신경망으로 할 수 있는 일들

그러면 우리는 인공 신경망으로 무엇을 할 수 있을까요? 인공 신경망은 많은 문제 영역에 성공적으로 적용되어 왔습니다. 예를 들어 다음과 같은 문제들에 적용되었습니다.

- 패턴 인식에 의한 데이터 분류
예 그림에 있는 이것은 나무인가?

- 시험 데이터가 일반적인 패턴과 맞지 않았을 때의 이상 감지
예 트럭 운전사가 잠들 위험이 있는가?
예 이 지진은 일반적인 땅의 움직임인가 아니면 커다란 지진인가?

- 신호 처리
예 신호 거르기
예 신호 분리하기
예 신호 압축하기

- 예측과 예보에 유용한 목표 함수 접근
예 이 폭풍은 태풍으로 변할 것인가?

위와 같은 문제들은 조금은 추상적으로 들릴 수 있습니다. 그래서 몇 가지 실제로 적용된 응용 예들을 보도록 합니다. 인공 신경망은 다음과 같은 것들을 할 수 있습니다.

- 얼굴 확인하기
- 음성 인식하기
- 손글씨 읽기
- 문장 번역하기
- 게임 하기(보드 게임이나 카드 게임)
- 자동차 제어하기
- 로봇 제어하기

그리고 더 많은 것들을 할 수 있습니다.

인공 신경망을 이용하면 세상에 있는 많은 문제들을 해결할 수 있습니다. 독자 여러분도 해결하고 싶은 문제가 있다면, 인공 신경망을 이용해 해결할 가능성이 있습니다. 인공 신경망을 통한 문제 해결은 이제 선택이 아닌 필수가 되어가고 있으며, 인공 신경망을 통한 문제 해결 능력은 여러분에게 더 많은 기회를 줄 것입니다.

인공 신경망의 구조

인공 신경망을 구성하는 방법은 다양합니다. 예를 들어 다음과 같은 형태로 인공 신경망을 구성할 수 있습니다. 다음 그림에서 노란색 노드로 표현된 은닉층이 2층 이상일 때 심층 신경망(DNN)이라고 합니다.

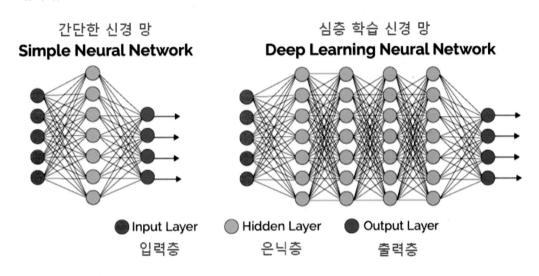

다음은 CNN 형태의 인공 신경망입니다. CNN은 이미지 인식에 뛰어난 인공 신경망으로 이미지의 특징을 뽑아내는 인공 신경망과 분류를 위한 인공 신경망으로 구성됩니다.

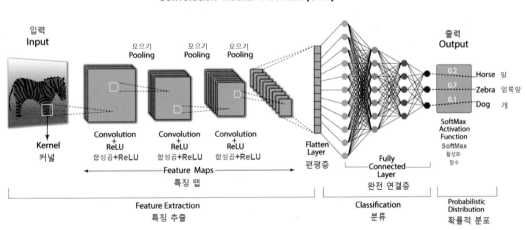

다음은 RNN 형태의 인공 신경망입니다. 아래 그림에서 왼쪽에 있는 그림은 RNN 형태의 신경망으로 노드에서 나온 값이 다시 되먹임 되는 형태로 인공 신경망이 구성됩니다. 오른쪽에 있는 그림은

한 방향으로만 신호가 흐르는 기본적인 인공 신경망입니다. RNN 형태의 인공 신경망은 문장 인식에 뛰어난 인공 신경망입니다.

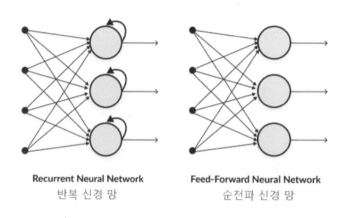

일반적으로 인공 신경망은 구성 방법에 따라 동작 방식도 달라집니다. 가장 간단한 인공 신경망의 구조는 신호가 한 방향으로 흐르는 인공 신경망으로 다음과 같은 형태입니다.

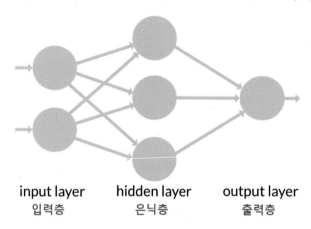

일반적으로 인공 신경망은 3개의 층으로 구성됩니다. 각각 입력 층, 은닉 층, 출력 층이라고 합니다. 입력 층은 입력 신호를 받아서 다음 층에 있는 은닉 층으로 보냅니다. 은닉 층은 하나 이상 존재할 수 있습니다. 마지막에는 결과를 전달하는 출력 층이 옵니다.

인공 신경망의 학습 방법

전통적인 알고리즘들과는 달리 인공 신경망은 프로그래머의 의도대로 작업하도록 '프로그램 되거나' 또는 '구성되거나' 할 수 없습니다. 인간의 뇌처럼 인공 신경망은 하나의 일을 수행할 방법을 직접 배워야 합니다. 일반적으로 인공 신경망의 학습 방법에는 3가지 전략이 있습니다.

지도 학습

가장 간단한 학습 방법입니다. 미리 알려진 결과들이 있는 충분히 많은 데이터가 있을 때 사용하는 방법입니다. 지도 학습은 다음처럼 진행됩니다. 하나의 입력 데이터를 처리합니다. 출력값을 미리 알려진 결과와 비교합니다. 인공 신경망을 수정합니다. 이 과정을 반복합니다. 이것이 지도 학습 방법입니다. 예를 들어 엄마가 어린 아이에게 그림판을 이용하여 사물을 학습시키는 방법은 지도 학습과 같습니다. 한글, 숫자 등에 대한 학습도 지도 학습의 형태입니다. 아래에 있는 그림판에는 동물, 과일, 채소 그림이 있고 해당 그림에 대한 이름이 있습니다. 아이에게 고양이를 가리키면서 '고양이'라고 알려주는 과정에서 아이는 학습을 하게 됩니다. 이와 같은 방식으로 인공 신경망도 학습을 시킬 수 있으며, 이런 방법을 지도 학습이라고 합니다.

비지도 학습

비지도 학습은 입력 값이 목표 값과 같을 때 사용하는 학습 방법입니다. 예를 들어, 메모리 카드 게임을 하는 방식을 생각해 봅니다. 메모리 카드 게임을 할 때 우리는 그림에 표현된 사물의 이름을 모르는 상태로 사물의 형태를 통째로 기억해야 합니다. 그리고 같은 그림을 찾아 내며 게임을 진행하게 됩니다. 이와 같이 입력 값과 출력 값이 같은 형태의 데이터를 학습할 때, 즉, 입력 값을 그대로 기억해 내야 하는 형태의 학습 방법을 비지도 학습이라고 합니다.

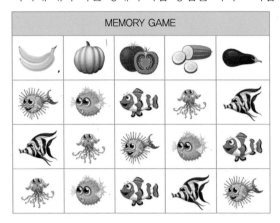

강화 학습

인공 신경망이 익숙하지 않은 환경에서 시행착오를 통해 이익이 되는 동작을 취할 확률은 높이고 손해가 되는 동작을 취할 확률은 낮추게 하는 학습 방법입니다. 즉, 이익이 되는 동작을 강화해가는 학습 방법입니다. 예를 들어, 우리가 익숙하지 않은 환경에서 어떤 동작을 취해야 하는지 모를 때, 일단 할 수 있는 동작을 취해보고 그 동작이 유리한지 불리한지를 체득하는 형태의 학습 방식과 같습니다. 이 과정에서 유리한 동작은 기억해서 점점 더 하게 되고 불리한 동작도 기억해서 점점 덜 하게 됩니다.

인공 신경 살펴보기

앞에서 우리는 인공 신경망에 대해 살펴보았습니다. 그러면 인공 신경망은 무엇으로 구성될까요? 여기서는 인공 신경망을 구성하는 인공 신경에 대해 생물학적 신경과 비교해 보면서 그 내부 구조를 살펴보도록 합니다.

인공 신경과 생물학적 신경

인공 신경망의 구성요소는 인공 신경입니다. 인공 신경이라는 이름은 생물학적 신경으로부터 얻어 졌습니다. 인공 신경은 우리 두뇌의 구성 요소 중 하나인 생물학적 신경의 동작을 따라 만들어진 모 형(model)입니다. 즉, 인공 신경은 생물학적 신경의 모형입니다.

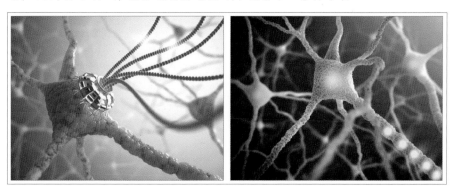

생물학적 신경은 신호를 받기 위한 여러 개의 가지 돌기(dendrities), 입력받은 신호를 처리하기 위 한 신경 세포체(cell body), 다른 신경들로 신호를 내보내기 위한 축삭돌기(axon)와 축삭돌기 말단 으로 구성됩니다.

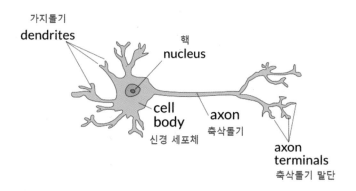

특히 축삭돌기 말단과 다음 신경의 가지 돌기 사이의 틈을 시냅스라고 합니다.

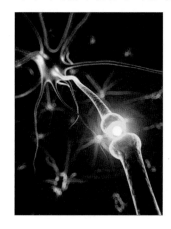

시냅스는 신경결합 부라고도 하며 한 신경에서 다른 신경으로 신호를 전달하는 연결지점을 말합니다. 인공 신경은 데이터를 받기 위한 여러 개의 입력 부, 입력받은 데이터를 처리하는 처리부, 그리고 여러 개의 다른 인공 신경들로 연결될 수 있는 하나의 출력부를 가집니다. 특히 인공 신경의 출력부에는 다음 인공 신경의 입력부에 맞는 형태의 데이터 변환을 위한 활성화함수가 있습니다.

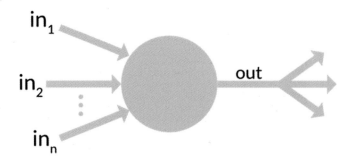

인공 신경 내부 살펴보기

이제 인공 신경 안으로 들어가 봅니다. 어떻게 인공 신경은 입력을 처리할까요? 독자 여러분은 하나의 인공 신경 안에서 그 계산들이 실제로 얼마나 간단한지 알면 깜짝 놀랄 수도 있습니다. 인공 신경은 세 개의 처리 단계를 수행합니다.

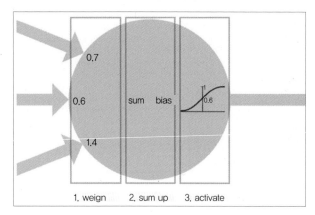

❶ 각각의 입력 값은 가중치에 의해 커지거나 작아집니다.

하나의 입력 신호(데이터)가 들어올 때 그 신호는 그 입력에 할당된 하나의 가중치(weight)에 의해 곱해집니다. 예를 들어, 하나의 인공 신경이 그림과 같이 3 개의 입력을 가진다면, 그 인공 신경은 각 입력에 적용될 수 있는 3개의 가중치를 가집니다. 학습 과정에서 인공 신경망은 결과 값과 목표 값의 오차를 기반으로 가중치들을 조정합니다. 생물학적 신경의 가지 돌기가 그 두께에 따라 신호가 더 잘 전달되거나 덜 전달되는 것처럼 인공 신경의 가중치도 그 값에 따라 신호(데이터)가 커지거나 작아집니다. 가중치는 다른 말로 강도(strength)라고도 합니다. 즉, 가중치는 입력 신호가 전달되는 강도를 결정합니다. 입력 신호가 작더라도 가중치가 크면 신호가 커지며, 입력 신호가 크더라고 가중치가 작으면 내부로 전달되는 신호는 작아집니다. 인공 신경의 가중치는 생물학적 신경의 가지 돌기의 두께로 비유할 수 있습니다.

❷ 모든 입력 신호들은 더해집니다.
가중치에 의해 곱해진 입력 신호들은 하나의 값으로 더해집니다. 그리고 추가적으로 보정 값(offset)도 하나 더해집니다. 이 보정 값은 편향(bias)이라고 불립니다. 인공 신경망은 학습 과정에서 편향도 조정합니다. 편향은 하나로 더해진 입력 신호에 더해지는 신호로 신호를 좀 더 크게 하거나 또는 좀 더 작게 하는 역할을 합니다. 즉, 신호를 조금 더 강화하거나 조금 더 약화하는 역할을 합니다.

❸ 신호를 활성화합니다.
앞에서 더해진 입력신호들은 활성화함수를 거쳐 하나의 출력 신호로 바뀝니다. 활성화 함수는 신호 전달 함수라고도 하며 신호의 형태를 다른 인공 신경의 입력에 맞게 변경하여 출력하는 역할을 합니다. 생물학적 신경을 시냅스가 연결하는 것처럼 활성화함수는 인공 신경을 연결하는 역할을 수행합니다.

 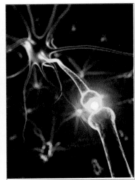

다음은 인공 신경망에 사용되는 활성화함수입니다. 활성화 함수는 인공 신경망의 활용 영역에 따라 달리 사용됩니다.

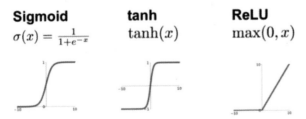

활성화 함수
Activation Functions

Sigmoid
$\sigma(x) = \frac{1}{1+e^{-x}}$

tanh
$\tanh(x)$

ReLU
$\max(0, x)$

일반적으로 출력 값을 0에서 1사이의 값으로 하고자 할 경우엔 sigmoid 함수, 출력값을 −1에서 1사이의 값으로 하고자 할 경우엔 tanh 함수, 0보다 큰 출력 값만 내보내고자 할 경우엔 relu 함수를 사용합니다. 특히 다음은 분류를 위해 출력 층에 사용할 수 있는 활성화 함수입니다.

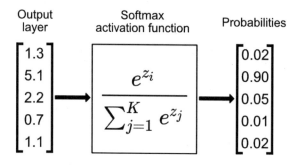

활성화 함수에 대해서는 뒤에서 자세히 살펴보도록 합니다. 여기서는 활성화 함수로 이러한 함수들이 사용된다는 정도로 이해하고 넘어갑니다.

인공 신경 함수 수식

다음은 하나의 인공 신경과 그 인공 신경으로 들어가는 입력 값 x의 집합, 입력 값에 대한 가중치(신호 강도) w의 집합, 편향 입력 값 1, 편향 b, 가중치와 편향을 통해 들어오는 입력 값들의 합, 그 합을 입력으로 받는 활성화 함수 f, 활성화 함수 f의 출력 out을 나타냅니다.

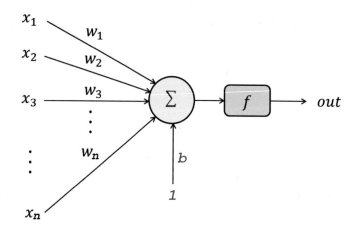

인공 신경의 수식은 일반적으로 다음과 같습니다.

$$out = f(x_1 \times w_1 + x_2 \times w_2 + x_3 \times w_3 + ... + x_n \times w_n + 1 \times b)$$
$$out = f(\sum_{i=1}^{n} x_i \times w_i + 1 \times b)$$

예를 들어, 활성화 함수가 sigmoid 함수일 경우 인공 신경의 수식은 다음과 같습니다.

$$out = \frac{1}{1 + e^{x_1 \times w_1 + x_2 \times w_2 + x_3 \times w_3 + \dots + x_n \times w_n + 1 \times b}}$$

$$out = \frac{1}{1 + e^{\sum_{i=1}^{n} x_i \times w_i + 1 \times b}}$$

또, 활성화 함수가 relu 함수일 경우 인공 신경의 수식은 다음과 같습니다.

$$out = \max(0, x_1 \times w_1 + x_2 \times w_2 + x_3 \times w_3 + \dots + x_n \times w_n + 1 \times b)$$

$$out = \max\left(0, \sum_{i=1}^{n} x_i \times w_i + 1 \times b\right)$$

이러한 수식들은 뒤에서 자세히 구현해 보면서 그 동작들을 이해합니다. 여기서는 개략적으로 살펴보고 넘어가도록 합니다.

이상에서 인간의 두뇌를 모델로 한 인공 신경망, 인공 신경망으로 할 수 있는 일들, 인공 신경망의 구조, 인공 신경망의 학습 방법, 생물학적 신경과 인공 신경과의 관계, 인공 신경의 구성 요소를 살펴보았습니다. 이 과정에서 인공 신경의 수식은 생물학적 신경으로부터 직관적으로 유도된 것을 알 수 있었습니다. 인공 신경의 수식은 간단한 형태의 수식이지만 이러한 인공 신경으로 망을 구성할 때는 아주 큰 힘을 발휘하게 됩니다.

02 _ 딥러닝 맛보기

이 단원에서는 기본적인 딥러닝 예제를 수행해보고, 머신 러닝이 무엇인지 알아봅니다. 그리고 구글이 제공하는 코랩 개발 환경을 구성한 후, 기존 방식의 함수 정의 방식과 머신 러닝 방식의 신경망 함수를 생성하고 사용해 봅니다.

Hello 딥러닝

여기서는 인공 신경망의 기본적인 "Hello, World"를 소개합니다. 기존 프로그래밍에서는 명확한 규칙을 가진 함수를 정의하면서 프로그래밍 합니다. 그러나 인공 신경망을 이용한 프로그래밍에서는 입력 값들과 출력 값들의 관계를 기반으로 인공 신경망 함수를 만듭니다. 인공 신경망 함수를 만드는 과정을 인공 신경망 함수 학습 또는 훈련이라고 합니다. 학습이나 훈련의 과정을 거치면 인공 신경망 함수는 내부적으로 입력 값과 출력 값들의 관계를 기반으로 만들어진 규칙을 가지게 됩니다. 인공 신경망 함수를 만드는 것은 찰흙으로 그릇을 빚는 것과 같습니다. 처음엔 그릇을 만들 찰흙만 준비된 상태에서 조물조물, 주물주물 하면서 그릇을 만들어 가듯이 초기화되지 않은 인공 신경망을 준비한 후, 조물조물, 주물주물 하면서 입력 값과 출력 값을 연결해 주는 인공 신경망 함수를 만들어 가게 됩니다. 이렇게 만들어진 인공 신경망 함수를 이용하여 새로운 입력 값에 대해 출력 값을 예측합니다.

다음 그림을 살펴봅니다. 여러분은 운동 추적을 인식하는 프로그래밍을 하고 있습니다. 여러분은 한 사람이 걷고 있는 속도를 규칙으로 하여 그 사람의 활동을 예측할 수 있습니다.

```
if(speed < 4) {
        status = WALKING;
}
```

여러분은 다른 규칙을 추가하여 달리기도 예측할 수 있도록 프로그램을 확장할 수 있습니다.

```
if(speed < 4) {
        status = WALKING;
} else {
        status = RUNNING;
}
```

마지막 규칙으로 여러분은 비슷하게 자전거 타기 예측을 추가할 수 있습니다.

```
if(speed < 4) {
        status = WALKING;
} else if(speed < 12) {
        status = RUNNING;
} else {
        status = BIKING;
}
```

그러면 다음과 같은 상황은 어떨까요? 여러분은 프로그램에 골프 같은 동작을 포함하고자 합니다. 그런데 골프 같은 동작을 예측하기 위한 규칙을 만들어낼 방법이 명확하지 않습니다.

```
if(speed < 4) {
        status = WALKING;
} else if(speed < 12) {
        status = RUNNING;
} else {
        status = BIKING;
}
// 어떻게 하지?
```

골프 치는 동작을 인식할 수 있는 프로그램을 작성하는 것은 정말 어렵습니다. 그러면 어떻게 해야 할까요? 여러분은 ML(Machine Learning, 기계학습)을 이용하여 그 문제를 풀 수 있습니다!

머신러닝은 무엇일까요?

앞에서 소개된 프로그램을 짜기 위한 기존 방법을 생각해 봅니다.

여러분은 프로그래밍 언어로 규칙을 가진 함수(Rules)를 정의합니다. 여러분의 프로그램에서 그 함수는 값(Data)을 받아 내부적으로 처리한 후, 결과 값(Answers)을 내어 놓습니다. 동작 감지의 경우에, 그 규칙들(동작의 형태들을 정의하기 위해 여러분이 작성한 코드)은 값들(사람의 움직임 속도)을 입력으로 받아 답을 생성합니다. 그 답은 사용자의 동작 상태(그들이 걷고 있었는지, 달리고 있었는지, 자전거를 타고 있었는지, 또는 다른 무언가를 하고 있었는지)를 결정하기 위한 함수로부터 나오는 값입니다.

ML을 통한 동작 상태를 감지하기 위한 프로그래밍 과정도 이전 방법과 아주 유사합니다. 단지 입출력 항목들의 위치가 다릅니다.

규칙을 정의하고 그것들을 프로그래밍 언어로 표현하는 대신에, 여러분은 데이터(값)와 함께 답들(값, 일반적으로 라벨이라고 불립니다)을 제공합니다. 그리고 기계(Machine)는 답들과 데이터간의 관계를 결정하는 규칙들을 만들어 냅니다. 그림에서 Data에는 라벨도 포함됩니다. 예를 들어, 여러분의 활동 감지 데이터는 ML 기반 프로그램 안에서 다음과 같이 보일수 있습니다.

```
0101001010100101010      1010100101001010101      1001010011111010101      1111111111010011101
1001010101001011101      0101010010010010001      1101010111010101110      0011111010111110101
0100101010010101001      0010011111010101111      1010101111010101011      0101110101010101110
0101010101010101010      1010100100111101011      1111110001111010101      1010101010100111110

  Label = WALKING           Label = RUNNING           Label = BIKING            Label = GOLFING
```

여러분은 각각의 동작에 대해 많은 데이터를 모아서 "이것은 걷기처럼 보이는 것이야", 또는 "이것은 뛰기처럼 보이는 것이야"라고 말하기 위해 모은 데이터에 라벨을 붙입니다. 이 동작 데이터와 라벨을 컴퓨터에 넣어줍니다. 그리고 나면, 컴퓨터는 데이터를 이용하여 특정한 동작을 나타내는 명확한 패턴이 무엇인지 결정할 수 있는 규칙을 만들어낼 수 있습니다.

전통적인 프로그래밍에서, 여러분의 코드는 일반적으로 여러분이 정의한 함수를 위주로 작성됩니다. ML 기반 프로그래밍에서, 여러분은 데이터와 라벨을 이용하여 인공 신경망 함수를 만들어 사용하게 됩니다. 인공 신경망 함수는 일반적으로 모델이라고 불립니다. 인공 신경망 함수는 우리가 원하는 어떤 기능을 유사하게 수행하는 모델 함수라고 생각할 수 있습니다.

여러분이 다음 그림을 통해 원하는 기능을 수행하는 인공 신경망 함수를 만들었다면 이제 여러분은 그 함수를 이용할 수 있습니다.

여러분이 만든 인공 신경망 모델 함수는 다음과 같이 사용됩니다.

여러분은 학습을 통해 만들어진 인공 신경망 모델 함수에 어떤 데이터를 주고 그 인공 신경망 모델 함수는 학습을 통해 얻은 그 규칙들을 사용하여 답을 예측 합니다. 예를 들어, "그 데이터는 걷기처럼 보여요", 또는 "그 데이터는 골프 치기처럼 보여요"처럼 예측을 합니다.

구글 코랩 개발 환경 구성하기

독자 여러분의 첫 번째 인공 신경망 함수를 만들어 보기 위해 먼저 프로그래밍 환경을 구성해 봅니다. 일반적으로 인공 지능 프로그램은 파이썬 기반으로 작성됩니다. 여기서는 손쉽게 파이썬 환경을 구성하여 간단한 인공 신경망을 구성한 후, 학습을 수행해 봅니다. 구글에서 제공하는 코랩을 이용하면 복잡한 환경을 구성하지 않고 인공 신경망 관련 실습을 수행할 수 있습니다. 뒤에서는 파이썬으로 인공 신경망 함수를 직접 구현해 보면서 내부적으로 동작하는 원리를 자세히 살펴봅니다.

1 다음과 같이 [google colab]을 검색합니다.

Google   google colab

2 다음 사이트를 찾아 들어갑니다.

> https://colab.research.google.com ▾
> Google Colab
> **Colab** notebooks allow you to combine executable code and rich text in a single document, along with images, HTML, LaTeX and more. When you create your ...

3 다음과 같이 구글 코랩 홈페이지가 열립니다.

> CO   **Colaboratory에 오신 것을 환영합니다**
> 파일 수정 보기 삽입 런타임 도구 도움말

4 다음은 구글 코랩에 대해 소개하고 있습니다. 복잡한 구성이 필요치 않으며, GPU 기능도 제공합니다.

> CO **Colaboratory란?**
>
> 줄여서 'Colab'이라고도 하는 Colaboratory를 사용하면 브라우저에서 Python을 작성하고 실행할 수 있습니다. Colab은 다음과 같은 이점을 자랑합니다.
> - 구성이 필요하지 않음
> - GPU 무료 액세스
> - 간편한 공유
>
> **학생**이든, **데이터 과학자**든, **AI 연구원**이든 Colab으로 업무를 더욱 간편하게 처리할 수 있습니다. <u>Colab 소개 영상</u>에서 자세한 내용을 확인하거나 아래에서 시작해 보세요.

5 다음과 같이 [파일]--[새 노트] 메뉴를 선택합니다.

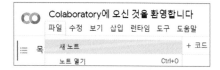

6 구글 코랩을 사용하기 위해서는 구글 계정이 필요합니다. 구글 계정이 있는 독자는 로그인을 수행합니다.

7 구글 계정이 없는 독자는 계정을 생성합니다. 다음과 같이 [계정 만들기]--[본인 계정] 버튼을 눌러 계정을 생성합니다. 여기서는 구글 계정 생성 과정을 소개하지 않습니다.

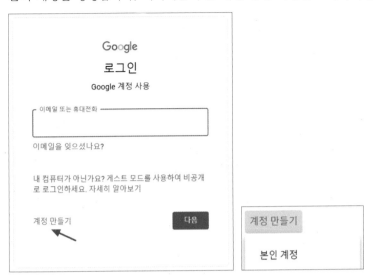

8 다음은 구글 코랩 파이썬 작성 화면입니다.

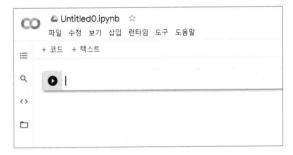

9 다음과 같이 파일의 제목을 HelloML로 변경합니다. 제목 부분에 마우스 왼쪽 클릭한 후, 제목을 변경합니다.

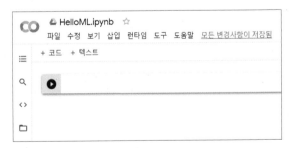

기존 방식의 함수 정의와 사용

먼저 기존 방식으로 함수를 정의하고 사용하는 과정을 살펴봅니다.

다음은 중학교 때 배운 함수식입니다.

y = f(x) = 3*x + 1 (x는 실수)

이 식에서

x가 1일 때 y = f(1) = 3*1 + 1이 되어 y는 4가 됩니다.

x가 2일 때 y = f(2) = 3*2 + 1이 되어 y는 7이 됩니다.

x가 −1일 때 y = f(−1) = 3*(−1) + 1이 되어 y는 −2가 됩니다.

이 함수를 그림으로 표현하면 다음과 같습니다.

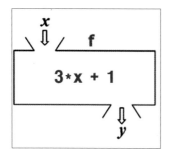

함수 정의하고 사용해 보기

이제 기존 방식으로 함수 f를 정의하고 사용해 봅니다.

1 다음과 같이 예제를 작성합니다.

4_1_2.py

```
1 def f (x) :
2        return 3*x + 1
3
4 x = 10
5 y = f(x)
6
7 print( 'y: ' , y)
```

1, 2 : f 함수를 정의합니다.

4 : x 변수를 생성한 후, 10으로 초기화합니다.

5 : f 함수에 x를 인자로 주어 호출한 후, 결과 값을 y 변수로 받습니다.

7 : print 함수를 호출하여 y 값을 출력합니다.

❷ 다음은 구글 코랩에 작성한 화면입니다.

```
1 def f (x) :
2   return 3*x + 1
3
4 x = 10
5 y = f(x)
6
7 print('y:', y)
```

❸ ▶ 버튼을 눌러 프로그램을 실행시킵니다. 다음과 같이 31이 표시되는 것을 확인합니다.

```
y: 31
```

머신러닝 방식의 신경망 함수 생성과 사용

이번엔 ML 방식으로 인공 신경망 함수를 학습시키고 학습된 함수를 사용하는 과정을 살펴봅니다.
다음과 같은 모양의 인공 신경망을 구성하고 학습시켜 봅니다.

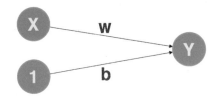

먼저 다음과 같은 숫자들의 집합 X, Y를 살펴봅니다. 독자 여러분은 숫자들 간의 관계가 보이시나요?

X:	-1	0	1	2	3	4
Y:	-2	1	4	7	10	13

독자 여러분은 X, Y 숫자들을 보면서, X 값은 왼쪽에서 오른쪽으로 1씩, Y 값은 3씩 증가하는 것을
눈치 챘을 수 있습니다. 그럴 경우 독자 여러분은 아마도 Y는 3*X 더하기 또는 빼기 얼마와 같다고
생각했을 겁니다. 그리고 나서, 독자 여러분은 아마도 X가 0일 때, Y가 1인 것을 보았을 겁니다. 그
리고 독자 여러분은 마침내 관계식 Y=3*X+1에 도달했을 겁니다.

독자 여러분이 유추해 낸 방식은 인공 신경망이 데이터(X, Y 값)를 이용하여 학습(또는 훈련)을 통해
데이터(X, Y)간의 관계를 발견하는 방식과 같습니다.

이제 이 식을 인공 신경망이 유추해 내는 과정을 살펴봅니다. 그러기 위해 먼저 필요한 것은 무엇일까요? 바로 데이터입니다. 다음으로 필요한 것은 그릇을 만들기 위해 찰흙이 필요한 것과 같이 학습되지 않은 인공 신경망입니다. 인공 신경망에 X 집합과 Y 집합을 주면, 인공 신경망은 학습을 통해 X와 Y간의 관계를 알아낼 수 있어야 합니다. 인공 신경망 함수는 일반적으로 인공 신경망 모델이라고 합니다. 모델은 우리말로 모형을 의미하며, 함수 모형으로 이해할 수 있습니다. 즉, 학습을 통해 만들어진 인공 신경망 함수는 Y=3*X+1 함수의 모형 함수입니다. 인공 신경망 함수는 Y=3*X+1 함수를 흉내 내는 함수라고 할 수 있습니다. 그래서 인공 신경망 함수를 근사 함수라고도 합니다.

1 다음과 같이 [+ Code] 버튼을 누릅니다. 실행 창의 경계에 마우스 커서를 대면 버튼이 나타납니다.

```
+ Code    + Text
```

2 다음과 같이 예제를 작성합니다.

125_1.py

```python
01 import tensorflow as tf
02 import numpy as np
03
04 xs = np.array([-1.0, 0.0, 1.0, 2.0, 3.0, 4.0])
05 ys = np.array([-2.0, 1.0, 4.0, 7.0, 10., 13.])
06
07 model = tf.keras.Sequential([
08         tf.keras.layers.InputLayer(input_shape=(1,)),
09         tf.keras.layers.Dense(1)
10 ])
11
12 model.compile(optimizer='sgd', loss='mean_squared_error')
13
14 model.fit(xs, ys, epochs=5)
15
16 p = model.predict([10.0])
17
18 print('p:', p)
```

01 : import문을 이용하여 텐서플로우(tensorflow) 모듈을 tf라는 이름으로 불러옵니다. 텐서플로우(tensorflow) 모듈은 구글에서 제공하는 인공 신경망 라이브러리입니다.

02 : import문을 이용하여 넘파이(numpy) 모듈을 np라는 이름으로 불러옵니다. 넘파이(numpy) 모듈은 행렬 계산을 편하게 해주는 라이브러리입니다. 인공 신경망은 일반적으로 행렬계산식으로 구성하게 됩니다.

04, 05 : np.array 함수를 이용하여 앞에서 살펴본 6개의 X, Y 값을 준비합니다. np.array 함수는 tensorflow 라이브러리에서 데이터를 처리할 때 사용하는 배열을 생성합니다.

07~10 : tf.keras.Sequential 클래스를 이용하여 가장 간단한 인공 신경망을 생성합니다. 여기서 생성한 인공 신경망의 모양은 다음과 같습니다.

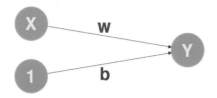

이 신경망은 하나의 인공 신경으로 구성됩니다. 인공 신경망의 내부 구조는 뒤에서 자세히 살펴봅니다. 생성된 인공 신경망은 일반적으로 모델이라고 합니다. 모델은 모형을 의미하며, 주어진 데이터에 맞추어진 원래 함수를 흉내 내는 함수인 근사 함수를 의미합니다.

07,10 : 파이썬의 리스트를 나타냅니다.

08 : tf.keras.layers.InputLayer 함수를 이용하여 내부적으로 keras 라이브러리에서 제공하는 tensor를 생성하고, 입력 노드의 개수를 정해줍니다. tensor는 3차원 이상의 행렬을 의미하며, 인공 신경망 구성 시 사용하는 자료 형입니다.

09 : tf.keras.layers.Dense 클래스를 이용하여 신경망 층을 생성합니다. 여기서 Dense는 내부적으로 Y = X*w + b 식을 생성하게 됩니다. 이 식에 대해서는 뒤에서 실제로 구현해 보며 그 원리를 살펴보도록 합니다.

12 : model.compile 함수를 호출하여 내부적으로 인공 신경망을 구성합니다. 인공 신경망을 구성할 때에는 2개의 함수를 정해야 합니다. loss 함수와 optimizer 함수, 즉, 손실 함수와 최적화 함수를 정해야 합니다. 손실 함수와 최적화 함수에 대해서는 뒤에서 구현을 통해서 자세히 살펴봅니다. 손실 함수로는 mean_squared_error 함수를 사용하고 최적화 함수는 확률적 경사 하강(sgd : stochastic gradient descent) 함수를 사용합니다. mean_squared_error, sgd 함수는 뒤에서 직접 구현해 보도록 합니다.

14 : model.fit 함수를 호출하여 인공 신경망에 대한 학습을 시작합니다. fit 함수에는 X, Y 데이터가 입력이 되는데 인공 신경망을 X, Y 데이터에 맞도록 학습한다는 의미를 갖습니다. 즉, X, Y 데이터에 맞도록 인공 신경망을 조물조물, 주물주물 학습한다는 의미입니다. fit 함수에는 학습을 몇 회 수행할지도 입력해 줍니다. epochs는 학습 횟수를 의미하며, 여기서는 5회 학습을 수행하도록 합니다. 일반적으로 학습 횟수에 따라 인공 신경망 근사 함수가 정확해 집니다.

16 : model.predict 함수를 호출하여 인공 신경망을 사용합니다. 여기서는 학습이 끝난 인공 신경망 함수에 10.0 값을 주어 그 결과를 예측하도록 합니다. 예측한 결과 값은 p 변수로 받습니다.

18 : print 함수를 호출하여 예측한 결과 값을 출력합니다.

3 다음은 구글 코랩에 작성한 화면입니다.

```
1 import tensorflow as tf
2 import numpy as np
3
4 xs = np.array([-1.0, 0.0, 1.0, 2.0, 3.0, 4.0])
5 ys = np.array([-2.0, 1.0, 4.0, 7.0, 10., 13.])
6
7 model = tf.keras.Sequential([
8   tf.keras.layers.InputLayer(input_shape=(1,)),
9   tf.keras.layers.Dense(1)
10 ])
11
12 model.compile(optimizer='sgd', loss='mean_squared_error')
13
14 model.fit(xs, ys, epochs=5)
15
16 p = model.predict([10.0])
17
18 print('p:', p)
```

4 ▶ 버튼을 눌러 프로그램을 실행시킵니다. 다음과 같이 학습이 진행되는 것을 확인합니다.

```
❶ Epoch 1/5                                              ❷
   1/1 [==============================] - 0s 243ms/step - loss: 21.3527
   Epoch 2/5
   1/1 [==============================] - 0s 7ms/step - loss: 16.8172
   Epoch 3/5
   1/1 [==============================] - 0s 5ms/step - loss: 13.2486
   Epoch 4/5
   1/1 [==============================] - 0s 10ms/step - loss: 10.4406
   Epoch 5/5
   1/1 [==============================] - 0s 14ms/step - loss: 8.2310
   WARNING:tensorflow:7 out of the last 14 calls to <function Model.make_p
❸ p: [[21.39265]]
```

❶ model.fit 함수 내에서 5회 학습이 수행됩니다.

❷ loss는 오차를 나타냅니다. 학습이 진행될수록 오차가 줄어드는 것을 확인합니다. 오차에 대해서는 뒤에서 자세히 살펴봅니다.

❸ model.predict 함수를 수행한 결과 값입니다. 입력 값 10.0에 대하여 21.39265를 출력합니다. 우리는 31에 가까운 값이 출력되기를 기대하고 있습니다.

5 예제를 다음과 같이 수정합니다.

```
14  model.fit(xs, ys, epochs=50)
```

14 : 학습을 50회 수행시켜 봅니다.

6 ▶ 버튼을 눌러 프로그램을 실행시킵니다. 다음은 마지막 5회 학습의 내용입니다.

```
   1/1 [==============================] - 0s 6ms/step - loss: 0.0016
   Epoch 46/50
   1/1 [==============================] - 0s 5ms/step - loss: 0.0013
   Epoch 47/50
   1/1 [==============================] - 0s 5ms/step - loss: 9.9620e-04
   Epoch 48/50
   1/1 [==============================] - 0s 6ms/step - loss: 7.9501e-04
   Epoch 49/50
   1/1 [==============================] - 0s 4ms/step - loss: 6.3650e-04
   Epoch 50/50
   1/1 [==============================] - 0s 4ms/step - loss: 5.1155e-04
   WARNING:tensorflow:8 out of the last 15 calls to <function Model.make_p
   p: [[30.94326]]
```

입력 값 10.0에 대하여 30.94326를 출력합니다. 31에 충분히 가까운 값이 출력되는 것을 볼 수 있습니다. 훈련이 진행되면서 손실은 더 작아집니다.

7 예제를 다음과 같이 수정합니다.

```
14  model.fit(xs, ys, epochs=500)
```

14 : 학습을 500회 수행시켜 봅니다.

8 ▶ 버튼을 눌러 프로그램을 실행시킵니다. 다음은 마지막 5회 학습의 내용입니다.

```
Epoch 496/500
1/1 [==============================] - 0s 5ms/step - loss: 8.3604e-07
Epoch 497/500
1/1 [==============================] - 0s 7ms/step - loss: 8.1895e-07
Epoch 498/500
1/1 [==============================] - 0s 6ms/step - loss: 8.0207e-07
Epoch 499/500
1/1 [==============================] - 0s 17ms/step - loss: 7.8544e-07
Epoch 500/500
1/1 [==============================] - 0s 5ms/step - loss: 7.6956e-07
WARNING:tensorflow:9 out of the last 16 calls to <function Model.make_p
p: [[31.00256]]
```

입력 값 10.0에 대하여 31.00256을 출력합니다. 31에 더 가까워진 값이 출력되는 것을 볼 수 있습니다. 학습을 500회 수행했을 때, 31에 충분히 가까운 결과 값이 출력되는 것을 볼 수 있습니다. 여기서 학습시킨 인공 신경망 함수는 Y=3*X + 1 함수를 흉내 내는 근사함수입니다.

축하합니다!

믿거나 말거나, 독자 여러분은 ML에 있는 대부분의 개념을 살펴보았습니다. 앞으로 독자 여러분은 훨씬 더 복잡한 데이터에 대해서도 여기서 배운 ML을 사용할 것입니다.

여기서 독자 여러분은

❶ np.array 함수를 이용하여 X, Y 데이터를 준비해 보고,

❷ tf.keras.Sequential 클래스를 이용하여 인공 신경망을 정의해 보았으며,

❸ model.compile 함수를 호출하여 인공 신경망을 구성해 보았습니다. 그 과정에서

❹ 손실 함수 mean_squared_error와

❺ 최적화 함수 sgd를 사용해 보았습니다. 그리고

❻ model.fit 함수를 호출하여 X, Y 데이터에 대한 학습을 수행해 보았습니다. 마지막으로

❼ model.predict 함수를 호출하여 새로운 값 10.0 값에 대한 예측을 수행해 보았습니다.

위 과정이 인공 신경망과 관련된 전체적인 과정들입니다. 앞으로 독자 여러분은 이 과정들을 이용하여 복잡한 데이터에 대한 인공 신경망도 다루게 됩니다.

03 _ 인공 신경망과 근사 함수

인공 신경망 함수는 일반적으로 인공 신경망 모델이라고 합니다. 모델은 우리말로 모형을 의미하며, 모형 함수로 이해할 수 있습니다. 모형 함수는 어떤 함수를 흉내 내는 함수를 말하며, 근사 함수라고 합니다. 여기서는 독자 여러분이 중·고등학교 때 배운 여러 가지 수학 함수를 인공 신경망을 이용하여 학습시켜 보며 인공 신경망의 근사 함수 특징을 이해해봅니다.

2차 함수 근사해 보기

여기서는 먼저 다음 2차 함수를 근사하는 인공 신경망 함수를 생성해 봅니다.

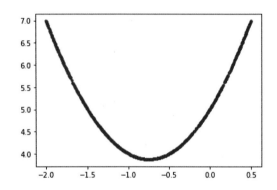

$$y = 2x^2 + 3x + 5 \ (-2 \le x \le 0.5)$$

x 좌표의 범위는 −2에서 0.5까지입니다.

2차 함수 그리기

❶ 다음과 같이 [+ Code] 버튼을 누릅니다. 실행 창의 경계에 마우스 커서를 대면 버튼이 나타납니다.

+ Code   + Text

❷ 다음과 같이 예제를 작성합니다.

131_1.py

```
01 import numpy as np
02 import time
03 import matplotlib.pyplot as plt
04
```

```
05 NUM_SAMPLES = 1000
06
07 np.random.seed(int(time.time()))
08
09 xs = np.random.uniform(-2, 0.5, NUM_SAMPLES)
10 np.random.shuffle(xs)
11 print(xs[:5])
12
13 ys = 2*xs**2 + 3*xs + 5
14 print(ys[:5])
15
16 plt.plot(xs, ys, 'b.')
17 plt.show()
```

01 : import문을 이용하여 numpy 모듈을 np라는 이름으로 불러옵니다. 여기서는 numpy 모듈을 이용하여 07, 09, 10, 13 줄에서 x, y 값의 집합을 동시에 처리합니다.

02 : import문을 이용하여 time 모듈을 불러옵니다. 07줄에서 임의 숫자(난수) 생성 초기화에 사용합니다.

03 : import문을 이용하여 matplotlib.pyplot 모듈을 plt라는 이름으로 불러옵니다. 여기서는 matplotlib.pyplot 모듈을 이용하여 16, 17줄에서 그래프를 그립니다.

05 : NUM_SAMPLES 변수를 생성한 후, 1000으로 초기화합니다. NUM_SAMPLES 변수는 생성할 데이터의 개수 값을 가지는 변수입니다.

07 : np.random.seed 함수를 호출하여 임의 숫자 생성을 초기화합니다. time.time 함수를 호출하여 현재 시간을 얻어낸 후, 정수 값으로 변환하여 np.random.seed 함수의 인자로 줍니다. 이렇게 하면 현재 시간에 맞춰 임의 숫자 생성이 초기화됩니다.

09 : np.random.uniform 함수를 호출하여 (-2, 0.5) 범위에서 NUM_SAMPLES 만큼의 임의 값을 차례대로 고르게 추출하여 xs 변수에 저장합니다.

10 : np.random.shuffle 함수를 호출하여 임의 추출된 x 값을 섞어줍니다. 이렇게 하면 임의로 추출된 x 값의 순서가 뒤섞이게 됩니다. 인공 신경망 학습 시에 데이터는 임의 순서로 입력되는 것이 중요합니다. 데이터가 임의 순서로 입력될 때 모델의 정확도가 높아지기 때문입니다.

11 : print 함수를 호출하여 xs에 저장된 값 중, 앞에서 5개까지 출력합니다. xs[:5]는 xs 리스트의 0번 항목부터 시작해서 5번 항목 미만인 4번 항목까지를 의미합니다.

13 : 다음 식을 이용하여 추출된 x 값에 해당하는 y 값을 얻어내어 ys 변수에 저장합니다. y 값도 NUM_SAMPLES 개수만큼 추출됩니다.

$$y = 2x^2 + 3x + 5$$

파이썬에서 *는 곱셈기호, **는 거듭제곱기호를 나타냅니다.

14 : print 함수를 호출하여 ys에 저장된 값 중, 앞에서 5개까지 출력합니다.

16 : plt.plot 함수를 호출하여 xs, ys 좌표 값에 맞추어 그래프를 내부적으로 그립니다. 그래프의 색깔은 파란색으로 그립니다. 'b.'는 파란색을 의미합니다.

17 : plt.show 함수를 호출하여 화면에 그래프를 표시합니다.

❸ ▶ 버튼을 눌러 프로그램을 실행시킵니다. 다음은 실행 결과 화면입니다.

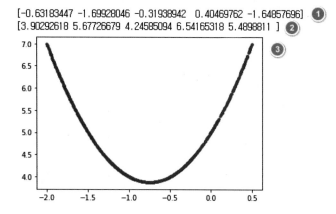

❶ xs에 저장된 값 중 앞에서 5개까지 출력 결과입니다. 이 값은 실행할 때마다 달라집니다.

❷ ys에 저장된 값 중 앞에서 5개까지 출력 결과입니다. 이 값은 실행할 때마다 달라집니다.

❸ $y = 2x^2 + 3x + 5$ 함수의 (−2, 0.5) 범위에서의 그래프입니다.

실제 데이터 생성하기

이번엔 y값을 일정한 범위에서 위아래로 흩뜨려 실제 데이터에 가깝게 만들어 봅니다. 이 과정은 y
값에 잡음을 섞어 실제 데이터에 가깝게 만드는 과정입니다.

1 다음과 같이 예제를 수정합니다.

131_2.py

```
01 import numpy as np
02 import time
03 import matplotlib.pyplot as plt
04
05 NUM_SAMPLES = 1000
06
07 np.random.seed(int(time.time()))
08
09 xs = np.random.uniform(-2, 0.5, NUM_SAMPLES)
10 np.random.shuffle(xs)
11 print(xs[:5])
12
13 ys = 2*xs**2 + 3*xs + 5
14 print(ys[:5])
15
16 plt.plot(xs, ys, 'b.')
17 plt.show()
```

```
18
19 ys += 0.1*np.random.randn(NUM_SAMPLES)
20
21 plt.plot(xs, ys, 'g.')
22 plt.show()
```

19 : np.random.randn 함수를 호출하여 정규분포에 맞춰 임의 숫자를 NUM_SAMPLES의 개수만큼 생성합니다. 정규분포
는 가우스분포라고도 하며, 종 모양과 같은 형태의 자연적인 분포 곡선입니다. 예를 들어, 키의 분포나 체중의 분포와
같이 자연적인 분포를 의미합니다.

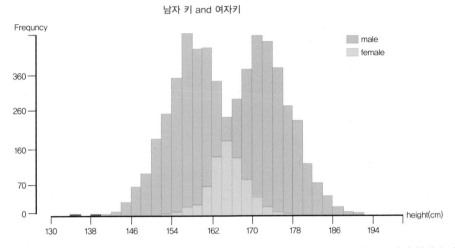

생성된 숫자에 0.1을 곱해 ys에 더해줍니다. 이렇게 하면 ys값은 원래 값을 기준으로 상하로 퍼진 형태의 자연스런 값
을 갖게 됩니다.

21 : plt.plot 함수를 호출하여 xs, ys 좌표 값에 맞추어 그래프를 내부적으로 그립니다. 그래프의 색깔은 초록색으로 그립
니다. 'g.'은 초록색을 의미합니다.

22 : plt.show 함수를 호출하여 화면에 그래프를 표시합니다.

2 ▶ 버튼을 눌러 프로그램을 실행시킵니다. 다음은 실행 결과 화면입니다.

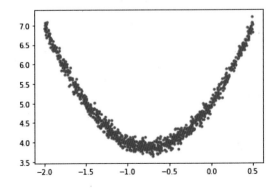

마지막에 표시된 그래프의 모양이 원래 모양에서 상하로 퍼진 형태로 나타나게 됩니다. 여기서 생
성된 데이터는 인공 신경망 학습에 사용되며 원래 곡선에 가까운 근사 곡선을 생성하는 인공 신경망
함수를 만들게 됩니다.

훈련, 실험 데이터 분리하기

여기서는 앞에서 생성한 x, y 데이터를 훈련 데이터와 실험 데이터로 분리해 봅니다. 훈련 데이터는 인공 신경망을 학습시키는데 사용하는 데이터이며, 실험 데이터는 학습이 잘 되었는지 확인하는 데이터로 사용합니다.

1 다음과 같이 예제를 수정합니다.

131_3.py

```python
01 import numpy as np
02 import time
03 import matplotlib.pyplot as plt
04
05 NUM_SAMPLES = 1000
06
07 np.random.seed(int(time.time()))
08
09 xs = np.random.uniform(-2, 0.5, NUM_SAMPLES)
10 np.random.shuffle(xs)
11 print(xs[:5])
12
13 ys = 2*xs**2 + 3*xs + 5
14 print(ys[:5])
15
16 plt.plot(xs, ys, 'b.')
17 plt.show()
18
19 ys += 0.1*np.random.randn(NUM_SAMPLES)
20
21 plt.plot(xs, ys, 'g.')
22 plt.show()
23
24 NUM_SPLIT = int(0.8*NUM_SAMPLES)
25
26 x_train, x_test = np.split(xs, [NUM_SPLIT])
27 y_train, y_test = np.split(ys, [NUM_SPLIT])
28
29 plt.plot(x_train, y_train, 'b.', label='train')
30 plt.plot(x_test, y_test, 'r.', label='test')
31 plt.legend()
32 plt.show()
```

24 : NUM_SAMPLES에 0.8을 곱한 후, 정수로 변경하여 NUM_SPLIT 변수에 할당합니다. 현재 예제의 경우 NUM_SPLIT 변수는 800의 값을 가집니다. 1000개의 x, y 데이터 값 중 800개는 훈련 데이터로, 200개는 실험 데이터로 사용합니다.

26 : np.split 함수를 호출하여 1000개의 값을 가진 xs를 800개, 200개로 나누어 각각 x_train, x_test에 할당합니다. x_train 변수는 1000개의 값 중 앞부분 800개의 값을 할당 받고 x_test 변수는 나머지 200개의 값을 할당받습니다.

27 : np.split 함수를 호출하여 1000개의 값을 가진 ys를 800개, 200개로 나누어 각각 y_train, y_test에 할당합니다. y_train 변수는 1000개의 값 중 앞부분 800개의 값을 할당 받고 y_test 변수는 나머지 200개의 값을 할당받습니다.

29 : plt.plot 함수를 호출하여 x_train, y_train 좌표 값에 맞추어 그래프를 내부적으로 그립니다. 그래프의 색깔은 파란색으로 그립니다. 'b.'은 파란색을 의미합니다. label 매개변수에는 'train' 문자열을 넘겨줍니다. 이 문자열은 31줄에 있는 plt.legend 함수에 의해 그래프에 표시됩니다.

30 : plt.plot 함수를 호출하여 x_test, y_test 좌표 값에 맞추어 그래프를 내부적으로 그립니다. 그래프의 색깔은 빨간색으로 그립니다. 'r.'은 빨간색을 의미합니다. label 매개변수에는 'test' 문자열을 넘겨줍니다. 이 문자열은 31줄에 있는 plt.legend 함수에 의해 그래프에 표시됩니다.

31 : plt.legend 함수를 호출하여 범례를 표시합니다.

32 : plt.show 함수를 호출하여 화면에 그래프를 표시합니다.

2 ⓞ 버튼을 눌러 프로그램을 실행시킵니다. 다음은 실행 결과 화면입니다.

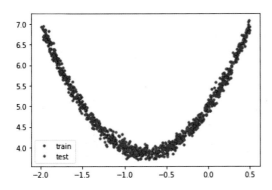

파란색 점은 x_train, y_train의 분포를 나타내며, 빨간색 점은 x_test, y_test의 분포를 나타냅니다. x_train, y_train 데이터는 인공 신경망 학습에 사용되며 원래 곡선에 가까운 근사 곡선을 생성하는 인공 신경망 함수를 만들게 됩니다. x_test, y_test 데이터는 학습이 끝난 인공 신경망 함수를 시험하는데 사용합니다.

인공 신경망 구성하기

이번엔 인공 신경망 함수를 구성한 후, 학습을 수행하지 않은 상태로 시험 데이터를 이용하여 예측을 수행한 후, 그래프를 그려봅니다. 여기서는 다음과 같은 모양의 인공 신경망을 구성합니다. 입력 층 xs, 출력 층 ys 사이에 단위 인공 신경 16개로 구성된 은닉 층 2개를 추가하여 인공 신경망을 구성합니다.

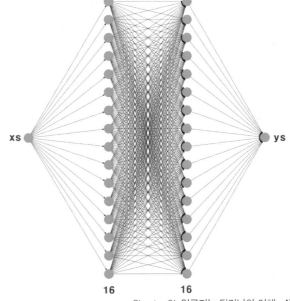

1 다음과 같이 예제를 수정합니다.

131_4.py

```
01 import numpy as np
02 import time
03 import matplotlib.pyplot as plt
04
05 NUM_SAMPLES = 1000
06
07 np.random.seed(int(time.time()))
08
09 xs = np.random.uniform(-2, 0.5, NUM_SAMPLES)
10 np.random.shuffle(xs)
11 print(xs[:5])
12
13 ys = 2*xs**2 + 3*xs + 5
14 print(ys[:5])
15
16 plt.plot(xs, ys, 'b.')
17 plt.show()
18
19 ys += 0.1*np.random.randn(NUM_SAMPLES)
20
21 plt.plot(xs, ys, 'g.')
22 plt.show()
23
24 NUM_SPLIT = int(0.8*NUM_SAMPLES)
25
26 x_train, x_test = np.split(xs, [NUM_SPLIT])
27 y_train, y_test = np.split(ys, [NUM_SPLIT])
28
29 plt.plot(x_train, y_train, 'b.', label='train')
30 plt.plot(x_test, y_test, 'r.', label='test')
31 plt.legend()
32 plt.show()
33
34 import tensorflow as tf
35
36 model_f = tf.keras.Sequential([
37     tf.keras.layers.InputLayer(input_shape=(1,)),
38     tf.keras.layers.Dense(16, activation='relu'),
39     tf.keras.layers.Dense(16, activation='relu'),
40     tf.keras.layers.Dense(1)
41 ])
42
43 model_f.compile(optimizer='rmsprop', loss='mse')
```

```
44
45 p_test = model_f.predict(x_test)
46
47 plt.plot(x_test, y_test, 'b.', label='actual')
48 plt.plot(x_test, p_test, 'r.', label='predicted')
49 plt.legend()
50 plt.show()
```

34 : import문을 이용하여 tensorflow 모듈을 tf라는 이름으로 불러옵니다. tensorflow 모듈은 구글에서 제공하는 인공 신경망 라이브러리입니다.

36~41 : tf.keras.Sequential 클래스를 이용하여 인공 신경망을 생성합니다. 여기서 생성한 인공 신경망의 모양은 다음과 같습니다.

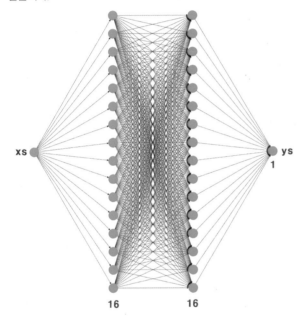

이 신경망은 33(=16+16+1)개의 인공 신경으로 구성됩니다. 입력 층에 표시된 노드는 입력 값의 개수를 표시하며 나머지 층에 있는 노드는 인공 신경을 나타냅니다. 인공 신경망의 내부 구조는 뒤에서 자세히 살펴봅니다. 생성된 인공 신경망은 일반적으로 모델이라고 합니다. 모델은 모형을 의미하며, 주어진 데이터에 맞추어진 원래 함수를 흉내 내는 함수인 근사 함수를 의미합니다. model_f는 모델 함수를 의미하는 변수입니다.

36, 41 : 파이썬의 리스트를 나타냅니다.

37 tf.keras.layers.InputLayer 함수를 이용하여 내부적으로 keras 라이브러리에서 제공하는 tensor를 생성하고, 입력 노드의 개수를 정해줍니다. tensor는 3차원 이상의 행렬을 의미하며, 인공 신경망 구성 시 사용하는 자료 형입니다.

38, 39 : tf.keras.layers.Dense 클래스를 이용하여 신경망 층을 생성합니다. 여기서는 각 층별로 단위 인공 신경 16개를 생성합니다. activation은 활성화 함수를 의미하며 여기서는 'relu' 함수를 사용합니다. 다음은 relu 함수를 나타냅니다.

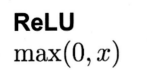
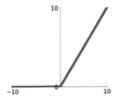

활성화 함수와 'relu' 함수에 대해서는 뒤에서 자세히 살펴보도록 합니다.

여기서 Dense는 내부적으로 y = activation(x*w + b) 식을 생성하게 됩니다. 이 식에 대해서는 뒤에서 실제로 구현해 보며 그 원리를 살펴보도록 합니다.

40 : tf.keras.layers.Dense 클래스를 이용하여 신경망 층을 생성합니다. 여기서는 단위 인공 신경 1개를 생성합니다. 마지막에 생성한 신경망 층은 출력 신경망이 됩니다.

43 : model_f.compile 함수를 호출하여 내부적으로 인공 신경망을 구성합니다. 인공 신경망을 구성할 때에는 적어도 2개의 함수를 정해야 합니다. loss 함수와 optimizer 함수, 즉, 손실 함수와 최적화 함수를 정해야 합니다. 손실 함수와 최적화 함수에 대해서는 뒤에서 자세히 살펴봅니다. 손실 함수로는 mse 함수를 사용하고 최적화 함수는 rmsprop 함수를 사용합니다. mse, rmsprop 함수는 뒤에서 살펴보도록 합니다.

45 : model_f.predict 함수를 호출하여 인공 신경망을 사용해 봅니다. 여기서는 학습을 수행하지 않은 상태에서 인공 신경망 함수에 x_test 값을 주어 그 결과를 예측해 봅니다. 예측한 결과 값은 p_test 변수로 받습니다.

47 : plt.plot 함수를 호출하여 x_test, y_test 좌표 값에 맞추어 그래프를 내부적으로 그립니다. 그래프의 색깔은 파란 색으로 그립니다. 'b.'은 파란색을 의미합니다. label 매개변수에는 'actual' 문자열을 넘겨줍니다. 이 문자열은 49 줄에 있는 plt.legend 함수에 의해 그래프에 표시됩니다.

48 : plt.plot 함수를 호출하여 x_test, p_test 좌표 값에 맞추어 그래프를 내부적으로 그립니다. 그래프의 색깔은 빨간 색으로 그립니다. 'r.'은 빨간색을 의미합니다. label 매개변수에는 'predicted' 문자열을 넘겨줍니다. 이 문자열은 49줄에 있는 plt.legend 함수에 의해 그래프에 표시됩니다.

49 : plt.legend 함수를 호출하여 범례를 표시합니다.

50 : plt.show 함수를 호출하여 화면에 그래프를 표시합니다.

2 ▶ 버튼을 눌러 프로그램을 실행시킵니다. 다음은 실행 결과 화면입니다.

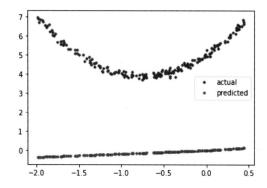

파란색 점은 x_test, y_test의 분포를 나타내며, 빨간색 점은 x_test, p_test의 분포를 나타냅니다. 인공 신경망이 학습을 수행하기 전 상태라 x_test 값에 대한 예측 값을 정확히 생성해 내지 못하는 것을 볼 수 있습니다.

인공 신경망 학습시키기

이번엔 인공 신경망 함수를 학습 시킨 후, 시험 데이터를 이용하여 예측을 수행하고 그래프를 그려 봅니다.

1 다음과 같이 예제를 수정합니다.

131_5.py

```python
01 import numpy as np
02 import time
03 import matplotlib.pyplot as plt
04
05 NUM_SAMPLES = 1000
06
07 np.random.seed(int(time.time()))
08
09 xs = np.random.uniform(-2, 0.5, NUM_SAMPLES)
10 np.random.shuffle(xs)
11 print(xs[:5])
12
13 ys = 2*xs**2 + 3*xs + 5
14 print(ys[:5])
15
16 plt.plot(xs, ys, 'b.')
17 plt.show()
18
19 ys += 0.1*np.random.randn(NUM_SAMPLES)
20
21 plt.plot(xs, ys, 'g.')
22 plt.show()
23
24 NUM_SPLIT = int(0.8*NUM_SAMPLES)
25
26 x_train, x_test = np.split(xs, [NUM_SPLIT])
27 y_train, y_test = np.split(ys, [NUM_SPLIT])
28
29 plt.plot(x_train, y_train, 'b.', label='train')
30 plt.plot(x_test, y_test, 'r.', label='test')
31 plt.legend()
32 plt.show()
33
34 import tensorflow as tf
35
36 model_f = tf.keras.Sequential([
37     tf.keras.layers.InputLayer(input_shape=(1,)),
38     tf.keras.layers.Dense(16, activation='relu'),
39     tf.keras.layers.Dense(16, activation='relu'),
40     tf.keras.layers.Dense(1)
41 ])
42
43 model_f.compile(optimizer='rmsprop', loss='mse')
```

```
44
45 p_test = model_f.predict(x_test)
46
47 plt.plot(x_test, y_test, 'b.', label='actual')
48 plt.plot(x_test, p_test, 'r.', label='predicted')
49 plt.legend()
50 plt.show()
51
52 model_f.fit(x_train, y_train, epochs=600)
53
54 p_test = model_f.predict(x_test)
55
56 plt.plot(x_test, y_test, 'b.', label='actual')
57 plt.plot(x_test, p_test, 'r.', label='predicted')
58 plt.legend()
59 plt.show()
```

52   : model_f.fit 함수를 호출하여 인공 신경망에 대한 학습을 시작합니다. fit 함수에는 x_train, y_train 데이터가 입력이 되는데 인공 신경망을 x_train, y_train 데이터에 맞도록 학습한다는 의미를 갖습니다. 즉, x_train, y_train 데이터에 맞도록 인공 신경망을 조물조물, 주물주물 학습한다는 의미입니다. fit 함수에는 학습을 몇 회 수행할지도 입력해 줍니다. epochs는 학습 횟수를 의미하며, 여기서는 600회 학습을 수행하도록 합니다. 일반적으로 학습 횟수에 따라 인공 신경망 근사 함수가 정확해 집니다.

54   : model_f.predict 함수를 호출하여 인공 신경망을 사용합니다. 여기서는 학습이 끝난 인공 신경망 함수에 x_test 값을 주어 그 결과를 예측해 봅니다. 예측한 결과 값은 p_test 변수로 받습니다.

56~59 : 47~50줄에서와 같은 방법으로 그래프를 그립니다.

2 ▶ 버튼을 눌러 프로그램을 실행시킵니다. 다음은 실행 결과 화면입니다.

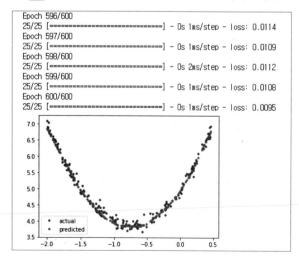

파란색 점은 x_test, y_test의 분포를 나타내며, 빨간색 점은 x_test, p_test의 분포를 나타냅니다. 인공 신경망이 학습을 수행한 이후에는 x_test 값에 대한 예측 값을 실제 함수에 근사해서 생성해 내는 것을 볼 수 있습니다.

5차 함수 근사해 보기

이번에는 다음과 같은 5차 함수를 근사하도록 인공 신경망 함수를 학습시켜 봅니다.

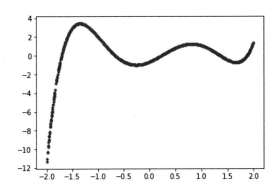

$$y = (x+1.7)(x+0.7)(x-0.3)(x-1.3)(x-1.9)+0.2$$
$$(-2 \leq x \leq 2)$$

x 좌표의 범위는 −2에서 2까지입니다.

1 이전 예제의 09줄을 다음과 같이 수정합니다.

```
09 xs = np.random.uniform(-2, 2, NUM_SAMPLES)
```

09 : np.random.uniform 함수를 호출하여 (−2, 2) 범위에서 NUM_SAMPLES 만큼의 임의 값을 차례대로 고르게 추출하여 xs 변수에 저장합니다.

2 계속해서 13줄을 다음과 같이 수정합니다.

```
13 ys = (xs+1.7)*(xs+0.7)*(xs-0.3)*(xs-1.3)*(xs-1.9)+0.2
```

13 : 다음 식을 이용하여 추출된 x 값에 해당하는 y 값을 얻어내어 ys 변수에 저장합니다. y 값도 NUM_SAMPLES 개수만큼 추출됩니다.
$$y = (x+1.7)(x+0.7)(x-0.3)(x-1.3)(x-1.9)+0.2$$

❸ ▶ 버튼을 눌러 프로그램을 실행시킵니다. 다음은 실행 결과 화면입니다.

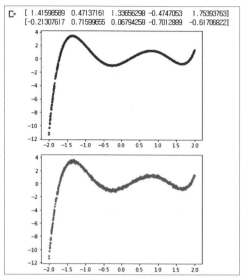

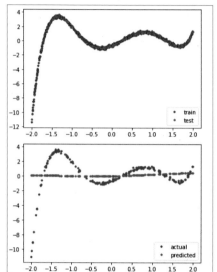

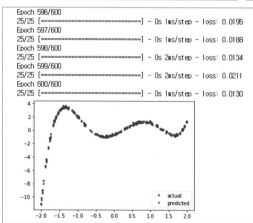

인공 신경망이 학습을 수행한 이후에는 x_test 값에 대한 예측 값을 실제 함수에 근사해서 생성해 내는 것을 볼 수 있습니다.

다양한 함수 근사해 보기

여기서는 독자 여러분이 이전과 같이 예제를 수정해 가며, 중·고등학교 때 배운 함수들을 인공 신경망을 학습시켜 근사시켜 봅니다.

분수 함수 근사해 보기

다음은 분수 함수에 대한 그래프와 인공 신경망 학습 후, 예측 그래프입니다.

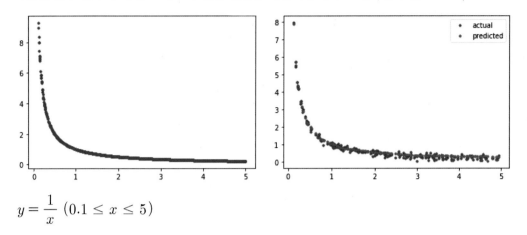

$$y = \frac{1}{x} \ (0.1 \le x \le 5)$$

x 좌표의 범위는 0.1에서 5까지입니다. 분수함수의 경우 x 값 0에 대해 정의되지 않습니다.
이전 예제를 다음과 같이 수정한 후, 테스트를 수행합니다.

```
09 xs = np.random.uniform(0.1, 5, NUM_SAMPLES)          13 ys = 1.0/xs
```

sin 함수 근사해 보기

다음은 sin 함수에 대한 그래프와 인공 신경망 학습 후, 예측 그래프입니다.

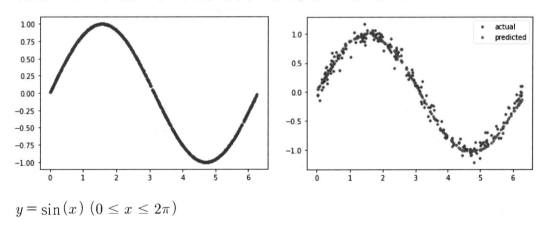

$$y = \sin(x) \ (0 \le x \le 2\pi)$$

x 좌표의 범위는 0에서 2π까지입니다. 이전 예제를 다음과 같이 수정한 후, 테스트를 수행합니다.

```
09 xs = np.random.uniform(0, 2*np.pi, NUM_SAMPLES)      13 ys = np.sin(xs)
```

tanh 함수 근사해 보기

다음은 tanh 함수에 대한 그래프와 인공 신경망 학습 후, 예측 그래프입니다.

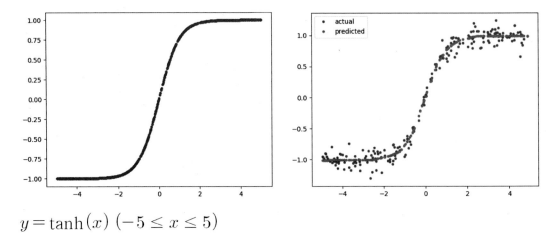

$$y = \tanh(x) \ (-5 \le x \le 5)$$

x 좌표의 범위는 -5에서 5까지입니다.

이전 예제를 다음과 같이 수정한 후, 테스트를 수행합니다.

```
09 xs = np.random.uniform(-5, 5, NUM_SAMPLES)
```
```
13 ys = np.tanh(xs)
```

※ tanh 함수는 인공 신경망의 활성화 함수로 사용하는 함수 중 하나입니다.

e 지수함수 근사해 보기

다음은 e 지수 함수에 대한 그래프와 인공 신경망 학습 후, 예측 그래프입니다.

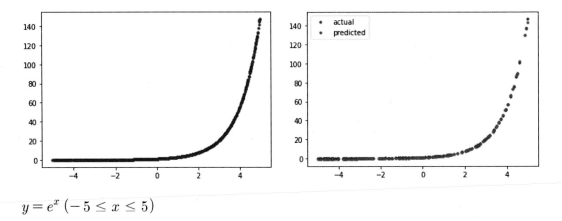

$$y = e^x \ (-5 \le x \le 5)$$

x 좌표의 범위는 -5에서 5까지입니다. 이전 예제를 다음과 같이 수정한 후, 테스트를 수행합니다.

```
09 xs = np.random.uniform(-5, 5, NUM_SAMPLES)
```
```
13 ys = np.exp(xs)
```

sigmoid 함수 근사해 보기

다음은 sigmoid 함수에 대한 그래프와 인공 신경망 학습 후, 예측 그래프입니다.

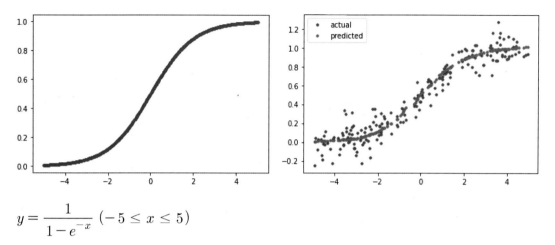

$$y = \frac{1}{1-e^{-x}} \ (-5 \leq x \leq 5)$$

x 좌표의 범위는 -5에서 5까지입니다. 이전 예제를 다음과 같이 수정한 후, 테스트를 수행합니다.

```
09 xs = np.random.uniform(-5, 5, NUM_SAMPLES)
```

```
13 ys = 1.0/(1.0+np.exp(-xs))
```

※ sigmoid 함수는 인공 신경망의 활성화 함수로 사용하는 함수 중 하나입니다.

로그함수 근사해 보기

다음은 로그 함수에 대한 그래프와 인공 신경망 학습 후, 예측 그래프입니다.

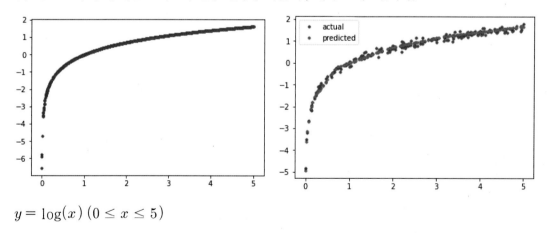

$$y = \log(x) \ (0 \leq x \leq 5)$$

x 좌표의 범위는 0에서 5까지입니다. log함수의 경우 음수 x 값에 대해 정의되지 않습니다.
이전 예제를 다음과 같이 수정한 후, 테스트를 수행합니다.

```
09 xs = np.random.uniform(0, 5, NUM_SAMPLES)
```

```
13 ys = np.log(xs)
```

제곱근 함수 근사해 보기

다음은 제곱근 함수에 대한 그래프와 인공 신경망 학습 후, 예측 그래프입니다.

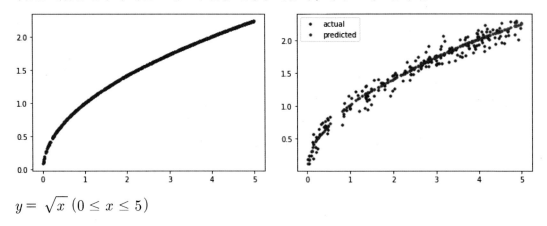

$$y = \sqrt{x} \ (0 \leq x \leq 5)$$

x 좌표의 범위는 0.1에서 5까지입니다. 제급근함수의 경우 음수 x 값에 대해 정의되지 않습니다.
이전 예제를 다음과 같이 수정한 후, 테스트를 수행합니다.

```
09 xs = np.random.uniform(0, 5, NUM_SAMPLES)
```

```
13 ys = np.sqrt(xs)
```

relu 함수 근사해 보기

다음은 relu 함수에 대한 그래프와 인공 신경망 학습 후, 예측 그래프입니다.

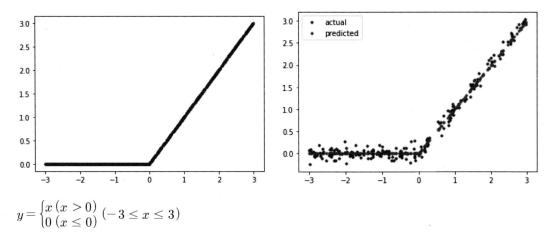

$$y = \begin{cases} x \ (x > 0) \\ 0 \ (x \leq 0) \end{cases} (-3 \leq x \leq 3)$$

x 좌표의 범위는 −3에서 3까지입니다. 이전 예제를 다음과 같이 수정한 후, 테스트를 수행합니다.

```
09 xs = np.random.uniform(-3, 3, NUM_SAMPLES)
```

```
13 ys = (xs>0)*xs
```

13 : xs)0 연산의 경우 xs가 0보다 큰 항목은 1이 되고, 그렇지 않은 경우는 0이 됩니다. 그래서 xs가 0보다 큰 항목은 ys
= xs가 되며, 그렇지 않은 경우는 ys = 0이 됩니다.

※ relu 함수는 인공 신경망의 활성화 함수로 사용하는 함수 중 하나입니다.

leaky relu 함수 근사해 보기

다음은 leaky relu 함수에 대한 그래프와 인공 신경망 학습 후, 예측 그래프입니다.

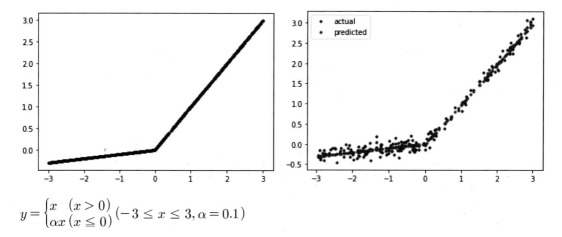

$$y = \begin{cases} x & (x > 0) \\ \alpha x & (x \leq 0) \end{cases} (-3 \leq x \leq 3, \alpha = 0.1)$$

x 좌표의 범위는 −3에서 3까지입니다. 위 그래프에서 는 0.1입니다. 일반적으로 0.01을 사용합니다. 이전 예제를 다음과 같이 수정한 후, 테스트를 수행합니다.

```
09 xs = np.random.uniform(-3, 3, NUM_SAMPLES)
```

```
13 ys = (xs>0)*xs + (xs<=0)*0.1*xs
```

※ leaky relu 함수는 인공 신경망의 활성화 함수로 사용하는 함수 중 하나입니다.

이상에서 독자 여러분이 중 · 고등학교 때 배운 함수들에 대해 인공 신경망을 학습시켜 근사 함수를 만들어 보았습니다. 또, 몇 가지 활성화 함수들에 대해서도 인공 신경망을 학습시켜 근사 함수를 만들어 보았습니다. 실제로 인공 신경망 함수는 앞에서 살펴본 함수로 표현하기 어려운 복잡한 형태의 입출력 데이터에 대한 근사 함수를 만들 때 사용합니다. 예를 들어, 자동차 번호판을 인식하는 함수라든지 사람이나 자동차를 인식하는 함수를 만들 때 사용합니다.

인공 신경망 소스 살펴보기

다음은 지금까지 실습한 인공 신경망 관련 루틴을 정리한 내용입니다.

134_1.py

```
01 import numpy as np
02 import time
03 import matplotlib.pyplot as plt
04
05 NUM_SAMPLES = 1000
06
```

```
07 np.random.seed(int(time.time()))
08
09 xs = np.random.uniform(0.1, 5, NUM_SAMPLES)
10 np.random.shuffle(xs)
11
12 ys = 1.0/xs
13
14 ys += 0.1*np.random.randn(NUM_SAMPLES)
15
16 NUM_SPLIT = int(0.8*NUM_SAMPLES)
17
18 x_train, x_test = np.split(xs, [NUM_SPLIT])
19 y_train, y_test = np.split(ys, [NUM_SPLIT])
20
21 import tensorflow as tf
22
23 model_f = tf.keras.Sequential([
24     tf.keras.layers.InputLayer(input_shape=(1,)),
25     tf.keras.layers.Dense(16, activation='relu'),
26     tf.keras.layers.Dense(16, activation='relu'),
27     tf.keras.layers.Dense(1)
28 ])
29
30 model_f.compile(optimizer='sgd', loss='mean_squared_error')
31
32 model_f.fit(x_train, y_train, epochs=600)
33
34 p_test = model_f.predict(x_test)
35
36 plt.plot(x_test, y_test, 'b.', label='actual')
37 plt.plot(x_test, p_test, 'r.', label='predicted')
38 plt.legend()
39 plt.show()
```

05~14 : 인공 신경망 학습에 사용할 데이터를 생성합니다.

16~19 : 데이터를 훈련 데이터와 실험 데이터로 나눕니다.

23~28 : 인공 신경망 구성에 필요한 입력 층. 은닉 층. 출력 층을 구성합니다.

30   : 인공 신경망 내부 망을 구성하고, 학습에 필요한 오차함수, 최적화함수를 설정합니다.

32   : 인공 신경망을 학습시킵니다.

34   : 학습시킨 인공 신경망을 이용하여 새로 들어온 데이터에 대한 예측을 수행합니다.

04 _ 딥러닝 활용 맛보기

앞에서 우리는 중 · 고등학교 때 배운 함수들에 대해 인공 신경망을 학습시켜 근사 함수를 만들어 보았습니다. 실제로 인공 신경망 함수는 이러한 함수들로 표현하기 어려운 복잡한 형태의 입출력 데이터에 대한 근사 함수를 만들 때 사용합니다. 여기서는 인공 신경망을 학습시켜 숫자와 그림을 인식해 보도록 합니다. 일반적으로 인공 신경망 관련된 책에서 소개되는 예제를 수행해 보며, 인공 신경망이 어떻게 활용되는지 살펴봅니다.

딥러닝 활용 예제 살펴보기

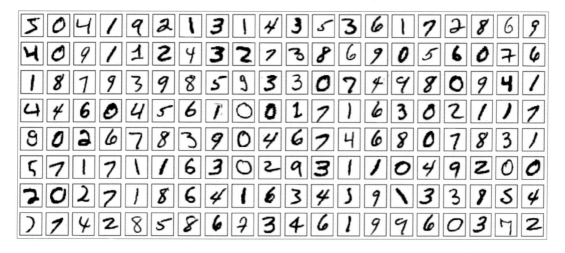

여기서는 MNIST라고 하는 손 글씨 숫자 데이터를 입력받아 학습을 수행하는 예제를 살펴봅니다. 여기서 소개하는 예제의 경우 독자 여러분은 구체적으로 어떤 데이터가 사용되는지 알기 어렵습니다. 데이터에 대해서는 다음 단원에서 자세히 살펴보도록 합니다. 여기서는 딥러닝 예제의 기본적인 구조를 살펴보도록 합니다. 다음과 같은 모양의 인공 신경망을 구성하고 학습시켜 봅니다.

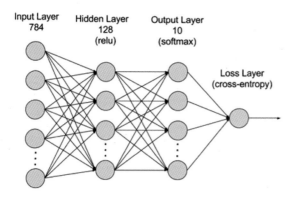

1 다음과 같이 예제를 작성합니다.

141_1.py

```
01 import tensorflow as tf
02
03 mnist = tf.keras.datasets.mnist
04
05 (x_train, y_train), (x_test, y_test) = mnist.load_data()
06 x_train, x_test = x_train / 255.0, x_test / 255.0
07 x_train, x_test = x_train.reshape((60000, 784)), x_test.reshape((10000, 784))
08
09 model = tf.keras.Sequential([
10     tf.keras.layers.InputLayer(input_shape=(784,)),
11     tf.keras.layers.Dense(128, activation='relu'),
12     tf.keras.layers.Dense(10, activation='softmax')
13 ])
14
15 model.compile(optimizer='adam',
16               loss='sparse_categorical_crossentropy',
17               metrics=['accuracy'])
18
19 model.fit(x_train, y_train, epochs=5)
20
21 model.evaluate(x_test, y_test)
```

01 : import문을 이용하여 tensorflow 모듈을 tf라는 이름으로 불러옵니다. tensorflow 모듈은 구글에서 제공하는 인공 신경망 라이브러리입니다.

03 : mnist 변수를 생성한 후, tf.keras.datasets.mnist 모듈을 가리키게 합니다. mnist 모듈은 손 글씨 숫자 데이터를 가진 모듈입니다. mnist 모듈에는 6만개의 학습용 손 글씨 숫자 데이터와 1만개의 시험용 손 글씨 숫자 데이터가 있습니다. 이 데이터들에 대해서는 다음 단원에서 자세히 살펴봅니다.

05 : mnist.load_data 함수를 호출하여 손 글씨 숫자 데이터를 읽어와 x_train, y_train, x_test, y_test 변수가 가리키게 합니다. x_train, x_test 변수는 각각 6만개의 학습용 손 글씨 숫자 데이터와 1만개의 시험용 손 글씨 숫자 데이터를 가리킵니다. y_train, y_test 변수는 각각 6만개의 학습용 손 글씨 숫자 라벨과 1만개의 시험용 손 글씨 숫자 라벨을 가리킵니다. 예를 들어 x_train[0], y_train[0] 항목은 각각 다음과 같은 손 글씨 숫자 5에 대한 그림과 라벨 5를 가리킵니다.

또, x_test[0], y_test[0] 항목은 각각 다음과 같은 손 글씨 숫자 7에 대한 그림과 라벨 7을 가리킵니다.

06 : x_train, x_test 변수가 가리키는 6만개, 1만개의 그림은 각각 28x28 픽셀로 구성된 그림이며, 1픽셀의 크기는 8비트로 0에서 255사이의 숫자를 가집니다. 모든 픽셀의 숫자를 255.0으로 나누어 각 픽셀을 0.0에서 1.0사이의 실수로 바꾸어 인공 신경망에 입력하게 됩니다. 다음은 x_train[0] 그림의 픽셀 값을 출력한 그림입니다.

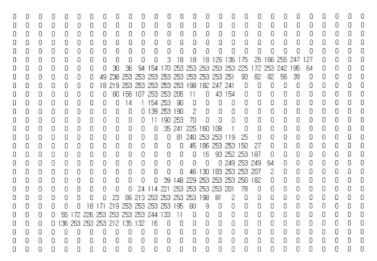

07 : x_train, x_test 변수가 가리키는 6만개, 1만개의 그림은 각각 28x28 픽셀, 28x28 픽셀로 구성되어 있습니다. 이 예제에서 소개하는 인공 신경망의 경우 그림 데이터를 입력할 때 28x28 픽셀을 784(=28x28) 픽셀로 일렬로 세워서 입력하게 됩니다. 그래서 10줄에 있는 InputLayer 클래스는 일렬로 세워진 784 픽셀을 입력으로 받도록 구성됩니다.

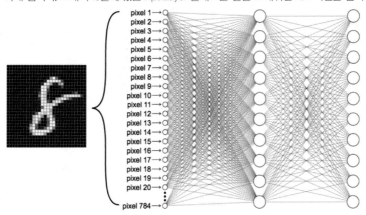

출처 : https://www.kdnuggets.com/2019/11/designing-neural-networks.html

09~13 : tf.keras.Sequential 클래스를 이용하여 인공 신경망을 생성합니다. 여기서 생성한 인공 신경망은 138(=128+10)개의 인공 신경으로 구성됩니다. 입력 층에 표시된 노드는 입력 값의 개수를 표시하며 나머지 층에 있는 노드는 인공 신경을 나타냅니다. 인공 신경망의 내부 구조는 뒤에서 자세히 살펴봅니다. 생성된 인공 신경망은 일반적으로 모델이라고 합니다. 모델은 모형을 의미하며, 주어진 데이터에 맞추어진 원래 함수를 흉내 내는 함수인 근사 함수를 의미합니다. 여기서는 손 글씨 숫자를 구분하는 근사함수입니다.

10 : tf.keras.layers.InputLayer 함수를 이용하여 내부적으로 keras 라이브러리에서 제공하는 tensor를 생성하고, 입력 노드의 개수를 정해줍니다. tensor는 3차원 이상의 행렬을 의미하며, 인공 신경망 구성 시 사용하는 자료 형입니다. 여기서는 784개의 입력 노드를 생성합니다.

11 : tf.keras.layers.Dense 클래스를 이용하여 신경망 층을 생성합니다. 여기서는 단위 인공 신경 128개를 생성합니다. activation은 활성화 함수를 의미하며 여기서는 'relu' 함수를 사용합니다. 다음은 relu 함수를 나타냅니다.

활성화 함수와 'relu' 함수에 대해서는 뒤에서 구현해 보면서 자세히 살펴보도록 합니다. 여기서 Dense는 내부적으로 y = activation(x*w + b) 식을 생성하게 됩니다. 이 식에 대해서는 뒤에서 실제로 구현해 보며 그 원리를 살펴보도록 합니다.

12 : tf.keras.layers.Dense 클래스를 이용하여 신경망 층을 생성합니다. 여기서는 단위 인공 신경 10개를 생성합니다. activation은 활성화 함수를 의미하며 여기서는 'softmax' 함수를 사용합니다. 다음은 softmax 함수를 나타냅니다.

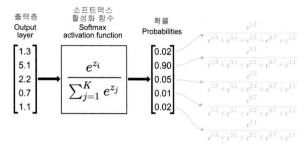

참고로 'softmax' 함수는 출력 층에서만 사용할 수 있는 활성화 함수입니다. 활성화 함수와 'softmax' 함수에 대해서는 뒤에서 구현해 보면서 자세히 살펴보도록 합니다.

15~17 : model.compile 함수를 호출하여 내부적으로 인공 신경망을 구성합니다. 인공 신경망을 구성할 때에는 적어도 2개의 함수를 정해야 합니다. loss 함수와 optimizer 함수. 즉, 손실 함수와 최적화 함수를 정해야 합니다. 손실 함수와 최적화 함수에 대해서는 뒤에서 자세히 살펴봅니다. 손실 함수로는 sparse_categorical_crossentropy 함수를 사용하고 최적화 함수는 adam 함수를 사용합니다. sparse_categorical_crossentropy, adam 함수는 뒤에서 살펴보도록 합니다. fit 함수 로그에는 기본적으로 손실 값만 표시됩니다. metrics 매개 변수는 학습 측정 항목 함수를 전달할 때 사용합니다. 'accuracy'는 학습의 정확도를 출력해 줍니다.

19 : model.fit 함수를 호출하여 인공 신경망에 대한 학습을 시작합니다. fit 함수에는 x_train, y_train 데이터가 입력이 되는데 인공 신경망을 x_train, y_train 데이터에 맞도록 학습한다는 의미를 갖습니다. 즉, x_train, y_train 데이터에 맞도록 인공 신경망을 조물조물, 주물주물 학습한다는 의미입니다. fit 함수에는 학습을 몇 회 수행할지도 입력해 줍니다. epochs는 학습 횟수를 의미하며, 여기서는 5회 학습을 수행하도록 합니다. 일반적으로 학습 횟수에 따라 인공 신경망 근사 함수가 정확해 집니다.

21 : model.evaluate 함수를 호출하여 인공 신경망의 학습 결과를 평가합니다. 여기서는 학습이 끝난 인공 신경망 함수에 x_test 값을 주어 학습 결과를 평가해 봅니다.

2 ▶ 버튼을 눌러 프로그램을 실행시킵니다. 다음은 실행 결과 화면입니다.

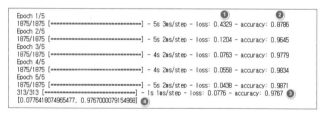

❶ 손실 함수에 의해 측정된 오차 값을 나타냅니다. 학습 횟수가 늘어남에 따라 오차 값이 줄어듭니다.

❷ 학습 진행에 따른 정확도가 표시됩니다. 처음에 87.86%에서 시작해서 마지막엔 98.71%의 정확도로 학습이 끝납니다. 즉, 100개의 손 글씨가 있다면 98.71개를 맞춘다는 의미입니다.

❸ 학습이 끝난 후에, evalueate 함수로 시험 데이터를 평가한 결과입니다. 학습 데이터의 예측 결과에 비해 시험 데이터의 예측 결과에서는 손실 값이 늘어났고, 정확도가 97.67%로 약간 떨어진 상태입니다.

❹ 평가한 결과가 표시됩니다.

연습문제

[문제] 학습 회수를 다음과 같이 50회로 늘려 정확도를 개선해 봅니다.

```
19 model.fit(x_train, y_train, epochs=50)
```

손 글씨 숫자 인식 예제 살펴보기

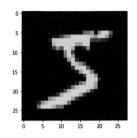

여기서는 앞에서 전체적으로 실행해 본 예제를 단계별로 살펴봅니다. 즉, 입력 데이터의 모양도 살펴보고 학습을 수행한 후, 학습에 사용하지 않은 손 글씨 숫자를 얼마나 잘 인식하는지 살펴봅니다. 또 잘못 인식한 숫자를 독자 여러분이 직접 화면에 그려보며, 인공 신경망의 인식 성능을 확인해 봅니다.

데이터 모양 살펴보기
여기서는 먼저 MNIST 손 글씨 숫자 데이터의 개수와 형식을 살펴보도록 합니다.

1 다음과 같이 예제를 작성합니다.

142_1.py

```
1 import tensorflow as tf
2
3 mnist = tf.keras.datasets.mnist
4
5 (x_train, y_train),(x_test, y_test) = mnist.load_data()
6 print(" x_train:%s y_train:%s x_test:%s y_test:%s " %(
7     x_train.shape, y_train.shape, x_test.shape, y_test.shape))
```

01 : import문을 이용하여 tensorflow 모듈을 tf라는 이름으로 불러옵니다. tensorflow 모듈은 구글에서 제공하는 인공 신경망 라이브러리입니다.

03 : mnist 변수를 생성한 후, tf.keras.datasets.mnist 모듈을 가리키게 합니다. mnist 모듈은 손 글씨 숫자 데이터를 가진 모듈입니다. mnist 모듈에는 6만개의 학습용 손 글씨 숫자 데이터와 1만개의 시험용 손 글씨 숫자 데이터가 있습니다.

05 : mnist.load_data 함수를 호출하여 손 글씨 숫자 데이터를 읽어와 x_train, y_train, x_test, y_test 변수가 가리키게 합니다.

06, 07 : print 함수를 호출하여 x_train, y_train, x_test, y_test의 데이터 모양을 출력합니다.

2 ▶ 버튼을 눌러 프로그램을 실행시킵니다. 다음은 실행 결과 화면입니다.

```
x_train:(60000, 28, 28) y_train:(60000,) x_test:(10000, 28, 28) y_test:(10000,)
```

x_train, y_train 변수는 각각 6만개의 학습용 손 글씨 숫자 데이터와 숫자 라벨을 가리킵니다. x_test, y_test 변수는 각각 1만개의 시험용 손 글씨 숫자 데이터와 숫자 라벨을 가리킵니다. x_train, x_test 변수가 가리키는 6만개, 1만개의 그림은 각각 28x28 픽셀, 28x28 픽셀로 구성되어 있습니다.

학습 데이터 그림 그려보기 1

여기서는 학습용 데이터의 그림을 화면에 출력해 봅니다.

1 다음과 같이 예제를 수정합니다.

142_1.py

```
01 import tensorflow as tf
02
03 mnist = tf.keras.datasets.mnist
04
05 (x_train, y_train),(x_test, y_test) = mnist.load_data()
06 print("x_train:%s y_train:%s x_test:%s y_test:%s "%(
07     x_train.shape, y_train.shape, x_test.shape, y_test.shape))
08
09 import matplotlib.pyplot as plt
10
11 plt.figure()
12 plt.imshow(x_train[0])
13 plt.show()
```

09 : import문을 이용하여 matplotlib.pyplot 모듈을 plt라는 이름으로 불러옵니다. 여기서는 matplotlib.pyplot 모듈을 이용하여 11~13줄에서 그래프를 그립니다.

11 : plt.figure 함수를 호출하여 새로운 그림을 만들 준비를 합니다. figure 함수는 내부적으로 그림을 만들고 편집할 수 있게 해 주는 함수입니다.

12 : plt.imshow 함수를 호출하여 x_train[0] 항목의 그림을 내부적으로 그립니다.

13 : plt.show 함수를 호출하여 내부적으로 그린 그림을 화면에 그립니다.

2 ◉ 버튼을 눌러 프로그램을 실행시킵니다. 다음은 실행 결과 화면입니다.

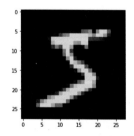

x_train[0] 항목의 손 글씨 숫자 그림은 5입니다.

그림 픽셀 값 출력해 보기

여기서는 앞에서 출력한 그림의 픽셀 값을 출력해 봅니다.

1 다음과 같이 예제를 수정합니다.

142_1.py

```
01 import tensorflow as tf
02
03 mnist = tf.keras.datasets.mnist
04
05 (x_train, y_train),(x_test, y_test) = mnist.load_data()
06 print("x_train:%s y_train:%s x_test:%s y_test:%s "%(
07     x_train.shape, y_train.shape, x_test.shape, y_test.shape))
08
09 import matplotlib.pyplot as plt
10
11 plt.figure()
12 plt.imshow(x_train[0])
13 plt.show()
14
15 for y in range(28):
16     for x in range(28):
17             print("%4s "%x_train[0][y][x],end=' ')
18     print()
```

15 : 그림의 세로 28 줄에 대해
16 : 그림의 가로 28 픽셀에 대해
17 : 각 픽셀 값을 출력합니다.

2 ▶ 버튼을 눌러 프로그램을 실행시킵니다. 다음은 실행 결과 화면입니다.

```
0   0   0   0   0   0   0   0   0   0   0   0   0   0   0   0   0   0   0   0   0   0   0   0   0   0   0   0
0   0   0   0   0   0   0   0   0   0   0   0   0   0   0   0   0   0   0   0   0   0   0   0   0   0   0   0
0   0   0   0   0   0   0   0   0   0   0   0   0   0   0   0   0   0   0   0   0   0   0   0   0   0   0   0
0   0   0   0   0   0   0   0   0   0   0   0   0   0   0   0   0   0   0   0   0   0   0   0   0   0   0   0
0   0   0   0   0   0   0   0   0   0   0   0   0   0   0   0   0   0   0   0   0   0   0   0   0   0   0   0
0   0   0   0   0   0   0   0   0   0   0   0   3  18  18 126 136 175  26 166 255 247 127   0   0   0
0   0   0   0   0   0   0  30  36  94 154 170 253 253 253 253 253 225 172 253 242 195  64   0   0   0
0   0   0   0   0   0   0  49 238 253 253 253 253 253 253 253 253 251  93  82  82  56  39   0   0   0
0   0   0   0   0   0   0  18 219 253 253 253 253 253 198 182 247 241   0   0   0   0   0   0   0   0
0   0   0   0   0   0   0   0  80 156 107 253 253 205  11   0  43 154   0   0   0   0   0   0   0   0
0   0   0   0   0   0   0   0  14   1 154 253  90   0   0   0   0   0   0   0   0   0   0   0   0   0
0   0   0   0   0   0   0   0   0 139 253 190   2   0   0   0   0   0   0   0   0   0   0   0   0   0
0   0   0   0   0   0   0   0   0  11 190 253  70   0   0   0   0   0   0   0   0   0   0   0   0   0
0   0   0   0   0   0   0   0   0   0  35 241 225 160 108   1   0   0   0   0   0   0   0   0   0   0
0   0   0   0   0   0   0   0   0   0   0  81 240 253 253 119  25   0   0   0   0   0   0   0   0   0
0   0   0   0   0   0   0   0   0   0   0   0  45 186 253 253 150  27   0   0   0   0   0   0   0   0
0   0   0   0   0   0   0   0   0   0   0   0   0  16  93 252 253 187   0   0   0   0   0   0   0   0
0   0   0   0   0   0   0   0   0   0   0   0   0   0 249 253 249  64   0   0   0   0   0   0   0   0
0   0   0   0   0   0   0   0   0   0   0  46 130 183 253 253 207   2   0   0   0   0   0   0   0   0
0   0   0   0   0   0   0   0  39 148 229 253 253 253 250 182   0   0   0   0   0   0   0   0   0   0
0   0   0   0   0   0   0  24 114 221 253 253 253 253 201  78   0   0   0   0   0   0   0   0   0   0
0   0   0   0   0   0  23  66 213 253 253 253 253 198  81   2   0   0   0   0   0   0   0   0   0   0
0   0   0   0   0  18 171 219 253 253 253 253 195  80   9   0   0   0   0   0   0   0   0   0   0   0
0   0   0  55 172 226 253 253 253 253 244 133  11   0   0   0   0   0   0   0   0   0   0   0   0   0
0   0   0 136 253 253 253 212 135 132  16   0   0   0   0   0   0   0   0   0   0   0   0   0   0   0
0   0   0   0   0   0   0   0   0   0   0   0   0   0   0   0   0   0   0   0   0   0   0   0   0   0
0   0   0   0   0   0   0   0   0   0   0   0   0   0   0   0   0   0   0   0   0   0   0   0   0   0
0   0   0   0   0   0   0   0   0   0   0   0   0   0   0   0   0   0   0   0   0   0   0   0   0   0
```

각 픽셀의 값이 0~255 사이의 값에서 출력되는 것을 확인합니다.

학습 데이터 그림 그려보기 2

여기서는 학습 데이터의 그림 25개를 화면에 출력해 봅니다.

1 다음과 같이 예제를 수정합니다.

142_1.py

```
01 import tensorflow as tf
02
03 mnist = tf.keras.datasets.mnist
04
05 (x_train, y_train),(x_test, y_test) = mnist.load_data()
06 print("x_train:%s y_train:%s x_test:%s y_test:%s "%(
07         x_train.shape, y_train.shape, x_test.shape, y_test.shape))
08
09 import matplotlib.pyplot as plt
10
11 plt.figure()
12 plt.imshow(x_train[0])
13 plt.show()
14
15 for y in range(28):
16         for x in range(28):
17                 print("%4s "%x_train[0][y][x],end=' ')
18         print()
19
20 plt.figure(figsize=(10,10))
21 for i in range(25):
22         plt.subplot(5,5,i+1)
23         plt.xticks([])
24         plt.yticks([])
25         plt.imshow(x_train[i], cmap=plt.cm.binary)
26         plt.xlabel(y_train[i])
27 plt.show()
```

20 : plt.figure 함수를 호출하여 새로운 그림을 만들 준비를 합니다. figure 함수는 내부적으로 그림을 만들고 편집할 수 있게 해 주는 함수입니다. figsize는 그림의 인치 단위의 크기를 나타냅니다. 여기서는 가로 10인치, 세로 10인 치의 그림을 그린다는 의미입니다.

21 : 0에서 24에 대해

22 : plt.subplot 함수를 호출하여 그림 창을 분할하여 하위 그림을 그립니다. 5,5는 각각 행의 개수와 열의 개수를 의 미합니다. i+1은 하위 그림의 위치를 나타냅니다.

23, 24 : plt.xticks, plt.yticks 함수를 호출하여 x, y 축 눈금을 설정합니다. 여기서는 빈 리스트를 주어 눈금 표시를 하지 않습니다.

25 : plt.imshow 함수를 호출하여 x_train[i] 항목의 그림을 내부적으로 그립니다. cmap는 color map의 약자로 binary 는 그림을 이진화해서 표현해 줍니다.

26 : plt.xlabel 함수를 호출하여 x 축에 라벨을 붙여줍니다. 라벨의 값은 y_train[i]입니다.

27 : plt.show 함수를 호출하여 내부적으로 그린 그림을 화면에 그립니다.

2 ▶ 버튼을 눌러 프로그램을 실행시킵니다. 다음은 실행 결과 화면입니다.

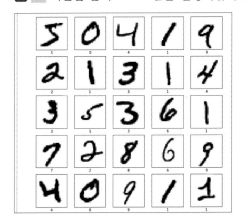

x_train 변수가 가리키는 손 글씨 숫자 그림 25개를 볼 수 있습니다. x_train 변수는 이런 그림을 6만개를 가리키고 있습니다.

인공 신경망 학습시키기

여기서는 이전 예제에서 살펴본 손 글씨 숫자 데이터를 이용하여 인공 신경망을 학습시켜 봅니다. 인공 신경망은 앞에서 구성했던 신경망을 그대로 사용합니다.

1 다음과 같이 예제를 수정합니다.

142_1.py

```
01 import tensorflow as tf
02
03 mnist = tf.keras.datasets.mnist
04
05 (x_train, y_train),(x_test, y_test) = mnist.load_data()
06 print(" x_train:%s y_train:%s x_test:%s y_test:%s "%(
07     x_train.shape, y_train.shape, x_test.shape, y_test.shape))
08
09 import matplotlib.pyplot as plt
10
11 plt.figure()
12 plt.imshow(x_train[0])
13 plt.show()
14
15 for y in range(28):
16     for x in range(28):
17             print(" %4s "%x_train[0][y][x],end=' ')
18     print()
19
```

```
20 plt.figure(figsize=(10,10))
21 for i in range(25):
22         plt.subplot(5,5,i+1)
23         plt.xticks([])
24         plt.yticks([])
25         plt.imshow(x_train[i], cmap=plt.cm.binary)
26         plt.xlabel(y_train[i])
27 plt.show()
28
29 x_train, x_test = x_train/255.0, x_test/255.0
30 x_train, x_test = x_train.reshape(60000,784), x_test.reshape(10000,784)
31
32 model = tf.keras.models.Sequential([
33         tf.keras.layers.InputLayer(input_shape=(784,)),
34         tf.keras.layers.Dense(128, activation='relu'),
35         tf.keras.layers.Dense(10, activation='softmax')
36 ])
37
38 model.compile(optimizer='adam',
39               loss='sparse_categorical_crossentropy',
40               metrics=['accuracy'])
41
42 model.fit(x_train, y_train, epochs=5)
43
44 model.evaluate(x_test, y_test)
```

29 : x_train, x_test 변수가 가리키는 6만개, 1만개의 그림은 각각 28x28 픽셀로 구성된 그림이며, 1픽셀의 크기는 8비트로 0에서 255사이의 숫자를 가집니다. 모든 픽셀의 숫자를 255.0으로 나누어 각 픽셀을 0.0에서 1.0사이의 실수로 바꾸어 인공 신경망에 입력하게 됩니다. 다음은 x_train[0] 그림의 픽셀 값을 출력한 그림입니다.

```
0   0   0   0   0   0   0   0   0   0   0   0   0   0   0   0   0   0   0   0   0   0   0   0   0   0   0   0
0   0   0   0   0   0   0   0   0   0   0   0   0   0   0   0   0   0   0   0   0   0   0   0   0   0   0   0
0   0   0   0   0   0   0   0   0   0   0   0   0   0   0   0   0   0   0   0   0   0   0   0   0   0   0   0
0   0   0   0   0   0   0   0   0   0   0   0   0   0   0   0   0   0   0   0   0   0   0   0   0   0   0   0
0   0   0   0   0   0   0   0   0   0   0   0   0   0   0   0   0   0   0   0   0   0   0   0   0   0   0   0
0   0   0   0   0   0   0   0   0   0   0   0   3   18  18  18  126 136 175  26 166 255 247 127  0   0   0   0
0   0   0   0   0   0   0   0  30   36  94 154 170 253 253 253 253 253 225 172 253 242 195  64  0   0   0   0
0   0   0   0   0   0   0  49 238 253 253 253 253 253 253 253 253 251  93  82  82  56  39   0   0   0   0   0
0   0   0   0   0   0  18 219 253 253 253 253 253 198 182 247 241   0   0   0   0   0   0   0   0   0   0   0
0   0   0   0   0   0  80 156 107 253 253 205  11   0  43 154   0   0   0   0   0   0   0   0   0   0   0   0
0   0   0   0   0   0   0  14   1 154 253  90   0   0   0   0   0   0   0   0   0   0   0   0   0   0   0   0
0   0   0   0   0   0   0   0   0 139 253 190   2   0   0   0   0   0   0   0   0   0   0   0   0   0   0   0
0   0   0   0   0   0   0   0   0  11 190 253  70   0   0   0   0   0   0   0   0   0   0   0   0   0   0   0
0   0   0   0   0   0   0   0   0   0  35 241 225 160 108   1   0   0   0   0   0   0   0   0   0   0   0   0
0   0   0   0   0   0   0   0   0   0   0  81 240 253 253 119  25   0   0   0   0   0   0   0   0   0   0   0
0   0   0   0   0   0   0   0   0   0   0   0  45 186 253 253 150  27   0   0   0   0   0   0   0   0   0   0
0   0   0   0   0   0   0   0   0   0   0   0   0  16  93 252 253 187   0   0   0   0   0   0   0   0   0   0
0   0   0   0   0   0   0   0   0   0   0   0   0   0 249 253 249  64   0   0   0   0   0   0   0   0   0   0
0   0   0   0   0   0   0   0   0   0   0  46 130 183 253 253 207   2   0   0   0   0   0   0   0   0   0   0
0   0   0   0   0   0   0   0   0  39 148 229 253 253 253 250 182   0   0   0   0   0   0   0   0   0   0   0
0   0   0   0   0   0   0   0  24 114 221 253 253 253 253 201  78   0   0   0   0   0   0   0   0   0   0   0
0   0   0   0   0   0   0  23  66 213 253 253 253 253 198  81   2   0   0   0   0   0   0   0   0   0   0   0
0   0   0   0   0   0  18 171 219 253 253 253 253 195  80   9   0   0   0   0   0   0   0   0   0   0   0   0
0   0   0   0  55 172 226 253 253 253 253 244 133  11   0   0   0   0   0   0   0   0   0   0   0   0   0   0
0   0   0   0 136 253 253 253 212 135 132  16   0   0   0   0   0   0   0   0   0   0   0   0   0   0   0   0
0   0   0   0   0   0   0   0   0   0   0   0   0   0   0   0   0   0   0   0   0   0   0   0   0   0   0   0
0   0   0   0   0   0   0   0   0   0   0   0   0   0   0   0   0   0   0   0   0   0   0   0   0   0   0   0
0   0   0   0   0   0   0   0   0   0   0   0   0   0   0   0   0   0   0   0   0   0   0   0   0   0   0   0
```

30 : x_train, x_test 변수가 가리키는 6만개, 1만개의 그림은 각각 28x28 픽셀, 28x28 픽셀로 구성되어 있습니다. 이 예제에서 소개하는 인공 신경망의 경우 그림 데이터를 입력할 때 28x28 픽셀을 784(=28x28) 픽셀로 일렬로 세워서 입력하게 됩니다. 그래서 33줄에 있는 InputLayer 클래스는 일렬로 세워진 784 픽셀을 입력으로 받도록 구성됩니다.

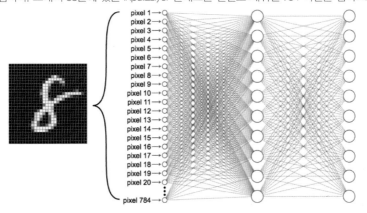

출처 : https://www.kdnuggets.com/2019/11/designing-neural-networks.html

32~36 : tf.keras.Sequential 클래스를 이용하여 인공 신경망을 생성합니다. 여기서 생성한 인공 신경망은 138(=128+10)개의 인공 신경으로 구성됩니다. 입력 층에 표시된 노드는 입력 값의 개수를 표시하며 나머지 층에 있는 노드는 인공 신경을 나타냅니다. 인공 신경망의 내부 구조는 뒤에서 자세히 살펴봅니다. 생성된 인공 신경망은 일반적으로 모델이라고 합니다. 모델은 모형을 의미하며, 주어진 데이터에 맞추어진 원래 함수를 흉내 내는 함수인 근사함수를 의미합니다. 여기서는 손 글씨 숫자를 구분하는 근사함수입니다.

33 : tf.keras.layers.InputLayer 함수를 이용하여 내부적으로 keras 라이브러리에서 제공하는 tensor를 생성하고, 입력 노드의 개수를 정해줍니다. tensor는 3차원 이상의 행렬을 의미하며, 인공 신경망 구성 시 사용하는 자료 형입니다. 여기서는 784개의 입력 노드를 생성합니다.

34 : tf.keras.layers.Dense 클래스를 이용하여 신경망 층을 생성합니다. 여기서는 단위 인공 신경 128개를 생성합니다. activation은 활성화 함수를 의미하며 여기서는 'relu' 함수를 사용합니다. 다음은 relu 함수를 나타냅니다.

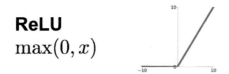

활성화 함수와 'relu' 함수에 대해서는 뒤에서 구현해 보면서 자세히 살펴보도록 합니다.

여기서 Dense는 내부적으로 y = activation(x*w + b) 식을 생성하게 됩니다. 이 식에 대해서는 뒤에서 실제로 구현해 보며 그 원리를 살펴보도록 합니다.

35 : tf.keras.layers.Dense 클래스를 이용하여 신경망 층을 생성합니다. 여기서는 단위 인공 신경 10개를 생성합니다. activation은 활성화 함수를 의미하며 여기서는 'softmax' 함수를 사용합니다. 다음은 softmax 함수를 나타냅니다.

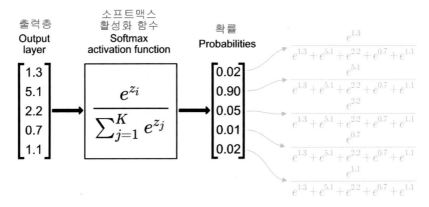

참고로 'softmax' 함수는 출력 층에서만 사용할 수 있는 활성화 함수입니다. 활성화 함수와 'softmax' 함수에 대해서는 뒤에서 구현해 보면서 자세히 살펴보도록 합니다.

38~40 : model.compile 함수를 호출하여 내부적으로 인공 신경망을 구성합니다. 인공 신경망을 구성할 때에는 적어도 2개의 함수를 정해야 합니다. loss 함수와 optimizer 함수. 즉, 손실 함수와 최적화 함수를 정해야 합니다. 손실 함수와 최적화 함수에 대해서는 뒤에서 자세히 살펴봅니다. 손실 함수로는 sparse_categorical_crossentropy 함수를 사용하고 최적화 함수는 adam 함수를 사용합니다. sparse_categorical_crossentropy, adam 함수는 뒤에서 살펴보도록 합니다. fit 함수 로그에는 기본적으로 손실 값만 표시됩니다. metrics 매개 변수는 학습 측정 항목 함수를 전달할 때 사용합니다. 'accuracy'는 학습의 정확도를 출력해 줍니다.

42 : model.fit 함수를 호출하여 인공 신경망에 대한 학습을 시작합니다. fit 함수에는 x_train, y_train 데이터가 입력이 되는데 인공 신경망을 x_train, y_train 데이터에 맞도록 학습한다는 의미를 갖습니다. 즉, x_train, y_train 데이터에 맞도록 인공 신경망을 조물조물, 주물주물 학습한다는 의미입니다. fit 함수에는 학습을 몇 회 수행할지도 입력해 줍니다. epochs는 학습 횟수를 의미하며, 여기서는 5회 학습을 수행하도록 합니다. 일반적으로 학습 횟수에 따라 인공 신경망 근사 함수가 정확해 집니다.

44 : model.evaluate 함수를 호출하여 인공 신경망의 학습 결과를 평가합니다. 여기서는 학습이 끝난 인공 신경망 함수에 x_test 값을 주어 학습 결과를 평가해 봅니다.

2 ▶ 버튼을 눌러 프로그램을 실행시킵니다. 다음은 실행 결과 화면입니다.

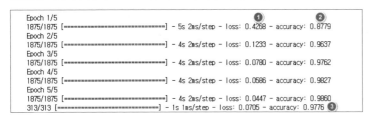

❶ 손실 함수에 의해 측정된 오차 값을 나타냅니다. 학습 횟수가 늘어남에 따라 오차 값이 줄어듭니다.

❷ 학습 진행에 따른 정확도가 표시됩니다. 처음에 87.79%에서 시작해서 마지막엔 98.60%의 정확도로 학습이 끝납니다. 즉, 100개의 손 글씨가 있다면 98.60개를 맞춘다는 의미입니다.

❸ 학습이 끝난 후에, evaluate 함수로 시험 데이터를 평가한 결과입니다. 손실 값이 늘어났고, 정확도가 97.76%로 약간 떨어진 상태입니다.

학습된 인공 신경망 시험하기

여기서는 학습된 신경망에 시험 데이터를 입력하여 예측해 봅니다.

1 다음과 같이 예제를 수정합니다.

142_1.py

```
01 import tensorflow as tf
02
03 mnist = tf.keras.datasets.mnist
04
05 (x_train, y_train),(x_test, y_test) = mnist.load_data()
06 print( "x_train:%s y_train:%s x_test:%s y_test:%s "%(
```

```
07        x_train.shape, y_train.shape, x_test.shape, y_test.shape))
08
09 import matplotlib.pyplot as plt
10
11 plt.figure()
12 plt.imshow(x_train[0])
13 plt.show()
14
15 for y in range(28):
16     for x in range(28):
17             print("%4s "%x_train[0][y][x],end=' ')
18     print()
19
20 plt.figure(figsize=(10,10))
21 for i in range(25):
22     plt.subplot(5,5,i+1)
23     plt.xticks([])
24     plt.yticks([])
25     plt.imshow(x_train[i], cmap=plt.cm.binary)
26     plt.xlabel(y_train[i])
27 plt.show()
28
29 x_train, x_test = x_train/255.0, x_test/255.0
30 x_train, x_test = x_train.reshape(60000,784), x_test.reshape(10000,784)
31
32 model = tf.keras.models.Sequential([
33     tf.keras.layers.InputLayer(input_shape=(784,)),
34     tf.keras.layers.Dense(128, activation='relu'),
35     tf.keras.layers.Dense(10, activation='softmax')
36 ])
37
38 model.compile(optimizer='adam',
39                 loss='sparse_categorical_crossentropy',
40                 metrics=['accuracy'])
41
42 model.fit(x_train, y_train, epochs=5)
43
44 model.evaluate(x_test, y_test)
45
46 p_test = model.predict(x_test)
47 print('p_test[0] : ', p_test[0])
```

46 : model.predict 함수를 호출하여 인공 신경망을 시험합니다. 여기서는 학습이 끝난 인공 신경망 함수에 x_test 값을 주어 그 결과를 예측해 봅니다. 예측한 결과 값은 p_test 변수로 받습니다. x_test는 1만개의 손 글씨 숫자를 가리키고 있으며, 따라서 1만개에 대한 예측을 수행합니다.

47 : print 함수를 호출하여 x_test[0] 손 글씨 숫자의 예측 값을 출력합니다.

2 ▶ 버튼을 눌러 프로그램을 실행시킵니다. 다음은 실행 결과 화면입니다.

```
p_test[0] : [1.07918666e-07 4.64393946e-09 3.81268319e-06 5.01001021e-04
 2.92917357e-10 3.51789765e-07 5.53046931e-12 9.99484420e-01
 9.99521490e-07 9.21584615e-06]
```

p_test[0]은 x_test[0]이 가리키는 손 글씨 숫자에 대해 0~9 각각의 숫자에 대한 확률값 리스트를 출력합니다. x_test[0]은 실제로 숫자 7을 가리키고 있습니다. 그래서 p_test[0]의 8번째 값의 확률이 가장 높게 나타납니다. 8번째 값은 9.99484420e-01이며 99.9%로 7이라고 예측합니다. p_test[0]의 1번째 값은 숫자 0일 확률을 나타냅니다.

예측 값과 실제 값 출력해 보기

여기서는 예측 값과 실제 값을 출력해 봅니다.

1 다음과 같이 예제를 수정합니다.

142_1.py

```python
01 import tensorflow as tf
02
03 mnist = tf.keras.datasets.mnist
04
05 (x_train, y_train),(x_test, y_test) = mnist.load_data()
06 print( "x_train:%s y_train:%s x_test:%s y_test:%s "%(
07         x_train.shape, y_train.shape, x_test.shape, y_test.shape))
08
09 import matplotlib.pyplot as plt
10
11 plt.figure()
12 plt.imshow(x_train[0])
13 plt.show()
14
15 for y in range(28):
16     for x in range(28):
17             print( "%4s "%x_train[0][y][x],end=' ')
18     print()
19
20 plt.figure(figsize=(10,10))
21 for i in range(25):
22     plt.subplot(5,5,i+1)
23     plt.xticks([])
24     plt.yticks([])
25     plt.imshow(x_train[i], cmap=plt.cm.binary)
```

```
26        plt.xlabel(y_train[i])
27 plt.show()
28
29 x_train, x_test = x_train/255.0, x_test/255.0
30 x_train, x_test = x_train.reshape(60000,784), x_test.reshape(10000,784)
31
32 model = tf.keras.models.Sequential([
33        tf.keras.layers.InputLayer(input_shape=(784,)),
34        tf.keras.layers.Dense(128, activation='relu'),
35        tf.keras.layers.Dense(10, activation='softmax')
36 ])
37
38 model.compile(optimizer='adam',
39              loss='sparse_categorical_crossentropy',
40              metrics=['accuracy'])
41
42 model.fit(x_train, y_train, epochs=5)
43
44 model.evaluate(x_test, y_test)
45
46 p_test = model.predict(x_test)
47 print('p_test[0] :', p_test[0])
48
49 import numpy as np
50
51 print('p_test[0] :', np.argmax(p_test[0]), 'y_test[0] :',y_test[0])
```

49 : import문을 이용하여 numpy 모듈을 np라는 이름으로 불러옵니다. 여기서는 numpy 모듈의 argmax 함수를 이용하여 51 줄에서 p_test[0] 항목의 가장 큰 값의 항목 번호를 출력합니다.

51 : print 함수를 호출하여 p_test[0] 항목의 가장 큰 값의 항목 번호와 y_test[0] 항목이 가리키는 실제 라벨 값을 출력합니다.

2 ◉ 버튼을 눌러 프로그램을 실행시킵니다. 다음은 실행 결과 화면입니다.

```
p_test[0] : 7 y_test[0] : 7
```

p_test[0] 항목의 가장 큰 값의 항목 번호와 y_test[0] 항목이 가리키는 실제 라벨 값이 같습니다.
x_test[0] 항목의 경우 예측 값과 실제 값이 같아 인공 신경망이 옳게 예측합니다.

시험 데이터 그림 그려보기

여기서는 시험용 데이터의 그림을 화면에 출력해 봅니다.

1 다음과 같이 예제를 수정합니다.

142_1.py

```
01 import tensorflow as tf
02
03 mnist = tf.keras.datasets.mnist
04
05 (x_train, y_train),(x_test, y_test) = mnist.load_data()
06 print("x_train:%s y_train:%s x_test:%s y_test:%s "%(
07     x_train.shape, y_train.shape, x_test.shape, y_test.shape))
08
09 import matplotlib.pyplot as plt
10
11 plt.figure()
12 plt.imshow(x_train[0])
13 plt.show()
14
15 for y in range(28):
16     for x in range(28):
17             print("%4s "%x_train[0][y][x],end=' ')
18     print()
19
20 plt.figure(figsize=(10,10))
21 for i in range(25):
22     plt.subplot(5,5,i+1)
23     plt.xticks([])
24     plt.yticks([])
25     plt.imshow(x_train[i], cmap=plt.cm.binary)
26     plt.xlabel(y_train[i])
27 plt.show()
28
29 x_train, x_test = x_train/255.0, x_test/255.0
30 x_train, x_test = x_train.reshape(60000,784), x_test.reshape(10000,784)
31
32 model = tf.keras.models.Sequential([
33     tf.keras.layers.InputLayer(input_shape=(784,)),
34     tf.keras.layers.Dense(128, activation='relu'),
35     tf.keras.layers.Dense(10, activation='softmax')
36 ])
37
38 model.compile(optimizer='adam',
```

```
39              loss='sparse_categorical_crossentropy',
40              metrics=['accuracy'])
41
42 model.fit(x_train, y_train, epochs=5)
43
44 model.evaluate(x_test, y_test)
45
46 p_test = model.predict(x_test)
47 print('p_test[0] :', p_test[0])
48
49 import numpy as np
50
51 print('p_test[0] :', np.argmax(p_test[0]), 'y_test[0] :',y_test[0])
52
53 x_test = x_test.reshape(10000,28,28)
54
55 plt.figure()
56 plt.imshow(x_test[0])
57 plt.show()
```

53 : reshape 함수를 호출하여 x_test가 가리키는 그림을 원래 모양으로 돌려놓습니다. 그래야 pyplot 모듈을 이용하여 그림을 화면에 표시할 수 있습니다.

55 : plt.figure 함수를 호출하여 새로운 그림을 만들 준비를 합니다. figure 함수는 내부적으로 그림을 만들고 편집할 수 있게 해 주는 함수입니다.

56 : plt.imshow 함수를 호출하여 x_test[0] 항목의 그림을 내부적으로 그립니다.

57 : plt.show 함수를 호출하여 내부적으로 그린 그림을 화면에 그립니다.

2 ▶ 버튼을 눌러 프로그램을 실행시킵니다. 다음은 실행 결과 화면입니다.

x_test[0] 항목의 손 글씨 숫자 그림은 7입니다.

시험 데이터 그림 그려보기 2

여기서는 시험 데이터의 그림 25개를 화면에 출력해 봅니다.

1 다음과 같이 예제를 수정합니다.

142_1.py

```python
01 import tensorflow as tf
02
03 mnist = tf.keras.datasets.mnist
04
05 (x_train, y_train),(x_test, y_test) = mnist.load_data()
06 print("x_train:%s y_train:%s x_test:%s y_test:%s "%(
07     x_train.shape, y_train.shape, x_test.shape, y_test.shape))
08
09 import matplotlib.pyplot as plt
10
11 plt.figure()
12 plt.imshow(x_train[0])
13 plt.show()
14
15 for y in range(28):
16     for x in range(28):
17             print("%4s "%x_train[0][y][x],end=' ')
18     print()
19
20 plt.figure(figsize=(10,10))
21 for i in range(25):
22     plt.subplot(5,5,i+1)
23     plt.xticks([])
24     plt.yticks([])
25     plt.imshow(x_train[i], cmap=plt.cm.binary)
26     plt.xlabel(y_train[i])
27 plt.show()
28
29 x_train, x_test = x_train/255.0, x_test/255.0
30 x_train, x_test = x_train.reshape(60000,784), x_test.reshape(10000,784)
31
32 model = tf.keras.models.Sequential([
33     tf.keras.layers.InputLayer(input_shape=(784,)),
34     tf.keras.layers.Dense(128, activation='relu'),
35     tf.keras.layers.Dense(10, activation='softmax')
36 ])
37
38 model.compile(optimizer='adam',
```

```
39                              loss=' sparse_categorical_crossentropy ',
40                              metrics=[ ' accuracy ' ])
41
42 model.fit(x_train, y_train, epochs=5)
43
44 model.evaluate(x_test, y_test)
45
46 p_test = model.predict(x_test)
47 print( ' p_test[0] : ', p_test[0])
48
49 import numpy as np
50
51 print( ' p_test[0] : ', np.argmax(p_test[0]), ' y_test[0] : ',y_test[0])
52
53 x_test = x_test.reshape(10000,28,28)
54
55 plt.figure()
56 plt.imshow(x_test[0])
57 plt.show()
58
59 plt.figure(figsize=(10,10))
60 for i in range(25):
61      plt.subplot(5,5,i+1)
62      plt.xticks([])
63      plt.yticks([])
64      plt.imshow(x_test[i], cmap=plt.cm.binary)
65      plt.xlabel(np.argmax(p_test[i]))
66 plt.show()
```

59 : plt.figure 함수를 호출하여 새로운 그림을 만들 준비를 합니다. figure 함수는 내부적으로 그림을 만들고 편집할
수 있게 해 주는 함수입니다. figsize는 그림의 인치 단위의 크기를 나타냅니다. 여기서는 가로 10인치, 세로 10인
치의 그림을 그린다는 의미입니다.

60 : 0에서 24에 대해

61 : plt.subplot 함수를 호출하여 그림 창을 분할하여 하위 그림을 그립니다. 5,5는 각각 행의 개수와 열의 개수를 의
미합니다. i+1은 하위 그림의 위치를 나타냅니다.

62, 63 : plt.xticks, plt.yticks 함수를 호출하여 x, y 축 눈금을 설정합니다. 여기서는 빈 리스트를 주어 눈금 표시를 하지
않습니다.

64 : plt.imshow 함수를 호출하여 x_test[i] 항목의 그림을 내부적으로 그립니다. cmap는 color map의 약자로 binary
는 그림을 이진화해서 표현해 줍니다.

65 : plt.xlabel 함수를 호출하여 x 축에 라벨을 붙여줍니다. 라벨의 값은 y_train[i]입니다.

66 : plt.show 함수를 호출하여 내부적으로 그린 그림을 화면에 그립니다.

2 ◉ 버튼을 눌러 프로그램을 실행시킵니다. 다음은 실행 결과 화면입니다.

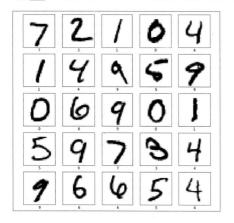

x_test 변수가 가리키는 손 글씨 숫자 그림 25개를 볼 수 있습니다. x_test 변수는 이런 그림을 1만
개를 가리키고 있습니다.

잘못된 예측 살펴보기

여기서는 시험 데이터 중 잘못된 예측이 몇 개나 되는지 또 몇 번째 그림이 잘못 예측되었는지 살펴
보도록 합니다.

1 다음과 같이 예제를 수정합니다.

142_1.py

```
01 import tensorflow as tf
02
03 mnist = tf.keras.datasets.mnist
04
05 (x_train, y_train),(x_test, y_test) = mnist.load_data()
06 print( "x_train:%s y_train:%s x_test:%s y_test:%s "%(
07        x_train.shape, y_train.shape, x_test.shape, y_test.shape))
08
09 import matplotlib.pyplot as plt
10
11 plt.figure()
12 plt.imshow(x_train[0])
13 plt.show()
14
15 for y in range(28):
16     for x in range(28):
17             print( "%4s "%x_train[0][y][x],end=' ' )
18     print()
```

```
19
20 plt.figure(figsize=(10,10))
21 for i in range(25):
22     plt.subplot(5,5,i+1)
23     plt.xticks([])
24     plt.yticks([])
25     plt.imshow(x_train[i], cmap=plt.cm.binary)
26     plt.xlabel(y_train[i])
27 plt.show()
28
29 x_train, x_test = x_train/255.0, x_test/255.0
30 x_train, x_test = x_train.reshape(60000,784), x_test.reshape(10000,784)
31
32 model = tf.keras.models.Sequential([
33     tf.keras.layers.InputLayer(input_shape=(784,)),
34     tf.keras.layers.Dense(128, activation='relu'),
35     tf.keras.layers.Dense(10, activation='softmax')
36 ])
37
38 model.compile(optimizer='adam',
39               loss='sparse_categorical_crossentropy',
40               metrics=['accuracy'])
41
42 model.fit(x_train, y_train, epochs=5)
43
44 model.evaluate(x_test, y_test)
45
46 p_test = model.predict(x_test)
47 print('p_test[0] : ', p_test[0])
48
49 import numpy as np
50
51 print('p_test[0] : ', np.argmax(p_test[0]), 'y_test[0] : ',y_test[0])
52
53 x_test = x_test.reshape(10000,28,28)
54
55 plt.figure()
56 plt.imshow(x_test[0])
57 plt.show()
58
59 plt.figure(figsize=(10,10))
60 for i in range(25):
61     plt.subplot(5,5,i+1)
62     plt.xticks([])
63     plt.yticks([])
```

```
64          plt.imshow(x_test[i], cmap=plt.cm.binary)
65          plt.xlabel(np.argmax(p_test[i]))
66 plt.show()
67
68 cnt_wrong = 0
69 p_wrong = []
70 for i in range(10000):
71          if np.argmax(p_test[i]) != y_test[i]:
72                  p_wrong.append(i)
73                  cnt_wrong +=1
74
75 print('cnt_wrong : ', cnt_wrong)
76 print('predicted wrong 10 : ', p_wrong[:10])
```

68 : cnt_wrong 변수를 선언한 후, 0으로 초기화합니다. cnt_wrong 변수는 잘못 예측된 그림의 개수를 저장할 변수입니다.

69 : p_wrong 변수를 선언한 후, 빈 리스트로 초기화합니다. p_wrong 변수는 잘못 예측된 그림의 번호를 저장할 변수입니다.

70 : 0부터 10000미만까지

71 : p_test[i] 항목의 가장 큰 값의 항목 번호와 y_test[0] 항목이 가리키는 실제 라벨 값이 다르면

72 : p_wrong 리스트에 해당 그림 번호를 추가하고

73 : cnt_wrong 값을 하나 증가시킵니다.

75 : print 함수를 호출하여 cnt_wrong 값을 출력합니다.

76 : print 함수를 호출하여 p_wrong에 저장된 값 중, 앞에서 10개까지 출력합니다. p_wrong[:10]은 p_wrong 리스트의 0번 항목부터 시작해서 10번 항목 미만인 9번 항목까지를 의미합니다.

2 ▶ 버튼을 눌러 프로그램을 실행시킵니다. 다음은 실행 결과 화면입니다.

```
cnt_wrong : 224
predicted wrong 10 : [115, 247, 320, 321, 340, 381, 445, 582, 610, 619]
```

학습이 끝난 인공 신경망은 시험 데이터에 대해 10000개 중 224개에 대해 잘못된 예측을 하였습니다. 즉, 10000개 중 9776(=10000−224)개는 바르게 예측을 했으며, 나머지 224개에 대해서는 잘못된 예측을 하였습니다. 예측 정확도는 97.76%, 예측 오류 도는 2.24%입니다. 잘못 예측한 데이터 번호 10개에 대해서도 확인해 봅니다. 115번 데이터로 시작해서 619번 데이터까지 10개의 데이터 번호를 출력하고 있습니다.

잘못 예측한 그림 살펴보기

여기서는 시험 데이터 중 잘못 예측한 그림을 출력해봅니다.

1 다음과 같이 예제를 수정합니다.

142_1.py

```
01 import tensorflow as tf
02
03 mnist = tf.keras.datasets.mnist
04
05 (x_train, y_train),(x_test, y_test) = mnist.load_data()
06 print( "x_train:%s y_train:%s x_test:%s y_test:%s "%(
07       x_train.shape, y_train.shape, x_test.shape, y_test.shape))
08
09 import matplotlib.pyplot as plt
10
11 plt.figure()
12 plt.imshow(x_train[0])
13 plt.show()
14
15 for y in range(28):
16       for x in range(28):
17             print( "%4s "%x_train[0][y][x],end=' ')
18       print()
19
20 plt.figure(figsize=(10,10))
21 for i in range(25):
22       plt.subplot(5,5,i+1)
23       plt.xticks([])
24       plt.yticks([])
25       plt.imshow(x_train[i], cmap=plt.cm.binary)
26       plt.xlabel(y_train[i])
27 plt.show()
28
29 x_train, x_test = x_train/255.0, x_test/255.0
30 x_train, x_test = x_train.reshape(60000,784), x_test.reshape(10000,784)
31
32 model = tf.keras.models.Sequential([
33       tf.keras.layers.InputLayer(input_shape=(784,)),
34       tf.keras.layers.Dense(128, activation='relu'),
35       tf.keras.layers.Dense(10, activation='softmax')
36 ])
37
38 model.compile(optimizer='adam',
39               loss='sparse_categorical_crossentropy',
40               metrics=['accuracy'])
```

```
41
42 model.fit(x_train, y_train, epochs=5)
43
44 model.evaluate(x_test, y_test)
45
46 p_test = model.predict(x_test)
47 print(' p_test[0] : ', p_test[0])
48
49 import numpy as np
50
51 print(' p_test[0] : ', np.argmax(p_test[0]), ' y_test[0] : ',y_test[0])
52
53 x_test = x_test.reshape(10000,28,28)
54
55 plt.figure()
56 plt.imshow(x_test[0])
57 plt.show()
58
59 plt.figure(figsize=(10,10))
60 for i in range(25):
61     plt.subplot(5,5,i+1)
62     plt.xticks([])
63     plt.yticks([])
64     plt.imshow(x_test[i], cmap=plt.cm.binary)
65     plt.xlabel(np.argmax(p_test[i]))
66 plt.show()
67
68 cnt_wrong = 0
69 p_wrong = []
70 for i in range(10000):
71     if np.argmax(p_test[i]) != y_test[i]:
72             p_wrong.append(i)
73             cnt_wrong +=1
74
75 print(' cnt_wrong : ', cnt_wrong)
76 print(' predicted wrong 10 : ', p_wrong[:10])
77
78 plt.figure(figsize=(10,10))
79 for i in range(25):
80     plt.subplot(5,5,i+1)
81     plt.xticks([])
82     plt.yticks([])
83     plt.imshow(x_test[p_wrong[i]], cmap=plt.cm.binary)
84     plt.xlabel(" %s : p%s y%s " %(
85       p_wrong[i], np.argmax(p_test[p_wrong[i]]), y_test[p_wrong[i]]))
86 plt.show()
```

78 : plt.figure 함수를 호출하여 새로운 그림을 만들 준비를 합니다. figure 함수는 내부적으로 그림을 만들고 편집할 수 있게 해 주는 함수입니다. figsize는 그림의 인치 단위의 크기를 나타냅니다. 여기서는 가로 10인치, 세로 10인치의 그림을 그린다는 의미입니다.

79 : 0에서 24에 대해

80 : plt.subplot 함수를 호출하여 그림 창을 분할하여 하위 그림을 그립니다. 5,5는 각각 행의 개수와 열의 개수를 의미합니다. i+1은 하위 그림의 위치를 나타냅니다.

81, 82 : plt.xticks, plt.yticks 함수를 호출하여 x, y 축 눈금을 설정합니다. 여기서는 빈 리스트를 주어 눈금 표시를 하지 않습니다.

83 : plt.imshow 함수를 호출하여 x_test[p_wrong[i]] 항목의 그림을 내부적으로 그립니다. cmap는 color map의 약자로 binary는 그림을 이진화해서 표현해 줍니다.

84, 85 : plt.xlabel 함수를 호출하여 x 축에 라벨을 붙여줍니다. 라벨의 값은 잘못 예측한 그림 번호, 인공 신경망이 예측한 숫자 값, 라벨에 표시된 숫자 값으로 구성됩니다.

86 : plt.show 함수를 호출하여 내부적으로 그린 그림을 화면에 그립니다.

2 ▶ 버튼을 눌러 프로그램을 실행시킵니다. 다음은 실행 결과 화면입니다.

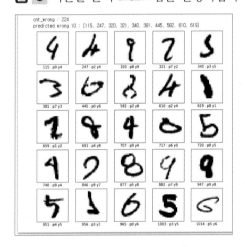

필자의 경우 첫 번째 잘못 예측한 숫자는 115번째의 숫자이며, 인공 신경망은 9로 예측하였으며, 실제 값은 4입니다. 언뜻 보면 사람이 보기에도 혼동될 수 있는 형태의 숫자들입니다.

연습문제

[문제] 학습 회수를 다음과 같이 50회로 늘려 정확도를 개선해 봅니다.

```
42 model.fit(x_train, y_train, epochs=50)
```

이상에서 손 글씨 숫자를 이용하여 인공 신경망을 학습시키고, 학습시킨 결과를 예측하는 과정을 자세히 살펴보았습니다. 일반적으로 인공 신경망을 이용할 때, 달라지는 부분은 데이터의 종류와 인공 신경망의 구성 형태입니다. 나머지 부분은 프레임워크처럼 비슷한 형태로 작성될 가능성이 높습니다.

패션 MNIST 데이터 셋 인식시켜 보기

여기서는 이전에 작성했던 예제를 부분적으로 수정해 가며 또 다른 데이터 셋인 패션 MNIST 데이터 셋을 사용해서 인공 신경망을 학습시켜봅니다. 패션 MNIST 데이터 셋은 10개의 범주(category)와 70,000개의 흑백 이미지로 구성됩니다. 패션 MNIST 데이터 셋의 그림은 손 글씨 데이터 셋과 마찬가지로 28x28 픽셀의 해상도를 가지며 다음처럼 신발, 옷, 가방 등의 품목을 나타냅니다. 패션 MNIST 데이터 셋은 손 글씨 MNIST보다 좀 더 복잡한 형태의 이미지를 제공하기 위해 만들어졌습니다.

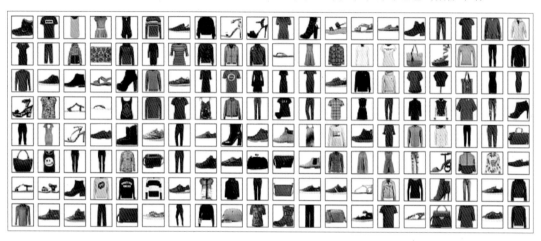

1 다음과 같이 예제를 수정합니다.

143_1.py

```
01 import tensorflow as tf
02
03 mnist = tf.keras.datasets.fashion_mnist
04
05 (x_train, y_train),(x_test, y_test) = mnist.load_data()
06 print( "x_train:%s y_train:%s x_test:%s y_test:%s "%(
07      x_train.shape, y_train.shape, x_test.shape, y_test.shape))
08
09 import matplotlib.pyplot as plt
10
11 plt.figure()
12 plt.imshow(x_train[0])
13 plt.show()
14
15 for y in range(28):
16     for x in range(28):
17             print( "%4s "%x_train[0][y][x],end=' ')
18     print()
19
20 class_names = [ 'T-shirt/top', 'Trouser', 'Pullover', 'Dress', 'Coat',
21     'Sandal', 'Shirt', 'Sneaker', 'Bag', 'Ankle boot']
```

```
22
23 plt.figure(figsize=(10,10))
24 for i in range(25):
25     plt.subplot(5,5,i+1)
26     plt.xticks([])
27     plt.yticks([])
28     plt.imshow(x_train[i], cmap=plt.cm.binary)
29     plt.xlabel(class_names[y_train[i]])
30 plt.show()
31
32 x_train, x_test = x_train/255.0, x_test/255.0
33 x_train, x_test = x_train.reshape(60000,784), x_test.reshape(10000,784)
34
35 model = tf.keras.models.Sequential([
36     tf.keras.layers.InputLayer(input_shape=(784,)),
37     tf.keras.layers.Dense(128, activation='relu'),
38     tf.keras.layers.Dense(10, activation='softmax')
39 ])
40
41 model.compile(optimizer='adam',
42               loss='sparse_categorical_crossentropy',
43               metrics=['accuracy'])
44
45 model.fit(x_train, y_train, epochs=5)
46
47 model.evaluate(x_test, y_test)
48
49 p_test = model.predict(x_test)
50 print('p_test[0] :', p_test[0])
51
52 import numpy as np
53
54 print('p_test[0] :', np.argmax(p_test[0]), class_names[np.argmax(p_test[0])],
55       'y_test[0] :', y_test[0], class_names[y_test[0]])
56
57 x_test = x_test.reshape(10000,28,28)
58
59 plt.figure()
60 plt.imshow(x_test[0])
61 plt.show()
62
63 plt.figure(figsize=(10,10))
64 for i in range(25):
65     plt.subplot(5,5,i+1)
66     plt.xticks([])
67     plt.yticks([])
68     plt.imshow(x_test[i], cmap=plt.cm.binary)
69     plt.xlabel(class_names[np.argmax(p_test[i])])
70 plt.show()
71
```

```
72 cnt_wrong = 0
73 p_wrong = []
74 for i in range(10000):
75        if np.argmax(p_test[i]) != y_test[i]:
76                p_wrong.append(i)
77                cnt_wrong +=1
78
79 print( ' cnt_wrong : ' , cnt_wrong)
80 print( ' predicted wrong 10 : ' , p_wrong[:10])
81
82 plt.figure(figsize=(10,10))
83 for i in range(25):
84        plt.subplot(5,5,i+1)
85        plt.xticks([])
86        plt.yticks([])
87        plt.imshow(x_test[p_wrong[i]], cmap=plt.cm.binary)
88        plt.xlabel( " %s : p%s y%s " %(
89                p_wrong[i], class_names[np.argmax(p_test[p_wrong[i]])],
90                class_names[y_test[p_wrong[i]]]))
91 plt.show()
```

03 : mnist 변수를 생성한 후, tf.keras.datasets.fashion_mnist 모듈을 가리키게 합니다. fashion_mnist 모듈은 신발, 옷, 가방 등의 데이터를 가진 모듈입니다. fashion_mnist 모듈에는 6만개의 학습용 데이터와 1만개의 시험용 데이터가 있습니다.

20, 21 : 패션 MNIST 데이터 셋을 이루는 품목의 종류는 손 글씨 MNIST 데이터 셋과 마찬가지로 10가지로 구성되며, 품목의 라벨은 숫자 0~9로 구성됩니다. 여기서는 품목의 해당 라벨 값에 품목의 이름을 대응시킵니다. class_names 변수를 선언한 후, 품목의 이름 10가지로 초기화합니다. 예를 들어, 품목의 라벨 값 0은 'T-shirt/top'을 의미하며, 9는 'Ankle boot'를 의미합니다.

29 : y_train[i]는 숫자 라벨을 의미하므로 class_names[y_train[i]]로 변경해 줍니다.

54 : np.argmax(p_test[0])는 x_test[0] 항목에 대해 예측한 숫자 값을 의미하므로 class_names[np.argmax(p_test[0])]로 변경해 줍니다.

55 : y_test[0]는 숫자 라벨을 의미하므로 class_names[y_test[0]]로 변경해 줍니다.

69 : np.argmax(p_test[i])는 x_test[i] 항목에 대해 예측한 숫자 값을 의미하므로 class_names[np.argmax(p_test[i])]로 변경해 줍니다.

89 : np.argmax(p_test[p_wrong[i]])을 class_names[np.argmax(p_test[p_wrong[i]])]으로 변경해 줍니다.

90 : y_test[p_wrong[i]]을 class_names[y_test[p_wrong[i]]]으로 변경해 줍니다.

2 ◉ 버튼을 눌러 프로그램을 실행시킵니다. 다음은 실행 결과 화면입니다.

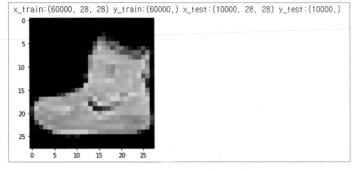

x_train[0] 항목의 그림은 Ankle boot입니다.

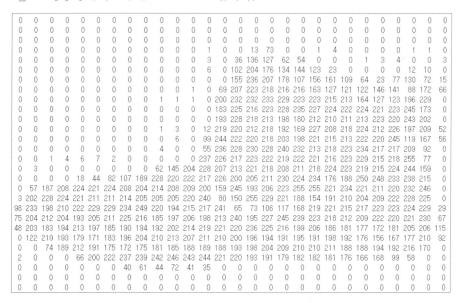

```
0   0   0   0   0   0   0   0   0   0   0   0   0   0   0   0   0   0   0   0   0   0   0   0   0   0   0   0
0   0   0   0   0   0   0   0   0   0   0   0   0   0   0   0   0   0   0   0   0   0   0   0   0   0   0   0
0   0   0   0   0   0   0   0   0   0   0   0   0   0   0   0   0   0   0   0   0   0   0   0   0   0   0   0
0   0   0   0   0   0   0   0   0   0   0   0   1   0   0  13  73   0   0   1   4   0   0   0   1   1   0
0   0   0   0   0   0   0   0   0   0   0   0   3   0  36 136 127  62  54   0   0   1   3   4   0   0   3
0   0   0   0   0   0   0   0   0   0   0   6   0 102 204 176 134 144 123  23   0   0   0   0  12  10   0
0   0   0   0   0   0   0   0   0   0   0   0 155 236 207 178 107 156 161 109  64  23  77 130  72  15
0   0   0   0   0   0   0   0   0   0   0   1   0  69 207 223 218 216 216 163 127 121 122 146 141  88 172  66
0   0   0   0   0   0   0   0   1   1   1   0 200 232 232 233 229 223 223 215 213 164 127 123 196 229   0
0   0   0   0   0   0   0   0   0   0   0 183 225 216 223 228 235 227 224 222 224 221 223 245 173   0
0   0   0   0   0   0   0   0   0   0   0 193 228 218 213 198 180 212 210 211 213 223 220 243 202   0
0   0   0   0   0   0   0   0   1   3   0  12 219 220 212 218 192 169 227 208 218 224 212 226 197 209  52
0   0   0   0   0   0   0   0   6   0  99 244 222 220 218 203 198 221 215 213 222 220 245 119 167  56
0   0   0   0   0   0   0   4   0  55 236 228 230 228 240 232 213 218 223 234 217 217 209  92   0
0   0   1   4   6   7   2   0   0   0 237 226 217 223 222 219 222 211 216 223 219 215 218 255  77   0
0   3   0   0   0   0   0  62 145 204 228 207 213 221 218 208 211 218 224 223 219 215 224 244 159   0
0   0   0   0  18  44  82 107 189 228 220 222 217 226 200 205 211 230 224 234 176 188 250 248 233 238 215   0
0  57 187 208 224 221 224 208 204 214 208 209 200 159 245 193 206 223 255 255 221 234 221 211 220 232 246   0
3 202 228 224 221 211 211 214 205 205 205 220 240  80 150 255 229 221 188 154 191 210 204 209 222 228 225   0
98 233 198 210 222 229 229 234 249 220 194 215 217 241  65  73 106 117 168 219 221 215 217 223 223 224 229  29
75 204 212 204 193 205 211 225 216 185 197 206 198 213 240 195 227 245 239 223 218 212 209 222 220 221 230  67
48 203 183 194 213 197 185 190 194 192 202 214 219 221 220 236 225 216 199 206 186 181 177 172 181 205 206 115
0 122 219 193 179 171 183 196 204 210 213 207 211 210 200 196 194 191 195 191 198 192 176 156 167 177 210  92
0   0  74 189 212 191 175 172 175 181 185 188 189 188 193 198 204 209 210 210 211 188 188 194 192 216 170   0
2   0   0   0  66 200 222 237 239 242 246 243 244 221 220 193 191 179 182 182 181 176 166 168  99  58   0   0
0   0   0   0   0   0  40  61  44  72  41  35   0   0   0   0   0   0   0   0   0   0   0   0   0   0   0   0
0   0   0   0   0   0   0   0   0   0   0   0   0   0   0   0   0   0   0   0   0   0   0   0   0   0   0   0
0   0   0   0   0   0   0   0   0   0   0   0   0   0   0   0   0   0   0   0   0   0   0   0   0   0   0   0
```

각 픽셀의 값이 0~255 사이의 값에서 출력되는 것을 확인합니다.

x_train 변수가 가리키는 패션 MNIST 그림 25개를 볼 수 있습니다. x_train 변수는 이런 그림을 6
만개를 가리키고 있습니다.

```
Epoch 1/5                                                          ❶              ❷
1875/1875 [==============================] - 5s 2ms/step - loss: 0.5019 - accuracy: 0.8240
Epoch 2/5
1875/1875 [==============================] - 4s 2ms/step - loss: 0.3741 - accuracy: 0.8645
Epoch 3/5
1875/1875 [==============================] - 4s 2ms/step - loss: 0.3359 - accuracy: 0.8782
Epoch 4/5
1875/1875 [==============================] - 4s 2ms/step - loss: 0.3124 - accuracy: 0.8847
Epoch 5/5
1875/1875 [==============================] - 4s 2ms/step - loss: 0.2963 - accuracy: 0.8913
313/313 [==============================] - 1s 1ms/step - loss: 0.3546 - accuracy: 0.8687 ❸
```

❶ 손실 함수에 의해 측정된 오차 값을 나타냅니다. 학습 횟수가 늘어남에 따라 오차 값이 줄어듭니다.

❷ 학습 진행에 따른 정확도가 표시됩니다. 처음에 82.40%에서 시작해서 마지막엔 89.13%의 정확도로 학습이 끝납니다. 즉, 100개의 패션 MNIST 그림이 있다면 89.13개를 맞춘다는 의미입니다.

❸ 학습이 끝난 후에, evaluate 함수로 시험 데이터를 평가한 결과입니다. 손실 값이 늘어났고, 정확도가 86.87%로 약간 떨어진 상태입니다.

```
p_test[0] : [2.0026380e-05 1.8734058e-06 8.2557347e-07 6.7981420e-09 1.1301979e-06
 5.2375207e-03 4.0497648e-06 1.2388683e-02 1.8332830e-05 9.8232746e-01]
p_test[0] : 9 Ankle boot y_test[0] : 9 Ankle boot
```

p_test[0]은 x_test[0]이 가리키는 패션 MNIST 그림에 대해 0~9 각각의 숫자에 대한 확률값 리스트를 출력합니다. x_test[0]은 실제로 숫자 9를 가리키고 있습니다. 그래서 p_test[0]의 9번째 값의 확률이 가장 높게 나타납니다. 9번째 값은 9.8232746e-01이며 98.2%로 9라고 예측합니다. p_test[0]의 1번째 값은 숫자 0일 확률을 나타냅니다. p_test[0] 항목의 가장 큰 값의 항목 번호와 y_test[0] 항목이 가리키는 실제 라벨 값이 같습니다. x_test[0] 항목의 경우 예측 값과 실제 값이 같아 인공 신경망이 옳게 예측합니다.

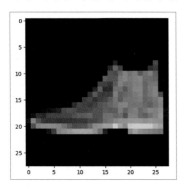

x_test[0] 항목의 그림은 Ankle boot입니다.

x_test 변수가 가리키는 패션 MNIST 그림 25개를 볼 수 있습니다. x_test 변수는 이런 그림을 1만 개를 가리키고 있습니다.

```
cnt_wrong : 1313
predicted wrong 10 : [12, 17, 23, 25, 29, 40, 42, 48, 49, 50]
```

학습이 끝난 인공 신경망은 시험 데이터에 대해 10000개 중 1313개에 대해 잘못된 예측을 하였습니다. 즉, 10000개 중 8687(=10000-1313)개는 바르게 예측을 했으며, 나머지 1313개에 대해서는 잘못된 예측을 하였습니다. 예측 정확도는 86.87%, 예측 오류 도는 13.13%입니다. 잘못 예측한 데이터 번호 10개에 대해서도 확인해 봅니다. 12번 데이터로 시작해서 50번 데이터까지 10개의 데이터 번호를 출력하고 있습니다. 첫 번째 잘못 예측한 패션 MNIST 그림은 12번째 그림이며, 인공 신경망은 Sandal로 예측하였으며, 실제 값은 Sneaker입니다. 두 번째 잘못 예측한 패션 MNIST 그림은 17번째의 그림이며, 인공 신경망은 Pullover로 예측하였으며, 실제 값은 Coat입니다. 언뜻 보면 사람이 보기에도 혼동될 수 있는 형태의 품목들입니다.

연습문제

[문제] 학습 회수를 다음과 같이 50회로 늘려 정확도를 개선해 봅니다.

```
42 model.fit(x_train, y_train, epochs=50)
```

※ 연습문제 해답은 제공하지 않습니다.

이상에서 이전 예제를 수정한 후, 패션 MNIST 그림을 이용하여 인공 신경망을 학습시키고, 학습시킨 결과를 예측하는 과정을 살펴보았습니다. 패션 MNIST 그림의 경우 숫자 MNIST 그림보다 인식률이 낮습니다. 패션 MNIST 그림에 대한 낮은 인식률은 인공 신경망의 구성을 바꾸어서 높일 수 있습니다.

Python with AI

02

인공 지능의
딥러닝 알고리즘

이번 장에서는 파이썬을 이용하여 기초적인 딥러닝 알고리즘을 살펴보고 구현해 봅니다. 첫 번째, 딥러닝의 단일 인공 신경 알고리즘을 살펴보고 구현해 봅니다. 이 과정에서 순전파, 목표 값, 평균값 오차, 역전파 오차, 오차 역전파, 학습률, 경사 하강법, 인공 신경망 학습 등에 대한 용어를 정리하고 구현에 적용해 봅니다. 두 번째, 2입력 1출력 인공 신경, 2입력 2출력 인공 신경망, 3입력 3출력 인공 신경망, 2입력 2은닉 2출력 인공 신경망에 딥러닝 알고리즘을 적용해 봅니다. 세 번째, 딥러닝에서 주로 사용되는 활성화 함수인 sigmoid, tanh, ReLU, softmax를 살펴보고 적용해 봅니다. 또 softmax와 관련된 cross entropy 오차 함수에 대해서도 정리해 봅니다.

01 _ PyClarm 개발 환경 구성하기

여기서는 파이썬 개발을 좀 더 효율적으로 할 수 있는 파이참을 설치하도록 합니다. 파이참을 이용하면 아래와 같이 intellisense 기능 등을 통해 모듈이나 클래스 내의 함수를 사용할 때 편리하게 개발이 가능합니다. 또 문법에 대한 오류 체크도 자동으로 해 줍니다.

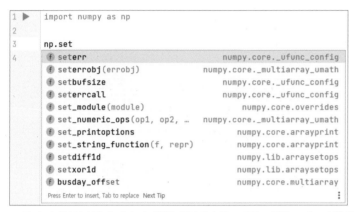

※ 독자 여러분의 선택에 따라 파이참을 설치하지 않고 구글 코랩을 그대로 사용하여 이후의 실습을 진행해도 같은 결과를 얻을 수 있습니다.

파이참 설치하기

먼저 파이참 프로그램을 설치합니다.

1 다음과 같이 검색합니다.

2 다음 사이트로 들어갑니다.

> https://www.jetbrains.com › ko-kr › pycharm-edu
> **PyCharm Edu Python으로 프로그래밍을 배우고 ... - JetBrains**

3 다음 페이지가 열립니다. [무료 다운로드] 버튼을 누릅니다.

4 다음 페이지가 열립니다. [다운로드] 버튼을 누릅니다.

※ 이 책에서는 Windows 64비트 용 프로그램을 사용하여 실습을 진행합니다.

5 다운로드가 완료되면 프로그램을 실행시켜 설치합니다.

6 다음과 같이 설치 시작 창이 뜹니다. [Next⟩] 버튼을 눌러 설치를 진행합니다.

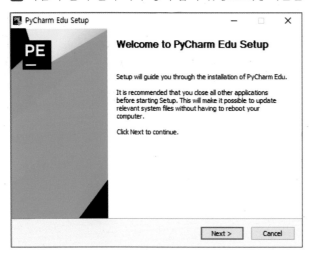

7 [설치 위치 선택] 창입니다. 기본 상태에서 [Next⟩] 버튼을 누릅니다.

※ 독자 여러분의 필요에 따라 다른 디렉터리에 설치할 수 있습니다.

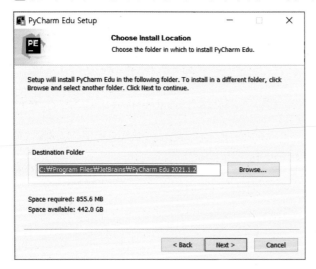

⑧ [설치 옵션] 창입니다. 다음과 같이 선택한 후, [Next>] 버튼을 누릅니다.

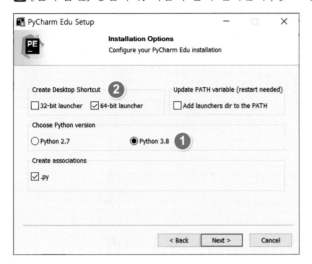

❶ 파이썬 버전 선택을 Python 3.8로 선택합
니다.

❷ 바탕화면에 바로가기 아이콘을 64 비트로
선택해 줍니다.

⑨ [시작 메뉴 폴더 선택] 창입니다. 기본 상태로 [Install] 버튼을 눌러 설치를 진행합니다.

⑩ 설치가 완료되면 다음과 같은 창이 뜹니다. [Finish] 버튼을 눌러 설치를 완료합니다.

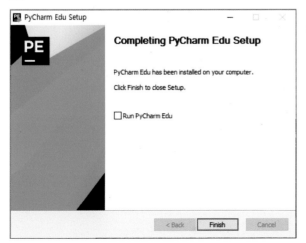

※파이참 프로그램을 설치하면 파이썬이 자동으로 설치
되므로 파이썬을 따로 설치하지 않아도 됩니다.

파이썬 실습 환경 설정하기

여기서는 파이참 실습 환경을 설정해 봅니다.

파이참 실행하기

1 데스크 탑 좌측 하단에 있는 [검색] 창을 찾아 [pycharm edu]를 입력합니다.

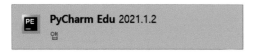

2 다음 프로그램을 실행합니다.

PE **PyCharm Edu** 2021.1.2
앱

3 처음엔 다음과 같이 제트브레인 사의 [개인 정보 정책] 창이 뜹니다.

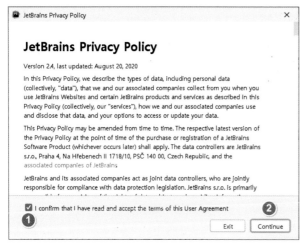

❶ 개인 정보 정책 동의를 체크해 줍니다.
❷ [Continue] 버튼을 눌러 진행합니다.

4 다음과 같이 제트브레인 사에 툴에 대한 [데이터 공유] 창이 뜹니다.

독자 여러분의 선택에 따라 두 버튼 중에 하나를 눌러줍니다. 어떤 버튼을 눌러도 상관없습니다.

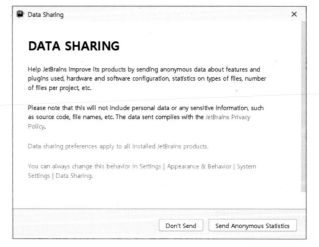

⑤ 다음과 같이 [학습자 또는 교육자 선택] 창이 뜹니다. 여기서는 [학습자]로 선택한 후, [Start using EduTools] 버튼을 누릅니다.

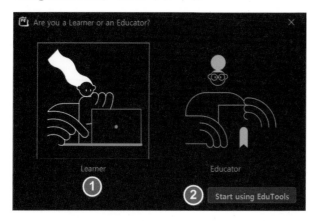

파이썬 프로젝트 생성하기

⑥ 다음과 같이 [Welcome to PyCharm] 창이 뜹니다.

⑦ 다음과 같이 개발 화면에 대한 [색깔 테마]를 선택해 줍니다.

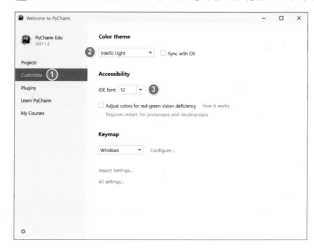

❶ [Customize] 메뉴를 선택합니다.

❷ [Color theme]를 선택해 줍니다. 필자의 경우엔 [IntelliJ Light]로 선택하였습니다.

❸ 폰트의 크기도 적절히 변경해줍니다.

8 다음과 같이 [Projects] 메뉴를 선택합니다.

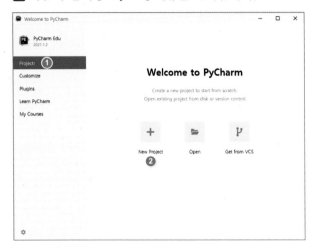

[+ New Project] 메뉴를 선택합니다.

9 다음은 [New Project] 창입니다. 다음과 같이 설정한 후, [Create] 버튼을 누릅니다.

❶ 프로젝트 디렉터리를 입력합니다. 필자는 [aiLabs]로 입력하였습니다.

❷ 사용할 파이썬 프로그램을 선택합니다. 이 책에서는 파이썬 3.8을 사용하고 있습니다.

❸ main.py 파일 생성을 체크 해제합니다.

10 다음과 같이 프로젝트가 생성됩니다.

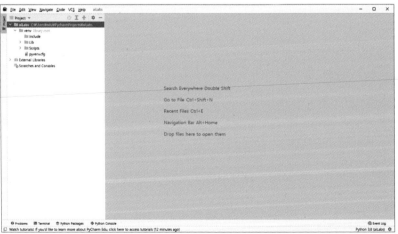

파이썬 파일 생성하기

11 다음과 같이 파일을 생성합니다.

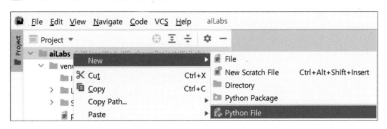

aiLabs 프로젝트 상에서 마우스 오른쪽 버튼을 눌러 팝업 창을 띄운 후, [New]-[Python File] 메뉴를 선택합니다.

12 파일 이름을 입력한 후, 엔터키를 칩니다. 여기서는 [_00_hello]을 입력합니다.

※ [_00_hello.py]로 입력할 수도 있습니다.

13 다음과 같이 파일이 생성됩니다.

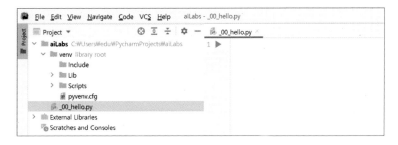

파이썬 프로그램 작성하기

14 다음과 같이 프로그램을 작성합니다.

```python
while True:
    print("반가워 파이참~")
```

파이썬 프로그램 실행하기

15 다음과 같이 프로그램을 실행시킵니다.

초록색 삼각형 기호를 마우스로 눌러줍니다.

16 다음은 실행 결과 화면입니다.

파이썬 프로그램 종료하기

17 다음과 같이 프로그램을 종료합니다. 빨간색 사각형 기호를 마우스로 눌러줍니다.

18 다음은 프로그램 종료 화면입니다.

딥러닝 실습 환경 설정하기

여기서는 딥러닝 실습 환경을 설정해 봅니다.

텐서플로우(tensorflow) 라이브러리 설치하기

1 다음과 같이 tensorflow 라이브러리를 설치합니다.

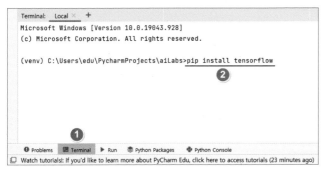

❶ 화면 하단에서 [Terminal] 탭을 선택합니다.

❷ pip 명령을 이용하여 tensorflow 라이브러리를 설치합니다.

2 다음은 설치가 정상적으로 완료된 화면입니다.

```
Terminal: Local × +                                                                                                                          ☆ −
Installing collected packages: urllib3, pyasn1, idna, chardet, certifi, six, rsa, requests, pyasn1-modules, oauthlib, cachetools, requests-oauthlib, google-auth, wheel, werkzeug, tensorbo
ard-plugin-wit, tensorboard-data-server, protobuf, numpy, markdown, grpcio, google-auth-oauthlib, absl-py, wrapt, typing-extensions, termcolor, tensorflow-estimator, tensorboard, opt-eins
um, keras-preprocessing, keras-nightly, h5py, google-pasta, gast, flatbuffers, astunparse, tensorflow
    Running setup.py install for wrapt ... done
    Running setup.py install for termcolor ... done
Successfully installed absl-py-0.13.0 astunparse-1.6.3 cachetools-4.2.2 certifi-2021.5.30 chardet-4.0.0 flatbuffers-1.12 gast-0.4.0 google-auth-1.32.1 google-auth-oauthlib-0.4.4 google-pa
sta-0.2.0 grpcio-1.34.1 h5py-3.1.0 idna-2.10 keras-nightly-2.5.0.dev2021032900 keras-preprocessing-1.1.2 markdown-3.3.4 numpy-1.19.5 oauthlib-3.1.1 opt-einsum-3.3.0 protobuf-3.17.3 pyasn1
-0.4.8 pyasn1-modules-0.2.8 requests-2.25.1 requests-oauthlib-1.3.0 rsa-4.7.2 six-1.15.0 tensorboard-2.5.0 tensorboard-data-server-0.6.1 tensorboard-plugin-wit-1.8.0 tensorflow-2.5.0 tens
orflow-estimator-2.5.0 termcolor-1.1.0 typing-extensions-3.7.4.3 urllib3-1.26.6 werkzeug-2.0.1 wheel-0.36.2 wrapt-1.12.1
```

※ 설치 시간은 5분 정도 걸립니다.

3 다음 사이트에 접속합니다.

```
https://support.microsoft.com/help/2977003/the-latest-supported-visual-c-downloads
```

4 다음과 같이 [vc_redist.x64.exe] 파일을 마우스 선택하여 다운로드 합니다.

※ 이 파일은 윈도우 상에서 텐서플로우를 실행하기 위해 필요한 파일입니다.

Visual Studio 2015, 2017 및 2019

Visual Studio 2015, 2017 및 2019용 Microsoft Visual C++ 재배포 가능 패키지를 다운로드합니다. 다음 업데이트는 Visual Studio 2015, 2017 및 2019용으로 지원되는 최신 Visual C++ 재배포 가능 패키지입니다. Universal C Runtime의 기본 버전이 포함되어 있습니다. 자세한 내용은 MSDN을 참조하세요.

- x86: vc_redist.x86.exe
- x64: vc_redist.x64.exe ↙
- ARM64: vc_redist.arm64.exe

참고 Visual C++ 2015, 2017 및 2019 모두 동일한 재배포 가능 파일을 공유합니다.

예를 들어, Visual C++ 2019 재배포 가능 패키지를 설치하면 Visual C++ 2015 및 2017로 구축된 프로그램에도 영향을 줍니다. 그러나 Visual C++ 2015 재배포 가능 패키지를 설치하면 Visual C++ 2017 및 2019 재배포 가능 패키지로 인해 설치된 더 최신 버전 파일로 교체되지 않습니다.

각 버전마다 다른 버전과 공유되지 않는 고유한 런타임 파일이 있기 때문에 이전의 모든 Visual C++ 버전과 다릅니다.

5 다운로드가 완료되면 설치를 합니다.

VC_redist.x64.exe

matplotlib 라이브러리 설치하기

6 다음과 같이 matplotlib 라이브러리를 설치합니다.

```
(venv) C:\Users\edu\PycharmProjects\aiLabs>pip install matplotlib
```

※ matplotlib 라이브러리는 수학 그래픽 라이브러리입니다.

7 다음은 설치가 정상적으로 완료된 화면입니다.

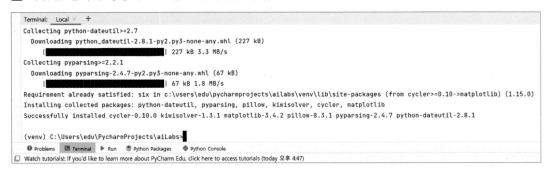

opencv 라이브러리 설치하기

8 다음과 같이 opencv 라이브러리를 설치합니다.

```
(venv) C:\Users\edu\PycharmProjects\aiLabs>pip install --upgrade opencv-contrib-python
```

9 다음은 설치가 정상적으로 완료된 화면입니다.

```
(venv) C:\Users\edu\PycharmProjects\aiLabs>pip install --upgrade opencv-contrib-python
Collecting opencv-contrib-python
  Downloading opencv_contrib_python-4.5.3.56-cp38-cp38-win_amd64.whl (41.8 MB)
     |                              | 41.8 MB 6.4 MB/s
Requirement already satisfied: numpy>=1.17.3 in c:\users\edu\pycharmprojects\ailabs\venv\lib\site-packages (from opencv-contrib-python) (1.19.5)
Installing collected packages: opencv-contrib-python
Successfully installed opencv-contrib-python-4.5.3.56
```

※ opencv 라이브러리는 영상 처리 라이브러리입니다.

이상에서 파이참 개발 환경을 구성해 보았습니다.

02 _ 딥러닝 동작 원리 이해하기

여기서는 단위 인공 신경(1입력 1출력 인공 신경)의 동작을 상식적인 수준에서 살펴보면서 딥러닝의 동작 원리를 이해해 봅니다. 또 딥러닝과 관련된 중요한 용어들, 예를 들어, 순전파, 목표값, 역전파 오차, 오차 역전파, 학습률과 같은 용어들을 이해해 보도록 합니다.

기본 인공 신경 동작 살펴보기

다음은 앞에서 소개한 단일 인공 신경의 그림입니다. 이 인공 신경은 입력 노드 1개, 출력 노드 1개, 편향으로 구성된 단일 인공 신경입니다.

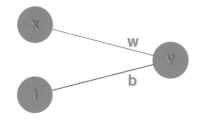

수식으로는 다음과 같이 표현합니다.

$$y = xw + 1b$$

이 수식에 대해서 구체적으로 생각해 봅니다. 다음과 같이 각 변수에 값을 줍니다.

$$x = 2$$
$$w = 3$$
$$b = 1$$

그러면 식은 다음과 같이 됩니다.

$$y = 2 \times 3 + 1 \times 1$$
$$y = ?$$

y는 얼마가 될까요? 다음과 같이 계산해서 y는 7이 됩니다.

$$2 \times 3 + 1 \times 1 = 7$$

순전파

이 상황을 그림으로 생각해 봅니다. 다음과 같이 x, w, b 값이 y로 흘러가는 인공 신경 파이프가 있습니다. 이 과정을 인공 신경의 순전파라고 합니다.

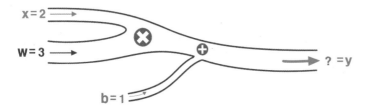

이 경우 y로 얼마가 나올까요? 앞에서 살펴본 대로 다음과 같은 과정을 거쳐 7이 흘러나오게 됩니다.

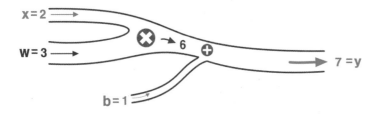

목표 값과 역전파 오차

그런데 y로 10이 나오게 하려면 들어오는 값들을 어떻게 바꿔야 할까요?

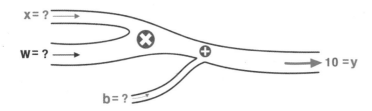

y값이 10이 되려면 3이 모자랍니다. x, w, b값을 적당히 증가시키면 y로 10에 가까운 값이 나오게 할 수 있겠죠? 그러면 x, w, b값을 어떤 기준으로 얼마나 증가시켜야 할까요? 이 과정을 자세히 살펴봅니다. 이전 그림에서 y로 7이 흘러나갔는데 우리는 이 값이 10이 되기를 원합니다. 여기서 10은 목표 값이 됩니다. 다음 수식에서 t는 목표 값 10을 갖습니다.

$$t = 10$$
$$y = 7$$
$$y_b = y - t$$
$$y_b = -3$$

y값은 현재 값 7인 상태이며, yb는 현재 값에서 목표 값을 뺀 값 −3이 됩니다. 이 때, yb값을 역전파 오차라고 하며, 역전파에 사용할 오차 값입니다.

이름표로 정리하면 다음과 같습니다.

목표 값	t	10
현재 값	y	7
역전파 오차	yb = y − t	−3

오차 역전파

이 상황을 그림으로 생각해 봅니다. 이번엔 yb의 값이 xb, wb, bb로 거꾸로 흘러가는 상황이 됩니다.

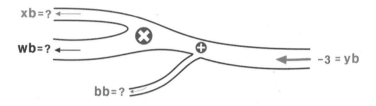

xb, wb, bb를 어떤 기준으로 얼마나 값을 할당해야 할까요? 다음과 같은 방법은 어떨까요?

- 2는 3만큼 7로 갔어! 그러니까 −3도 3만큼 2로 돌아가게 하자!
- 3은 2만큼 7로 갔어! 그러니까 −3을 2만큼 3으로 돌아가게 하자!
- 1은 1만큼 7로 갔어! 그러니까 −3을 1만큼 1로 돌아가게 하자!

어떤가요? 설득력 있는 방법인가요? 이 방법이 바로 인공 신경에서 사용하는 오차 역전파입니다. 이 방법은 실제로 조금은 어려울 수 있는 편미분을 적용하여 얻은 방법으로 이 책에서는 직관적인 방법으로 대체하였습니다.

지금까지의 과정을 그림과 수식을 통해서 다시 한 번 정리해 봅니다.

순전파 정리하기

다음은 x, w, b가 y로 흘러가는 순전파를 나타냅니다.

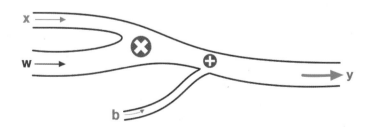

다음은 이 그림에 대한 수식입니다.

$$xw + 1b = y \quad ❶$$

앞의 수식은 다음과 같은 의미를 갖습니다.

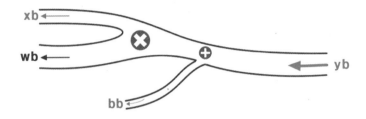

- x는 w만큼 y로 갔어. $x \xrightarrow{\quad w \quad} y$
- w는 x만큼 y로 갔어. $w \xrightarrow{\quad x \quad} y$
- b는 1만큼 y로 갔어. $b \xrightarrow{\quad 1 \quad} y$

역전파 정리하기

다음은 yb가 xb, wb, bb로 흘러가는 역전파를 나타냅니다.

우리는 다음 사항이 궁금합니다.

- yb는 얼마만큼 xb로 가야해?
- yb는 얼마만큼 wb로 가야해?
- yb는 얼마만큼 bb로 가야해?

이에 대한 답은 다음과 같습니다.

- x가 w만큼 y로 왔으니 yb도 w만큼 xb로 가야하는 거 아냐? ❷

  $x \xrightarrow{\quad w \quad} y$
  $xb \xleftarrow{\quad w \quad} yb$

- w가 x만큼 y로 왔으니 yb도 x만큼 wb로 가야하는 거 아냐? ❸

  $w \xrightarrow{\quad x \quad} y$
  $wb \xleftarrow{\quad x \quad} yb$

- b가 1만큼 y로 왔으니 yb도 1만큼 bb로 가야하는 거 아냐? ❹

  $b \xrightarrow{\quad 1 \quad} y$
  $bb \xleftarrow{\quad 1 \quad} yb$

※ 이 방법은 실제로 편미분과 연쇄법칙을 이용하여 유도한 방법으로 이 책에서는 좀 더 직관적인 방법으로 대체하였습니다.

이를 수식으로 정리하면 다음과 같습니다.

$$x_b = y_b w \quad ❷$$
$$w_b = y_b x \quad ❸$$
$$b_b = y_b 1 \quad ❹$$

이 수식에 의해 xb, wb, yb는 다음 그림과 같이 계산됩니다.

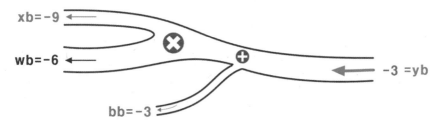

※ 여기서 xb값은 앞부분에 또 다른 인공 신경과 연결되어 있을 경우 yb처럼 해당 인공 신경으로 역전파되는 값입니다. 역전파된 xb값은 해당 인공 신경의 가중치와 편향 학습에 사용됩니다.

최적화하기

이렇게 구한 값을 다시 다음과 같이 밀어 넣으면 될까요? 앞에서 구한 wb, bb의 값이 음수가 되기 때문에 일단 빼주어야 합니다. 그래야 원래 값이 증가하기 때문입니다.

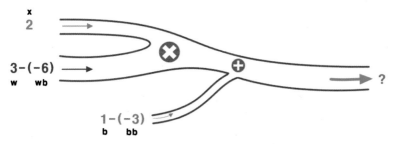

※ 여기서 x값은 상수라고 가정합니다. x값이 앞부분에 또 다른 인공 신경과 연결되어 있을 경우엔 해당 인공 신경의 출력 값이 됩니다. 여기서는 최초 입력 값이라고 가정합니다. 이런 경우 입력 층이라고 합니다.

그런데 wb, bb값이 너무 큽니다. 이 상태로 계산을 하면 새로운 y값은 (2*9+4)와 같이 계산되어 22가 되게 되며, 우리가 원하는 10보다 더 큰 값이 나오게 됩니다. 구체적인 계산 과정은 다음과 같습니다.

```
x = 2
w = 3–(–6)
b = 1–(–3)
y = x*w + b = 2*9+4 = 22
```

학습률

그러면 이런 방법은 어떨까요? wb, bb에 적당한 값을 곱해주어 값을 줄이는 겁니다. 여기서는 0.01을 곱해줍니다. 그러면 다음과 같이 계산할 수 있습니다.

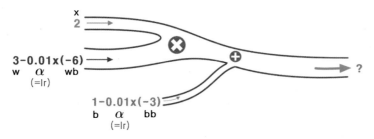

※ 여기서 α 는 학습률이라고 하며 뒤에서는 lr이라는 이름으로 구현합니다. lr은 learning rate의 약자로 학습률을 의미합니다.

이렇게 하면 2*(3.06)+1.03=7.15가 나옵니다. 오! 이렇게 조금씩 늘려나가면 10을 만들 수 있겠네요! 여기서 곱해준 0.01은 학습률이라고 하는 값입니다. 일반적으로 학습률 값은 0.01로 시작하여 학습이 진행되는 상황에 따라 조금씩 늘이거나 줄여서 사용합니다.

경사 하강법과 인공 신경망 학습

위 그림에 따라 새로운 w, b값을 구하는 수식은 다음과 같습니다.

$$w = w - \alpha w_b \;\; ❺$$
$$b = b - \alpha b_b \;\; ❻$$

이 수식을 경사하강법이라고 합니다. 그리고 이 수식을 적용하여 w, b 값을 갱신하는 과정을 인공 신경망의 학습이라고 합니다. 여러분은 방금 전에 1회의 학습을 수행하는 과정을 보신 겁니다. 이 과정을 컴퓨터를 이용하여 반복하여 수행하면 우리가 원하는 값을 얻게 해 주는 하나짜리 인공 신경망을 만들 수 있습니다.

기본 인공 신경 동작 구현해 보기

지금까지의 과정을 그림과 수식을 통해 정리한 후, 구현을 통해 확인해 봅니다.
다음 그림은 지금까지 살펴본 입력1 출력1로 구성된 인공 신경을 나타냅니다.

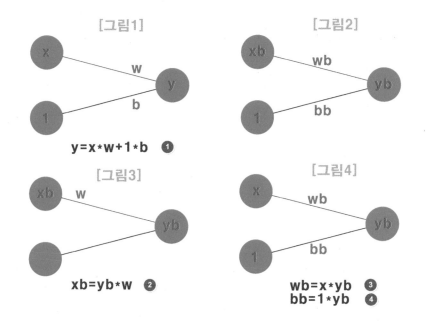

[그림1]은 순전파 과정에 필요한 변수와 수식을 나타냅니다.

[그림2]는 역전파에 필요한 변수입니다. 순전파에 대응되는 변수가 모두 필요합니다.

[그림3]은 입력의 역전파에 필요한 변수와 수식을 나타냅니다.

[그림4]는 가중치와 편향의 역전파에 필요한 변수와 수식을 나타냅니다.

※ ❷ xb값은 앞부분에 또 다른 인공 신경과 연결되어 있을 경우 yb처럼 해당 인공 신경으로 역전파되는 값입니다. 역전파된 xb 값은 해당 인공 신경의 가중치와 편향 학습에 사용됩니다.

※ 편미분과 연쇄법칙을 통해 역전파식을 유도하는 방법은 부록에 소개되어 있으니 궁금한 독자는 참고하시기 바랍니다.

이상에서 필요한 수식을 정리하면 다음과 같습니다.

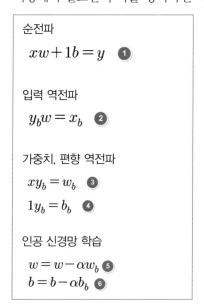

지금까지의 과정을 구현을 통해 살펴봅니다. 다음 그림을 살펴봅니다.

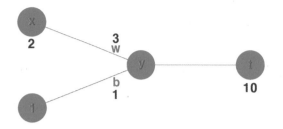

이 그림에서 입력 값 x, 가중치 w, 편향 b는 각각 2, 3, 1이고 목표 값 t는 10입니다.

※ 이 값들은 임의의 값들입니다. 다른 값들을 사용하여 학습을 수행할 수도 있습니다.

1 다음과 같이 예제를 작성합니다.

222_1.py

```
01 x = 2
02 t = 10
03 w = 3
04 b = 1
05
06 y = x*w + 1*b # ❶
07 print(' y = %6.3f ' %y)
08
09 yb = y - t
10 xb = yb*w # ❷
11 wb = yb*x # ❸
12 bb = yb*1 # ❹
13 print(' xb = %6.3f, wb = %6.3f, bb = %6.3f '%(xb, wb, bb))
14
15 lr = 0.01
16 w = w - lr*wb # ❺
17 b = b - lr*bb # ❻
18 print(' x = %6.3f, w = %6.3f, b = %6.3f '%(x, w, b))
```

01 : 변수 x를 선언한 후, 2로 초기화합니다.

02 : 변수 t를 선언한 후, 10으로 초기화합니다.

03 : 가중치 변수 w를 선언한 후, 3으로 초기화합니다. 가중치 w는 입력 값의 강도, 세기라고도 하며 입력 값을 증폭 시키거나 감소시키는 역할을 합니다. 인공 신경도 가지 돌기의 두께에 따라 입력 신호가 증폭되거나 감소될 수 있는데, 이런 관점에서 가중치는 가지 돌기의 두께에 해당되는 변수로 생각할 수 있습니다.

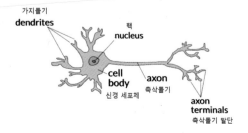

04 : 편향 변수 b를 선언한 후, 1로 초기화합니다. 편향은 가중치를 거친 입력 값의 합(=전체 입력 신호)에 더해지는 값으로 입력신호를 좀 더 세게 해주거나 약하게 하는 역할을 합니다.

06 : 순전파 수식을 구현합니다.

07 : print 함수를 호출하여 순전파 결과 값 y를 출력합니다. 소수점 이하 3자리까지 출력합니다.

09 : yb 변수를 선언한 후, 순전파 결과 값에서 목표 값을 빼 오차 값을 넣어줍니다.

10 : xb 변수를 선언한 후, 입력 값에 대한 역전파 값을 받아봅니다. 이 부분은 이 예제에서 필요한 부분은 아니며, 역전파 연습을 위해 추가하였습니다.

11 : wb 변수를 선언한 후, 가중치 값에 대한 역전파 값을 받습니다.

12 : bb 변수를 선언한 후, 편향 값에 대한 역전파 값을 받습니다.

13 : print 함수를 호출하여 역전파 결과 값 wb, bb를 출력합니다. 소수점 이하 3자리까지 출력합니다.

15 : 학습률 변수 lr을 선언한 후, 0.01로 초기화합니다.

16 : wb 역전파 값에 학습률을 곱한 후, w값에서 빼줍니다. 이 과정에서 w 변수에 대한 학습이 이루어집니다.

17 : bb 역전파 값에 학습률을 곱한 후, b값에서 빼줍니다. 이 과정에서 b 변수에 대한 학습이 이루어집니다.

18 : print 함수를 호출하여 학습된 결과 값 w, b를 출력합니다. 소수점 이하 3자리까지 출력합니다.

2 ▶ 버튼을 눌러 프로그램을 실행시킵니다. 다음은 실행 결과 화면입니다.

```
y   =   7.000
xb  =  -9.000,  wb  =  -6.000,  bb  =  -3.000
x   =   2.000,  w   =   3.060,  b   =   1.030
```

현재 y값은 7입니다. wb, bb 값을 확인합니다. 또, w, b 값을 확인합니다.

반복 학습 2회 수행하기

여기서는 반복 학습 2회를 수행해 봅니다.

1 다음과 같이 예제를 수정합니다.

222_1.py

```
01 x = 2
02 t = 10
03 w = 3
04 b = 1
05
06 for epoch in range(2):
07
08      print('epoch = %d' %epoch)
09
10      y = x*w + 1*b
11      print(' y = %6.3f' %y)
12
13      yb = y - t
14      xb = yb*w
15      wb = yb*x
16      bb = yb*1
```

```
17        print(' xb = %6.3f, wb = %6.3f, bb = %6.3f '%(xb, wb, bb))
18
19        lr = 0.01
20        w = w - lr*wb
21        b = b - lr*bb
22        print(' x = %6.3f, w = %6.3f, b = %6.3f '%(x, w, b))
```

06 : epoch값을 0에서 2 미만까지 바꾸어가며 8~22줄을 2회 수행합니다.
08 : print 함수를 호출하여 epoch 값을 출력해 줍니다.

2 ▶ 버튼을 눌러 프로그램을 실행시킵니다. 다음은 실행 결과 화면입니다.

```
epoch = 0
 y  =  7.000
 xb = -9.000, wb = -6.000, bb = -3.000
 x  =  2.000, w  =  3.060, b  =  1.030
epoch = 1
 y  =  7.150
 xb = -8.721, wb = -5.700, bb = -2.850
 x  =  2.000, w  =  3.117, b  =  1.058
```

y 값이 7에서 7.150으로 바뀌는 것을 확인합니다. wb, bb 값을 확인합니다. 또, w, b 값을 확인합니다.

반복 학습 20회 수행하기

여기서는 반복 학습 20회를 수행해 봅니다.

1 다음과 같이 예제를 수정합니다.

```
06  for epoch in range(20):
```

06 : epoch값을 0에서 20 미만까지 수행합니다.

2 ▶ 버튼을 눌러 프로그램을 실행시킵니다. 다음은 실행 결과 화면입니다.

```
epoch = 18
 y  =  8.808
 xb = -4.437, wb = -2.383, bb = -1.192
 x  =  2.000, w  =  3.747, b  =  1.374
epoch = 19
 y  =  8.868
 xb = -4.242, wb = -2.264, bb = -1.132
 x  =  2.000, w  =  3.770, b  =  1.385
```

y 값이 8.868까지 접근하는 것을 확인합니다.

반복 학습 200회 수행하기

여기서는 반복 학습 200회를 수행해 봅니다.

1 다음과 같이 예제를 수정합니다.

```
06  for epoch in range(200):
```

06 : epoch값을 0에서 200 미만까지 수행합니다.

2 ▶ 버튼을 눌러 프로그램을 실행시킵니다. 다음은 실행 결과 화면입니다.

```
epoch = 198
 y  = 10.000
 xb = -0.000, wb = -0.000, bb = -0.000
 x  =  2.000, w  =  4.200, b  =  1.600
epoch = 199
 y  = 10.000
 xb = -0.000, wb = -0.000, bb = -0.000
 x  =  2.000, w  =  4.200, b  =  1.600
```

y 값이 10.000에 수렴하는 것을 확인합니다. 이 때, 가중치 w는 4.2, 편향 b는 1.6에 수렴합니다.

오차 값 계산하기

여기서는 인공 신경망을 통해 얻어진 예측 값과 목표 값의 오차를 계산하는 부분을 추가해 봅니다. 오차(error)는 손실(loss) 또는 비용(cost)이라고도 합니다. 오차 값이 작을수록 예측을 잘하는 인공 신경망입니다.

1 다음과 같이 예제를 수정합니다.

222_1.py

```
01 x = 2
02 t = 10
03 w = 3
04 b = 1
05
06 for epoch in range(200):
07
08     print('epoch = %d ' %epoch)
09
10     y = x*w + 1*b
```

```
11          print(' y = %6.3f ' %y)
12
13          E = (y-t)**2/2
14          print(' E = %.7f ' %E)
15          if E < 0.0000001:
16                      break
17
18          yb = y - t
19          xb = yb*w
20          wb = yb*x
21          bb = yb*1
22          print(' xb = %6.3f, wb = %6.3f, bb = %6.3f '%(xb, wb, bb))
23
24          lr = 0.01
25          w = w - lr*wb
26          b = b - lr*bb
27          print(' x = %6.3f, w = %6.3f, b = %6.3f '%(x, w, b))
```

13   : 변수 E를 선언한 후, 다음과 같은 형태의 수식을 구현합니다.

$$E = \frac{1}{2}(y-t)^2$$

y의 값이 t에 가까울수록 E의 값은 0에 가까워집니다. 즉, 오차 값이 0에 가까워집니다. 이 수식을 오차함수 또는 손실함수 또는 비용함수라고 합니다.

14   : print 함수를 호출하여 오차 값 E를 출력합니다. 소수점 이하 7자리까지 출력합니다.

15, 16 : 오차 값 E가 0.0000001(1천만분의1)보다 작으면 break문을 수행하여 6줄의 for문을 빠져 나갑니다.

2 ▶ 버튼을 눌러 프로그램을 실행시킵니다. 다음은 실행 결과 화면입니다.

```
epoch = 171
 y  = 10.000
 E  = 0.0000001
 xb = -0.002, wb = -0.001, bb = -0.000
 x  =  2.000, w  =  4.200, b  =  1.600
epoch = 172
 y  = 10.000
 E  = 0.0000001
```

epoch 값이 172((173+1)회 째)일 때 for 문을 빠져 나갑니다. y값은 10에 수렴합니다.

학습률 변경하기

여기서는 학습률 값을 변경시켜 보면서 학습의 상태를 살펴봅니다.

1 다음과 같이 예제를 수정합니다.

```
24        lr = 0.05
```

24 : 학습률 값을 0.05로 변경합니다.

2 ▶ 버튼을 눌러 프로그램을 실행시킵니다. 다음은 실행 결과 화면입니다.

```
epoch = 30
 y  =  9.999
 E  = 0.0000001
 xb = -0.002, wb = -0.001, bb = -0.001
 x  =  2.000, w  =  4.200, b  =  1.600
epoch = 31
 y  = 10.000
 E  = 0.0000001
```

32(31+1)회 째 학습이 완료되는 것을 볼 수 있습니다.

3 다음과 같이 예제를 수정합니다.

```
24        lr = 0.005
```

24 : 학습률 값을 0.005로 변경합니다.

4 버튼을 눌러 프로그램을 실행시킵니다. 다음은 실행 결과 화면입니다.

```
epoch = 198
 y  =  9.980
 E  = 0.0001991
 xb = -0.084, wb = -0.040, bb = -0.020
 x  =  2.000, w  =  4.192, b  =  1.596
epoch = 199
 y  =  9.981
 E  = 0.0001893
 xb = -0.082, wb = -0.039, bb = -0.019
 x  =  2.000, w  =  4.192, b  =  1.596
```

200(199+1)회 째 학습이 완료되지 않은 상태로 종료되는 것을 볼 수 있습니다.

5 다음과 같이 예제를 수정합니다.

```
06 for epoch in range(2000):
```

06 : epoch값을 0에서 2000 미만까지 수행합니다.

6 ▶ 버튼을 눌러 프로그램을 실행시킵니다. 다음은 실행 결과 화면입니다.

```
epoch = 348
 y  = 10.000
 E  = 0.0000001
 xb = -0.002, wb = -0.001, bb = -0.000
 x  =  2.000, w  =  4.200, b  =  1.600
epoch = 349
 y  = 10.000
 E  = 0.0000001
```

350(349+1)회 째 학습이 완료되는 것을 볼 수 있습니다.

y=3×x+1 학습시켜 보기

여기서는 다음과 같은 숫자들의 집합 X, Y를 이용하여, 단일 인공 신경을 학습시켜 봅니다.

X:	-1	0	1	2	3	4
Y:	-2	1	4	7	10	13

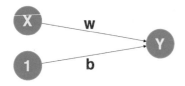

그래서 다음 함수를 근사하는 인공 신경 함수를 만들어 보도록 합니다.

y = f(x) = 3×x + 1 (x는 실수)

인공 신경을 학습시키는 과정은 w, b 값을 X, Y 값에 맞추어 가는 과정입니다. 그래서 학습이 진행됨에 따라 w 값은 3에 가까운 값으로, b 값은 1에 가까운 값으로 이동하게 됩니다.

※ 이 예제는 1장에서 tensorflow를 이용하여 수행했던 예제를 재구현하고 있습니다.

1 다음과 같이 예제를 작성합니다.

223_1.py

```
01 xs = [-1., 0., 1., 2., 3., 4.]
02 ys = [-2., 1., 4., 7., 10., 13.]
03 w = 10.
04 b = 10.
05
06 y = xs[0]*w + 1*b
07 print(" x = %6.3f, y = %6.3f " %(xs[0], y))
08
09 t = ys[0]
10 E = (y-t)**2/2
11 print(' E = %.7f ' %E)
12
13 yb = y - t
14 wb = yb*xs[0]
15 bb = yb*1
16 print(' wb = %6.3f, bb = %6.3f '%(wb, bb))
17
18 lr = 0.01
19 w = w - lr*wb
20 b = b - lr*bb
21 print(' w = %6.3f, b = %6.3f '%(w, b))
```

01, 02 : 실수 형 리스트 변수 xs, ys를 선언한 후, 다음 X, Y 값으로 초기화합니다.

X:	-1	0	1	2	3	4
Y:	-2	1	4	7	10	13

숫자 뒤에 점(.)은 실수를 나타냅니다.

03 : 입력 값의 가중치 값을 저장할 변수 w를 선언한 후, 10.으로 초기화합니다. 10.은 임의로 선택한 값입니다. 입력 값의 가중치는 입력 값의 강도, 세기라고도 하며 입력 값을 증폭 시키거나 감소시키는 역할을 합니다. 인공 신경도 가지 돌기의 두께에 따라 입력 신호가 증폭되거나 감소될 수 있는데, 이런 관점에서 가중치는 가지 돌기의 두께에 해당되는 변수로 생각할 수 있습니다.

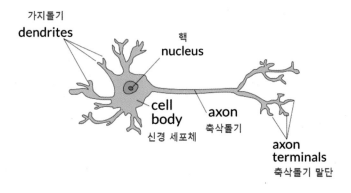

04 : 인공 신경의 편향 값을 저장할 변수 b를 선언한 후, 10.으로 초기화합니다. 10.은 임의로 선택한 값입니다. 편향 값은 가중치를 거친 입력 값의 합(=전체 입력신호)에 더해지는 값으로 입력신호를 좀 더 세게 해주거나 약하게 하는 역할을 합니다.

06 : 다음과 같이 단일 인공 신경을 수식으로 표현합니다.

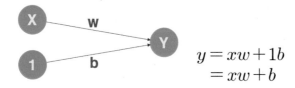

$$y = xw + 1b$$
$$= xw + b$$

일단 xs[0] 항목을 w에 곱한 후, b를 더해준 후, 변수 y에 대입해 줍니다. 이 과정에서 순전파가 이루어집니다. 즉, xs[0] 항목이 w에 곱해지고 b와 더해져 y에 도달하는 과정을 순전파라고 합니다. 순전파 결과 얻어진 y값을 인공 신경망에 의한 예측 값이라고 합니다.

07 : print 함수를 호출하여 xs[0], y 값을 출력합니다.

09 : 변수 t를 선언한 후, ys[0]값을 받습니다. ys[0]은 인공 신경망에 대한 xs[0]값의 목표 값입니다.

10 : 변수 E를 선언한 후, 다음과 같은 형태의 수식을 구현합니다.

$$E = \frac{1}{2}(y - t)^2$$

y의 값이 t에 가까울수록 E의 값은 0에 가까워집니다. 즉, 오차 값이 0에 가까워집니다. 이 수식을 오차함수 또는 손실함수 또는 비용함수라고 합니다.

11 : print 함수를 호출하여 E 값을 출력합니다. 소수점 이하 7자리까지 출력합니다.

13 : yb 변수를 선언한 후, 순전파 결과 값에서 목표 값을 빼 오차 값을 넣어줍니다.

14 : wb 변수를 선언한 후, 가중치 값에 대한 역전파 값을 받습니다.

15 : bb 변수를 선언한 후, 편향 값에 대한 역전파 값을 받습니다.

16 : print 함수를 호출하여 역전파 결과 값 wb, bb를 출력합니다. 소수점 이하 3자리까지 출력합니다.

18 : 학습률 변수 lr을 선언한 후, 0.01로 초기화합니다.

19 : wb 역전파 값에 학습률을 곱한 후, w값에서 빼줍니다. 이 과정에서 w 변수에 대한 학습이 이루어집니다.

20 : bb 역전파 값에 학습률을 곱한 후, b값에서 빼줍니다. 이 과정에서 b 변수에 대한 학습이 이루어집니다.

21 : print 함수를 호출하여 학습이 1회 수행된 w, b 값을 출력합니다. 소수점 이하 3자리까지 출력합니다.

2 ▶ 버튼을 눌러 프로그램을 실행시킵니다. 다음은 실행 결과 화면입니다.

```
x  = -1.000, y  =   0.000
E  =  2.0000000
wb = -2.000, bb =   2.000
w  = 10.020, b  =   9.980
```

w, b 값이 각각 10.020, 9.980으로 표시되는 것을 확인합니다.

전체 입력 데이터 학습 수행하기

이제 다음 좌표값 전체에 대해 1회 학습을 수행해 봅니다.

X:	-1	0	1	2	3	4
Y:	-2	1	4	7	10	13

1 다음과 같이 예제를 수정합니다.

223_1.py

```
01 xs = [-1., 0., 1., 2., 3., 4.]
02 ys = [-2., 1., 4., 7., 10., 13.]
03 w = 10.
04 b = 10.
05
06 for n in range(6):
07
08     y = xs[n]*w + 1*b
09     print( " x = %6.3f, y = %6.3f " %(xs[n], y))
10
11     t = ys[n]
12     E = (y-t)**2/2
13     print( ' E = %.7f ' %E)
14
15     yb = y - t
16     wb = yb*xs[n]
17     bb = yb*1
18     print( ' wb = %6.3f, bb = %6.3f '%(wb, bb))
19
20     lr = 0.01
21     w = w - lr*wb
22     b = b - lr*bb
23     print( ' w = %6.3f, b = %6.3f '%(w, b))
24
25     print( " = " *25)
```

06　　　 : n값을 0에서 6 미만까지 바꾸어가며 08~25줄을 6회 수행합니다.

08, 09, 16 : xs[0]을 xs[n]으로 변경합니다.

11　　　 : ys[0]을 ys[n]으로 변경합니다.

25　　　 : 실행 경계를 표시하기 위해 "="을 25개 출력합니다.

2 ▶ 버튼을 눌러 프로그램을 실행시킵니다. 다음은 실행 결과 화면입니다.

```
x  = -1.000, y  =  0.000        x  =  2.000, y  = 29.453
E  = 2.0000000                  E  = 252.0662245
wb = -2.000, bb =  2.000        wb = 44.906, bb = 22.453
w  = 10.020, b  =  9.980        w  =  9.412, b  =  9.507
=========================       =========================
x  =  0.000, y  =  9.980        x  =  3.000, y  = 37.742
E  = 40.3202000                 E  = 384.8117627
wb =  0.000, bb =  8.980        wb = 83.226, bb = 27.742
w  = 10.020, b  =  9.890        w  =  8.580, b  =  9.229
=========================       =========================
x  =  1.000, y  = 19.910        x  =  4.000, y  = 43.547
E  = 126.5672320                E  = 466.5735925
wb = 15.910, bb = 15.910        wb = 122.190, bb = 30.547
w  =  9.861, b  =  9.731        w  =  7.358, b  =  8.924
=========================       =========================
```

가중치, 편향 학습과정 살펴보기

가중치와 편향 값만 확인해 봅니다.

1 다음과 같이 예제를 수정합니다.

223_1.py

```
01 xs = [-1., 0., 1., 2., 3., 4.]
02 ys = [-2., 1., 4., 7., 10., 13.]
03 w = 10.
04 b = 10.
05
06 for n in range(6):
07
08        y = xs[n]*w + 1*b
09
10        t = ys[n]
11        E = (y-t)**2/2
12
13        yb = y - t
14        wb = yb*xs[n]
15        bb = yb*1
16
17        lr = 0.01
18        w = w - lr*wb
19        b = b - lr*bb
20        print(' w = %6.3f, b = %6.3f '%(w, b))
```

20 : w, b에 대한 출력만 합니다. 나머지 출력 루틴은 주석처리하거나 지워줍니다.

2 ▶ 버튼을 눌러 프로그램을 실행시킵니다. 다음은 실행 결과 화면입니다.

```
w  = 10.020, b  =  9.980
w  = 10.020, b  =  9.890
w  =  9.861, b  =  9.731
w  =  9.412, b  =  9.507
w  =  8.580, b  =  9.229
w  =  7.358, b  =  8.924
```

학습 회수에 따라 w, b값이 바뀌는 것을 확인합니다.

반복 학습 2회 수행하기

여기서는 반복 학습 2회를 수행해 봅니다.

1 다음과 같이 예제를 수정합니다.

223_1.py

```
01 xs = [-1., 0., 1., 2., 3., 4.]
02 ys = [-2., 1., 4., 7., 10., 13.]
03 w = 10.
04 b = 10.
05
06 for epoch in range(2):
07
08        for n in range(6):
09
10                y = xs[n]*w + 1*b
11
12                t = ys[n]
13                E = (y-t)**2/2
14
15                yb = y - t
16                wb = yb*xs[n]
17                bb = yb*1
18
19                lr = 0.01
20                w = w - lr*wb
21                b = b - lr*bb
22                print( ' w = %6.3f, b = %6.3f ' %(w, b))
```

06 : epoch값을 0에서 2 미만까지 바꾸어가며 08~22줄을 2회 수행합니다.

2 ▶ 버튼을 눌러 프로그램을 실행시킵니다. 다음은 실행 결과 화면입니다.

```
w  = 10.020, b  =   9.980
w  = 10.020, b  =   9.890
w  =  9.861, b  =   9.731
w  =  9.412, b  =   9.507
w  =  8.580, b  =   9.229
w  =  7.358, b  =   8.924
w  =  7.393, b  =   8.888
w  =  7.393, b  =   8.809
w  =  7.271, b  =   8.687
w  =  6.947, b  =   8.525
w  =  6.366, b  =   8.331
w  =  5.534, b  =   8.123
```

학습 회수에 따라 w, b값이 바뀌는 것을 확인합니다.

반복 학습 20회 수행하기

여기서는 반복 학습 20회를 수행해 봅니다.

1 다음과 같이 예제를 수정합니다.

223_1.py

```
01 xs = [-1., 0., 1., 2., 3., 4.]
02 ys = [-2., 1., 4., 7., 10., 13.]
03 w = 10.
04 b = 10.
05
06 for epoch in range(20):
07
08         for n in range(6):
09
10                 y = xs[n]*w + 1*b
11
12                 t = ys[n]
13                 E = (y-t)**2/2
14
15                 yb = y - t
16                 wb = yb*xs[n]
17                 bb = yb*1
18
19                 lr = 0.01
20                 w = w - lr*wb
21                 b = b - lr*bb
22                 if epoch%2==1 and n==0 :
23                         print(' w = %6.3f, b = %6.3f '%(w, b))
```

06 : epoch값을 0에서 20 미만까지 바꾸어가며 08~23줄을 20회 수행합니다.
22 : epoch값을 2로 나눈 나머지가 1이고 n값이 0일 때 23줄을 수행합니다.

2 ▶ 버튼을 눌러 프로그램을 실행시킵니다. 다음은 실행 결과 화면입니다.

```
w  =  7.393, b  =  8.888
w  =  4.332, b  =  7.464
w  =  2.897, b  =  6.614
w  =  2.247, b  =  6.051
w  =  1.974, b  =  5.636
w  =  1.882, b  =  5.303
w  =  1.875, b  =  5.016
w  =  1.907, b  =  4.760
w  =  1.956, b  =  4.526
w  =  2.011, b  =  4.309
```

학습 회수에 따라 w, b값이 바뀌는 것을 확인합니다.

반복 학습 200회 수행하기

여기서는 반복 학습 200회를 수행해 봅니다.

1 다음과 같이 예제를 수정합니다.

223_1.py

```
01 xs = [-1., 0., 1., 2., 3., 4.]
02 ys = [-2., 1., 4., 7., 10., 13.]
03 w = 10.
04 b = 10.
05
06 for epoch in range(200):
07
08     for n in range(6):
09
10             y = xs[n]*w + 1*b
11
12             t = ys[n]
13             E = (y-t)**2/2
14
15             yb = y - t
16             wb = yb*xs[n]
17             bb = yb*1
18
19             lr = 0.01
20             w = w - lr*wb
21             b = b - lr*bb
22             if epoch%20==1 and n==0 :
23                     print( ' w = %6.3f, b = %6.3f '%(w, b))
```

07 : epoch값을 0에서 200 미만까지 바꾸어가며 08~23줄을 200회 수행합니다.
22 : epoch값을 20으로 나눈 나머지가 1이고 n값이 0일 때 23줄을 수행합니다.

2 ▶ 버튼을 눌러 프로그램을 실행시킵니다. 다음은 실행 결과 화면입니다.

```
w  =   7.393,  b  =   8.888
w  =   2.067,  b  =   4.107
w  =   2.499,  b  =   2.660
w  =   2.732,  b  =   1.887
w  =   2.857,  b  =   1.474
w  =   2.923,  b  =   1.253
w  =   2.959,  b  =   1.136
w  =   2.978,  b  =   1.072
w  =   2.988,  b  =   1.039
w  =   2.994,  b  =   1.021
```

학습 회수에 따라 w, b값이 바뀌는 것을 확인합니다. w값은 3에, b값은 1에 가까워지는 것을 확인합니다.

반복 학습 2000회 수행하기

여기서는 반복 학습 2000회를 수행해 봅니다.

1 다음과 같이 예제를 수정합니다.

223_1.py

```
01 xs = [-1., 0., 1., 2., 3., 4.]
02 ys = [-2., 1., 4., 7., 10., 13.]
03 w = 10.
04 b = 10.
05
06 for epoch in range(2000):
07
08     for n in range(6):
09
10             y = xs[n]*w + 1*b
11
12             t = ys[n]
13             E = (y-t)**2/2
14
15             yb = y - t
16             wb = yb*xs[n]
17             bb = yb*1
18
19             lr = 0.01
20             w = w - lr*wb
21             b = b - lr*bb
22             if epoch%200==1 and n==0 :
23                     print(' w = %6.3f, b = %6.3f '%(w, b))
```

07 : epoch값을 0에서 2000 미만까지 바꾸어가며 08~23줄을 2000회 수행합니다.
22 : epoch값을 200으로 나눈 나머지가 1이고 n값이 0일 때 23줄을 수행합니다.

2 ▶ 버튼을 눌러 프로그램을 실행시킵니다. 다음은 실행 결과 화면입니다.

```
w  =  7.393,  b  =  8.888
w  =  2.997,  b  =  1.011
w  =  3.000,  b  =  1.000
w  =  3.000,  b  =  1.000
w  =  3.000,  b  =  1.000
w  =  3.000,  b  =  1.000
w  =  3.000,  b  =  1.000
w  =  3.000,  b  =  1.000
w  =  3.000,  b  =  1.000
w  =  3.000,  b  =  1.000
```

학습 회수에 따라 w, b값이 바뀌는 것을 확인합니다. w값은 3에 b값은 1에 수렴하는 것을 확인합니다.

가중치, 편향 바꿔보기 1

여기서는 가중치와 편향 값을 바꾸어 실습을 진행해 봅니다.

1 다음과 같이 예제를 수정합니다.

```
03 w = -10.
04 b = 10.
```

03 : 가중치 w값을 –10.으로 바꿉니다.
04 : 편향 b값은 10.으로 둡니다.

2 ▶ 버튼을 눌러 프로그램을 실행시킵니다. 다음은 실행 결과 화면입니다.

```
w  = -6.877, b  = 10.358
w  =  2.993, b  =  1.022
w  =  3.000, b  =  1.000
w  =  3.000, b  =  1.000
w  =  3.000, b  =  1.000
w  =  3.000, b  =  1.000
w  =  3.000, b  =  1.000
w  =  3.000, b  =  1.000
w  =  3.000, b  =  1.000
w  =  3.000, b  =  1.000
```

w값은 3에 b값은 1에 수렴하는 것을 확인합니다.

가중치, 편향 바꿔보기 2

1 다음과 같이 예제를 수정합니다.

```
03 w = -100.
04 b = 200.
```

03 : 가중치 w값을 –100.으로 바꿉니다.
04 : 편향 b값은 200.으로 바꿉니다.

2 ▶ 버튼을 눌러 프로그램을 실행시킵니다. 다음은 실행 결과 화면입니다.

```
w  = -83.789, b  = 194.356
w  =   2.884, b  =   1.385
w  =   3.000, b  =   1.001
w  =   3.000, b  =   1.000
w  =   3.000, b  =   1.000
w  =   3.000, b  =   1.000
w  =   3.000, b  =   1.000
w  =   3.000, b  =   1.000
w  =   3.000, b  =   1.000
w  =   3.000, b  =   1.000
```

w값은 3에 b값은 1에 수렴하는 것을 확인합니다.

03 _ 다양한 인공 신경망 구현해 보기

우리는 앞에서 입력1 출력1로 구성된 인공 신경의 동작을 살펴보고 구현해 보았습니다. 여기서는 입력2 출력1의 단일 인공 신경과, 입력2 출력2, 입력3 출력3으로 구성된 인공 신경망의 구조를 살펴보고 수식을 세운 후, 해당 수식에 맞는 인공 신경망을 구현해 봅니다. 출력의 개수 2이상은 인공 신경망이 됩니다.

2입력 1출력 인공 신경 구현하기

다음 그림은 입력2 출력1로 구성된 인공 신경을 나타냅니다.

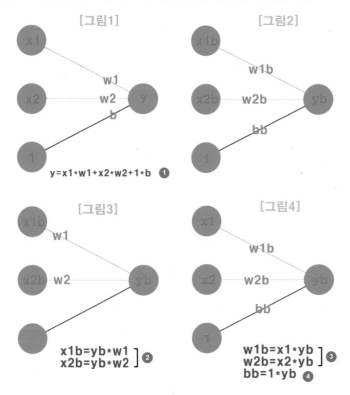

[그림1]은 순전파 과정에 필요한 변수와 수식을 나타냅니다.

[그림2]는 역전파에 필요한 변수입니다. 순전파에 대응되는 변수가 모두 필요합니다.

[그림3]은 입력의 역전파에 필요한 변수와 수식을 나타냅니다.

[그림4]는 가중치와 편향의 역전파에 필요한 변수와 수식을 나타냅니다.

※ ❷ x1b, x2b값은 앞부분에 또 다른 인공 신경과 연결되어 있을 경우 yb처럼 해당 인공 신경으로 역전파되는 값입니다. 역전파된 x1b, x2b값은 해당 인공 신경의 가중치와 편향 학습에 사용됩니다.

이상에서 필요한 수식을 정리하면 다음과 같습니다.

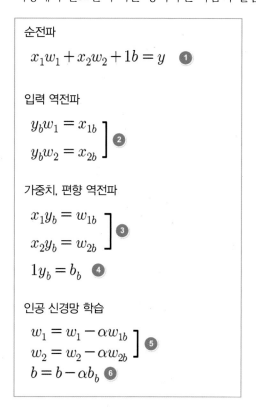

지금까지 정리한 수식을 구현을 통해 살펴봅니다. 다음 그림을 살펴봅니다.

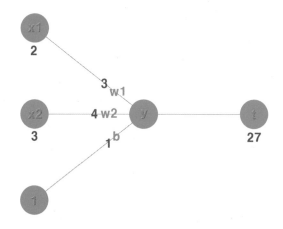

이 그림에서 입력 값 x1, x2는 각각 2, 3, 가중치 w1, w2는 각각 3, 4, 편향 b는 1이고 목표 값 t는 27입니다. x1, x2를 상수로 고정한 채 w1, w2, b에 대해 학습을 수행해 봅니다.

※ 이 값들은 임의의 값들입니다. 다른 값들을 사용하여 학습을 수행할 수도 있습니다.

1 이전 예제를 복사합니다.

2 다음과 같이 예제를 수정합니다.

231_1.py

```
01 x1, x2 = 2, 3
02 t = 27
03 w1 = 3
04 w2 = 4
05 b = 1
06
07 for epoch in range(2000):
08
09         print(' epoch = %d ' %epoch)
10
11         y = x1*w1 + x2*w2 + 1*b # ❶
12         print(' y = %6.3f ' %y)
13
14         E = (y-t)**2/2
15         print(' E = %.7f ' %E)
16         if E < 0.0000001:
17                 break
18
19         yb = y - t
20         x1b, x2b = yb*w1, yb*w2 # ❷
21         w1b = yb*x1 # ❸
22         w2b = yb*x2 # ❸
23         bb = yb*1 # ❹
24         print(' x1b, x2b = %6.3f, %6.3f ' %(x1b, x2b))
25         print(' w1b, w2b, bb = %6.3f, %6.3f, %6.3f ' %(w1b, w2b, bb))
26
27         lr = 0.01
28         w1 = w1 - lr*w1b # ❺
29         w2 = w2 - lr*w2b # ❺
30         b = b - lr*bb # ❻
31         print(' w1, w2, b = %6.3f, %6.3f, %6.3f ' %(w1, w2, b))
```

20 : x1b, x2b 변수를 선언한 후, 입력 값에 대한 역전파 값을 받아봅니다. 이 부분은 이 예제에서 필요한 부분은 아니며, 역전파 연습을 위해 추가하였습니다.

❸ ▶ 버튼을 눌러 프로그램을 실행시킵니다. 다음은 실행 결과 화면입니다.

```
epoch = 64
 y  = 26.999
 E  = 0.0000001
 x1b, x2b = -0.002, -0.003
 w1b, w2b, bb = -0.001, -0.002, -0.001
 w1,  w2,  b  =  4.143,  5.714,  1.571
epoch = 65
 y  = 27.000
 E  = 0.0000001
```

65(64+1)회 째 학습이 완료되는 것을 볼 수 있습니다. 가중치 w1, w2는 각각 4.143, 5.714, 편향 b 는 1.571에 수렴합니다.

2입력 2출력 인공 신경망 구현하기

다음 그림은 입력2 출력2로 구성된 인공 신경망을 나타냅니다.

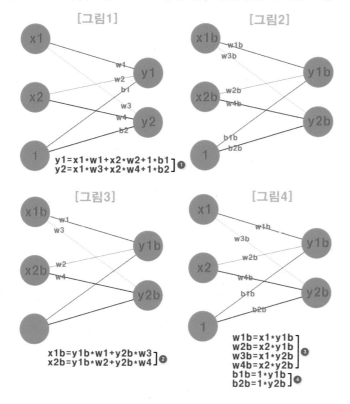

[그림1]은 순전파 과정에 필요한 변수와 수식을 나타냅니다.

[그림2]는 역전파에 필요한 변수입니다. 순전파에 대응되는 변수가 모두 필요합니다.

[그림3]은 입력의 역전파에 필요한 변수와 수식을 나타냅니다.

[그림4]는 가중치와 편향의 역전파에 필요한 변수와 수식을 나타냅니다.

※ ❷ x1b, x2b값은 앞부분에 또 다른 인공 신경과 연결되어 있을 경우 y1b, y2b처럼 해당 인공 신경으로 역전파되는 값입니다. 역전파된 x1b, x2b값은 해당 인공 신경의 가중치와 편향 학습에 사용됩니다.

이상에서 필요한 수식을 정리하면 다음과 같습니다.

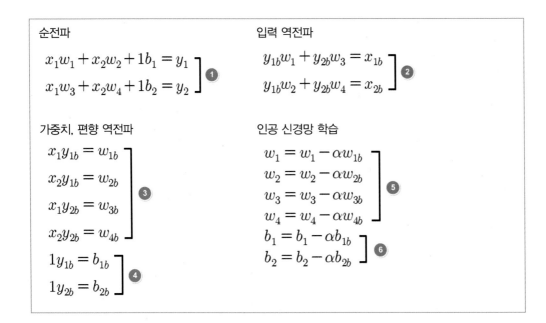

지금까지 정리한 수식을 구현을 통해 살펴봅니다. 다음 그림을 살펴봅니다.

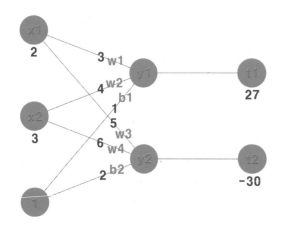

이 그림에서 입력 값 x1, x2는 각각 2, 3, 가중치 w1, w2, 편향 b1은 각각 3, 4, 1, 가중치 w3, w4, 편향 b2는 각각 5, 6, 2이고 목표 값 t1, t2는 각각 27, −30입니다. x1, x2를 상수로 고정한 채 w1, w2, w3, w4, b1, b2에 대해 학습을 수행해 봅니다.

※ 이 값들은 임의의 값들입니다. 다른 값들을 사용하여 학습을 수행할 수도 있습니다.

1 이전 예제를 복사합니다.

2 다음과 같이 예제를 수정합니다.

232_1.py

```
01 x1, x2 = 2, 3
02 t1, t2 = 27, -30
03 w1, w3 = 3, 5
```

```
04  w2, w4 = 4, 6
05  b1, b2 = 1, 2
06
07  for epoch in range(2000):
08
09      print( ' epoch = %d ' %epoch)
10
11      y1 = x1*w1 + x2*w2 + 1*b1 # ❶
12      y2 = x1*w3 + x2*w4 + 1*b2 # ❶
13      print( ' y1, y2 = %6.3f, %6.3f ' %(y1, y2))
14
15      E = (y1-t1)**2/2 + (y2-t2)**2/2
16      print( ' E = %.7f ' %E)
17      if E < 0.0000001:
18              break
19
20      y1b, y2b = y1 - t1, y2 - t2
21      x1b, x2b = y1b*w1+y2b*w3, y1b*w2+y2b*w4 # ❷
22      w1b, w3b = x1*y1b, x1*y2b # ❸
23      w2b, w4b = x2*y1b, x2*y2b # ❸
24      b1b, b2b = 1*y1b, 1*y2b # ❹
25      print( ' x1b, x2b = %6.3f, %6.3f '%(x1b, x2b))
26      print( ' w1b, w3b = %6.3f, %6.3f '%(w1b, w3b))
27      print( ' w2b, w4b = %6.3f, %6.3f '%(w2b, w4b))
28      print( ' b1b, b2b = %6.3f, %6.3f '%(b1b, b2b))
29
30      lr = 0.01
31      w1, w3 = w1 - lr*w1b, w3 - lr*w3b # ❺
32      w2, w4 = w2 - lr*w2b, w4 - lr*w4b # ❺
33      b1, b2 = b1 - lr*b1b, b2 - lr*b2b # ❻
34      print( ' w1, w3 = %6.3f, %6.3f '%(w1, w3))
35      print( ' w2, w4 = %6.3f, %6.3f '%(w2, w4))
36      print( ' b1, b2 = %6.3f, %6.3f '%(b1, b2))
```

21 : x1b, x2b 변수를 선언한 후, 입력 값에 대한 역전파 값을 받아봅니다. 이 부분은 이 예제에서 필요한 부분은 아니며, 역전파 연습을 위해 추가하였습니다.

❸ ▶ 버튼을 눌러 프로그램을 실행시킵니다. 다음은 실행 결과 화면입니다.

```
epoch = 78
 y1,  y2  = 27.000, -30.000
 E  = 0.0000001
 x1b, x2b = -0.002, -0.004
 w1b, w3b = -0.000,  0.001
 w2b, w4b = -0.000,  0.001
 b1b, b2b = -0.000,  0.000
 w1,  w3  =  4.143, -3.571
 w2,  w4  =  5.714, -6.857
 b1,  b2  =  1.571, -2.286
epoch = 79
 y1,  y2  = 27.000, -30.000
 E  = 0.0000001
```

79회 째 학습이 완료되는 것을 볼 수 있습니다. 가중치 w1, w2 는 각각 4.143, 5.714, 편향 b1은 1.571, 가중치 w3, w4는 각각 −3.571, −6.857 편향 b2는 −2.286에 수렴합니다.

3입력 3출력 인공 신경망 구현하기

다음 그림은 입력3 출력3으로 구성된 인공 신경망을 나타냅니다.

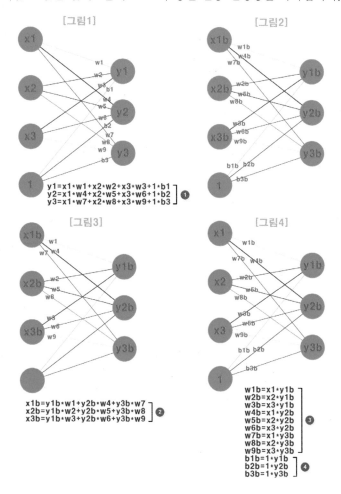

[그림1]은 순전파 과정에 필요한 변수와 수식을 나타냅니다.

[그림2]는 역전파에 필요한 변수입니다. 순전파에 대응되는 변수가 모두 필요합니다.

[그림3]은 입력의 역전파에 필요한 변수와 수식을 나타냅니다.

[그림4]는 가중치와 편향의 역전파에 필요한 변수와 수식을 나타냅니다.

※ ❷ x1b, x2b, x3b값은 앞부분에 또 다른 인공 신경과 연결되어 있을 경우 y1b, y2b, y3b처럼 해당 인공 신경으로 역전파되는 값입니다. 역전파된 x1b, x2b, x3b값은 해당 인공 신경의 가중치와 편향 학습에 사용됩니다.

이상에서 필요한 수식을 정리하면 다음과 같습니다.

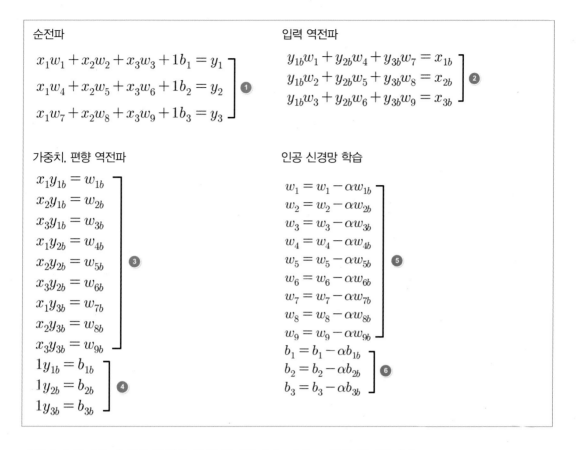

순전파

$$x_1w_1 + x_2w_2 + x_3w_3 + 1b_1 = y_1$$
$$x_1w_4 + x_2w_5 + x_3w_6 + 1b_2 = y_2$$
$$x_1w_7 + x_2w_8 + x_3w_9 + 1b_3 = y_3$$
❶

입력 역전파

$$y_{1b}w_1 + y_{2b}w_4 + y_{3b}w_7 = x_{1b}$$
$$y_{1b}w_2 + y_{2b}w_5 + y_{3b}w_8 = x_{2b}$$
$$y_{1b}w_3 + y_{2b}w_6 + y_{3b}w_9 = x_{3b}$$
❷

가중치, 편향 역전파

$$x_1y_{1b} = w_{1b}$$
$$x_2y_{1b} = w_{2b}$$
$$x_3y_{1b} = w_{3b}$$
$$x_1y_{2b} = w_{4b}$$
$$x_2y_{2b} = w_{5b}$$
$$x_3y_{2b} = w_{6b}$$
$$x_1y_{3b} = w_{7b}$$
$$x_2y_{3b} = w_{8b}$$
$$x_3y_{3b} = w_{9b}$$
❸
$$1y_{1b} = b_{1b}$$
$$1y_{2b} = b_{2b}$$
$$1y_{3b} = b_{3b}$$
❹

인공 신경망 학습

$$w_1 = w_1 - \alpha w_{1b}$$
$$w_2 = w_2 - \alpha w_{2b}$$
$$w_3 = w_3 - \alpha w_{3b}$$
$$w_4 = w_4 - \alpha w_{4b}$$
$$w_5 = w_5 - \alpha w_{5b}$$
$$w_6 = w_6 - \alpha w_{6b}$$
$$w_7 = w_7 - \alpha w_{7b}$$
$$w_8 = w_8 - \alpha w_{8b}$$
$$w_9 = w_9 - \alpha w_{9b}$$
❺
$$b_1 = b_1 - \alpha b_{1b}$$
$$b_2 = b_2 - \alpha b_{2b}$$
$$b_3 = b_3 - \alpha b_{3b}$$
❻

지금까지 정리한 수식을 구현을 통해 살펴봅니다. 다음 그림을 살펴봅니다.

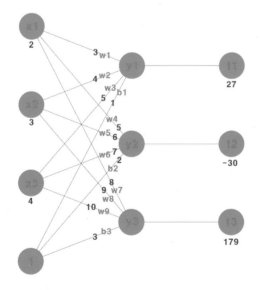

이 그림에서 입력 값 x1, x2, x3은 각각 2, 3, 4, 가중치 w1, w2, w3, 편향 b1은 각각 3, 4, 5, 1, 가중치 w4, w5, w6, 편향 b2는 각각 5, 6, 7, 2, 가중치 w7, w8, w9, 편향 b3은 각각 8, 9, 10, 3이

고 목표 값 t1, t2, t3은 각각 27, −30, 179입니다. x1, x2, x3를 상수로 고정한 채 w1~w9, b1~b3에 대해 학습을 수행해 봅니다.

※ 이 값들은 임의의 값들입니다. 다른 값들을 사용하여 학습을 수행할 수도 있습니다.

1 이전 예제를 복사합니다.

2 다음과 같이 예제를 수정합니다.

233_1.py

```
01 x1, x2, x3 = 2, 3, 4
02 t1, t2, t3 = 27, -30, 179
03 w1, w4, w7 = 3, 5, 8
04 w2, w5, w8 = 4, 6, 9
05 w3, w6, w9 = 5, 7, 10
06 b1, b2, b3 = 1, 2, 3
07
08 for epoch in range(2000):
09
10     print(' epoch = %d ' %epoch)
11
12     y1 = x1*w1 + x2*w2 + x3*w3 + 1*b1 # ❶
13     y2 = x1*w4 + x2*w5 + x3*w6 + 1*b2 # ❶
14     y3 = x1*w7 + x2*w8 + x3*w9 + 1*b3 # ❶
15     print(' y1, y2, y3 = %6.3f, %6.3f, %6.3f ' %(y1, y2, y3))
16
17     E = (y1-t1)**2/2 + (y2-t2)**2/2+ (y3-t3)**2/2
18     print(' E = %.7f ' %E)
19     if E < 0.0000001:
20             break
21
22     y1b, y2b, y3b = y1 - t1, y2 - t2, y3 - t3
23     x1b = y1b*w1+y2b*w4+y3b*w7 # ❷
24     x2b = y1b*w2+y2b*w5+y3b*w8 # ❷
25     x3b = y1b*w3+y2b*w6+y3b*w9 # ❷
26     w1b, w4b, w7b = x1*y1b, x1*y2b, x1*y3b # ❸
27     w2b, w5b, w8b = x2*y1b, x2*y2b, x2*y3b # ❸
28     w3b, w6b, w9b = x3*y1b, x3*y2b, x3*y3b # ❸
29     b1b, b2b, b3b = 1*y1b, 1*y2b, 1*y3b # ❹
30     print(' x1b, x2b, x2b = %6.3f, %6.3f, %6.3f '%(x1b, x2b, x3b))
31     print(' w1b, w4b, w7b = %6.3f, %6.3f, %6.3f '%(w1b, w4b, w7b))
32     print(' w2b, w5b, w8b = %6.3f, %6.3f, %6.3f '%(w2b, w5b, w8b))
33     print(' w3b, w6b, w9b = %6.3f, %6.3f, %6.3f '%(w3b, w6b, w9b))
34     print(' b1b, b2b, b3b = %6.3f, %6.3f, %6.3f '%(b1b, b2b, b3b))
35
36     lr = 0.01
```

```
37        w1, w4, w7 = w1 - lr*w1b, w4 - lr*w4b, w7 - lr*w7b # ❺
38        w2, w5, w8 = w2 - lr*w2b, w5 - lr*w5b, w8 - lr*w8b # ❺
39        w3, w6, w9 = w3 - lr*w3b, w6 - lr*w6b, w9 - lr*w9b # ❺
40        b1, b2, b3 = b1 - lr*b1b, b2 - lr*b2b, b3 - lr*b3b # ❻
41        print(' w1, w4, w7 = %6.3f, %6.3f, %6.3f '%(w1, w4, w7))
42        print(' w2, w5, w8 = %6.3f, %6.3f, %6.3f '%(w2, w5, w8))
43        print(' w3, w6, w9 = %6.3f, %6.3f, %6.3f '%(w3, w6, w9))
44        print(' b1, b2, b3 = %6.3f, %6.3f, %6.3f '%(b1, b2, b3))
```

23~25 : x1b, x2b, x3b 변수를 선언한 후, 입력 값에 대한 역전파 값을 받아봅니다. 이 부분은 이 예제에서 필요한 부분은 아니며, 역전파 연습을 위해 추가하였습니다.

❸ ▶ 버튼을 눌러 프로그램을 실행시킵니다. 다음은 실행 결과 화면입니다.

```
epoch = 35
 y1,  y2,  y3  = 27.000, -30.000, 179.000
 E  = 0.0000001
 x1b, x2b, x2b = -0.005, -0.007, -0.009
 w1b, w4b, w7b =  0.000,  0.001, -0.001
 w2b, w5b, w8b =  0.000,  0.001, -0.001
 w3b, w6b, w9b =  0.000,  0.001, -0.001
 b1b, b2b, b3b =  0.000,  0.000, -0.000
 w1,  w4,  w7  =  2.200, -0.867, 14.200
 w2,  w5,  w8  =  2.800, -2.800, 18.300
 w3,  w6,  w9  =  3.400, -4.733, 22.400
 b1,  b2,  b3  =  0.600, -0.933,  6.100
epoch = 36
 y1,  y2,  y3  = 27.000, -30.000, 179.000
 E  = 0.0000001
```

37(36+1)회 째 학습이 완료되는 것을 볼 수 있습니다. 가중치 w1~w9, 편향 b1~b3이 수렴하는 값도 살펴봅니다.

[문제 1] **2입력 3출력**

❶ 다음은 입력2 출력3의 인공 신경망입니다. 이 인공 신경망의 순전파, 역전파 수식을 구합니다.

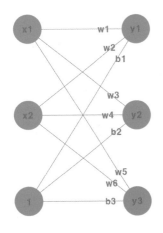

❷ 앞에서 구한 수식을 이용하여 다음과 같이 초기화된 인공 신경망을 구현하고 학습시켜 봅니다. x1, x2는 입력 층이므로 상수로 처리합니다.

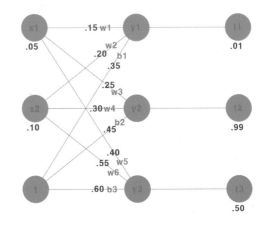

[문제 2] **3입력 2출력**

❶ 다음은 입력3 출력2의 인공 신경망입니다. 이 인공 신경망의 순전파, 역전파 수식을 구합니다.

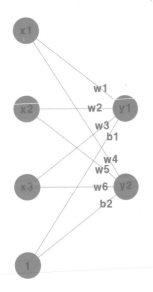

❷ 앞에서 구한 수식을 이용하여 다음과 같이 초기화된 인공 신경망을 구현하고 학습시켜 봅니다. x1, x2, x3은 입력 층으로 상수로 처리합니다.

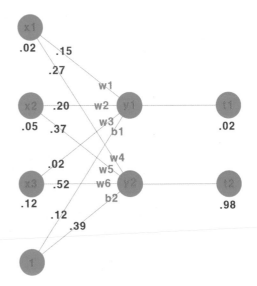

2입력 2은닉 2출력 인공 신경망 구현하기

여기서는 은닉 신경을 추가한 인공 신경망을 구현해 봅니다. 은닉 신경이 추가된 경우에도 순전파, 역전파 수식을 구하는 방식은 이전과 같습니다.

다음 그림은 입력2 은닉2 출력2로 구성된 인공 신경망을 나타냅니다.

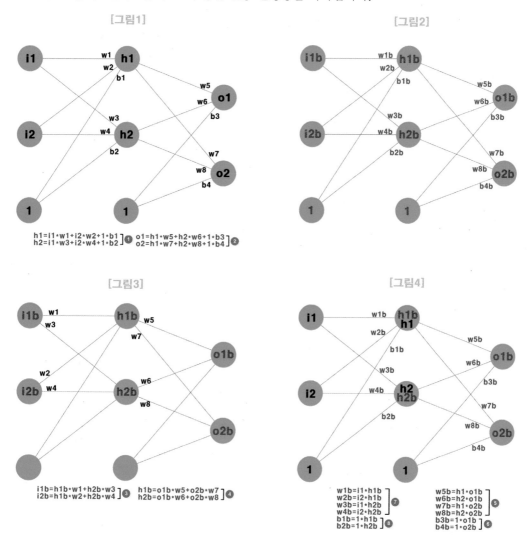

[그림1]은 순전파 과정에 필요한 변수와 수식을 나타냅니다.

[그림2]는 역전파에 필요한 변수입니다. 순전파에 대응되는 변수가 모두 필요합니다.

[그림3]은 입력의 역전파에 필요한 변수와 수식을 나타냅니다.

[그림4]는 가중치와 편향의 역전파에 필요한 변수와 수식을 나타냅니다.

※ ❸ i1b, i2b값은 앞부분에 또 다른 인공 신경과 연결되어 있을 경우 h1b, h2b처럼 해당 인공 신경으로 역전파되는 값입니다. 역전파된 i1b, i2b값은 해당 인공 신경의 가중치와 편향 학습에 사용됩니다. 여기서 i1, i2는 은닉 층에 연결된 입력 층이므로 i1b, i2b의 수식은 필요치 않습니다.

이상에서 필요한 수식을 정리하면 다음과 같습니다.

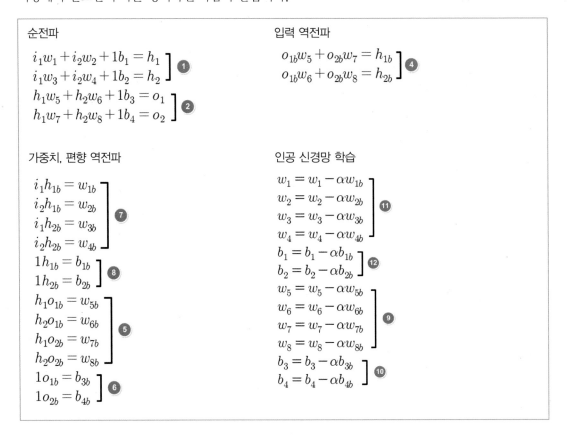

지금까지 정리한 수식을 구현을 통해 살펴봅니다. 다음 그림을 살펴봅니다.

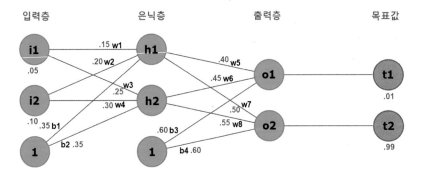

입력 값, 가중치 값, 편향 값은 그림을 참조합니다. i1, i2를 상수로 고정한 채 w1~w8, b1~b4에 대해 학습을 수행해 봅니다.

※ 이 값들은 임의의 값들입니다. 다른 값들을 사용하여 학습을 수행할 수도 있습니다.

1 다음과 같이 예제를 작성합니다.

234_1.py

```
01 i1, i2 = .05, .10
02 t1, t2 = .01, .99
03
04 w1, w3 = .15, .25
05 w2, w4 = .20, .30
06 b1, b2 = .35, .35
07
08 w5, w7 = .40, .50
09 w6, w8 = .45, .55
10 b3, b4 = .60, .60
11
12 for epoch in range(2000):
13
14     print( ' epoch = %d ' %epoch)
15
16     h1 = i1*w1 + i2*w2 + 1*b1 # ❶
17     h2 = i1*w3 + i2*w4 + 1*b2 # ❶
18     o1 = h1*w5 + h2*w6 + 1*b3 # ❷
19     o2 = h1*w7 + h2*w8 + 1*b4 # ❷
20     print( ' h1, h2 = %6.3f, %6.3f ' %(h1, h2))
21     print( ' o1, o2 = %6.3f, %6.3f ' %(o1, o2))
22
23     E = (o1-t1)**2/2 + (o2-t2)**2/2
24     print( ' E = %.7f ' %E)
25     if E < 0.0000001:
26             break
27
28     o1b, o2b = o1 - t1, o2 - t2
29     h1b, h2b = o1b*w5+o2b*w7, o1b*w6+o2b*w8 # ❹
30     w1b, w3b = i1*h1b, i1*h2b # ❼
31     w2b, w4b = i2*h1b, i2*h2b # ❼
32     b1b, b2b = 1*h1b, 1*h2b # ❽
33     w5b, w7b = h1*o1b, h1*o2b # ❺
34     w6b, w8b = h2*o1b, h2*o2b # ❺
35     b3b, b4b = 1*o1b, 1*o2b # ❻
36     print( ' w1b, w3b = %6.3f, %6.3f '%(w1b, w3b))
37     print( ' w2b, w4b = %6.3f, %6.3f '%(w2b, w4b))
38     print( ' b1b, b2b = %6.3f, %6.3f '%(b1b, b2b))
39     print( ' w5b, w7b = %6.3f, %6.3f '%(w5b, w7b))
40     print( ' w6b, w8b = %6.3f, %6.3f '%(w6b, w8b))
41     print( ' b3b, b4b = %6.3f, %6.3f '%(b3b, b4b))
42
43     lr = 0.01
```

```
44      w1, w3 = w1 - lr*w1b, w3 - lr*w3b #
45      w2, w4 = w2 - lr*w2b, w4 - lr*w4b #
46      b1, b2 = b1 - lr*b1b, b2 - lr*b2b #
47      w5, w7 = w5 - lr*w5b, w7 - lr*w7b # ❾
48      w6, w8 = w6 - lr*w6b, w8 - lr*w8b # ❾
49      b3, b4 = b3 - lr*b3b, b4 - lr*b4b # ❿
50      print(' w1, w3 = %6.3f, %6.3f '%(w1, w3))
51      print(' w2, w4 = %6.3f, %6.3f '%(w2, w4))
52      print(' b1, b2 = %6.3f, %6.3f '%(b1, b2))
53      print(' w5, w7 = %6.3f, %6.3f '%(w5, w7))
54      print(' w6, w8 = %6.3f, %6.3f '%(w6, w8))
55      print(' b3, b4 = %6.3f, %6.3f '%(b3, b4))
```

❷ ▶ 버튼을 눌러 프로그램을 실행시킵니다. 다음은 실행 결과 화면입니다.

```
epoch = 664
 h1,  h2  =  0.239,   0.226
 o1,  o2  =  0.010,   0.990
 E   = 0.0000001
 w1b, w3b = -0.000,   0.000
 w2b, w4b = -0.000,   0.000
 b1b, b2b = -0.000,   0.000
 w5b, w7b =  0.000,  -0.000
 w6b, w8b =  0.000,  -0.000
 b3b, b4b =  0.000,  -0.000
 w1,  w3  =  0.143,   0.242
 w2,  w4  =  0.186,   0.284
 b1,  b2  =  0.213,   0.186
 w5,  w7  =  0.203,   0.533
 w6,  w8  =  0.253,   0.583
 b3,  b4  = -0.095,   0.730
epoch = 665
 h1,  h2  =  0.239,   0.226
 o1,  o2  =  0.010,   0.990
 E   = 0.0000001
```

[문제 1] 2입력 2은닉 3은닉 2출력

1 다음은 입력2 은닉3 은닉2 출력3의 심층 인공 신경망입니다. 이 신경망에는 2개의 은닉 층이 포함되어 있습니다. 일반적으로 은닉 층이 2층 이상일 경우 심층 인공 신경망이라고 합니다. 이 신경망의 순전파, 역전파 수식을 구합니다.

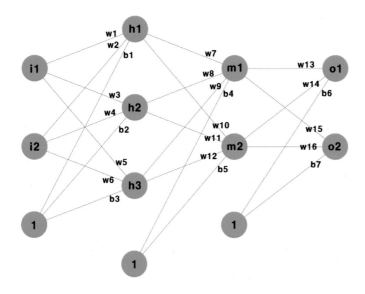

2 앞에서 구한 수식을 이용하여 다음과 같이 초기화된 인공 신경망을 구현하고 학습시켜 봅니다. i1, i2는 입력 층으로 상수로 처리합니다.

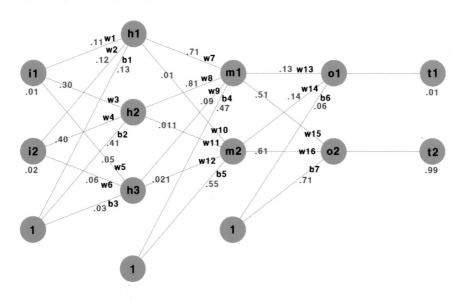

04 _ 활성화 함수 추가하기

일반적으로 인공 신경의 출력단에는 활성화 함수가 추가됩니다. 활성화 함수를 추가하면 입력된 데이터에 대해 복잡한 패턴의 학습이 가능해집니다. 또 인공 신경의 출력 값을 어떤 범위로 제한할 수도 있습니다. 여기서는 주로 사용되는 몇 가지 활성화 함수를 살펴보고, 활성화 함수가 필요한 이유에 대해서도 살펴봅니다. 그리고 활성화 함수를 추가한 인공 신경망을 구현해 봅니다.

활성화 함수 살펴보기

우리는 앞에서 다음과 같은 활성화 함수를 직접 그려보았습니다.

sigmoid 함수

다음은 sigmoid 함수에 대한 그래프와 인공 신경망 학습 후, 예측 그래프입니다.

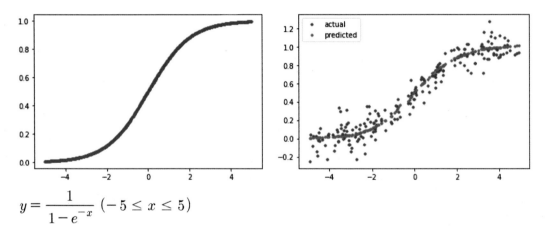

$$y = \frac{1}{1 - e^{-x}} \ (-5 \leq x \leq 5)$$

tanh 함수

다음은 tanh 함수에 대한 그래프와 인공 신경망 학습 후, 예측 그래프입니다.

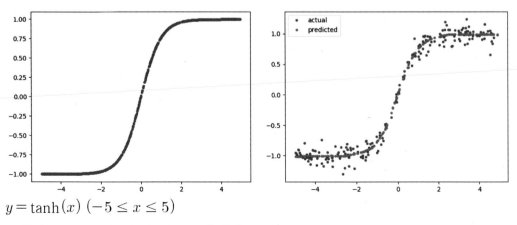

$$y = \tanh(x) \ (-5 \leq x \leq 5)$$

ReLU 함수

다음은 ReLU 함수에 대한 그래프와 인공 신경망 학습 후, 예측 그래프입니다.

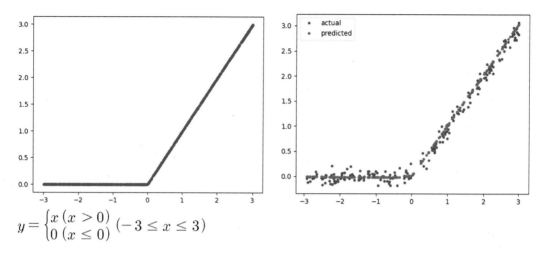

$$y = \begin{cases} x \ (x > 0) \\ 0 \ (x \le 0) \end{cases} (-3 \le x \le 3)$$

활성화 함수의 필요성

여기서는 활성화 함수가 무엇인지, 활성화 함수는 왜 필요한지, 어떤 활성화 함수가 있는지 살펴봅니다.

활성화 함수는 무엇인가요?

활성화 함수는 인공 신경망에 더해져 복잡한 패턴을 학습하게 해줍니다. 즉, 다양한 형태의 입력 값에 대해 신경망을 거쳐 나온 출력 값을 우리가 원하는 목표 값에 가깝게 해 주기가 더 쉬워집니다. 우리 두뇌에 있는 생체 신경과 비교할 때, 활성화 함수는 신경 말단에서 다음 신경으로 전달될 신호를 결정하는 시냅스와 같은 역할을 합니다. 시냅스는 이전 신경 세포가 내보내는 출력 신호를 받아 다음 신경 세포가 받아들일 수 있는 입력 신호로 형태를 변경합니다. 마찬가지로 활성화 함수는 이전 인공 신경이 내보내는 출력 신호를 받아 다음 인공 신경이 받아들일 수 있는 입력 신호로 형태를 변경해 주는 역할을 합니다.

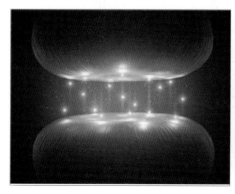
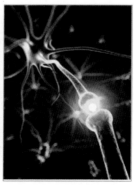

◆시냅스

활성화 함수는 왜 필요한가요?

앞에서 언급했던 생물학적 유사성과는 별도로 인공 신경의 출력 값을 우리가 원하는 어떤 범위로 제한해 줍니다. 이것은 활성화 함수로의 입력이 w*x+b이기 때문입니다. 여기서 w는 인공 신경의 가중치, x는 입력, b는 그것에 더해지는 편향입니다. 이 값은 어떤 범위로 제한되지 않으면 신경망을 거치며 순식간에 아주 커지게 됩니다. 특히 수백만 개의 매개변수(가중치와 편향)으로 구성된 아주 깊은 신경망의 경우에는 더욱 그렇습니다. 인공 신경을 거치며 반복적으로 계산되는 w*x+b는 factorial 연산과 같은 효과를 내며 이것은 순식간에 컴퓨터의 계산 범위를 넘어서게 됩니다. 인공 신경망을 학습시키다보면 Nan이라고 표시되는 경우가 있는데 이 경우가 그런 경우에 해당합니다.

```
n! = n
0 = 1
1 = 1
2 = 2
3 = 6
4 = 24
5 = 120
6 = 720
7 = 5.040
8 = 40.320
9 = 362.880
10 = 3.628.800
11 = 39.916.800
12 = 479.001.600
```

어떤 활성화 함수가 있나요?

❶ 시그모이드

시그모이드 활성화 함수는 단지 역사적인 이유로 여기에 소개되며 일반적으로 딥러닝에서 많이 사용되지 않습니다. 시그모이드 함수는 3층 정도로 구성된 인공 신경망에 적용될 때는 학습이 잘 되지만 깊은 신경망에 적용될 때는 학습이 잘 되지 않습니다. 시그모이드 함수는 계산에 시간이 걸리고, 입력 값이 아무리 크더라도 출력 값의 범위가 0에서 1사이로 매우 작아 신경망을 거칠수록 출력 값은 점점 더 작아져 0에 수렴하게 됩니다. 이것은 신경을 거치면서 신호가 점점 작아져 출력에 도달하는 신호가 아주 작거나 없어지는 것과 같습니다. 출력에 미치는 신호가 아주 작거나 없다는 것은 역으로 전달될 신호도 아주 작거나 없다는 것을 의미합니다. 시그모이드 함수는 일반적으로 0이나 1로 분류하는 이진 분류 문제에 사용됩니다. 심층 신경망에서 시그모이드 함수를 사용해야 할 경우엔 출력 층에서만 사용하도록 합니다.

❷ 소프트맥스

소프트맥스 활성화 함수는 시그모이드 활성화 함수가 더욱 일반화된 형태입니다. 이것은 다중 클래스 분류 문제에 사용됩니다. 시그모이드 함수와 비슷하게 이것은 0에서 1사이의 값들을 생성합니다. 소프트맥스 함수는 은닉 층에서는 사용하지 않으며, 다중 분류 모델에서 출력 층에서만 사용됩니다.

❸ tanh

tanh 함수는 출력 값의 범위가 −1에서 1사이라는 것을 빼고는 시그모이드 함수와 유사합니다. 시그모이드 함수처럼 많이 사용되지 않습니다.

❹ ReLU

ReLU 함수는 딥러닝에서 가장 인기 있는 활성화 함수입니다. 특히 합성곱 신경망(CNN)에서 많이 사용됩니다. ReLU 함수는 계산이 빠르고 심층 신경망에서도 신호 전달이 잘 됩니다. ReLU 함수의 경우 입력 값이 음수가 될 경우 출력이 0이 되기 때문에 이런 경우에는 어떤 노드를 완전히 죽게 하여 어떤 것도 학습하지 않게 합니다. 이러한 노드가 많으면 많을수록 신경망 전체적으로 학습이 되지 않는 단점이 있습니다. ReLU의 다른 문제는 활성화 값의 극대화입니다. 왜냐하면 ReLU의 상한 값은 무한이기 때문입니다. 이것은 가끔 사용할 수 없는 노드를 만들어 학습을 방해하게 됩니다. 이러한 문제들은 초기 가중치 값을 고르게 할당하여 해결할 수 있습니다. 일반적으로 은닉 층에는 ReLU 함수를 적용하고, 출력 층은 시그모이드 함수나 소프트맥스 함수를 적용합니다.

활성화 함수의 순전파와 역전파

여기서는 sigmoid, tanh, ReLU 활성화 함수의 순전파와 역전파 수식을 살펴보고, 앞에서 구현한 인공 신경망에 활성화 함수를 적용하여 봅니다. 다음 그림은 활성화 함수의 순전파와 역전파 수식을 나타냅니다.

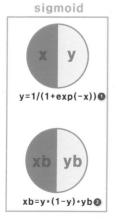
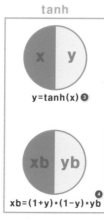
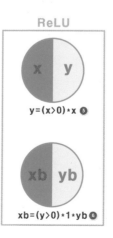

- sigmoid 함수의 경우 순전파 출력 y값이 0이나 1에 가까울수록 역전파 xb값은 0에 가까워집니다. 순전파 출력 y값이 0이나 1에 가깝다는 것은 순전파 입력 값 x의 크기가 양 또는 음의 방향으로 어느 정도 크다는 의미입니다.
- tanh 함수의 경우 순전파 출력 y값이 -1이나 1에 가까울수록 역전파 xb값은 0에 가까워집니다. 순전파 출력 y값이 -1이나 1에 가깝다는 것은 순전파 입력 값 x의 크기가 양 또는 음의 방향으로 어느 정도 크다는 의미입니다.
- ReLU 함수의 경우 순전파 입력 값 x값이 0보다 크면 x값이 y로 전달되며, 0보다 작거나 같으면 0값이 y로 전달됩니다. 역전파의 경우 순전파 출력 값 y가 0보다 크면 yb값이 xb로 전달되며, 출력 값 y가 0보다 작거나 같으면 xb로 0이 전달됩니다. 이 경우 xb에서 전 단계의 모든 노드로 전달되는 역전파 값은 0이 됩니다.

이상에서 필요한 수식을 정리하면 다음과 같습니다.

시그모이드 순전파와 역전파

$$y = \frac{1}{1+e^{-x}} \enspace \text{①} \quad x_b = y(1-y)y_b \enspace \text{②}$$

tanh 순전파와 역전파

$$y = \tanh(x) \enspace \text{③} \quad x_b = (1+y)(1-y)y_b \enspace \text{④}$$

ReLU 순전파와 역전파

$$y = (x>0)x \enspace \text{⑤} \quad x_b = (y>0)1y_b \enspace \text{⑥}$$

---

sigmoid 함수 적용해 보기

지금까지 정리한 수식을 구현을 통해 살펴봅니다. 다음 그림을 살펴봅니다.

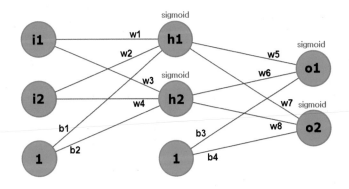

이 그림은 앞에서 구현한 2개의 입력, 2개의 은닉 신경, 2개의 출력 신경으로 구성된 인공 신경망입니다. 여기서는 은닉 신경과 출력 신경에 시그모이드(sigmoid) 활성화 함수를 추가해 봅니다. 이전 예제와 같이 목표 값은 각각 0.01, 0.99입니다.

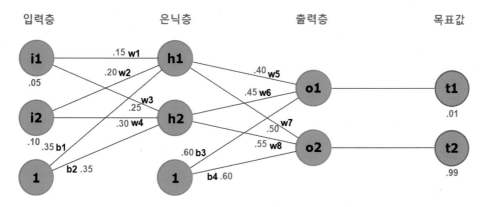

1️⃣ 이전 예제를 복사합니다.

2️⃣ 다음과 같이 예제를 수정합니다.

243_1.py

```
01 from math import exp
02
03 i1, i2 = .05, .10
04 t1, t2 = .01, .99
05
06 w1, w3 = .15, .25
07 w2, w4 = .20, .30
08 b1, b2 = .35, .35
09
10 w5, w7 = .40, .50
11 w6, w8 = .45, .55
12 b3, b4 = .60, .60
13
14 for epoch in range(2000):
15
16     print('epoch = %d' %epoch)
17
18     h1 = i1*w1 + i2*w2 + 1*b1
19     h2 = i1*w3 + i2*w4 + 1*b2
20     h1 = 1/(1+exp(-h1)) # ❶
21     h2 = 1/(1+exp(-h2)) # ❶
22
23     o1 = h1*w5 + h2*w6 + 1*b3
24     o2 = h1*w7 + h2*w8 + 1*b4
```

```
25        o1 = 1/(1+exp(-o1)) # ❶
26        o2 = 1/(1+exp(-o2)) # ❶
27
28        print(' o1, o2 = %6.3f, %6.3f ' %(o1, o2))
29
30        E = (o1-t1)**2/2 + (o2-t2)**2/2
31        if E < 0.0000001:
32                break
33
34        o1b, o2b = o1 - t1, o2 - t2
35        o1b, o2b = o1b*o1*(1-o1), o2b*o2*(1-o2) # ❷
36
37        h1b, h2b = o1b*w5+o2b*w7, o1b*w6+o2b*w8
38        h1b, h2b = h1b*h1*(1-h1), h2b*h2*(1-h2) # ❷
39
40        w1b, w3b = i1*h1b, i1*h2b
41        w2b, w4b = i2*h1b, i2*h2b
42        b1b, b2b = 1*h1b, 1*h2b
43        w5b, w7b = h1*o1b, h1*o2b
44        w6b, w8b = h2*o1b, h2*o2b
45        b3b, b4b = 1*o1b, 1*o2b
46
47        lr = 0.01
48        w1, w3 = w1 - lr*w1b, w3 - lr*w3b
49        w2, w4 = w2 - lr*w2b, w4 - lr*w4b
50        b1, b2 = b1 - lr*b1b, b2 - lr*b2b
51        w5, w7 = w5 - lr*w5b, w7 - lr*w7b
52        w6, w8 = w6 - lr*w6b, w8 - lr*w8b
53        b3, b4 = b3 - lr*b3b, b4 - lr*b4b
```

01 : math 모듈에서 exp 함수를 불러옵니다.

20, 21 : h1, h2 노드에 순전파 시그모이드 활성화 함수를 적용합니다.

25, 26 : o1, o2 노드에 순전파 시그모이드 활성화 함수를 적용합니다.

35 : o1b, o2b 노드에 역전파 시그모이드 활성화 함수를 적용합니다.

38 : h1b, h2b 노드에 역전파 시그모이드 활성화 함수를 적용합니다.

❸ ▶ 버튼을 눌러 프로그램을 실행시킵니다. 다음은 실행 결과 화면입니다.

```
epoch = 1998
 o1, o2 = 0.180, 0.878
epoch = 1999
 o1, o2 = 0.180, 0.878
```

(1999+1)번째에 o1, o2가 각각 0.180, 0.878이 됩니다.

4 다음과 같이 예제를 수정합니다.

```
14 for epoch in range(20000):
```

5 ▶ 버튼을 눌러 프로그램을 실행시킵니다. 다음은 실행 결과 화면입니다.

```
epoch = 19998
 o1, o2 = 0.042, 0.959
epoch = 19999
 o1, o2 = 0.042, 0.959
```

(19999+1)번째에 o1, o2가 각각 0.042, 0.959가 됩니다.

6 다음과 같이 예제를 수정합니다.

```
14 for epoch in range(200000):
```

7 ▶ 버튼을 눌러 프로그램을 실행시킵니다. 다음은 실행 결과 화면입니다.

```
epoch = 199998
 o1, o2 = 0.015, 0.985
epoch = 199999
 o1, o2 = 0.015, 0.985
```

(199999+1)번째에 o1, o2가 각각 0.015, 0.985가 됩니다.

8 다음과 같이 예제를 수정합니다.

```
14 for epoch in range(2000000):
```

9 ▶ 버튼을 눌러 프로그램을 실행시킵니다. 다음은 실행 결과 화면입니다.

```
epoch = 1078010
 o1, o2 = 0.010, 0.990
epoch = 1078011
 o1, o2 = 0.010, 0.990
```

(1078011+1)번째에 오차가 0.0000001(천만분의 1)보다 작아집니다. o1, o2는 각각 0.010, 0.990이 된 상태입니다.

tanh 함수 적용해 보기

이번에는 이전 예제에 적용했던 sigmoid 함수를 tanh 함수로 변경해 봅니다. 다음 그림을 살펴봅니다.

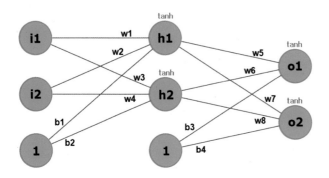

여기서는 은닉 신경과 출력 신경에 tanh 활성화 함수를 적용해 봅니다. 이전 예제와 같이 목표 값은 각각 0.01, 0.99입니다.

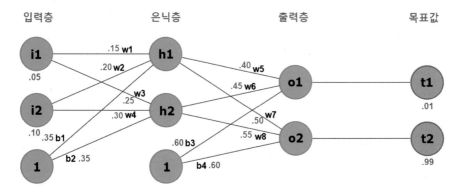

1️⃣ 이전 예제를 복사합니다.

2️⃣ 다음과 같이 예제를 수정합니다.

243_2.py

```
01 from math import exp, than
```

01 : math 모듈에서 tanh 함수를 추가로 불러옵니다.

```
18      h1 = i1*w1 + i2*w2 + 1*b1
19      h2 = i1*w3 + i2*w4 + 1*b2
20      h1 = tanh(h1) # ❸
21      h2 = tanh(h2) # ❸
22
23      o1 = h1*w5 + h2*w6 + 1*b3
24      o2 = h1*w7 + h2*w8 + 1*b4
25      o1 = tanh(o1) # ❸
26      o2 = tanh(o2) # ❸
```

20, 21 : h1, h2 노드에 순전파 tanh 활성화 함수를 적용합니다.
25, 26 : o1, o2 노드에 순전파 tanh 활성화 함수를 적용합니다.

```
34        o1b, o2b = o1 - t1, o2 - t2
35        o1b, o2b = o1b*(1+o1)*(1-o1), o2b*(1+o2)*(1-o2)  # ❹
36
37        h1b, h2b = o1b*w5+o2b*w7, o1b*w6+o2b*w8
38        h1b, h2b = h1b*(1+h1)*(1-h1), h2b*(1+h2)*(1-h2)  # ❹
```

35 : o1b, o2b 노드에 역전파 tanh 활성화 함수를 적용합니다.
38 : h1b, h2b 노드에 역전파 tanh 활성화 함수를 적용합니다.

❸ ▶ 버튼을 눌러 프로그램을 실행시킵니다. 다음은 실행 결과 화면입니다.

```
epoch = 236409
 o1,  o2  =  0.010,  0.990
epoch = 236410
 o1,  o2  =  0.010,  0.990
```

(236410+1)번째에 오차가 0.0000001(천만분의 1)보다 작아집니다. o1, o2는 각각 0.010, 0.990이 된 상태입니다. sigmoid 함수보다 결과가 더 빨리 나오는 것을 볼 수 있습니다.

ReLU 함수 적용해 보기

이번에는 이전 예제에 적용했던 tanh 함수를 ReLU 함수로 변경해 봅니다. 다음 그림을 살펴봅니다.

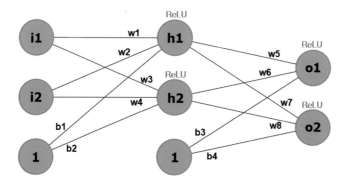

여기서는 은닉 신경과 출력 신경에 ReLU 활성화 함수를 적용해 봅니다. 이전 예제와 같이 목표 값은 각각 0.01, 0.99입니다.

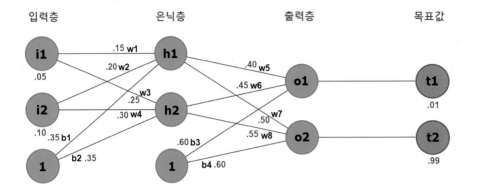

입력층   은닉층   출력층   목표값

1 이전 예제를 복사합니다.

2 다음과 같이 예제를 수정합니다.

243_3.py

```
18        h1 = i1*w1 + i2*w2 + 1*b1
19        h2 = i1*w3 + i2*w4 + 1*b2
20        h1 = (h1>0)*h1 # ❺
21        h2 = (h2>0)*h2 # ❺
22
23        o1 = h1*w5 + h2*w6 + 1*b3
24        o2 = h1*w7 + h2*w8 + 1*b4
25        o1 = (o1>0)*o1 # ❺
26        o2 = (o2>0)*o2 # ❺
```

20, 21 : h1, h2 노드에 순전파 ReLU 활성화 함수를 적용합니다.
25, 26 : o1, o2 노드에 순전파 ReLU 활성화 함수를 적용합니다.

```
34        o1b, o2b = o1 - t1, o2 - t2
35        o1b, o2b = o1b*(o1>0)*1, o2b*(o2>0)*1 # ❻
36
37        h1b, h2b = o1b*w5+o2b*w7, o1b*w6+o2b*w8
38        h1b, h2b = h1b*(h1>0)*1, h2b*(h2>0)*1 # ❻
```

35 : o1b, o2b 노드에 역전파 ReLU 활성화 함수를 적용합니다.
38 : h1b, h2b 노드에 역전파 ReLU 활성화 함수를 적용합니다.

3 ▶ 버튼을 눌러 프로그램을 실행시킵니다. 다음은 실행 결과 화면입니다.

```
epoch = 664
 o1, o2 = 0.010, 0.990
epoch = 665
 o1, o2 = 0.010, 0.990
```

(665+1)번째에 오차가 0.0000001(천만분의 1)보다 작아집니다. o1, o2는 각각 0.010, 0.990이 된 상태입니다. sigmoid, tanh 함수보다 결과가 훨씬 더 빨리 나오는 것을 볼 수 있습니다.

출력 층에 softmax 함수 적용해 보기

이전 단원에서 우리는 은닉 신경과 출력 신경에 시그모이드(sigmoid), tanh, ReLU 활성화 함수를 차례대로 적용해 보았습니다. 이 단원에서는 출력 신경의 활성화 함수를 소프트맥스(softmax)로 변경해 봅니다. softmax 활성화 함수는 크로스 엔트로피 오차(cross entropy error) 함수와 같이 사용되며, 분류(classification)에 사용됩니다.

softmax와 cross entropy

다음은 출력 층에서 활성화 함수로 사용되는 소프트맥스(softmax) 함수를 나타냅니다.

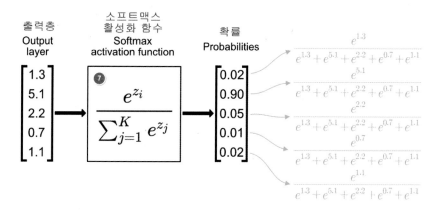

소프트맥스 함수는 출력 층에서 사용되는 활성화함수로 다중 분류를 위해 주로 사용됩니다. 소프트맥스 함수는 확률의 총합이 1이 되도록 만든 함수이며 아래에 나타낸 크로스 엔트로피 오차 함수와 같이 사용됩니다.

$$E=-\sum_k t_k \log o_k \quad \text{⑧}$$

우리는 앞에서 다음과 같은 평균 제곱 오차 함수를 살펴보았습니다.

$$E=\sum_k \frac{1}{2}(o_k-t_k)^2$$

평균 제곱 오차 함수의 경우 역전파 시 전파되는 오차가 다음과 같이 예측 값과 목표 값의 차인 것을 우리는 이미 앞에서 살펴보았습니다.

$$o_{kb}=o_k-t_k$$

소프트맥스 함수는 크로스 엔트로피 함수와 같이 사용될 때 역전파 시 소프트맥스 함수를 역으로 거쳐 전파되는 오차가 다음과 같이 예측 값과 목표 값의 차가 됩니다.

$$o_{kb} = o_k - t_k \text{ ⑨}$$

그래서 소프트맥스 함수를 활성화 함수로 사용할 경우 오차 함수는 크로스 엔트로피 오차 함수가 됩니다.

출력 층에 softmax 함수 적용해 보기

다음은 우리가 사용할 인공 신경망의 구조입니다.

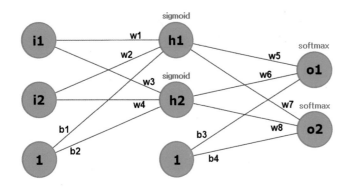

여기서는 은닉 신경에는 sigmoid, 출력 신경에는 softmax 활성화 함수를 적용합니다. 목표 값은 0, 1를 사용합니다. 소프트맥스 활성화 함수와 크로스 엔트로피 오차 함수를 같이 사용할 때 일반적으로 목표 값은 0 또는 1의 값만 가지며, 총 합은 1이 됩니다. 다음 그림의 맨 오른쪽에 추가된 2개의 노드는 목표 값을 나타내며, 출력 층으로 나오는 예측 값을 목표 값에 가깝도록 가중치를 조정하게 됩니다.

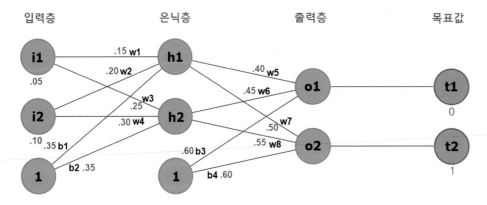

1 이전 예제를 복사합니다.

2 다음과 같이 예제를 수정합니다.

```
01 from math import exp, tanh, log
02
03 i1, i2 = .05, .10
04 t1, t2 = 0, 1
05
06 w1, w3 = .15, .25
07 w2, w4 = .20, .30
08 b1, b2 = .35, .35
09
10 w5, w7 = .40, .50
11 w6, w8 = .45, .55
12 b3, b4 = .60, .60
13
14 for epoch in range(2000000):
15
16     print('epoch = %d' %epoch)
17
18     h1 = i1*w1 + i2*w2 + 1*b1
19     h2 = i1*w3 + i2*w4 + 1*b2
20     h1 = 1/(1+exp(-h1)) # ❶
21     h2 = 1/(1+exp(-h2)) # ❶
22
23     o1 = h1*w5 + h2*w6 + 1*b3
24     o2 = h1*w7 + h2*w8 + 1*b4
25     o1m = o1 - max(o1, o2) # ❼
26     o2m = o2 - max(o1, o2) # ❼
27     o1 = exp(o1m)/(exp(o1m)+exp(o2m)) # ❼
28     o2 = exp(o2m)/(exp(o1m)+exp(o2m)) # ❼
29
30     print(' o1, o2 = %6.3f, %6.3f' %(o1, o2))
31
32     E = -t1*log(o1) + -t2*log(o2) # ❽
33     if E < 0.0001:
34         break
35
36     o1b, o2b = o1 - t1, o2 - t2 # ❾
37     # nothing for softmax + cross entropy error
38
39     h1b, h2b = o1b*w5+o2b*w7, o1b*w6+o2b*w8
40     h1b, h2b = h1b*h1*(1-h1), h2b*h2*(1-h2) # ❷
41
42     w1b, w3b = i1*h1b, i1*h2b
43     w2b, w4b = i2*h1b, i2*h2b
44     b1b, b2b = 1*h1b, 1*h2b
45     w5b, w7b = h1*o1b, h1*o2b
46     w6b, w8b = h2*o1b, h2*o2b
47     b3b, b4b = 1*o1b, 1*o2b
48
49     lr = 0.01
```

```
50       w1, w3 = w1 - lr*w1b, w3 - lr*w3b
51       w2, w4 = w2 - lr*w2b, w4 - lr*w4b
52       b1, b2 = b1 - lr*b1b, b2 - lr*b2b
53       w5, w7 = w5 - lr*w5b, w7 - lr*w7b
54       w6, w8 = w6 - lr*w6b, w8 - lr*w8b
55       b3, b4 = b3 - lr*b3b, b4 - lr*b4b
```

01 : math 라이브러리에서 log 함수를 추가로 불러옵니다. log 함수는 자연로그 함수입니다.

04 : 목표 값을 각각 0과 1로 변경합니다.

25~28 : 출력 층의 활성화 함수를 소프트맥스로 변경합니다.

25, 26 : o1, o2에 대해 둘 중 더 큰 값을 빼줍니다. 이렇게 하면 26, 27 줄에서 오버플로우를 막을 수 있습니다. o1, o2에 대한 최종 결과는 같습니다. 자세한 내용은 [소프트맥스 오버플로우]를 검색해 봅니다.

32 : 오차 계산을 크로스 엔트로피 오차 형태의 수식으로 변경합니다. 소프트맥스 활성화 함수는 크로스 엔트로피 오차와 같이 사용합니다.

$$E = -\sum_k t_k \log o_k$$

33 : for 문을 빠져 나가는 오차 값을 0.0001로 변경합니다. 여기서 사용하는 값의 크기에 따라 학습의 정확도와 학습 시간이 결정됩니다.

36 : 소프트맥스 함수의 역전파 오차 계산 부분은 다음과 같습니다. 소프트맥스 함수는 크로스 엔트로피 함수와 같이 사용될 때 역전파 시 소프트맥스 함수를 역으로 거쳐 전파되는 오차가 다음과 같이 예측 값과 목표 값의 차가 됩니다.

$$o_{kb} = o_k - t_k$$

그래서 소프트맥스 함수를 활성화 함수로 사용할 경우 오차 함수는 크로스 엔트로피 오차 함수가 됩니다.

❸ ▶ 버튼을 눌러 프로그램을 실행시킵니다. 다음은 실행 결과 화면입니다.

```
epoch = 211287
 o1, o2 = 0.000, 1.000
epoch = 211288
 o1, o2 = 0.000, 1.000
```

(211288+1)번째에 오차가 0.0001(만분의 1)보다 작아집니다. o1, o2는 각각 0.000, 1.000이 된 상태입니다.

tanh와 softmax

여기서는 은닉 층 활성화 함수를 tanh로 변경해 봅니다. 다음 그림을 살펴봅니다.

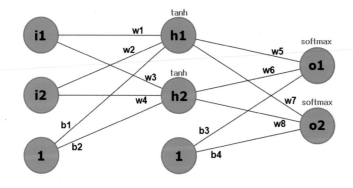

여기서는 은닉 신경에는 tanh, 출력 신경에는 softmax 활성화 함수를 적용합니다. 목표 값은 0, 1를 사용합니다. 소프트맥스 활성화 함수와 크로스 엔트로피 오차 함수를 같이 사용할 때 일반적으로 목표 값은 0 또는 1의 값만 가지며, 총 합은 1이 됩니다. 다음 그림의 맨 오른쪽에 추가된 2개의 노드는 목표 값을 나타내며, 출력 층으로 나오는 예측 값을 목표 값에 가깝도록 가중치를 조정하게 됩니다.

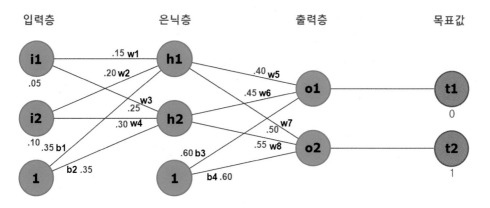

1 이전 예제를 복사합니다.

2 다음과 같이 예제를 수정합니다.

244_2.py

```
18    h1 = i1*w1 + i2*w2 + 1*b1
19    h2 = i1*w3 + i2*w4 + 1*b2
20    h1 = tanh(h1) # ❸
21    h2 = tanh(h2) # ❸
22
23    o1 = h1*w5 + h2*w6 + 1*b3
24    o2 = h1*w7 + h2*w8 + 1*b4
25    o1m = o1 - max(o1, o2) # ❼
26    o2m = o2 - max(o1, o2) # ❼
27    o1 = exp(o1m)/(exp(o1m)+exp(o2m)) # ❼
28    o2 = exp(o2m)/(exp(o1m)+exp(o2m)) # ❼
```

20, 21 : h1, h2 노드에 순전파 tanh 활성화 함수를 적용합니다.

25~28 : 출력 층의 활성화 함수는 softmax입니다.

```
36    o1b, o2b = o1 - t1, o2 - t2 # ❾
37    # nothing for softmax + cross entropy error
38
39    h1b, h2b = o1b*w5+o2b*w7, o1b*w6+o2b*w8
40    h1b, h2b = h1b*(1+h1)*(1-h1), h2b*(1+h2)*(1-h2) # ❹
```

36 : softmax 함수의 역전파 오차 계산 부분입니다.

40 : h1b, h2b 노드에 역전파 tanh 활성화 함수를 적용합니다.

③ ▶ 버튼을 눌러 프로그램을 실행시킵니다. 다음은 실행 결과 화면입니다.

```
epoch = 174992
 o1,  o2  =  0.000,  1.000
epoch = 174993
 o1,  o2  =  0.000,  1.000
```

(174993+1)번째에 오차가 0.0001(만분의 1)보다 작아집니다. o1, o2는 각각 0.000, 1.000이 된 상태입니다.

ReLU와 softmax

여기서는 은닉 층 활성화 함수를 ReLU로 변경해 봅니다. 다음 그림을 살펴봅니다.

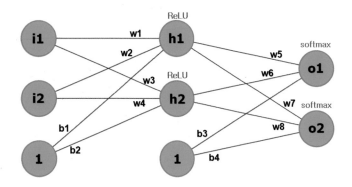

여기서는 은닉 신경에는 ReLU, 출력 신경에는 softmax 활성화 함수를 적용합니다. 목표 값은 0, 1를 사용합니다. 소프트맥스 활성화 함수와 크로스 엔트로피 오차 함수를 같이 사용할 때 일반적으로 목표 값은 0 또는 1의 값만 가지며, 총 합은 1이 됩니다. 다음 그림의 맨 오른쪽에 추가된 2개의 노드는 목표 값을 나타내며, 출력 층으로 나오는 예측 값을 목표 값에 가깝도록 가중치를 조정하게 됩니다.

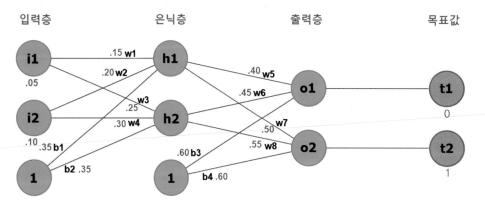

1 이전 예제를 복사합니다.

2 다음과 같이 예제를 수정합니다.

244_3.py

```
18      h1 = i1*w1 + i2*w2 + 1*b1
19      h2 = i1*w3 + i2*w4 + 1*b2
20      h1 = (h1>0)*h1 # ❺
21      h2 = (h2>0)*h2 # ❺
22
23      o1 = h1*w5 + h2*w6 + 1*b3
24      o2 = h1*w7 + h2*w8 + 1*b4
25      o1m = o1 - max(o1, o2) # ❼
26      o2m = o2 - max(o1, o2) # ❼
27      o1 = exp(o1m)/(exp(o1m)+exp(o2m)) # ❼
28      o2 = exp(o2m)/(exp(o1m)+exp(o2m)) # ❼
```

20, 21 : h1, h2 노드에 순전파 ReLU 활성화 함수를 적용합니다.
25~28 : 출력 층의 활성화 함수는 softmax입니다.

```
36      o1b, o2b = o1 - t1, o2 - t2 # ❾
37      # nothing for softmax + cross entropy error
38
39      h1b, h2b = o1b*w5+o2b*w7, o1b*w6+o2b*w8
40      h1b, h2b = h1b*(h1>0)*1, h2b*(h2>0)*1 # ❻
```

36 : softmax 함수의 역전파 오차 계산 부분입니다.
40 : h1b, h2b 노드에 역전파 ReLU 활성화 함수를 적용합니다.

3 ▶ 버튼을 눌러 프로그램을 실행시킵니다. 다음은 실행 결과 화면입니다.

```
epoch = 56960
 o1,  o2  =  0.000,  1.000
epoch = 56961
 o1,  o2  =  0.000,  1.000
```

(56961+1)번째에 오차가 0.0001(만분의 1)보다 작아집니다. o1, o2는 각각 0.000, 1.000이 된 상태입니다.

이상에서 출력 층의 활성화 함수는 소프트맥스, 오차 계산 함수는 크로스 엔트로피 오차 함수인 인공 신경망을 구현해 보았습니다.

P ython with AI

03 넘파이(NumPy)
DNN 구현과 활용

이번 장에서는 NumPy 라이브러리를 이용하여 행렬 기반으로 딥러
닝 알고리즘을 구현해 봅니다. 행렬을 이용하면 딥러닝 알고리즘을
일반화하여 자유자재로 인공 신경망을 확장할 수 있습니다. 첫 번
째, NumPy를 이용하여 2입력 2출력 인공 신경망, 3입력 3출력 인
공 신경망, 2입력 1출력 인공 신경, 1입력 1출력 인공 신경, 2입력 2
은닉 2출력 인공 신경망을 구현해 봅니다. 이 과정에서 딥러닝 학습
에 필요한 행렬 계산식을 유도하고 일반화합니다. 두 번째, 직접 구현
한 NumPy DNN 라이브러리를 이용하여 손글씨 MNIST, FASHION
MNIST 파일을 읽어서 학습해 봅니다. 이 과정에서 Tensorflow로 수
행했던 예제의 결과와 비교해 봅니다.

01 _ 넘파이(NumPy) DNN 구현하기

여기서는 인공 신경망을 확장할 수 있도록 NumPy 라이브러리를 활용하여 인공 신경망을 구현해 봅니다. NumPy 라이브러리를 이용하면, 커다란 인공 신경망을 자유롭게 구성하고 테스트해 볼 수 있습니다. 예를 들어, 1장에서 tensorflow 라이브러리를 이용하여 살펴보았던 다음과 같은 형태의 인공 신경망을 구성해서 테스트해 볼 수 있습니다.

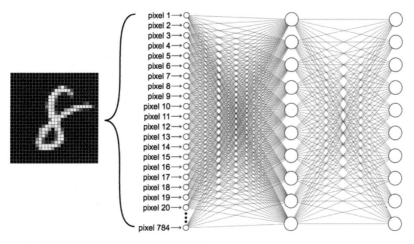

◆ 784개의 입력, 64개의 은닉 층, 10개의 출력 층

2입력 2출력 인공 신경망 구현하기

다음 그림은 입력2 출력2로 구성된 인공 신경망과 순전파 역전파 수식을 나타냅니다. 우리는 다음 수식을 행렬 계산식으로 유도한 후, NumPy를 이용하여 인공 신경망을 구현해 봅니다.

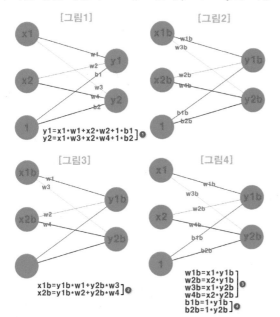

※ ❷ x1b, x2b값은 앞부분에 또 다른 인공 신경과 연결되어 있을 경우 y1b, y2b처럼 해당 인공 신경으로 역전파되는 값입니다. 역전파된 x1b, x2b값은 해당 인공 신경의 가중치와 편향 학습에 사용됩니다.

행렬 계산식 유도하기

이 그림을 통해 앞에서 우리는 다음 표의 왼쪽과 같은 수식을 유도했습니다. 이런 형태의 수식을 다원일차연립방정식이라고 합니다. 다원일차연립방정식은 행렬을 이용하면 깔끔하게 정리할 수 있습니다. 행렬 계산식으로 정리하면 다음 표의 오른쪽과 같습니다.

	다원일차연립방정식	행렬 계산식
순전파	$x_1 w_1 + x_2 w_2 + 1 b_1 = y_1$ $x_1 w_3 + x_2 w_4 + 1 b_2 = y_2$ **❶**	$\begin{bmatrix} x_1 \ x_2 \end{bmatrix} \begin{bmatrix} w_1 & w_3 \\ w_2 & w_4 \end{bmatrix} + \begin{bmatrix} b_1 \ b_2 \end{bmatrix} = \begin{bmatrix} y_1 \ y_2 \end{bmatrix}$ **❶**
입력 역전파	$y_{1b} w_1 + y_{2b} w_3 = x_{1b}$ $y_{1b} w_2 + y_{2b} w_4 = x_{2b}$ **❷**	$\begin{bmatrix} y_{1b} \ y_{2b} \end{bmatrix} \begin{bmatrix} w_1 & w_2 \\ w_3 & w_4 \end{bmatrix} =$ $\begin{bmatrix} y_{1b} \ y_{2b} \end{bmatrix} \begin{bmatrix} w_1 & w_3 \\ w_2 & w_4 \end{bmatrix}^T = \begin{bmatrix} x_{1b} \ x_{2b} \end{bmatrix}$ **❷**
가중치, 편향 역전파	$x_1 y_{1b} = w_{1b}$ $x_2 y_{1b} = w_{2b}$ $x_1 y_{2b} = w_{3b}$ $x_2 y_{2b} = w_{4b}$ **❸** $1 y_{1b} = b_{1b}$ $1 y_{2b} = b_{2b}$ **❹**	$\begin{bmatrix} x_1 \\ x_2 \end{bmatrix} \begin{bmatrix} y_{1b} \ y_{2b} \end{bmatrix} =$ $\begin{bmatrix} x_1 \ x_2 \end{bmatrix}^T \begin{bmatrix} y_{1b} \ y_{2b} \end{bmatrix} = \begin{bmatrix} w_{1b} & w_{3b} \\ w_{2b} & w_{4b} \end{bmatrix}$ **❸** $1 \begin{bmatrix} y_{1b} \ y_{2b} \end{bmatrix} = \begin{bmatrix} b_{1b} \ b_{2b} \end{bmatrix}$ **❹**
인공 신경망 학습	$w_1 = w_1 - \alpha w_{1b}$ $w_2 = w_2 - \alpha w_{2b}$ $w_3 = w_3 - \alpha w_{3b}$ $w_4 = w_4 - \alpha w_{4b}$ **❺** $b_1 = b_1 - \alpha b_{1b}$ $b_2 = b_2 - \alpha b_{2b}$ **❻**	$\begin{bmatrix} w_1 & w_3 \\ w_2 & w_4 \end{bmatrix} = \begin{bmatrix} w_1 & w_3 \\ w_2 & w_4 \end{bmatrix} - \alpha \begin{bmatrix} w_{1b} & w_{3b} \\ w_{2b} & w_{4b} \end{bmatrix}$ **❺** $\begin{bmatrix} b_1 \ b_2 \end{bmatrix} = \begin{bmatrix} b_1 \ b_2 \end{bmatrix} - \alpha \begin{bmatrix} b_{1b} \ b_{2b} \end{bmatrix}$ **❻**

이 표에서 몇 가지 계산에 주의할 행렬 계산식을 살펴봅니다.

순전파

행렬 계산식 **❶**에서 다음은 순전파의 행렬 계산식이 일차연립방정식으로 해석되는 과정을 나타냅니다.

$$\begin{bmatrix} x_1 \ x_2 \end{bmatrix} \begin{bmatrix} w_1 & w_3 \\ w_2 & w_4 \end{bmatrix} + \begin{bmatrix} b_1 \ b_2 \end{bmatrix} = \begin{bmatrix} y_1 \ y_2 \end{bmatrix}$$

$$X \qquad W \qquad B \qquad Y$$

$$x_1 w_1 + x_2 w_2 + b_1 = y_1$$
$$x_1 w_3 + x_2 w_4 + b_2 = y_2$$

행렬의 곱 X@W는 앞에 오는 X 행렬의 가로줄 항목, 뒤에 오는 W 행렬의 세로줄 항목이 순서대로 곱해진 후, 모두 더해져서 임시 행렬(예를 들어, XW 행렬)의 항목 하나를 구성합니다. 그래서 X 행렬의 가로줄 항목 개수와 W 행렬의 세로줄 항목 개수는 같아야 합니다. 계속해서 XW 행렬의 각 항목은 B 행렬의 각 항목과 더해져 Y 행렬의 각 항목을 구성합니다.

※ 여기서 @ 문자는 행렬의 곱을 나타내기 위해 사용했습니다. 실제로 파이썬에서는 @문자를 이용하여 행렬의 곱을 수행합니다.

다음은 순전파의 행렬 계산식을 숫자로 표현한 구체적인 예입니다.

$$[2 \ \ 3] \begin{bmatrix} 3 & 5 \\ 4 & 6 \end{bmatrix} + [1 \ \ 2] = [19 \ \ 30]$$

$$\ \ \ X \qquad \ \ W \qquad \ \ B \qquad \qquad Y$$

$$2 \times 3 + 3 \times 4 + 1 = 19$$
$$2 \times 5 + 3 \times 6 + 2 = 30$$

입력 역전파

행렬 계산식 ❷에서 다음은 순전파때 사용된 가중치의 전치 행렬입니다.

$$\begin{bmatrix} w_1 \ w_2 \\ w_3 \ w_4 \end{bmatrix} = \begin{bmatrix} w_1 \ w_3 \\ w_2 \ w_4 \end{bmatrix}^T$$

전치행렬은 가로줄과 세로줄이 바뀐 행렬입니다.

다음은 입력 역전파의 행렬 계산식이 일차연립방정식으로 해석되는 과정을 나타냅니다.

$$[y_{1b} \ y_{2b}] \begin{bmatrix} w_1 \ w_2 \\ w_3 \ w_4 \end{bmatrix} = [x_{1b} \ x_{2b}]$$

$$\ \ Y_b \qquad \quad W^T \qquad \quad X_b$$

$$y_{1b} w_1 + y_{2b} w_3 = x_{1b}$$
$$y_{1b} w_2 + y_{2b} w_4 = x_{2b}$$

행렬의 곱 Yb@W.T는 앞에 오는 Yb 행렬의 가로줄 항목, 뒤에 오는 W.T 행렬의 세로줄 항목이 순서대로 곱해진 후, 모두 더해져서 Xb 행렬의 항목 하나를 구성합니다. 그래서 Yb 행렬의 가로줄 항목 개수와 W.T 행렬의 세로줄 항목 개수는 같아야 합니다. 또 W.T 행렬의 가로줄 개수와 Xb 행렬의 가로줄 개수는 같아야 합니다.

※ 여기서 @ 문자는 행렬의 곱을 나타내기 위해 사용했습니다. 실제로 파이썬에서는 @문자를 이용하여 행렬의 곱을 수행합니다.
※ 여기서 W.T로 W 행렬의 전치행렬을 나타내기위해 사용했습니다. 실제로 파이썬에서는 NumPy 행렬에 T문자를 점(.)으로 연결하여 전치 행렬을 나타냅니다.

다음은 입력 역전파의 행렬 계산식을 숫자로 표현한 구체적인 예입니다.

$$\begin{bmatrix} -8 & 60 \end{bmatrix} \begin{bmatrix} 3 & 4 \\ 5 & 6 \end{bmatrix} = \begin{bmatrix} 276 & 328 \end{bmatrix}$$

$$\quad Y_b \qquad\quad W^T \qquad\quad X_b$$

$$-8 \times 3 + 60 \times 5 = 276$$
$$-8 \times 4 + 60 \times 6 = 328$$

가중치 역전파

행렬 계산식 ❸에서 다음은 순전파때 사용된 입력의 전치 행렬입니다.

$$\begin{bmatrix} x_1 \\ x_2 \end{bmatrix} = \begin{bmatrix} x_1 \, x_2 \end{bmatrix}^T$$

다음은 가중치 역전파의 행렬 계산식이 일차연립방정식으로 해석되는 과정을 나타냅니다.

$$\begin{bmatrix} x_1 \\ x_2 \end{bmatrix} \begin{bmatrix} y_{1b} \, y_{2b} \end{bmatrix} = \begin{bmatrix} w_{1b} & w_{3b} \\ w_{2b} & w_{4b} \end{bmatrix}$$

$$\quad X^T \qquad Y_b \qquad\quad W_b$$

$$x_1 y_{1b} = w_{1b} \qquad x_1 y_{2b} = w_{3b}$$
$$x_2 y_{1b} = w_{2b} \qquad x_2 y_{2b} = w_{4b}$$

행렬의 곱 X.T@Yb는 앞에 오는 X.T 행렬의 가로줄 항목 각각에 대해, 뒤에 오는 Yb 행렬의 세로줄 항목 각각에 곱해진 후, Wb 행렬의 각각의 항목을 구성합니다.

※ 여기서 @ 문자는 행렬의 곱을 나타내기 위해 사용했습니다. 실제로 파이썬에서는 @문자를 이용하여 행렬의 곱을 수행합니다.

다음은 순전파의 행렬 계산식을 숫자로 표현한 구체적인 예입니다.

$$\begin{bmatrix} 2 \\ 3 \end{bmatrix} \begin{bmatrix} -8 & 60 \end{bmatrix} = \begin{bmatrix} -16 & 120 \\ -24 & 180 \end{bmatrix}$$

$$\quad X^T \qquad Y_b \qquad\quad W_b$$

$$2 \times -8 = -16 \qquad 2 \times 60 = 120$$
$$3 \times -8 = -24 \qquad 3 \times 60 = 180$$

인공 신경망 행렬 계산식 정리하기

위 수식에서 표현된 행렬들에 다음 표의 왼쪽과 같이 이름을 붙여줍니다. 그러면 위의 행렬 계산식은 다음표의 오른쪽과 같이 정리할 수 있습니다. 오른쪽의 행렬 계산식은 행렬의 크기와 상관없이 성립합니다. 주의할 점은 행렬 곱은 순서를 변경하면 안 됩니다.

행렬 이름	인공 신경망 행렬 계산식
$[x_1\,x_2] = X$ $\begin{bmatrix} w_1 & w_3 \\ w_2 & w_4 \end{bmatrix} = W$ $[b_1\,b_2] = B$ $[y_1\,y_2] = Y$ $[y_{1b}\,y_{2b}] = Y_b$ $\begin{bmatrix} w_1 & w_2 \\ w_3 & w_4 \end{bmatrix} = \begin{bmatrix} w_1 & w_3 \\ w_2 & w_4 \end{bmatrix}^T = W^T$ $[x_{1b}\,x_{2b}] = X_b$ $\begin{bmatrix} x_1 \\ x_2 \end{bmatrix} = [x_1\,x_2]^T = X^T$ $\begin{bmatrix} w_{1b} & w_{3b} \\ w_{2b} & w_{4b} \end{bmatrix} = W_b$ $[b_{1b}\,b_{2b}] = B_b$	순전파 $Y = XW + B$ ❶ 입력 역전파 $Y_b W^T = X_b$ ❷ 가중치, 편향 역전파 $X^T Y_b = W_b$ ❸ $1\,Y_b = B_b$ ❹ 인공 신경망 학습 $W = W - \alpha W_b$ ❺ $B = B - \alpha B_b$ ❻

NumPy로 인공 신경망 구현하기

지금까지 정리한 수식을 구현을 통해 살펴봅니다. 다음 그림을 살펴봅니다.

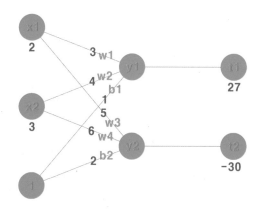

이 그림에서 입력 값 X, 가중치 W, 편향 B, 목표 값 T는 다음과 같습니다.

$$[x_1\,x_2] = [2\,3] = X$$
$$\begin{bmatrix} w_1 & w_3 \\ w_2 & w_4 \end{bmatrix} = \begin{bmatrix} 3 & 5 \\ 4 & 6 \end{bmatrix} = W$$
$$[b_1\,b_2] = [1\,2] = B$$
$$[t_1\,t_2] = [27\,{-}30] = T$$

X를 상수로 고정한 채 W, B에 대해 학습을 수행해 봅니다.

※ 이 값들은 임의의 값들입니다. 다른 값들을 사용하여 학습을 수행할 수도 있습니다.

1 다음과 같이 예제를 작성합니다.

311_1.py

```python
01 import numpy as np
02
03 np.set_printoptions(formatter={'float_kind':lambda x: "{0:6.3f}".format(x)})
04
05 X = np.array([[2, 3]])
06 T = np.array([[27, -30]])
07 W = np.array([[3, 5],
08 [4, 6]])
09 B = np.array([[1, 2]])
10
11 for epoch in range(1000):
12
13     print('epoch = %d' %epoch)
14
15     Y = X @ W + B # ❶
16     print(' Y =', Y)
17
18     E = np.sum((Y - T) ** 2 / 2)
19     print(' E = %.7f' %E)
20     if E < 0.0000001:
21             break
22
23     Yb = Y - T
24     Xb = Yb @ W.T # ❷
25     Wb = X.T @ Yb # ❸
26     Bb = 1 * Yb # ❹
27     print(' Xb =\n', Xb)
28     print(' Wb =\n', Wb)
29     print(' Bb =\n', Bb)
30
31     lr = 0.01
32     W = W - lr * Wb # ❺
33     B = B - lr * Bb # ❻
34     print(' W =\n', W)
35     print(' B =\n', B)
```

01 　: import문을 이용하여 numpy 모듈을 np라는 이름으로 불러옵니다. numpy 모듈은 행렬 계산을 편하게 해주는 라이브러리입니다. 인공 신경망은 일반적으로 행렬 계산식으로 구성하게 됩니다.

03 　: np.set_printoptions 함수를 호출하여 numpy의 실수 출력 방법을 변경합니다. 이 예제에서는 소수점 이하 3자리까지 출력합니다.

05 　: np.array 함수를 호출하여 1x2 행렬을 생성하여 X 변수에 할당합니다.

06 　: np.array 함수를 호출하여 1x2 행렬을 생성하여 T 변수에 할당합니다.

07, 08 : np.array 함수를 호출하여 2x2 행렬을 생성하여 W 변수에 할당합니다.

09 　: np.array 함수를 호출하여 1x2 행렬을 생성하여 B 변수에 할당합니다.

11 　: epoch값을 0에서 1000 미만까지 바꾸어가며 13~36줄을 1000회 수행합니다.

13 　: print 함수를 호출하여 Y값을 출력합니다.

15 　: 행렬 곱 연산자 @을 이용하여 입력 X와 가중치 W에 대해 행렬 곱을 수행한 후, 편향 B를 더해준 후, Y 변수에 할당합니다. 행렬 곱의 순서를 변경하지 않도록 주의합니다.

18 　: 평균 제곱 오차를 구합니다.

19 : print 함수를 호출하여 E값을 출력합니다. 소수점 이하 7자리까지 출력합니다.

20, 21 : 평균 제곱 오차가 0.0000001(천만분의 1)보다 작으면 break문을 사용하여 11줄의 for 문을 빠져 나갑니다.

23 : 예측 값을 가진 Y 행렬에서 목표 값을 가진 T 행렬을 뺀 후, 결과 값을 Yb 변수에 할당합니다. Yb는 역전파 오차 값을 갖는 행렬입니다.

24 : Xb 변수를 선언한 후, 입력 값에 대한 역전파 값을 받아봅니다. 이 부분은 이 예제에서 필요한 부분은 아니며, 역전파 연습을 위해 추가하였습니다. W.T는 가중치 W의 전치 행렬을 내어줍니다. 행렬 곱 연산자 @을 이용하여 Yb와 W.T에 대해 행렬 곱을 수행한 후, 결과 값을 Xb 변수에 할당합니다. 행렬 곱의 순서를 변경하지 않도록 주의합니다.

25 : X.T는 입력 X의 전치 행렬을 내어줍니다. 행렬 곱 연산자 @을 이용하여 X.T와 Yb에 대해 행렬 곱을 수행한 후, 결과 값을 Wb 변수에 할당합니다. 행렬 곱의 순서를 변경하지 않도록 주의합니다.

26 : Yb 행렬에 1을 곱해주어 Bb에 할당합니다. 여기서 1은 수식을 강조하기 위해 생략하지 않았습니다.

27~29 : print 함수를 호출하여 Xb, Wb, Bb값을 출력합니다.

31 : lr 변수를 선언한 후, 0.01을 할당합니다. lr 변수는 학습률 변수입니다.

32 : 가중치를 갱신합니다.

33 : 편향을 갱신합니다.

34, 35 : print 함수를 호출하여 W, B값을 출력합니다.

2 ▶ 버튼을 눌러 프로그램을 실행시킵니다. 다음은 실행 결과 화면입니다.

```
epoch = 78
 Y  = [[27.000 -30.000]]
 E  = 0.0000001
 Xb =
[[-0.002 -0.004]]
 Wb =
[[-0.000  0.001]
 [-0.000  0.001]]
 Bb =
[[-0.000  0.000]]
 W  =
[[ 4.143 -3.571]
 [ 5.714 -6.857]]
 B  =
[[ 1.571 -2.286]]
epoch = 79
 Y  = [[27.000 -30.000]]
 E  = 0.0000001
```

(79+1)회 째 학습이 완료되는 것을 볼 수 있습니다. 231_1.py 예제의 결과와 비교해 봅니다.

```
epoch = 78
 y1,  y2  = 27.000, -30.000
 E  = 0.0000001
 x1b, x2b = -0.002, -0.004
 w1b, w3b = -0.000,  0.001
 w2b, w4b = -0.000,  0.001
 b1b, b2b = -0.000,  0.000
 w1,  w3  =  4.143, -3.571
 w2,  w4  =  5.714, -6.857
 b1,  b2  =  1.571, -2.286
epoch = 79
 y1,  y2  = 27.000, -30.000
 E  = 0.0000001
```

3입력 3출력 인공 신경망 구현하기

다음 그림은 입력3 출력3으로 구성된 인공 신경망과 순전파 역전파 수식을 나타냅니다. 우리는 다음 수식을 행렬 계산식으로 유도한 후, NumPy를 이용하여 인공 신경을 구현해 봅니다.

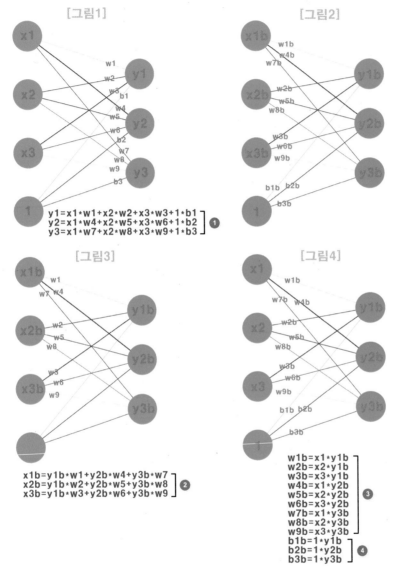

[그림1]

$$y1=x1*w1+x2*w2+x3*w3+1*b1$$
$$y2=x1*w4+x2*w5+x3*w6+1*b2$$
$$y3=x1*w7+x2*w8+x3*w9+1*b3$$
❶

[그림2]

[그림3]

$$x1b=y1b*w1+y2b*w4+y3b*w7$$
$$x2b=y1b*w2+y2b*w5+y3b*w8$$
$$x3b=y1b*w3+y2b*w6+y3b*w9$$
❷

[그림4]

$$w1b=x1*y1b$$
$$w2b=x2*y1b$$
$$w3b=x3*y1b$$
$$w4b=x1*y2b$$
$$w5b=x2*y2b$$
$$w6b=x3*y2b$$
$$w7b=x1*y3b$$
$$w8b=x2*y3b$$
$$w9b=x3*y3b$$
❸
$$b1b=1*y1b$$
$$b2b=1*y2b$$
$$b3b=1*y3b$$
❹

※ ❷ x1b, x2b, x3b값은 앞부분에 또 다른 인공 신경과 연결되어 있을 경우 y1b, y2b, y3b처럼 해당 인공 신경으로 역전파 되는 값입니다. 역전파된 x1b, x2b, x3b값은 해당 인공 신경의 가중치와 편향 학습에 사용됩니다.

행렬 계산식 유도하기

이 그림을 통해 앞에서 우리는 다음 표의 왼쪽과 같은 수식을 유도했습니다. 이런 형태의 수식을 다원일차연립방정식이라고 합니다. 다원일차연립방정식은 행렬을 이용하면 깔끔하게 정리할 수 있습니다. 행렬 계산식으로 정리하면 다음 표의 오른쪽과 같습니다.

	다원일차연립방정식	행렬 계산식
순전파	$\begin{aligned} x_1w_1 + x_2w_2 + x_3w_3 + 1b_1 &= y_1 \\ x_1w_4 + x_2w_5 + x_3w_6 + 1b_2 &= y_2 \\ x_1w_7 + x_2w_8 + x_3w_9 + 1b_3 &= y_3 \end{aligned}$ ❶	$\begin{bmatrix} x_1 \, x_2 \, x_3 \end{bmatrix} \begin{bmatrix} w_1 \, w_4 \, w_7 \\ w_2 \, w_5 \, w_8 \\ w_3 \, w_6 \, w_9 \end{bmatrix} + \begin{bmatrix} b_1 \, b_2 \, b_3 \end{bmatrix} = \begin{bmatrix} y_1 \, y_2 \, y_3 \end{bmatrix}$ ❶
입력 역전파	$\begin{aligned} y_{1b}w_1 + y_{2b}w_4 + y_{3b}w_7 &= x_{1b} \\ y_{1b}w_2 + y_{2b}w_5 + y_{3b}w_8 &= x_{2b} \\ y_{1b}w_3 + y_{2b}w_6 + y_{3b}w_9 &= x_{3b} \end{aligned}$ ❷	$\begin{bmatrix} y_{1b} \, y_{2b} \, y_{3b} \end{bmatrix} \begin{bmatrix} w_1 \, w_2 \, w_3 \\ w_4 \, w_5 \, w_6 \\ w_7 \, w_8 \, w_9 \end{bmatrix} =$ $\begin{bmatrix} y_{1b} \, y_{2b} \, y_{3b} \end{bmatrix} \begin{bmatrix} w_1 \, w_4 \, w_7 \\ w_2 \, w_5 \, w_8 \\ w_3 \, w_6 \, w_9 \end{bmatrix}^T = \begin{bmatrix} x_{1b} \, x_{2b} \, x_{3b} \end{bmatrix}$ ❷
가중치, 편향 역전파	$\begin{aligned} x_1y_{1b} &= w_{1b} \\ x_2y_{1b} &= w_{2b} \\ x_3y_{1b} &= w_{3b} \\ x_1y_{2b} &= w_{4b} \\ x_2y_{2b} &= w_{5b} \\ x_3y_{2b} &= w_{6b} \\ x_1y_{3b} &= w_{7b} \\ x_2y_{3b} &= w_{8b} \\ x_3y_{3b} &= w_{9b} \end{aligned}$ ❸ $\begin{aligned} 1y_{1b} &= b_{1b} \\ 1y_{2b} &= b_{2b} \\ 1y_{3b} &= b_{3b} \end{aligned}$ ❹	$\begin{bmatrix} x_1 \\ x_2 \\ x_3 \end{bmatrix} \begin{bmatrix} y_{1b} \, y_{2b} \, y_{3b} \end{bmatrix} =$ $\begin{bmatrix} x_1 \, x_2 \, x_3 \end{bmatrix}^T \begin{bmatrix} y_{1b} \, y_{2b} \, y_{3b} \end{bmatrix} = \begin{bmatrix} w_{1b} \, w_{4b} \, w_{7b} \\ w_{2b} \, w_{5b} \, w_{8b} \\ w_{3b} \, w_{6b} \, w_{9b} \end{bmatrix}$ ❸ $1 \begin{bmatrix} y_{1b} \, y_{2b} \, y_{3b} \end{bmatrix} = \begin{bmatrix} b_{1b} \, b_{2b} \, b_{3b} \end{bmatrix}$ ❹
인공 신경망 학습	$\begin{aligned} w_1 &= w_1 - \alpha w_{1b} \\ w_2 &= w_2 - \alpha w_{2b} \\ w_3 &= w_3 - \alpha w_{3b} \\ w_4 &= w_4 - \alpha w_{4b} \\ w_5 &= w_5 - \alpha w_{5b} \\ w_6 &= w_6 - \alpha w_{6b} \\ w_7 &= w_7 - \alpha w_{7b} \\ w_8 &= w_8 - \alpha w_{8b} \\ w_9 &= w_9 - \alpha w_{9b} \end{aligned}$ ❺ $\begin{aligned} b_1 &= b_1 - \alpha b_{1b} \\ b_2 &= b_2 - \alpha b_{2b} \\ b_3 &= b_3 - \alpha b_{3b} \end{aligned}$ ❻	$\begin{bmatrix} w_1 \, w_4 \, w_7 \\ w_2 \, w_5 \, w_8 \\ w_3 \, w_6 \, w_9 \end{bmatrix} = \begin{bmatrix} w_1 \, w_4 \, w_7 \\ w_2 \, w_5 \, w_8 \\ w_3 \, w_6 \, w_9 \end{bmatrix} - \alpha \begin{bmatrix} w_{1b} \, w_{4b} \, w_{7b} \\ w_{2b} \, w_{5b} \, w_{8b} \\ w_{3b} \, w_{6b} \, w_{9b} \end{bmatrix}$ ❺ $\begin{bmatrix} b_1 \, b_2 \, b_3 \end{bmatrix} = \begin{bmatrix} b_1 \, b_2 \, b_3 \end{bmatrix} - \alpha \begin{bmatrix} b_{1b} \, b_{2b} \, b_{3b} \end{bmatrix}$ ❻

행렬 계산식 ❷에서 다음은 순전파때 사용된 가중치의 전치 행렬입니다.

$$\begin{bmatrix} w_1 \, w_2 \, w_3 \\ w_4 \, w_5 \, w_6 \\ w_7 \, w_8 \, w_9 \end{bmatrix} = \begin{bmatrix} w_1 \, w_4 \, w_7 \\ w_2 \, w_5 \, w_8 \\ w_3 \, w_6 \, w_9 \end{bmatrix}^T$$

전치행렬은 가로줄과 세로줄이 바뀐 행렬입니다.

행렬 계산식 ❸에서 다음은 순전파때 사용된 입력의 전치 행렬입니다.

$$\begin{bmatrix} x_1 \\ x_2 \\ x_3 \end{bmatrix} = \begin{bmatrix} x_1 \, x_2 \, x_3 \end{bmatrix}^T$$

인공 신경망 행렬 계산식 정리하기

위 수식에서 표현된 행렬들에 다음 표의 왼쪽과 같이 이름을 붙여줍니다. 그러면 위의 행렬 계산식은 다음표의 오른쪽과 같이 정리할 수 있습니다. 오른쪽의 행렬 계산식은 행렬의 크기와 상관없이 성립합니다. 주의할 점은 행렬 곱은 순서를 변경하면 안 됩니다.

행렬 이름	인공 신경망 행렬 계산식
$\begin{bmatrix} x_1 \, x_2 \, x_3 \end{bmatrix} = X$ $\begin{bmatrix} w_1 \, w_4 \, w_7 \\ w_2 \, w_5 \, w_8 \\ w_3 \, w_6 \, w_9 \end{bmatrix} = W$ $\begin{bmatrix} b_1 \, b_2 \, b_3 \end{bmatrix} = B$ $\begin{bmatrix} y_1 \, y_2 \, y_3 \end{bmatrix} = Y$ $\begin{bmatrix} y_{1b} \, y_{2b} \, y_{3b} \end{bmatrix} = Y_b$ $\begin{bmatrix} w_1 \, w_2 \, w_3 \\ w_4 \, w_5 \, w_6 \\ w_7 \, w_8 \, w_9 \end{bmatrix} = \begin{bmatrix} w_1 \, w_4 \, w_7 \\ w_2 \, w_5 \, w_8 \\ w_3 \, w_6 \, w_9 \end{bmatrix}^T$ $\begin{bmatrix} x_{1b} \, x_{2b} \, x_{3b} \end{bmatrix} = X_b$ $\begin{bmatrix} x_1 \\ x_2 \\ x_3 \end{bmatrix} = \begin{bmatrix} x_1 \, x_2 \, x_3 \end{bmatrix}^T = X^T$ $\begin{bmatrix} w_{1b} \, w_{4b} \, w_{7b} \\ w_{2b} \, w_{5b} \, w_{8b} \\ w_{3b} \, w_{6b} \, w_{9b} \end{bmatrix} = W_b$ $\begin{bmatrix} b_{1b} \, b_{2b} \, b_{3b} \end{bmatrix} = B_b$	순전파 $Y = XW + B$ ❶ 입력 역전파 $Y_b W^T = X_b$ ❷ 가중치, 편향 역전파 $X^T Y_b = W_b$ ❸ $1 Y_b = B_b$ ❹ 인공 신경망 학습 $W = W - \alpha W_b$ ❺ $B = B - \alpha B_b$ ❻

NumPy로 인공 신경망 구현하기

지금까지 정리한 수식을 구현을 통해 살펴봅니다. 다음 그림을 살펴봅니다.

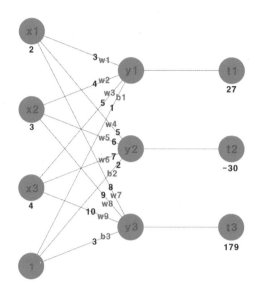

이 그림에서 입력 값 X, 가중치 W, 편향 B, 목표 값 T는 다음과 같습니다.

$$\begin{bmatrix} x_1\, x_2\, x_3 \end{bmatrix} = \begin{bmatrix} 2\,3\,4 \end{bmatrix} = X$$
$$\begin{bmatrix} w_1\, w_4\, w_7 \\ w_2\, w_5\, w_8 \\ w_3\, w_6\, w_9 \end{bmatrix} = \begin{bmatrix} 3\,5\,\,8 \\ 4\,6\,\,9 \\ 5\,7\,10 \end{bmatrix} = W$$
$$\begin{bmatrix} b_1\, b_2\, b_3 \end{bmatrix} = \begin{bmatrix} 1\,2\,3 \end{bmatrix} = B$$
$$\begin{bmatrix} t_1\, t_2\, t_3 \end{bmatrix} = \begin{bmatrix} 27\,-30\,179 \end{bmatrix} = T$$

X를 상수로 고정한 채 W, B에 대해 학습을 수행해 봅니다.

※ 이 값들은 임의의 값들입니다. 다른 값들을 사용하여 학습을 수행할 수도 있습니다.

1 이전 예제를 복사합니다.

2 다음과 같이 예제를 수정합니다.

222_1.py

```
01~03 # 이전 예제와 같습니다.
04
05 X = np.array([[2, 3, 4]])
06 T = np.array([[27, -30, 179]])
07 W = np.array([[3, 5, 8],
08      [4, 6, 9],
09      [5, 7, 10]])
10 B = np.array([[1, 2, 3]])
11
12~끝 # 이전 예제와 같습니다.
```

05~10 : X, T, W, B를 변경해줍니다.

❸ ▶ 버튼을 눌러 프로그램을 실행시킵니다. 다음은 실행 결과 화면입니다.

```
epoch = 35
 Y  = [[27.000 -30.000 179.000]]
 E  = 0.0000001
 Xb =
 [[-0.005 -0.007 -0.009]]
 Wb =
 [[ 0.000  0.001 -0.001]
 [ 0.000  0.001 -0.001]
 [ 0.000  0.001 -0.001]]
 Bb =
 [[ 0.000  0.000 -0.000]]
 W  =
 [[ 2.200 -0.867 14.200]
 [ 2.800 -2.800 18.300]
 [ 3.400 -4.733 22.400]]
 B  =
 [[ 0.600 -0.933  6.100]]
epoch = 36
 Y  = [[27.000 -30.000 179.000]]
 E  = 0.0000001
```

36회째 학습이 완료되는 것을 볼 수 있습니다.

233_1.py 예제의 결과와 비교해 봅니다.

```
epoch = 35
 y1,  y2,  y3  = 27.000, -30.000, 179.000
 E  = 0.0000001
 x1b, x2b, x2b = -0.005, -0.007, -0.009
 w1b, w4b, w7b =  0.000,  0.001, -0.001
 w2b, w5b, w8b =  0.000,  0.001, -0.001
 w3b, w6b, w9b =  0.000,  0.001, -0.001
 b1b, b2b, b3b =  0.000,  0.000, -0.000
 w1,  w4,  w7  =  2.200, -0.867, 14.200
 w2,  w5,  w8  =  2.800, -2.800, 18.300
 w3,  w6,  w9  =  3.400, -4.733, 22.400
 b1,  b2,  b3  =  0.600, -0.933,  6.100
epoch = 36
 y1,  y2,  y3  = 27.000, -30.000, 179.000
 E  = 0.0000001
```

2입력 1출력 인공 신경 구현하기

다음 그림은 입력2 출력1로 구성된 인공 신경과 순전파 역전파 수식을 나타냅니다. 우리는 다음 수식을 행렬 계산식으로 유도한 후, NumPy를 이용하여 인공 신경을 구현해 봅니다.

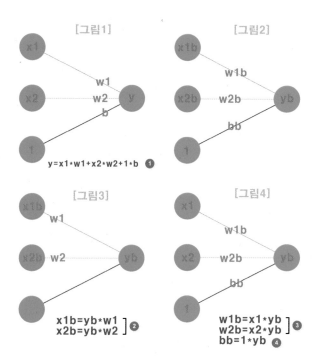

※ ❷ x1b, x2b값은 앞부분에 또 다른 인공 신경과 연결되어 있을 경우 yb처럼 해당 인공 신경으로 역전파되는 값입니다. 역전파된 x1b, x2b값은 해당 인공 신경의 가중치와 편향 학습에 사용됩니다.

행렬 계산식 유도하기

이 그림을 통해 앞에서 우리는 다음 표의 왼쪽과 같은 수식을 유도했습니다. 이런 형태의 수식을 다원일차연립방정식이라고 합니다. 다원일차연립방정식은 행렬을 이용하면 깔끔하게 정리할 수 있습니다. 행렬 계산식으로 정리하면 다음 표의 오른쪽과 같습니다.

	다원일차연립방정식	행렬 계산식
순전파	$x_1 w_1 + x_2 w_2 + 1b = y$ ❶	$\begin{bmatrix} x_1\, x_2 \end{bmatrix} \begin{bmatrix} w_1 \\ w_2 \end{bmatrix} + [b] = [y]$ ❶
입력 역전파	$\left. \begin{array}{l} y_b w_1 = x_{1b} \\ y_b w_2 = x_{2b} \end{array} \right]$ ❷	$\begin{bmatrix} y_b \end{bmatrix} \begin{bmatrix} w_1\, w_2 \end{bmatrix} =$ $\begin{bmatrix} y_b \end{bmatrix} \begin{bmatrix} w_1 \\ w_2 \end{bmatrix}^T = \begin{bmatrix} x_{1b}\, x_{2b} \end{bmatrix}$ ❷
가중치, 편향 역전파	$\left. \begin{array}{l} x_1 y_b = w_{1b} \\ x_2 y_b = w_{2b} \end{array} \right]$ ❸ $1 y_b = b_b$ ❹	$\begin{bmatrix} x_1 \\ x_2 \end{bmatrix} \begin{bmatrix} y_b \end{bmatrix} =$ $\begin{bmatrix} x_1\, x_2 \end{bmatrix}^T \begin{bmatrix} y_b \end{bmatrix} = \begin{bmatrix} w_{1b} \\ w_{2b} \end{bmatrix}$ ❸ $1 \begin{bmatrix} y_b \end{bmatrix} = \begin{bmatrix} b_b \end{bmatrix}$ ❹
인공 신경망 학습	$\left. \begin{array}{l} w_1 = w_1 - \alpha w_{1b} \\ w_2 = w_2 - \alpha w_{2b} \end{array} \right]$ ❺ $b = b - \alpha b_b$ ❻	$\begin{bmatrix} w_1 \\ w_2 \end{bmatrix} = \begin{bmatrix} w_1 \\ w_2 \end{bmatrix} - \alpha \begin{bmatrix} w_{1b} \\ w_{2b} \end{bmatrix}$ ❺ $[b] = [b] - \alpha \begin{bmatrix} b_b \end{bmatrix}$ ❻

행렬 계산식 ❷에서 다음은 순전파때 사용된 가중치의 전치 행렬입니다.

$$\begin{bmatrix} w_1 \, w_2 \end{bmatrix} = \begin{bmatrix} w_1 \\ w_2 \end{bmatrix}^T$$

전치행렬은 가로줄과 세로줄이 바뀐 행렬입니다.

행렬 계산식 ❸에서 다음은 순전파때 사용된 입력의 전치 행렬입니다.

$$\begin{bmatrix} x_1 \\ x_2 \end{bmatrix} = \begin{bmatrix} x_1 \, x_2 \end{bmatrix}^T$$

인공 신경망 행렬 계산식 정리하기

위 수식에서 표현된 행렬들에 다음 표의 왼쪽과 같이 이름을 붙여줍니다. 그러면 위의 행렬 계산식은 다음표의 오른쪽과 같이 정리할 수 있습니다. 오른쪽의 행렬 계산식은 행렬의 크기와 상관없이 성립합니다. 주의할 점은 행렬 곱은 순서를 변경하면 안 됩니다.

행렬 이름	인공 신경망 행렬 계산식
$\begin{bmatrix} x_1 \, x_2 \end{bmatrix} = X$ $\begin{bmatrix} w_1 \\ w_2 \end{bmatrix} = W$ $\begin{bmatrix} b \end{bmatrix} = B$ $\begin{bmatrix} y \end{bmatrix} = Y$ $\begin{bmatrix} y_b \end{bmatrix} = Y_b$ $\begin{bmatrix} w_1 \, w_2 \end{bmatrix} = \begin{bmatrix} w_1 \\ w_2 \end{bmatrix}^T = W^T$ $\begin{bmatrix} x_{1b} \, x_{2b} \end{bmatrix} = X_b$ $\begin{bmatrix} x_1 \\ x_2 \end{bmatrix} = \begin{bmatrix} x_1 \, x_2 \end{bmatrix}^T = X^T$ $\begin{bmatrix} w_{1b} \\ w_{2b} \end{bmatrix} = W_b$ $\begin{bmatrix} b_b \end{bmatrix} = B_b$	순전파 $Y = XW + B$ ❶ 입력 역전파 $Y_b W^T = X_b$ ❷ 가중치, 편향 역전파 $X^T Y_b = W_b$ ❸ $1 \, Y_b = B_b$ ❹ 인공 신경망 학습 $W = W - \alpha W_b$ ❺ $B = B - \alpha B_b$ ❻

NumPy로 인공 신경망 구현하기

지금까지 정리한 수식을 구현을 통해 살펴봅니다. 다음 그림을 살펴봅니다.

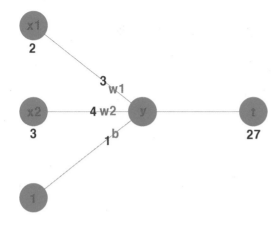

이 그림에서 입력 값 X, 가중치 W, 편향 B, 목표 값 T는 다음과 같습니다.

$$[x_1\, x_2] = [2\, 3] = X$$
$$\begin{bmatrix} w_1 \\ w_2 \end{bmatrix} = \begin{bmatrix} 3 \\ 4 \end{bmatrix} = W$$
$$[b] = [1] = B$$
$$[t] = [27] = T$$

X를 상수로 고정한 채 W, B에 대해 학습을 수행해 봅니다.

※ 이 값들은 임의의 값들입니다. 다른 값들을 사용하여 학습을 수행할 수도 있습니다.

1 이전 예제를 복사합니다.

2 다음과 같이 예제를 수정합니다.

313_1.py

```
01~03 # 이전 예제와 같습니다.
04
05 X = np.array([[2, 3]])
06 T = np.array([[27]])
07 W = np.array([[3],
08              [4]])
09 B = np.array([[1]])
10
11~끝 # 이전 예제와 같습니다.
```

05~09 : X, T, W, B를 변경해줍니다.

3 ▶ 버튼을 눌러 프로그램을 실행시킵니다. 다음은 실행 결과 화면입니다.

```
epoch = 64
 Y   = [[26.999]]
 E   = 0.0000001
 Xb  =
 [[-0.002 -0.003]]
 Wb  =
 [[-0.001]
 [-0.002]]
 Bb  =
 [[-0.001]]
 W   =
 [[ 4.143]
 [ 5.714]]
 B   =
 [[ 1.571]]
epoch = 65
 Y   = [[27.000]]
 E   = 0.0000001
```

65회 째 학습이 완료되는 것을 볼 수 있습니다.

231_1.py 예제의 결과와 비교해 봅니다.

```
epoch = 64
 y   = 26.999
 E   = 0.0000001
 x1b, x2b = -0.002, -0.003
 w1b, w2b, bb = -0.001, -0.002, -0.001
 w1,  w2,  b  =  4.143,  5.714,  1.571
epoch = 65
 y   = 27.000
 E   = 0.0000001
```

1입력 1출력 인공 신경 구현하기

다음 그림은 입력1 출력1로 구성된 인공 신경과 순전파 역전파 수식을 나타냅니다. 우리는 다음 수식을 행렬 계산식으로 유도한 후, NumPy를 이용하여 인공 신경을 구현해 봅니다.

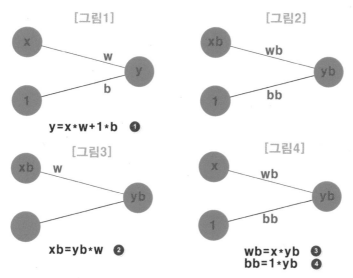

※ ❷ xb값은 앞부분에 또 다른 인공 신경과 연결되어 있을 경우 yb처럼 해당 인공 신경으로 역전파되는 값입니다. 역전파된 xb 값은 해당 인공 신경의 가중치와 편향 학습에 사용됩니다.

행렬 계산식 유도하기

이 그림을 통해 앞에서 우리는 다음 표의 왼쪽과 같은 수식을 유도했습니다. 이런 형태의 수식을 다원일차연립방정식이라고 합니다. 다원일차연립방정식은 행렬을 이용하면 깔끔하게 정리할 수 있습니다. 행렬 계산식으로 정리하면 다음 표의 오른쪽과 같습니다.

	다원일차연립방정식	행렬 계산식
순전파	$xw + 1b = y$ ❶	$[x][w] + 1[b] = [y]$ ❶
입력 역전파	$y_b w = x_b$ ❷	$[y_b][w] =$ $[y_b][w]^T = [x_b]$ ❷
가중치, 편향 역전파	$xy_b = w_b$ ❸ $1y_b = b_b$ ❹	$[x][y_b] =$ $[x]^T[y_b] = [w_b]$ ❸ $1[y_b] = [b_b]$ ❹
인공 신경망 학습	$w = w - \alpha w_b$ ❺ $b = b - \alpha b_b$ ❻	$[w] = [w] - \alpha[w_b]$ ❺ $[b] = [b] - \alpha[b_b]$ ❻

행렬 계산식 ❷에서 다음은 순전파때 사용된 가중치의 전치 행렬입니다.

$$[w] = [w]^T$$

전치행렬은 가로줄과 세로줄이 바뀐 행렬입니다. 여기서 가중치는 1x1 행렬이며 전치 행렬과 원래 행렬의 모양은 같습니다. 여기서는 수식을 일반화하기 위해 전치 행렬 형태로 표현하고 있습니다. 행렬 계산식 ❸에서 다음은 순전파때 사용된 입력의 전치 행렬입니다.

$$[x] = [x]^T$$

여기서 입력은 1x1 행렬이며 전치 행렬과 원래 행렬의 모양은 같습니다. 여기서는 수식을 일반화하기 위해 전치 행렬 형태로 표현하고 있습니다.

인공 신경망 행렬 계산식 정리하기

위 수식에서 표현된 행렬들에 다음 표의 왼쪽과 같이 이름을 붙여줍니다. 그러면 위의 행렬 계산식은 다음표의 오른쪽과 같이 정리할 수 있습니다. 오른쪽의 행렬 계산식은 행렬의 크기와 상관없이 성립합니다. 주의할 점은 행렬 곱은 순서를 변경하면 안 됩니다.

행렬 이름	인공 신경망 행렬 계산식
$\begin{aligned}[x] &= X \\ [w] &= W \\ [b] &= B \\ [y] &= Y \\ [y_b] &= Y_b \\ [w] &= [w]^T = W^T \\ [x_b] &= X_b \\ [x] &= [x]^T = X^T \\ [w_b] &= W_b \\ [b_b] &= B_b\end{aligned}$	순전파 $Y = XW + B$ ❶ 입력 역전파 $Y_b W^T = X_b$ ❷ 가중치, 편향 역전파 $X^T Y_b = W_b$ ❸ $1 Y_b = B_b$ ❹ 인공 신경망 학습 $W = W - \alpha W_b$ ❺ $B = B - \alpha B_b$ ❻

NumPy로 인공 신경망 구현하기

지금까지 정리한 수식을 구현을 통해 살펴봅니다. 다음 그림을 살펴봅니다.

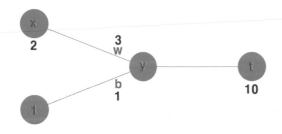

이 그림에서 입력 값 X, 가중치 W, 편향 B, 목표 값 T는 다음과 같습니다.

$$[x] = [2] = X$$
$$[w] = [3] = W$$
$$[b] = [1] = B$$
$$[t] = [10] = T$$

X를 상수로 고정한 채 W, B에 대해 학습을 수행해 봅니다.

※ 이 값들은 임의의 값들입니다. 다른 값들을 사용하여 학습을 수행할 수도 있습니다.

1 이전 예제를 복사합니다.

2 다음과 같이 예제를 수정합니다.

314_1.py

```
01~03 # 이전 예제와 같습니다.
04
05 X = np.array([[2]])
06 T = np.array([[10]])
07 W = np.array([[3]])
08 B = np.array([[1]])
09
10~끝 # 이전 예제와 같습니다.
```

05~08 : X, T, W, B를 변경해줍니다.

3 ▶ 버튼을 눌러 프로그램을 실행시킵니다. 다음은 실행 결과 화면입니다.

```
epoch = 171
 Y  = [[10.000]]
 E  = 0.0000001
Xb =
[[-0.002]]
Wb =
[[-0.001]]
Bb =
[[-0.000]]
 W  =
[[ 4.200]]
 B  =
[[ 1.600]]
epoch = 172
 Y  = [[10.000]]
 E  = 0.0000001
```

172회 째 학습이 완료되는 것을 볼 수 있습니다.

222_1.py 예제의 결과와 비교해 봅니다.

```
epoch = 171
 y = 10.000
 E = 0.0000001
 xb = -0.002, wb = -0.001, bb = -0.000
 x  =  2.000, w  =  4.200, b  =  1.600
epoch = 172
 y = 10.000
 E = 0.0000001
```

행렬 계산식과 1입력 1출력 수식 비교하기

지금까지의 내용을 정리하면 일반적인 인공 신경의 행렬 계산식은 다음과 같습니다. 그리고 입력1 출력1 인공 신경의 수식은 표의 오른쪽 기본 수식과 같습니다. 행렬 계산식의 구조가 기본 수식의 구조와 같은 것을 볼 수 있습니다.

인경신경망 동작	행렬 계산식	기본 수식
순전파	$Y = XW + B$	$y = xw + b$
입력 역전파	$X_b = Y_b W^T$	$x_b = y_b w$
가중치, 편향 역전파	$W_b = X^T Y_b$ $B_b = Y_b$	$w_b = x y_b$ $b_b = y_b$
인공 신경망 학습	$W = W - \alpha W_b$ $B = B - \alpha B_b$	$w = w - \alpha w_b$ $b = b - \alpha b_b$

※ 행렬 곱 연산은 순서를 지켜야 합니다.

[문제 1] 2입력 3출력

1 다음은 입력2 출력3의 인공 신경망입니다. 이 인공 신경망의 순전파, 역전파 행렬 계산식을 구합니다.

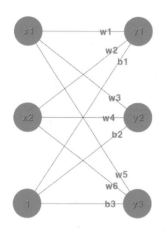

2 앞에서 구한 행렬 계산식을 이용하여 다음과 같이 초기화된 인공 신경망을 NumPy를 이용하여 구현하고 학습시켜 봅니다. 입력 값 X는 상수로 처리합니다.

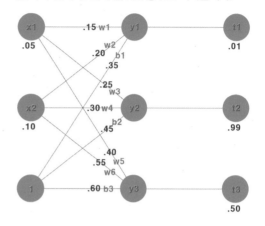

[문제 2] 3입력 2출력

1 다음은 입력3 출력2의 인공 신경망입니다. 이 인공 신경망의 순전파, 역전파 행렬 계산식을 구합니다.

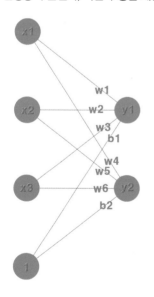

2 앞에서 구한 행렬 계산식을 이용하여 다음과 같이 초기화된 인공 신경망을 구현하고 학습시켜 봅니다. x1, x2, x3은 입력 층으로 상수로 처리합니다.

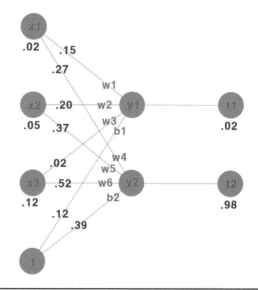

2입력 2은닉 2출력 인공 신경망 구현하기

다음 그림은 입력2 은닉2 출력2로 구성된 인공 신경망과 순전파 역전파 수식을 나타냅니다. 우리는 다음 수식을 행렬 계산식으로 유도한 후, NumPy를 이용하여 인공 신경망을 구현해 봅니다.

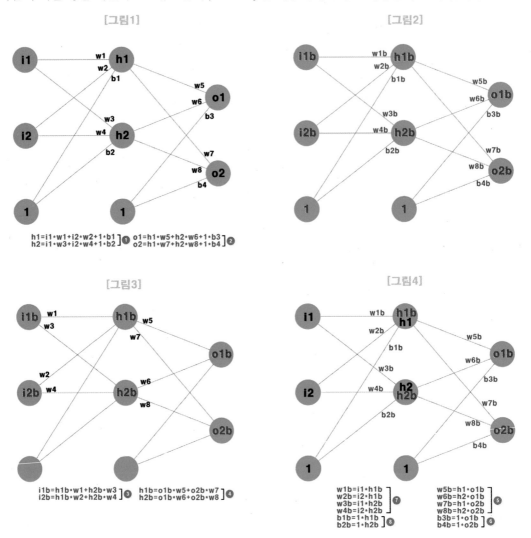

※ ❸ i1b, i2b값은 앞부분에 또 다른 인공 신경과 연결되어 있을 경우 h1b, h2b처럼 해당 인공 신경으로 역전파되는 값입니다. 역전파된 i1b, i2b값은 해당 인공 신경의 가중치와 편향 학습에 사용됩니다. 여기서 i1, i2는 은닉 층에 연결된 입력 층이므로 i1b, i2b의 수식은 필요치 않습니다.

행렬 계산식 유도하기

이 그림을 통해 앞에서 우리는 다음 표의 왼쪽과 같은 수식을 유도했습니다. 이런 형태의 수식을 다원일차연립방정식이라고 합니다. 다원일차연립방정식은 행렬을 이용하면 깔끔하게 정리할 수 있습니다. 행렬 계산식으로 정리하면 다음 표의 오른쪽과 같습니다.

	다원일차연립방정식	행렬 계산식
순전파	$i_1 w_1 + i_2 w_2 + 1 b_1 = h_1$ ① $i_1 w_3 + i_2 w_4 + 1 b_2 = h_2$ $h_1 w_5 + h_2 w_6 + 1 b_3 = o_1$ ② $h_1 w_7 + h_2 w_8 + 1 b_4 = o_2$	$\begin{bmatrix} i_1 & i_2 \end{bmatrix} \begin{bmatrix} w_1 & w_3 \\ w_2 & w_4 \end{bmatrix} + \begin{bmatrix} b_1 & b_2 \end{bmatrix} = \begin{bmatrix} h_1 & h_2 \end{bmatrix}$ ① $\begin{bmatrix} h_1 & h_2 \end{bmatrix} \begin{bmatrix} w_5 & w_7 \\ w_6 & w_8 \end{bmatrix} + \begin{bmatrix} b_3 & b_4 \end{bmatrix} = \begin{bmatrix} o_1 & o_2 \end{bmatrix}$ ②
입력 역전파	$o_{1b} w_5 + o_{2b} w_7 = h_{1b}$ ④ $o_{1b} w_6 + o_{2b} w_8 = h_{2b}$	$\begin{bmatrix} o_{1b} & o_{2b} \end{bmatrix} \begin{bmatrix} w_5 & w_6 \\ w_7 & w_8 \end{bmatrix} = \begin{bmatrix} h_{1b} & h_{2b} \end{bmatrix}$ ④ $\begin{bmatrix} o_{1b} & o_{2b} \end{bmatrix} \begin{bmatrix} w_5 & w_7 \\ w_6 & w_8 \end{bmatrix}^T = \begin{bmatrix} h_{1b} & h_{2b} \end{bmatrix}$
가중치, 편향 역전파	$i_1 h_{1b} = w_{1b}$ ⑦ $i_2 h_{1b} = w_{2b}$ $i_1 h_{2b} = w_{3b}$ $i_2 h_{2b} = w_{4b}$ $1 h_{1b} = b_{1b}$ ⑧ $1 h_{2b} = b_{2b}$ $h_1 o_{1b} = w_{5b}$ ⑤ $h_2 o_{1b} = w_{6b}$ $h_1 o_{2b} = w_{7b}$ $h_2 o_{2b} = w_{8b}$ $1 o_{1b} = b_{3b}$ ⑥ $1 o_{2b} = b_{4b}$	$\begin{bmatrix} i_1 \\ i_2 \end{bmatrix} \begin{bmatrix} h_{1b} & h_{2b} \end{bmatrix} = \begin{bmatrix} w_{1b} & w_{3b} \\ w_{2b} & w_{4b} \end{bmatrix}$ ⑦ $\begin{bmatrix} i_1 & i_2 \end{bmatrix}^T \begin{bmatrix} h_{1b} & h_{2b} \end{bmatrix} = \begin{bmatrix} w_{1b} & w_{3b} \\ w_{2b} & w_{4b} \end{bmatrix}$ $1 \begin{bmatrix} h_{1b} & h_{2b} \end{bmatrix} = \begin{bmatrix} b_{1b} & b_{2b} \end{bmatrix}$ ⑧ $\begin{bmatrix} h_1 \\ h_2 \end{bmatrix} \begin{bmatrix} o_{1b} & o_{2b} \end{bmatrix} = \begin{bmatrix} w_{5b} & w_{7b} \\ w_{6b} & w_{8b} \end{bmatrix}$ ⑤ $\begin{bmatrix} h_1 & h_2 \end{bmatrix}^T \begin{bmatrix} o_{1b} & o_{2b} \end{bmatrix} = \begin{bmatrix} w_{5b} & w_{7b} \\ w_{6b} & w_{8b} \end{bmatrix}$ $1 \begin{bmatrix} o_{1b} & o_{2b} \end{bmatrix} = \begin{bmatrix} b_{3b} & b_{4b} \end{bmatrix}$ ⑥
인공 신경망 학습	$w_1 = w_1 - \alpha w_{1b}$ ⑪ $w_2 = w_2 - \alpha w_{2b}$ $w_3 = w_3 - \alpha w_{3b}$ $w_4 = w_4 - \alpha w_{4b}$ $b_1 = b_1 - \alpha b_{1b}$ ⑫ $b_2 = b_2 - \alpha b_{2b}$ $w_5 = w_5 - \alpha w_{5b}$ ⑨ $w_6 = w_6 - \alpha w_{6b}$ $w_7 = w_7 - \alpha w_{7b}$ $w_8 = w_8 - \alpha w_{8b}$ $b_3 = b_3 - \alpha b_{3b}$ ⑩ $b_4 = b_4 - \alpha b_{4b}$	$\begin{bmatrix} w_1 & w_3 \\ w_2 & w_4 \end{bmatrix} = \begin{bmatrix} w_1 & w_3 \\ w_2 & w_4 \end{bmatrix} - \alpha \begin{bmatrix} w_{1b} & w_{3b} \\ w_{2b} & w_{4b} \end{bmatrix}$ ⑪ $\begin{bmatrix} b_1 & b_2 \end{bmatrix} = \begin{bmatrix} b_1 & b_2 \end{bmatrix} - \alpha \begin{bmatrix} b_{1b} & b_{2b} \end{bmatrix}$ ⑫ $\begin{bmatrix} w_5 & w_7 \\ w_6 & w_8 \end{bmatrix} = \begin{bmatrix} w_5 & w_7 \\ w_6 & w_8 \end{bmatrix} - \alpha \begin{bmatrix} w_{5b} & w_{7b} \\ w_{6b} & w_{8b} \end{bmatrix}$ ⑨ $\begin{bmatrix} b_3 & b_4 \end{bmatrix} = \begin{bmatrix} b_3 & b_4 \end{bmatrix} - \alpha \begin{bmatrix} b_{3b} & b_{4b} \end{bmatrix}$ ⑩

행렬 계산식 ❹에서 다음은 순전파때 사용된 가중치의 전치 행렬입니다.

$$\begin{bmatrix} w_5 & w_6 \\ w_7 & w_8 \end{bmatrix} = \begin{bmatrix} w_5 & w_7 \\ w_6 & w_8 \end{bmatrix}^T$$

전치행렬은 가로줄과 세로줄이 바뀐 행렬입니다.

행렬 계산식 ❼, ❺에서 다음은 순전파때 사용된 입력의 전치 행렬입니다.

$$\begin{bmatrix} i_1 \\ i_2 \end{bmatrix} = \begin{bmatrix} i_1 \; i_2 \end{bmatrix}^T$$

$$\begin{bmatrix} h_1 \\ h_2 \end{bmatrix} = \begin{bmatrix} h_1 \; h_2 \end{bmatrix}^T$$

인공 신경망 행렬 계산식 정리하기

위 수식에서 표현된 행렬들에 다음 표의 왼쪽과 같이 이름을 붙여줍니다. 그러면 위의 행렬 계산식은 다음표의 오른쪽과 같이 정리할 수 있습니다. 오른쪽의 행렬 계산식은 행렬의 크기와 상관없이 성립합니다. 주의할 점은 행렬 곱은 순서를 변경하면 안 됩니다.

행렬 이름	인공 신경망 행렬 계산식
$\begin{bmatrix} i_1 \, i_2 \end{bmatrix} = I$ $\begin{bmatrix} w_1 \, w_3 \\ w_2 \, w_4 \end{bmatrix} = W_h$ $\begin{bmatrix} b_1 \, b_2 \end{bmatrix} = B_h$ $\begin{bmatrix} h_1 \, h_2 \end{bmatrix} = H$ $\begin{bmatrix} w_5 \, w_7 \\ w_6 \, w_8 \end{bmatrix} = W_o$ $\begin{bmatrix} b_1 \, b_2 \end{bmatrix} = B_o$ $\begin{bmatrix} o_1 \, o_2 \end{bmatrix} = O$ $\begin{bmatrix} o_{1b} \, o_{2b} \end{bmatrix} = O_b$ $\begin{bmatrix} w_5 \, w_7 \\ w_6 \, w_8 \end{bmatrix}^T = W_o^T$ $\qquad$ $\begin{bmatrix} h_{1b} \, h_{2b} \end{bmatrix} = H_b$ $\begin{bmatrix} i_1 \, i_2 \end{bmatrix}^T = I^T$ $\begin{bmatrix} w_{1b} \, w_{3b} \\ w_{2b} \, w_{4b} \end{bmatrix} = W_{hb}$ $\begin{bmatrix} b_{1b} \, b_{2b} \end{bmatrix} = B_{hb}$ $\begin{bmatrix} h_1 \, h_2 \end{bmatrix}^T = H^T$ $\begin{bmatrix} w_{5b} \, w_{7b} \\ w_{6b} \, w_{8b} \end{bmatrix} = W_{ob}$ $\begin{bmatrix} b_{3b} \, b_{4b} \end{bmatrix} = B_{ob}$	**순전파** $H = IW_h + B_h$ ❶ $O = HW_o + B_o$ ❷ **입력 역전파** $O_b W_o^T = H_b$ ❹ **가중치, 편향 역전파** $I^T H_b = W_{hb}$ ❼ $\qquad H^T O_b = W_{ob}$ ❺ $1 H_b = B_{hb}$ ❽ $\qquad 1 O_b = B_{ob}$ ❻ **인공 신경망 학습** $W_h = W_h - \alpha W_{hb}$ ⑪ $B_h = B_h - \alpha B_{hb}$ ⑫ $W_o = W_o - \alpha W_{ob}$ ❾ $B_o = B_o - \alpha B_{ob}$ ⑩

NumPy로 인공 신경망 구현하기

지금까지 정리한 수식을 구현을 통해 살펴봅니다. 다음 그림을 살펴봅니다.

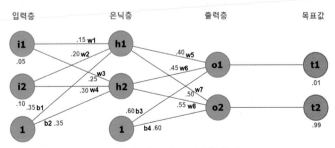

이 그림에서 입력 값 I, 가중치 Wh, Wo, 편향 Bh, Bo, 목표 값 T는 다음과 같습니다.

$$[i_1 \, i_2] = [.05 \; .10] = I$$

$$\begin{bmatrix} w_1 \, w_3 \\ w_2 \, w_4 \end{bmatrix} = \begin{bmatrix} .15 \; .25 \\ .20 \; .30 \end{bmatrix} = W_h$$

$$[b_1 \, b_2] = [.35 \; .35] = B_h$$

$$\begin{bmatrix} w_5 \, w_7 \\ w_6 \, w_8 \end{bmatrix} = \begin{bmatrix} .40 \; .50 \\ .45 \; .55 \end{bmatrix} = W_o$$

$$[b_3 \, b_4] = [.60 \; .60] = B_o$$

$$[t_1 \, t_2] = [.01 \; .99] = T$$

I를 상수로 고정한 채 Wh, Wo, Bh, Bo에 대해 학습을 수행해 봅니다.

※ 이 값들은 임의의 값들입니다. 다른 값들을 사용하여 학습을 수행할 수도 있습니다.

■ 다음과 같이 예제를 작성합니다.

316_1.py

```
01 import numpy as np
02
03 np.set_printoptions(formatter={'float_kind':lambda x: "{0:6.3f}".format(x)})
04
05 I = np.array([[.05, .10]])
06 T = np.array([[.01, .99]])
07 WH = np.array([[.15, .25],
08                [.20, .30]])
09 BH = np.array([[.35, .35]])
10 WO = np.array([[.40, .50],
11                [.45, .55]])
12 BO = np.array([[.60, .60]])
13
14 for epoch in range(1000):
15
16     print('epoch = %d' %epoch)
17
18     H = I @ WH + BH # ❶
19     O = H @ WO + BO # ❷
20     print(' O =\n', O)
21
22     E = np.sum((O - T) ** 2 / 2)
23     print(' E = %.7f' %E)
24     if E < 0.0000001:
25             break
26
27     Ob = O - T
28     Hb = Ob @ WO.T # ❹
29     WHb = I.T @ Hb # ❼
30     BHb = 1 * Hb # ❽
```

```
31      WOb = H.T @ Ob # ❺
32      BOb = 1 * Ob # ❻
33      print( ' WHb =\n ' , WHb)
34      print( ' BHb =\n ' , BHb)
35      print( ' WOb =\n ' , WOb)
36      print( ' BOb =\n ' , BOb)
37
38      lr = 0.01
39      WH = WH - lr * WHb # ❼
40      BH = BH - lr * BHb # ❽
41      WO = WO - lr * WOb # ❾
42      BO = BO - lr * BOb # ❿
43      print( ' WH =\n ' , WH)
44      print( ' BH =\n ' , BH)
45      print( ' WO =\n ' , WO)
46      print( ' BO =\n ' , BO)
```

❷ ▶ 버튼을 눌러 프로그램을 실행시킵니다. 다음은 실행 결과 화면입니다.

```
epoch = 664
 O  =
[[ 0.010  0.990]]
 E  = 0.0000001
 WHb =
[[-0.000  0.000]
 [-0.000  0.000]]
 BHb =
[[-0.000  0.000]]
 WOb =
[[ 0.000 -0.000]
 [ 0.000 -0.000]]
 BOb =
[[ 0.000 -0.000]]
 WH  =
[[ 0.143  0.242]
 [ 0.186  0.284]]
 BH  =
[[ 0.213  0.186]]
 WO  =
[[ 0.203  0.533]
 [ 0.253  0.583]]
 BO  =
[[-0.095  0.730]]
epoch = 665
 O  =
[[ 0.010  0.990]]
 E  = 0.0000001
```

(665+1)회 째 학습이 완료되는 것을 볼 수 있습니다.

234_1.py 예제의 결과와 비교해 봅니다.

```
epoch = 664
 h1,  h2  =  0.239,  0.226
 o1,  o2  =  0.010,  0.990
 E  = 0.0000001
 w1b, w3b = -0.000,  0.000
 w2b, w4b = -0.000,  0.000
 b1b, b2b = -0.000,  0.000
 w5b, w7b =  0.000, -0.000
 w6b, w8b =  0.000, -0.000
 b3b, b4b =  0.000, -0.000
 w1,  w3  =  0.143,  0.242
 w2,  w4  =  0.186,  0.284
 b1,  b2  =  0.213,  0.186
 w5,  w7  =  0.203,  0.533
 w6,  w8  =  0.253,  0.583
 b3,  b4  = -0.095,  0.730
epoch = 665
 h1,  h2  =  0.239,  0.226
 o1,  o2  =  0.010,  0.990
 E  = 0.0000001
```

2입력 2은닉 3은닉 2출력

1 다음은 입력2 은닉3 은닉2 출력3의 심층 인공 신경망입니다. 이 신경망에는 2개의 은닉 층이 포함되어 있습니다. 일반적으로 은닉 층이 2층 이상일 경우 심층 인공 신경망이라고 합니다. 이 신경망의 순전파, 역전파 행렬 계산식을 구합니다.

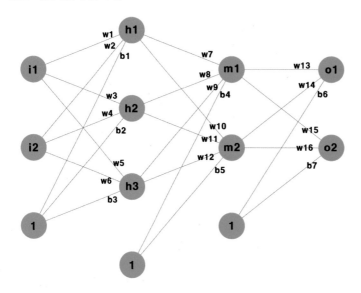

2 앞에서 구한 행렬 계산식을 이용하여 다음과 같이 초기화된 인공 신경망을 구현하고 학습시켜 봅니다. 입력 값 i1, i2는 상수로 처리합니다.

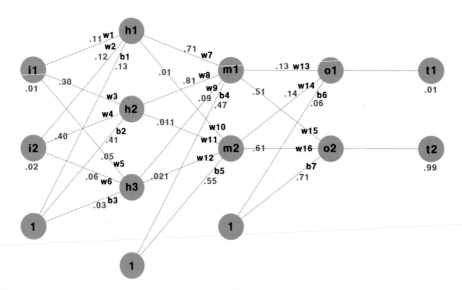

활성화 함수 적용하기

여기서는 sigmoid, tanh, ReLU 활성화 함수의 순전파와 역전파 수식을 살펴보고, 앞에서 NumPy를 이용해 구현한 인공 신경망에 활성화 함수를 적용하여 봅니다. 다음 그림은 활성화 함수의 순전파와 역전파 NumPy 수식을 나타냅니다.

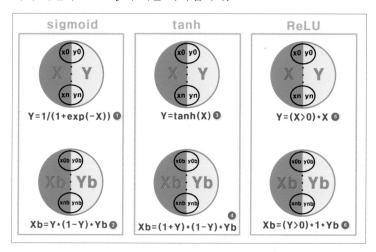

이 그림에서 X, Y는 각각 x0~xn, y0~yn(n은 0보다 큰 정수)의 집합을 나타냅니다. 예를 들어, x0, y0는 하나의 노드 내에서 활성화 함수의 입력과 출력을 의미합니다. X, Y는 하나의 층 내에서 활성화 함수의 입력과 출력 행렬을 의미합니다.

이상에서 필요한 행렬 계산식을 정리하면 다음과 같습니다.

시그모이드 순전파와 역전파

$$Y = \frac{1}{1 + e^{-X}} \;❶ \qquad X_b = Y(1-Y)Y_b \;❷$$

tanh 순전파와 역전파

$$Y = \tanh(X) \;❸ \qquad X_b = (1+Y)(1-Y)Y_b \;❹$$

ReLU 순전파와 역전파

$$Y = (X > 0)X \;❺ \qquad X_b = (Y > 0)1 Y_b \;❻$$

sigmoid 함수 적용해 보기

지금까지 정리한 행렬 계산식을 구현을 통해 살펴봅니다. 다음 그림을 살펴봅니다.

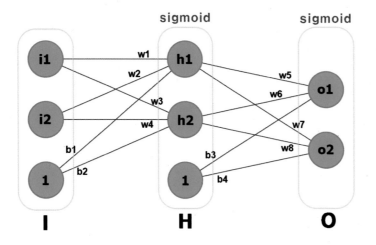

1️⃣ 이전 예제를 복사합니다.

2️⃣ 다음과 같이 예제를 수정합니다.

317_1.py

```
01 import numpy as np
02
03 np.set_printoptions(formatter={'float_kind':lambda x: "{0:6.3f}".format(x)})
04
05 I = np.array([[.05, .10]])
06 T = np.array([[.01, .99]])
07 WH = np.array([[.15, .25],
08                [.20, .30]])
09 BH = np.array([[.35, .35]])
10 WO = np.array([[.40, .50],
11                [.45, .55]])
12 BO = np.array([[.60, .60]])
13
14 for epoch in range(1000):
15
16     print('epoch = %d' %epoch)
17
18     H = I @ WH + BH
19     H = 1/(1+np.exp(-H)) # ❶
20
21     O = H @ WO + BO
22     O = 1/(1+np.exp(-O)) # ❶
23
24     print('O =\n', O)
```

```
25
26        E = np.sum((O - T) ** 2 / 2)
27        if E < 0.0000001:
28              break
29
30        Ob = O - T
31        Ob = Ob*O*(1-O) # ❷
32
33        Hb = Ob @ WO.T
34        Hb = Hb*H*(1-H) # ❷
35
36        WHb = I.T @ Hb
37        BHb = 1 * Hb
38        WOb = H.T @ Ob
39        BOb = 1 * Ob
40
41        lr = 0.01
42        WH = WH - lr * WHb
43        BH = BH - lr * BHb
44        WO = WO - lr * WOb
45        BO = BO - lr * BOb
```

19 : 은닉 층 H에 순전파 시그모이드 활성화 함수를 적용합니다.
22 : 출력 층 O에 순전파 시그모이드 활성화 함수를 적용합니다.
32 : 역 출력 층 Ob에 역전파 시그모이드 활성화 함수를 적용합니다.
35 : 역 은닉 층 Hb에 역전파 시그모이드 활성화 함수를 적용합니다.
27, 41~44, 52~55 : 지우거나 주석 처리합니다.

❸ ▶ 버튼을 눌러 프로그램을 실행시킵니다. 다음은 실행 결과 화면입니다.

```
epoch = 997
 O =
 [[ 0.306  0.844]]
epoch = 998
 O =
 [[ 0.306  0.844]]
epoch = 999
 O =
 [[ 0.306  0.844]]
```

(999+1)번째에 o1, o2가 각각 0.306, 0.844가 됩니다.

❹ 다음과 같이 예제를 수정합니다.

```
14 for epoch in range(10000):
```

5 ▶ 버튼을 눌러 프로그램을 실행시킵니다. 다음은 실행 결과 화면입니다.

```
epoch = 9997
 O =
 [[ 0.063  0.943]]
epoch = 9998
 O =
 [[ 0.063  0.943]]
epoch = 9999
 O =
 [[ 0.063  0.943]]
```
(9999+1)번째에 o1, o2가 각각 0.063, 0.943이 됩니다.

6 다음과 같이 예제를 수정합니다.

```
14 for epoch in range(100000):
```

7 ▶ 버튼을 눌러 프로그램을 실행시킵니다. 다음은 실행 결과 화면입니다.

```
epoch = 99997
 O =
 [[ 0.020  0.981]]
epoch = 99998
 O =
 [[ 0.020  0.981]]
epoch = 99999
 O =
 [[ 0.020  0.981]]
```
(99999+1)번째에 o1, o2가 각각 0.020, 0.981이 됩니다.

8 다음과 같이 예제를 수정합니다.

```
14 for epoch in range(1000000):
```

9 ▶ 버튼을 눌러 프로그램을 실행시킵니다. 다음은 실행 결과 화면입니다.

```
epoch = 999997
 O =
 [[ 0.010  0.990]]
epoch = 999998
 O =
 [[ 0.010  0.990]]
epoch = 999999
 O =
 [[ 0.010  0.990]]
```
(999999+1)번째에 o1, o2가 각각 0.010, 0.990이 됩니다. 아직 오차는 0.0000001(천만분의 1)보다 큽니다.

10 다음과 같이 예제를 수정합니다.

```
14 for epoch in range(10000000):
```

11 ▶ 버튼을 눌러 프로그램을 실행시킵니다. 다음은 실행 결과 화면입니다.

```
epoch = 1078009
 O =
 [[ 0.010  0.990]]
epoch = 1078010
 O =
 [[ 0.010  0.990]]
epoch = 1078011
 O =
 [[ 0.010  0.990]]
```

(1078011+1)번째에 오차가 0.0000001(천만분의 1)보다 작아집니다. o1, o2는 각각 0.010, 0.990이 된 상태입니다.

tanh 함수 적용해 보기

이번에는 이전 예제에 적용했던 sigmoid 함수를 tanh 함수로 변경해 봅니다. 다음 그림을 살펴봅니다.

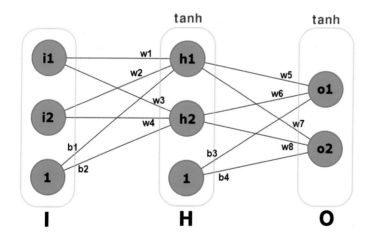

1 이전 예제를 복사합니다.

317_2.py

```
18        H = I @ WH + BH
19        H = np.tanh(H) # ❸
20
21        O = H @ WO + BO
22        O = np.tanh(O) # ❸
```

19 : 은닉 층 H에 순전파 tanh 활성화 함수를 적용합니다.
22 : 출력 층 O에 순전파 tanh 활성화 함수를 적용합니다.

```
30        Ob = O - T
31        Ob = Ob*(1+O)*(1-O) # ❹
32
33        Hb = Ob @ WO.T
34        Hb = Hb*(1+H)*(1-H) # ❹
```

31 : 역 출력 층 Ob에 역전파 tanh 활성화 함수를 적용합니다.
34 : 역 은닉 층 Hb에 역전파 tanh 활성화 함수를 적용합니다.

3 ▶ 버튼을 눌러 프로그램을 실행시킵니다. 다음은 실행 결과 화면입니다.

```
epoch = 236408
 O =
 [[ 0.010  0.990]]
epoch = 236409
 O =
 [[ 0.010  0.990]]
epoch = 236410
 O =
 [[ 0.010  0.990]]
```

(236410+1)번째에 오차가 0.0000001(천만분의 1)보다 작아집니다. o1, o2는 각각 0.010, 0.990이 된 상태입니다. sigmoid 함수보다 결과가 더 빨리 나오는 것을 볼 수 있습니다.

ReLU 함수 적용해 보기

이번에는 이전 예제에 적용했던 tanh 함수를 ReLU 함수로 변경해 봅니다. 다음 그림을 살펴봅니다.

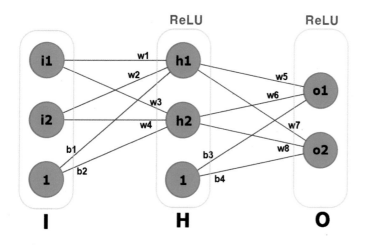

■1 이전 예제를 복사합니다.

■2 다음과 같이 예제를 수정합니다.

317_3.py

```
18      H = I @ WH + BH
19      H = (H>0)*H # ❸
20
21      O = H @ WO + BO
22      O = (O>0)*O # ❸
```

19 : 은닉 층 H에 순전파 ReLU 활성화 함수를 적용합니다.
22 : 출력 층 O에 순전파 ReLU 활성화 함수를 적용합니다.

```
30      Ob = O - T
31      Ob = Ob*(O>0)*1 # ❹
32
33      Hb = Ob @ WO.T
34      Hb = Hb*(H>0)*1 # ❹
```

31 : 역 출력 층 Ob에 역전파 ReLU 활성화 함수를 적용합니다.
34 : 역 은닉 층 Hb에 역전파 ReLU 활성화 함수를 적용합니다.

③ ▶ 버튼을 눌러 프로그램을 실행시킵니다. 다음은 실행 결과 화면입니다.

```
epoch = 663
 O =
 [[ 0.010  0.990]]
epoch = 664
 O =
 [[ 0.010  0.990]]
epoch = 665
 O =
 [[ 0.010  0.990]]
```

(665+1)번째에 오차가 0.0000001(천만분의 1)보다 작아집니다. o1, o2는 각각 0.010, 0.990이 된 상태입니다. sigmoid, tanh 함수보다 결과가 훨씬 더 빨리 나오는 것을 볼 수 있습니다.

출력 층에 softmax 함수 적용해 보기

여기서는 출력 층에 소프트맥스 함수를 적용해 봅니다.

sigmoid와 softmax

먼저 은닉 층은 sigmoid, 출력 층은 softmax 활성화 함수를 적용해 봅니다. 다음 그림을 살펴봅니다.

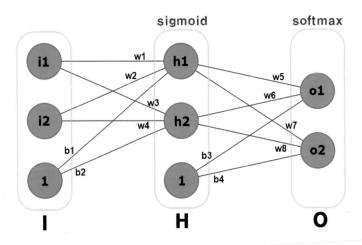

1 이전 예제를 복사합니다.

2 다음과 같이 예제를 수정합니다.

```python
01 import numpy as np
02
03 np.set_printoptions(formatter={'float_kind':lambda x: "{0:6.3f}".format(x)})
04
05 I = np.array([[.05, .10]])
06 T = np.array([[ 0, 1]])
07 WH = np.array([[.15, .25],
08               [.20, .30]])
09 BH = np.array([[.35, .35]])
10 WO = np.array([[.40, .50],
11               [.45, .55]])
12 BO = np.array([[.60, .60]])
13
14 for epoch in range(10000000):
15
16     print('epoch = %d' %epoch)
17
18     H = I @ WH + BH
19     H = 1/(1+np.exp(-H))
20
21     O = H @ WO + BO
22     OM = O - np.max(O)
23     O = np.exp(OM)/np.sum(np.exp(OM))
24
25     print(' O =\n', O)
26
27     E = np.sum(-T*np.log(O))
28     if E < 0.0001:
29             break
30
31     Ob = O - T
32     # nothing for softmax + cross entropy error
33
34     Hb = Ob @ WO.T
35     Hb = Hb*H*(1-H)
36
37     WHb = I.T @ Hb
38     BHb = 1 * Hb
39     WOb = H.T @ Ob
40     BOb = 1 * Ob
41
42     lr = 0.01
43     WH = WH - lr * WHb
44     BH = BH - lr * BHb
45     WO = WO - lr * WOb
46     BO = BO - lr * BOb
```

06 : 목표 값을 각각 0과 1로 변경합니다.

22, 23 : 출력 층의 활성화 함수를 소프트맥스로 변경합니다.

22 : O의 각 항목에서 O의 가장 큰 항목 값을 빼줍니다. 이렇게 하면 23 줄에서 오버플로우를 막을 수 있습니다. O 에 대한 최종 결과는 같습니다. 자세한 내용은 [소프트맥스 오버플로우]를 검색해 봅니다.

27 : 오차 계산을 크로스 엔트로피 오차 형태의 수식으로 변경합니다. 소프트맥스 활성화 함수는 크로스 엔트로피 오차와 같이 사용합니다.

$$E = -\sum_k t_k \log o_k$$

28 : for 문을 빠져 나가는 오차 값을 0.0001로 변경합니다. 여기서 사용하는 값의 크기에 따라 학습의 정확도와 학습 시간이 결정됩니다.

31 : 소프트맥스 함수의 역전파 오차 계산 부분은 다음과 같습니다. 소프트맥스 함수는 크로스 엔트로피 함수와 같이 사용될 때 역전파 시 소프트맥스 함수를 역으로 거쳐 전파되는 오차가 다음과 같이 예측 값과 목표 값의 차가 됩니다.

$$o_{kb} = o_k - t_k$$

그래서 일반적으로 소프트맥스 함수를 활성화 함수로 사용할 경우 오차 함수는 크로스 엔트로피 오차 함수가 됩니다.

3 ▶ 버튼을 눌러 프로그램을 실행시킵니다. 다음은 실행 결과 화면입니다.

```
epoch = 211286
 O =
 [[ 0.000  1.000]]
epoch = 211287
 O =
 [[ 0.000  1.000]]
epoch = 211288
 O =
 [[ 0.000  1.000]]
```

(211288+1)번째에 오차가 0.0001(만분의 1)보다 작아집니다. o1, o2는 각각 0.000, 1.000이 된 상 태입니다.

tanh와 softmax

여기서는 은닉 층 활성화 함수를 tanh로 변경해 봅니다. 다음 그림을 살펴봅니다.

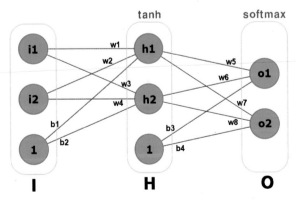

1 이전 예제를 복사합니다.

2 다음과 같이 예제를 수정합니다.

318_2.py

```
18        H = I @ WH + BH
19        H = np.tanh(H)
20
21        O = H @ WO + BO
22        OM = O - np.max(O)
23        O = np.exp(OM)/np.sum(np.exp(OM))
```

19 : 은닉 층 H에 순전파 tanh 활성화 함수를 적용합니다.

22, 23 : 출력 층의 활성화 함수는 softmax입니다.

```
31        Ob = O - T
32        # nothing for softmax + cross entropy error
33
34        Hb = Ob @ WO.T
35        Hb = Hb*(1+H)*(1-H)
```

31 : softmax 함수의 역전파 오차 계산 부분입니다.

35 : 역 은닉 층 Hb에 역전파 tanh 활성화 함수를 적용합니다.

3 ▶ 버튼을 눌러 프로그램을 실행시킵니다. 다음은 실행 결과 화면입니다.

```
epoch = 174991
 O =
 [[ 0.000  1.000]]
epoch = 174992
 O =
 [[ 0.000  1.000]]
epoch = 174993
 O =
 [[ 0.000  1.000]]
```

(174993+1)번째에 오차가 0.0001(만분의 1)보다 작아집니다. o1, o2는 각각 0.000, 1.000이 된 상태입니다.

ReLU와 softmax

여기서는 은닉 층 활성화 함수를 ReLU로 변경해 봅니다. 다음 그림을 살펴봅니다.

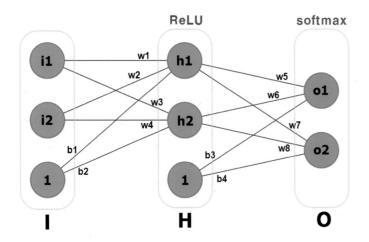

1 이전 예제를 복사합니다.

2 다음과 같이 예제를 수정합니다.

318_3.py

```
18      H = I @ WH + BH
19      H = (H>0)*H
20
21      O = H @ WO + BO
22      OM = O - np.max(O)
23      O = np.exp(OM)/np.sum(np.exp(OM))
```

19 : 은닉 층 H에 순전파 ReLU 활성화 함수를 적용합니다.
22, 23 : 출력 층의 활성화 함수는 softmax입니다.

```
31      Ob = O - T
32      # nothing for softmax + cross entropy error
33
34      Hb = Ob @ WO.T
35      Hb = Hb*(H>0)*1
```

31 : softmax 함수의 역전파 오차 계산 부분입니다.
35 : 역 은닉 층 Hb에 역전파 ReLU 활성화 함수를 적용합니다.

❸ ▶ 버튼을 눌러 프로그램을 실행시킵니다. 다음은 실행 결과 화면입니다.

```
epoch = 56959
 O =
 [[ 0.000  1.000]]
epoch = 56960
 O =
 [[ 0.000  1.000]]
epoch = 56961
 O =
 [[ 0.000  1.000]]
```

(56961+1)번째에 오차가 0.0001(만분의 1)보다 작아집니다. o1, o2는 각각 0.000, 1.000이 된 상태입니다.

이상에서 NumPy의 행렬 계산식을 이용하여 출력 층의 활성화 함수는 소프트맥스, 오차 계산 함수는 크로스 엔트로피 오차 함수인 인공 신경망을 구현해 보았습니다.

인공 신경망 행렬 계산식

여기서는 인공 신경망의 순전파 역전파를 행렬 계산식으로 정리해 봅니다. 인공 신경망을 행렬 계산식으로 정리하면 인공 신경망의 크기, 깊이와 상관없이 간결하게 정리할 수 있습니다. 다음 그림은 입력 층, 은닉 층, 출력 층으로 구성된 인공 신경을 나타냅니다.

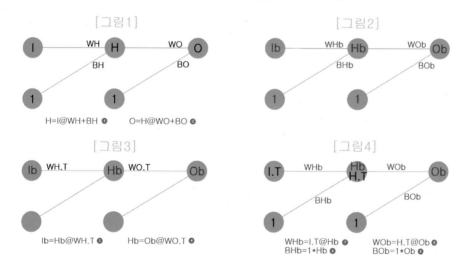

[그림1]은 순전파 과정에 필요한 행렬과 행렬 계산식을 나타냅니다.

[그림2]는 역전파에 필요한 행렬입니다. 순전파에 대응되는 행렬이 모두 필요합니다.

[그림3]은 입력의 역전파에 필요한 행렬과 행렬 계산식을 나타냅니다.

[그림4]는 가중치와 편향의 역전파에 필요한 행렬과 행렬 계산식을 나타냅니다.

※ ❸ Ib는 I 층이 앞부분에 또 다른 인공 신경과 연결되어 있을 경우 Hb처럼 해당 인공 신경으로 역전파되는 행렬 값입니다. 여기서 I는 은닉 층에 연결된 입력 층이므로 Ib의 수식은 필요치 않습니다.

※ @ 문자는 행렬 곱을 의미합니다.

이상에서 필요한 행렬 계산식을 정리하면 다음과 같습니다.

※ lr은 학습률을 나타냅니다.

순전파

H = I@WH + BH ❶
O = H@WO + BO ❷

역전파 오차

Ob = O - T

입력 역전파

Hb = Ob@WO.T ❹

가중치, 편향 역전파

WHb = I.T@Hb ❼
BHb = 1*Hb ❽
WOb = H.T@Ob ❺
BOb = 1*Ob ❻

가중치, 편향 학습

WH = WH - lr*WHb
BH = BH - lr*BHb
WO = WO - lr*WOb
BO = BO - lr*BOb

연습문제

1 다음은 입력I 은닉H 은닉M 출력O의 심층 인공 신경망입니다. 이 신경망에는 2개의 은닉 층이 포함되어 있습니다. 일반적으로 은닉 층이 2층 이상일 경우 심층 인공 신경망이라고 합니다. 이 신경망의 입력 역전파 그래프와 가중치, 편향 역전파 그래프를 그리고 순전파, 역전파 행렬 계산식을 구합니다.

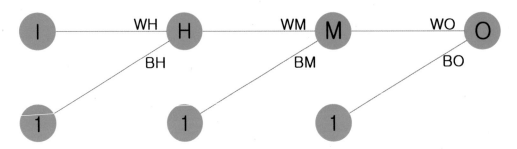

2 다음은 입력I 은닉H 은닉M 출력O의 심층 인공 신경망입니다. 이 신경망에는 2개의 은닉 층이 포함되어 있습니다. 일반적으로 은닉 층이 2층 이상일 경우 심층 인공 신경망이라고 합니다. 이 신경망의 입력 역전파 그래프와 가중치, 편향 역전파 그래프를 그리고 순전파, 역전파 행렬 계산식을 구합니다.

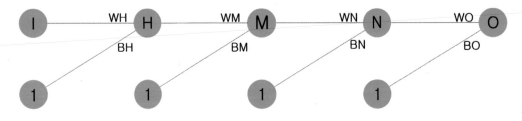

가중치 초기화하기

여기서는 활성화 함수에 따라 은닉 층과 출력 층의 가중치를 초기화하는 방법에 대해 살펴보고 해당 방법을 적용하여 은닉 층과 출력 층의 가중치를 초기화한 후 학습을 시켜봅니다. 미리 말씀드리면 활성화 함수에 따른 가중치와 편향의 적절한 초기화는 인공 신경망 학습에 아주 중요한 부분입니다. 우리는 앞으로 수행할 예제에서 은닉 층의 활성화 함수로 ReLU를 사용하고 출력 층의 활성화 함수로 sigmoid나 softmax를 사용합니다. 출력 층의 활성화 함수를 sigmoid로 사용할 경우 오차 계산 함수는 평균 제곱 오차 함수를 사용하고, 출력 층의 활성화 함수를 softmax로 사용할 경우 오차 계산 함수는 크로스 엔트로피 오차 함수를 사용하도록 합니다. 다음 그림을 참조합니다.

ReLU-sigmoid-mse 신경망

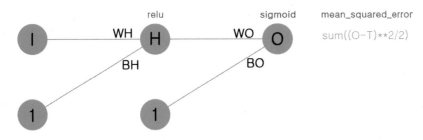

ReLU-softmax-cee 신경망

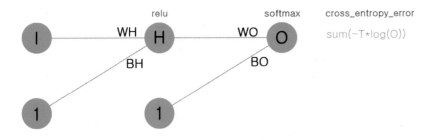

ReLU와 He 초기화

ReLU 활성화 함수를 사용할 경우엔 Kaming He가 2010년에 발표한 He 초기화 방법을 사용합니다. 수식은 다음과 같습니다.

$$normal(mean = 0, stddev), stddev = \sqrt{\frac{2}{input}}$$

여기서 normal은 종모양의 정규 분포를 의미하며, mean은 평균값, stddev는 표준편차로 종모양이 퍼진 정도를 의미합니다. 이 수식을 적용하면 0에 가까운 값이 많도록 가중치가 초기화됩니다.

위 수식은 numpy를 이용하면 다음과 같이 표현할 수 있습니다.

```
np.random.randn(INPUT, OUTPUT)/np.sqrt(INPUT/2)
```

np.random.randn(INPUT, OUTPUT)는 가중치로 들어오는 입력노드의 개수 INPUT, 가중치에서 나가는 출력노드의 개수 OUTPUT의 개수만큼 표준 정규 분포를 따르는 임의의 숫자를 생성합니다. np.sqrt(INPUT/2)는 표준편차 부분을 의미합니다.

sigmoid, softmax와 Lecun 초기화

sigmoid와 softmax 활성화 함수를 사용할 경우엔 Yann Lecun 교수가 1998년에 발표한 Lecun 초기화 방법을 사용합니다. 수식은 다음과 같습니다.

$$normal(mean = 0, stddev), stddev = \sqrt{\frac{1}{input}}$$

여기서 normal은 종모양의 표준 정규 분포를 의미하며, mean은 평균값, stddev는 표준편차로 종모양이 퍼진 정도를 의미합니다. 이 수식을 적용하면 0에 가까운 값이 많도록 가중치가 초기화됩니다.

위 수식은 numpy를 이용하면 다음과 같이 표현할 수 있습니다.

```
np.random.randn(INPUT, OUTPUT)/np.sqrt(INPUT)
```

np.random.randn(INPUT, OUTPUT)는 가중치로 들어오는 입력노드의 개수 INPUT, 가중치에서 나가는 출력노드의 개수 OUTPUT의 개수만큼 표준 정규 분포를 따르는 임의의 숫자를 생성합니다. np.sqrt(INPUT)는 표준편차 부분을 의미합니다.

He와 Lecun 그려보기

여기서는 He와 Lecun 표준정규분포 곡선을 그려봅니다.

1 다음과 같이 예제를 작성합니다.

3110_1.py

```
1 import numpy as np
2 import matplotlib.pyplot as plt
3
```

```
 4 He = np.random.randn(1000000)/np.sqrt(10000/2)
 5 Le = np.random.randn(1000000)/np.sqrt(10000)
 6
 7 plt.hist(He, bins=100, density=True, alpha=0.7)
 8 plt.hist(Le, bins=100, density=True, alpha=0.5)
 9 plt.show()
```

4 : 정규 분포를 갖는 임의의 실수 1000000(백만)개를 생성한 후, 입력의 개수 10000(만)에 대한 He 표준편차로 나누어 He 변수에 할당합니다.

5 : 정규 분포를 갖는 임의의 실수 1000000(백만)개를 생성한 후, 입력의 개수 10000(만)에 대한 Lecun 표준편차로 나누어 Le 변수에 할당합니다.

7 : plt.hist 함수를 호출하여 He 표준 정규 분포 곡선을 그립니다. 첫 번째 인자 He는 He 표준 정규 분포 값의 배열입니다. 두 번째 인자 bins는 가로축에 들어갈 막대의 개수로 100개로 채웁니다. 값을 10으로 줄여보면 이해하기 쉽습니다. 세 번째 인자 density는 True로 설정해주면, 밀도함수가 되어서 막대의 아래 면적이 1이 되도록 그립니다. 여기서는 He 분포와 Lecun 분포를 비교하기 쉽게 해 줍니다. 네 번째 인자 alpha는 그래프의 투명도를 의미합니다.

8 : plt.hist 함수를 호출하여 Lecun 표준 정규 분포 곡선을 그립니다.

2 ▶ 버튼을 눌러 프로그램을 실행시킵니다. 다음은 실행 결과 화면입니다.

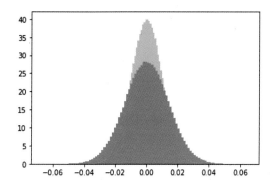

0에 가까운 값들이 많은 것을 볼 수 있습니다.

※ 가중치의 초기 값은 0 근처에서 임의로 초기화되어야 인공 신경망을 학습하기에 좋습니다.

He와 Lecun 가중치 초기화하기

이제 He와 Lecun으로 가중치를 초기화하여 학습시켜 봅니다.

1 다음과 같이 예제를 작성합니다.

3110_2.py

```
01 import numpy as np
02
03 np.set_printoptions(formatter={ ' float_kind ':lambda x: " {0:6.4f} ".format(x)})
04
```

```
05  I = np.array([[.05, .10]])
06  T = np.array([[.01, .99]])
07  WH = np.random.randn(2, 2)/np.sqrt(2/2) # He
08  BH = np.zeros((1, 2))
09  WO = np.random.randn(2, 2)/np.sqrt(2) # Lecun
10  BO = np.zeros((1, 2))
11
12  print(" WH =\n", WH)
13  print(" WO =\n", WO)
14  print()
15
16  for epoch in range(1, 1000001):
17
18      H = I @ WH + BH
19      H = (H>0)*H # ReLU
20
21      O = H @ WO + BO
22      O = 1/(1+np.exp(-O)) #sigmoid
23
24      E = np.sum((O-T)**2/2) #mean squared error
25
26      if epoch==1 :
27          print(" epoch = %d " %epoch)
28          print(" Error = %.4f " %E)
29          print(" output =", O)
30          print()
31
32      if E<0.0001 :
33          print(" epoch = %d " %epoch)
34          print(" Error = %.4f " %E)
35          print(" output =", O)
36          break
37
38      Ob = O - T
39      Ob = Ob*O*(1-O) #sigmoid
40
41      Hb = Ob @ WO.T
42      Hb = Hb*(H>0)*1 # ReLU
43
44      WHb = I.T @ Hb
45      BHb = 1 * Hb
46      WOb = H.T @ Ob
47      BOb = 1 * Ob
48
49      lr = 0.01
50      WH = WH - lr * WHb
51      BH = BH - lr * BHb
52      WO = WO - lr * WOb
53      BO = BO - lr * BOb
```

07 : He 초기 값을 갖는 2 x 2 행렬을 생성한 후, 가중치 변수 WH에 할당합니다.

08 : 초기 값 0을 갖는 1 x 2 행렬을 생성한 후, 편향 변수 BH에 할당합니다. 일반적으로 편향의 초기 값은 0으로 시작합니다.

09 : Lecun 초기 값을 갖는 2 x 2 행렬을 생성한 후, 가중치 변수 WO에 할당합니다.

10 : 초기 값 0을 갖는 1 x 2 행렬을 생성한 후, 편향 변수 BO에 할당합니다. 일반적으로 편향의 초기 값은 0으로 시작합니다.

12, 13 : print 함수를 호출하여 WH, WO 값을 출력해 봅니다.

16 : epoch 변수 1에서 1000001(백만일) 미만에 대하여 18~53줄을 수행합니다.

19 : 은닉 층의 활성화 함수를 ReLU로 사용합니다.

22 : 출력 층의 활성화 함수를 sigmoid로 사용합니다.

24 : 오차 계산 함수는 평균 제곱 오차를 사용합니다.

26~30 : epoch값이 1일 때, 즉, 처음 시작할 때, 오차 값과 예측 값을 출력합니다.

32~36 : 오차 값이 0.0001(만분의 일)보다 작을 때, 오차 값과 예측 값을 출력한 후, 16줄의 for문을 나옵니다.

39 : 출력 층의 역 활성화 함수를 sigmoid로 사용합니다.

42 : 은닉 층의 역 활성화 함수를 ReLU로 사용합니다.

2 ▶ 버튼을 눌러 프로그램을 실행시킵니다. 다음은 실행 결과 화면입니다.

```
WH =
 [[-0.0988 -1.5852]
 [-0.3469 0.5997]]
WO =
 [[-0.2536 -0.7170]
 [-0.0301 0.3582]]

epoch  = 1
Error  = 0.2401
output = [[0.5000 0.5000]]

epoch  = 207889
Error  = 0.0001
output = [[0.0200 0.9800]]
```

필자의 경우 207889번 학습을 수행하였으며, 오차는 0.0001이고, 첫 번째 항목의 값은 0.02, 두 번째 항목은 0.98입니다. 가중치 초기 값에 따라 독자 여러분의 결과는 다를 수 있습니다.

02 _ NumPy DNN 활용하기

여기서는 지금까지 구현한 NumPy 인공 신경망을 확장해 봅니다. 이 단원에서는 먼저 다음과 같은
형태의 인공 신경망을 구성해서 테스트해 봅니다.

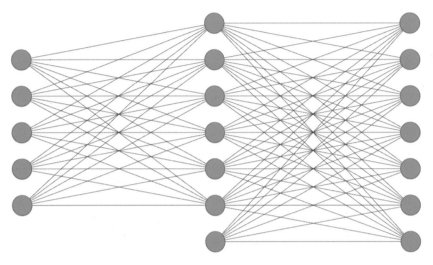

◆ 4개의 입력, 6개의 은닉 층, 7개의 출력 층, 편향 포함

또, 1장에서 tensorflow 라이브러리를 이용하여 살펴보았던 다음과 같은 형태의 인공 신경망도 구성
해서 테스트해 봅니다.

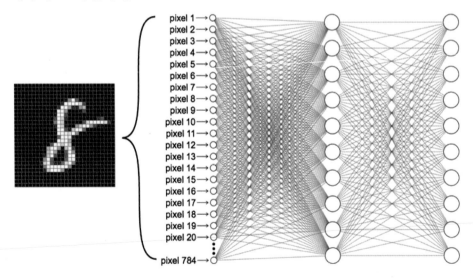

7 세그먼트 입력 2 진수 출력 인공 신경망 1

여기서는 7 세그먼트에 숫자 값에 따라 표시되는 LED의 ON, OFF 값을 입력으로 받아 2 진수로 출력하는 인공 신경망을 구성하고 학습시켜 봅니다. 다음은 7 세그먼트 디스플레이 2진수 연결 진리표입니다.

**7 세그먼트 디스플레이
2 진수 연결 진리표**

In	In	In	In	In	In	In	Out	Out	Out	Out
1	1	1	1	1	1	0	0	0	0	0
0	1	1	0	0	0	0	0	0	0	1
1	1	0	1	1	0	1	0	0	1	0
1	1	1	1	0	0	1	0	0	1	1
0	1	1	0	0	1	1	0	1	0	0
1	0	1	1	0	1	1	0	1	0	1
0	0	1	1	1	1	1	0	1	1	0
1	1	0	0	0	0	0	0	1	1	1
1	1	1	1	1	1	1	1	0	0	0
1	1	1	0	0	1	1	1	0	0	1

5 = 1011011 ➡ 0101

그림에서 7 세그먼트에 5로 표시되기 위해 7개의 LED가 1011011(1-ON, 0-OFF)의 비트열에 맞춰 켜지거나 꺼져야 합니다. 해당 비트열에 대응하는 이진수는 0101입니다. 여기서는 다음 그림과 같이 7개의 입력, 8개의 은닉 층, 4개의 출력 층으로 구성된 인공 신경망을 학습시켜 봅니다.

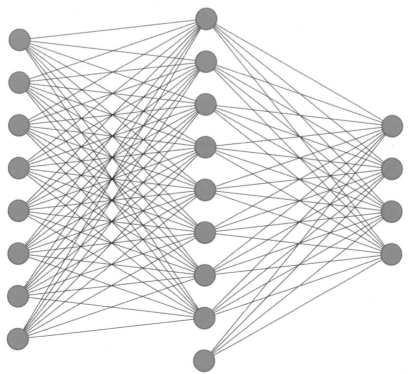

1 다음과 같이 예제를 작성합니다.

321_1.py

```
01 import numpy as np
02
03 np.set_printoptions(formatter={'float_kind':lambda x: "{0:6.4f}".format(x)})
04
05 NUM_PATTERN = 10
06 NUM_IN = 7
07 NUM_HID = 8
08 NUM_OUT = 4
09
10 I = np.array([
11      [[ 1, 1, 1, 1, 1, 1, 0 ]], # 0
12      [[ 0, 1, 1, 0, 0, 0, 0 ]], # 1
13      [[ 1, 1, 0, 1, 1, 0, 1 ]], # 2
14      [[ 1, 1, 1, 1, 0, 0, 1 ]], # 3
15      [[ 0, 1, 1, 0, 0, 1, 1 ]], # 4
16      [[ 1, 0, 1, 1, 0, 1, 1 ]], # 5
17      [[ 0, 0, 1, 1, 1, 1, 1 ]], # 6
18      [[ 1, 1, 1, 0, 0, 0, 0 ]], # 7
19      [[ 1, 1, 1, 1, 1, 1, 1 ]], # 8
20      [[ 1, 1, 1, 0, 0, 1, 1 ]] # 9
21 ])
22 T = np.array([
23      [[ 0, 0, 0, 0 ]],
24      [[ 0, 0, 0, 1 ]],
25      [[ 0, 0, 1, 0 ]],
26      [[ 0, 0, 1, 1 ]],
27      [[ 0, 1, 0, 0 ]],
28      [[ 0, 1, 0, 1 ]],
29      [[ 0, 1, 1, 0 ]],
30      [[ 0, 1, 1, 1 ]],
31      [[ 1, 0, 0, 0 ]],
32      [[ 1, 0, 0, 1 ]]
33 ])
34 O = np.zeros((NUM_PATTERN, 1, NUM_OUT))
35 WH = np.random.randn(NUM_IN, NUM_HID)/np.sqrt(NUM_IN/2) # He
36 BH = np.zeros((1, NUM_HID))
37 WO = np.random.randn(NUM_HID, NUM_OUT)/np.sqrt(NUM_HID) # Lecun
38 BO = np.zeros((1, NUM_OUT))
39
40 for epoch in range(1, 1000001):
41
42      H = I[2] @ WH + BH
43      H = (H>0)*H # ReLU
44
45      O[2] = H @ WO + BO
46      O[2] = 1/(1+np.exp(-O[2])) #sigmoid
47
```

```
48          E = np.sum((O[2]-T[2])**2/2) #mean squared error
49
50      if epoch==1 :
51              print(" epoch = %d " %epoch)
52              print(" Error = %.4f " %E)
53              print(" output =", O[2])
54              print()
55
56      if E<0.0001 :
57              print(" epoch = %d " %epoch)
58              print(" Error = %.4f " %E)
59              print(" output =", O[2])
60              break
61
62      Ob = O[2] - T[2]
63      Ob = Ob*O[2]*(1-O[2]) #sigmoid
64
65      Hb = Ob @ WO.T
66      Hb = Hb*(H>0)*1 # ReLU
67
68      WHb = I[2].T @ Hb
69      BHb = 1 * Hb
70      WOb = H.T @ Ob
71      BOb = 1 * Ob
72
73      lr = 0.01
74      WH = WH - lr * WHb
75      BH = BH - lr * BHb
76      WO = WO - lr * WOb
77      BO = BO - lr * BOb
```

05 : NUM_PATTERN 변수를 선언한 후, 10으로 초기화합니다. NUM_PATTERN 변수는 다음 진리표의 가로줄의 개수입니다.

7 세그먼트 디스플레이
2 진수 연결 진리표

In	In	In	In	In	In	In	Out	Out	Out	Out
1	1	1	1	1	1	0	0	0	0	0
0	1	1	0	0	0	0	0	0	0	1
1	1	0	1	1	0	1	0	0	1	0
1	1	1	1	0	0	1	0	0	1	1
0	1	1	0	0	1	1	0	1	0	0
1	0	1	1	0	1	1	0	1	0	1
0	0	1	1	1	1	1	0	1	1	0
1	1	1	0	0	0	0	0	1	1	1
1	1	1	1	1	1	1	1	0	0	0
1	1	1	0	0	1	1	1	0	0	1

 = 1011011 ➡ 0101

06 : NUM_IN 변수를 선언한 후, 7로 초기화합니다.

07 : NUM_HID 변수를 선언한 후, 8로 초기화합니다.

08 : NUM_OUT 변수를 선언한 후, 4로 초기화합니다.

10~21 : 입력 I 행렬을 3차 행렬로 변경하고 진리표의 입력 값에 맞게 값을 초기화합니다. 입력 I 행렬의 모양은 (10, 1, 7)입니다.

22~33 : 목표 T 행렬을 3차 행렬로 변경하고 진리표의 출력 값에 맞게 값을 초기화합니다. 목표 T 행렬의 모양은 (10, 1, 4)입니다.

34 : 출력 O 행렬을 (NUM_PATTERN, 1, NUM_OUT) 모양의 행렬로 변경합니다. 출력 O 행렬의 모양은 (10, 1, 4)입니다.

35~38 : 가중치와 편향 행렬의 모양을 위 그림에 맞게 변경합니다.

42, 68 : I을 I[2]로 변경합니다. I 행렬의 2번 항목을 입력 값으로 학습 테스트를 수행합니다.

48, 62 : T을 T[2]로 변경합니다. T 행렬의 2번 항목을 목표 값으로 학습 테스트를 수행합니다.

45, 46, 48, 53, 59, 62, 63 : O을 O[2]로 변경합니다. O 행렬의 2번 항목을 예측 값으로 학습 테스트를 수행합니다. 46, 63줄의 경우 2 군데씩 수정합니다.

2 ▶ 버튼을 눌러 프로그램을 실행시킵니다. 다음은 실행 결과 화면입니다.

```
epoch  = 1
Error  = 0.5003
output = [[0.4955 0.5135 0.4960 0.4873]]


epoch  = 27818
Error  = 0.0001
output = [[0.0070 0.0073 0.9927 0.0066]]
```

필자의 경우 27818번 학습을 수행하였으며, 오차는 0.0001이고, 첫 번째, 두 번째, 네 번째 항목의 값은 0에 가깝고, 세 번째 항목의 값은 1에 가깝습니다. 다음 그림에서 진리표의 2번 항목에 맞게 학습된 것을 볼 수 있습니다.

7 세그먼트 디스플레이
2 진수 연결 진리표

In	In	In	In	In	In	In	Out	Out	Out	Out
1	1	1	1	1	1	0	0	0	0	0
0	1	1	0	0	0	0	0	0	0	1
1	1	0	1	1	0	1	0	0	1	0
1	1	1	1	0	0	1	0	0	1	1
0	1	1	0	0	1	1	0	1	0	0
1	0	1	1	0	1	1	0	1	0	1
0	0	1	1	1	1	1	0	1	1	0
1	1	1	0	0	0	0	0	1	1	1
1	1	1	1	1	1	1	1	0	0	0
1	1	1	0	0	1	1	1	0	0	1

 = 1011011 ➡ 0101

NumPy 행렬 모양 살펴보기

우리는 앞에서 I, T, O 행렬을 변경하였습니다. 여기서는 변경된 행렬과 변경되기 전 행렬의 모양을 살펴봅니다.

1 다음과 같이 예제를 작성합니다.

321_2.py

```
01 import numpy as np
02
03 I = np.array([
04     [[ 1, 1, 1, 1, 1, 1, 0 ]], # 0
05     [[ 0, 1, 1, 0, 0, 0, 0 ]], # 1
06     [[ 1, 1, 0, 1, 1, 0, 1 ]], # 2
07     [[ 1, 1, 1, 1, 0, 0, 1 ]], # 3
08     [[ 0, 1, 1, 0, 0, 1, 1 ]], # 4
09     [[ 1, 0, 1, 1, 0, 1, 1 ]], # 5
10     [[ 0, 0, 1, 1, 1, 1, 1 ]], # 6
11     [[ 1, 1, 1, 0, 0, 0, 0 ]], # 7
12     [[ 1, 1, 1, 1, 1, 1, 1 ]], # 8
13     [[ 1, 1, 1, 0, 0, 1, 1 ]] # 9
14 ])
15 T = np.array([
16     [[ 0, 0, 0, 0 ]],
17     [[ 0, 0, 0, 1 ]],
18     [[ 0, 0, 1, 0 ]],
19     [[ 0, 0, 1, 1 ]],
20     [[ 0, 1, 0, 0 ]],
21     [[ 0, 1, 0, 1 ]],
22     [[ 0, 1, 1, 0 ]],
23     [[ 0, 1, 1, 1 ]],
24     [[ 1, 0, 0, 0 ]],
25     [[ 1, 0, 0, 1 ]]
26 ])
27
28 print("I.shape={}".format(I.shape))
29 print("T.shape={}".format(T.shape))
30
31 print("I[2]: {}, shape={}".format(I[2], I[2].shape))
32 print("T[2]: {}, shape={}".format(T[2], T[2].shape))
33
34 I_0 = np.array([[.05, .10]])
35 T_0 = np.array([[0, 1]])
36
37 print("I_0: {}, shape={}".format(I_0, I_0.shape))
38 print("T_0: {}, shape={}".format(T_0, T_0.shape))
```

2 ▶ 버튼을 눌러 프로그램을 실행시킵니다. 다음은 실행 결과 화면입니다.

```
I.shape=(10, 1, 7)
T.shape=(10, 1, 4)
I[2]: [[1 1 0 1 1 0 1]], shape=(1, 7)
T[2]: [[0 0 1 0]], shape=(1, 4)
I_0: [[0.05 0.1 ]], shape=(1, 2)
T_0: [[0 1]], shape=(1, 2)
```

I과 T의 모양은 각각 (10, 1, 7), (10, 1, 4)입니다. I[2], T[2]의 모양은 각각 (1, 7), (1, 4)입니다. I_0, T_0의 모양은 각각 (1, 2), (1, 2)입니다.

7 세그먼트 입력 2 진수 출력 인공 신경망 2

계속해서 7 세그먼트에 숫자 값에 따라 표시되는 LED의 ON, OFF 값을 입력으로 받아 2 진수로 출력하는 인공 신경망을 구성하고 학습시켜 봅니다. 여기서는 다음 진리표의 전체 입력 값에 대해 목표 값에 대응되도록 학습을 시켜봅니다.

**7 세그먼트 디스플레이
2 진수 연결 진리표**

In	In	In	In	In	In	In	Out	Out	Out	Out
1	1	1	1	1	1	0	0	0	0	0
0	1	1	0	0	0	0	0	0	0	1
1	1	0	1	1	0	1	0	0	1	0
1	1	1	1	0	0	1	0	0	1	1
0	1	1	0	0	1	1	0	1	0	0
1	0	1	1	0	1	1	0	1	0	1
0	0	1	1	1	1	1	0	1	1	0
1	1	1	0	0	0	0	0	1	1	1
1	1	1	1	1	1	1	1	0	0	0
1	1	1	0	0	1	1	1	0	0	1

5 = 1011011 ➡ 0101

1 다음과 같이 예제를 작성합니다.

322_1.py
```
01 import numpy as np
02
03 np.set_printoptions(formatter={'float_kind':lambda x: "{0:6.4f}".format(x)})
04
05 NUM_PATTERN = 10
06 NUM_IN = 7
07 NUM_HID = 8
```

```
08 NUM_OUT = 4
09
10 I = np.array([
11      [[ 1, 1, 1, 1, 1, 1, 0 ]], # 0
12      [[ 0, 1, 1, 0, 0, 0, 0 ]], # 1
13      [[ 1, 1, 0, 1, 1, 0, 1 ]], # 2
14      [[ 1, 1, 1, 1, 0, 0, 1 ]], # 3
15      [[ 0, 1, 1, 0, 0, 1, 1 ]], # 4
16      [[ 1, 0, 1, 1, 0, 1, 1 ]], # 5
17      [[ 0, 0, 1, 1, 1, 1, 1 ]], # 6
18      [[ 1, 1, 1, 0, 0, 0, 0 ]], # 7
19      [[ 1, 1, 1, 1, 1, 1, 1 ]], # 8
20      [[ 1, 1, 1, 0, 0, 1, 1 ]] # 9
21 ])
22 T = np.array([
23      [[ 0, 0, 0, 0 ]],
24      [[ 0, 0, 0, 1 ]],
25      [[ 0, 0, 1, 0 ]],
26      [[ 0, 0, 1, 1 ]],
27      [[ 0, 1, 0, 0 ]],
28      [[ 0, 1, 0, 1 ]],
29      [[ 0, 1, 1, 0 ]],
30      [[ 0, 1, 1, 1 ]],
31      [[ 1, 0, 0, 0 ]],
32      [[ 1, 0, 0, 1 ]]
33 ])
34 O = np.zeros((NUM_PATTERN, 1, NUM_OUT))
35 WH = np.random.randn(NUM_IN, NUM_HID)/np.sqrt(NUM_IN/2) # He
36 BH = np.zeros((1, NUM_HID))
37 WO = np.random.randn(NUM_HID, NUM_OUT)/np.sqrt(NUM_HID) # Lecun
38 BO = np.zeros((1, NUM_OUT))
39
40 for epoch in range(1, 10001):
41
42      for pc in range(NUM_PATTERN) :
43
44              H = I[pc] @ WH + BH
45              H = (H>0)*H # ReLU
46
47              O[pc] = H @ WO + BO
48              O[pc] = 1/(1+np.exp(-O[pc])) #sigmoid
49
50              E = np.sum((O[pc]-T[pc])**2/2) #mean squared error
51
52              Ob = O[pc] - T[pc]
53              Ob = Ob*O[pc]*(1-O[pc]) #sigmoid
54
55              Hb = Ob @ WO.T
56              Hb = Hb*(H>0)*1 # ReLU
57
```

```
58              WHb = I[pc].T @ Hb
59              BHb = 1 * Hb
60              WOb = H.T @ Ob
61              BOb = 1 * Ob
62
63              lr = 0.01
64              WH = WH - lr * WHb
65              BH = BH - lr * BHb
66              WO = WO - lr * WOb
67              BO = BO - lr * BOb
68
69      if epoch%100==0 :
70              print( " . ", end=' ' , flush=True)
71
72 print()
73
74 for pc in range(NUM_PATTERN) :
75      print( " target %d : " %pc, end=' ' )
76      for node in range(NUM_OUT) :
77              print( " %.0f " %T[pc][0][node], end=' ' )
78      print( " pattern %d : " %pc, end=' ' );
79      for node in range(NUM_OUT) :
80              print( " %.2f " %O[pc][0][node], end=' ' )
81      print()
```

40 : epoch 변수를 1000001(백만일) 미만에서 10001(일만일) 미만으로 변경합니다.

42 : pc 변수 0에서 NUM_PATTERN 미만에 대하여 44~67줄을 수행합니다.

44, 47, 48, 50, 52, 53, 58 : 숫자 2를 pc로 변경합니다. 48, 50, 52, 53줄은 두 군데 변경합니다.

50~52 : if 조건문 2개를 없앱니다.

69 : epoch값이 100의 배수가 될 때마다 인공 신경망에 대해 학습하고 있다는 표시를 위해 점 하나를 출력합니다.

72 : 개 행 문자를 출력합니다.

74~81 : 학습이 끝난 후에 목표 값과 예측 값을 출력하여 비교합니다.

2 ▶ 버튼을 눌러 프로그램을 실행시킵니다. 다음은 실행 결과 화면입니다.

```
. . . . . . . . . . . . . . . . . . . . . . . . . . . . . . . . . . . . . . . . . . . . . . .
target 0 : 0 0 0 0 pattern 0 : 0.03 0.00 0.00 0.03
target 1 : 0 0 0 1 pattern 1 : 0.01 0.05 0.04 0.97
target 2 : 0 0 1 0 pattern 2 : 0.03 0.00 1.00 0.00
target 3 : 0 0 1 1 pattern 3 : 0.02 0.03 0.97 0.99
target 4 : 0 1 0 0 pattern 4 : 0.03 0.97 0.00 0.01
target 5 : 0 1 0 1 pattern 5 : 0.01 0.98 0.03 0.98
target 6 : 0 1 1 0 pattern 6 : 0.00 1.00 0.97 0.00
target 7 : 0 1 1 1 pattern 7 : 0.00 0.95 0.96 1.00
target 8 : 1 0 0 0 pattern 8 : 0.95 0.00 0.02 0.00
target 9 : 1 0 0 1 pattern 9 : 0.97 0.03 0.00 0.99
```

목표 값의 0과 1에 예측 값이 가까운 값을 갖는지 확인합니다.

입력 데이터 임의로 섞기

여기서는 매 회기마다 입력 데이터를 임의로 섞어 인공 신경망을 학습 시켜봅니다. 입력 데이터를 임의로 섞으면 인공 신경망 학습에 도움이 됩니다.

1 이전 예제를 복사합니다.

2 다음과 같이 파일을 수정합니다.

323_1.py

```
001 import numpy as np
002 import random
003 import time
004
005 np.set_printoptions(formatter={'float_kind':lambda x: "{0:6.4f}".format(x)})
006
007 NUM_PATTERN = 10
008 NUM_IN = 7
009 NUM_HID = 8
010 NUM_OUT = 4
011
012 I = np.array([
013     [[ 1, 1, 1, 1, 1, 1, 0 ]], # 0
014     [[ 0, 1, 1, 0, 0, 0, 0 ]], # 1
015     [[ 1, 1, 0, 1, 1, 0, 1 ]], # 2
016     [[ 1, 1, 1, 1, 0, 0, 1 ]], # 3
017     [[ 0, 1, 1, 0, 0, 1, 1 ]], # 4
018     [[ 1, 0, 1, 1, 0, 1, 1 ]], # 5
019     [[ 0, 0, 1, 1, 1, 1, 1 ]], # 6
020     [[ 1, 1, 1, 0, 0, 0, 0 ]], # 7
021     [[ 1, 1, 1, 1, 1, 1, 1 ]], # 8
022     [[ 1, 1, 1, 0, 0, 1, 1 ]] # 9
023 ])
024 T = np.array([
025     [[ 0, 0, 0, 0 ]],
026     [[ 0, 0, 0, 1 ]],
027     [[ 0, 0, 1, 0 ]],
028     [[ 0, 0, 1, 1 ]],
029     [[ 0, 1, 0, 0 ]],
030     [[ 0, 1, 0, 1 ]],
031     [[ 0, 1, 1, 0 ]],
032     [[ 0, 1, 1, 1 ]],
033     [[ 1, 0, 0, 0 ]],
034     [[ 1, 0, 0, 1 ]]
035 ])
```

```
036 O = np.zeros((NUM_PATTERN, 1, NUM_OUT))
037 WH = np.random.randn(NUM_IN, NUM_HID)/np.sqrt(NUM_IN/2) # He
038 BH = np.zeros((1, NUM_HID))
039 WO = np.random.randn(NUM_HID, NUM_OUT)/np.sqrt(NUM_HID) # Lecun
040 BO = np.zeros((1, NUM_OUT))
041
042 shuffled_pattern = [pc for pc in range(NUM_PATTERN)] #정수로!
043
044 random.seed(int(time.time()))
045
046 for epoch in range(1, 10001):
047
048     tmp_a = 0;
049     tmp_b = 0;
050     for pc in range(NUM_PATTERN) :
051             tmp_a = random.randrange(0,NUM_PATTERN)
052             tmp_b = shuffled_pattern[pc]
053             shuffled_pattern[pc] = shuffled_pattern[tmp_a]
054             shuffled_pattern[tmp_a] = tmp_b
055
056     sumError = 0.
057
058     for rc in range(NUM_PATTERN) :
059
060             pc = shuffled_pattern[rc]
061
062             H = I[pc] @ WH + BH
063             H = (H>0)*H # ReLU
064
065             O[pc] = H @ WO + BO
066             O[pc] = 1/(1+np.exp(-O[pc])) #sigmoid
067
068             E = np.sum((O[pc]-T[pc])**2/2) #mean squared error
069
070             sumError += E
071
072             Ob = O[pc] - T[pc]
073             Ob = Ob*O[pc]*(1-O[pc]) #sigmoid
074
075             Hb = Ob @ WO.T
076             Hb = Hb*(H>0)*1 # ReLU
077
078             WHb = I[pc].T @ Hb
079             BHb = 1 * Hb
080             WOb = H.T @ Ob
081             BOb = 1 * Ob
```

```
082
083            lr = 0.01
084            WH = WH - lr * WHb
085            BH = BH - lr * BHb
086            WO = WO - lr * WOb
087            BO = BO - lr * BOb
088
089    if epoch%100==0 :
090            print(" epoch : %5d, sum error : %f " %(epoch, sumError))
091            for i in range(NUM_IN) :
092                    for j in range(NUM_HID) :
093                            print(" %7.3f " %WH[i][j], end=' ')
094                    print(flush=True)
095
096    if sumError<0.0001 : break
097
098 print()
099
100 for pc in range(NUM_PATTERN) :
101     print(" target %d : " %pc, end=' ')
102     for node in range(NUM_OUT) :
103             print(" %.0f " %T[pc][0][node], end=' ')
104     print(" pattern %d : " %pc, end=' ');
105     for node in range(NUM_OUT) :
106             print(" %.2f " %O[pc][0][node], end=' ')
107     print()
```

002 : random 모듈을 불러옵니다. 047, 057 번째 줄에서 임의 숫자를 생성하기 위해 사용합니다.

003 : time 모듈을 불러옵니다. 047 번째 줄에서 임의 숫자 생성기 모듈을 초기화하기 위해 사용합니다.

042 : NUM_PATTERN 개수의 정수 배열 shuffled_pattern을 선언하고, 각 항목을 순서대로 초기화해 줍니다.

044 : random.seed 함수를 호출하여 임의 숫자 생성기 모듈을 초기화합니다. time.time() 함수를 호출하여 현재 시간을 정수 값으로 변환하여 입력 값으로 줍니다.

048, 049 : 입력 데이터의 순서를 변경하기 위해 사용할 정수 변수 2개를 선언합니다.

050 : pc 변수에 대해 0에서 NUM_PATTERN 미만에 대하여 057~060줄을 수행합니다.

051 : random.randrange 함수를 호출하여 0에서 NUM_PATTERN 미만 사이 값을 생성하여 tmp_a 변수에 할당합니다. 이 예제에서는 0에서 10 미만 사이의 값이 생성됩니다.

052~054 : shuffled_pattern의 tmp_a 번째 항목과 pc 번째 항목을 서로 바꿔줍니다.

056 : sumError 변수를 선언한 후, 0.0으로 초기화해줍니다.

058 : 이선 예제에서 pc를 rc로 변경해 줍니다.

060 : shuffled_pattern의 rc 번째 항목을 pc로 가져옵니다.

062~068 : 이전 예제와 같습니다.

070 : 068줄에서 얻은 오차 값을 sumError에 더해줍니다.

091~094 : 현재까지 학습된 가중치 WH 값을 출력해 봅니다.

096 : sumError 값이 0.0001보다 작으면 052줄의 for 문을 빠져 나와 98줄로 이동합니다.

100~107 : 이전 예제와 같습니다. 목표 값과 예측 값을 출력합니다.

3 ▶ 버튼을 눌러 프로그램을 실행시킵니다. 다음은 실행 결과 화면입니다.

```
epoch : 10000, sum error : 0.011086
 -2.986  -1.803   0.339   1.216  -0.381   2.319  -0.483   0.334
 -2.181   0.706   0.455  -0.330   1.298   0.126  -0.575   0.397
  1.470   0.659  -1.162  -0.030   0.817   0.770  -0.108   1.086
  0.366   0.927   0.758  -0.424   0.659   0.420  -0.214  -1.159
 -0.367  -0.790   1.629  -1.417   0.063  -2.181  -0.538  -0.484
  0.753  -1.168  -1.357   1.844   0.955  -2.360  -0.044  -1.158
  2.234  -0.635   1.053   2.195   0.140   0.329  -0.263  -0.896

target 0 : 0 0 0 0 pattern 0 : 0.05 0.01 0.02 0.01
target 1 : 0 0 0 1 pattern 1 : 0.00 0.04 0.03 0.98
target 2 : 0 0 1 0 pattern 2 : 0.03 0.00 1.00 0.02
target 3 : 0 0 1 1 pattern 3 : 0.00 0.03 0.97 1.00
target 4 : 0 1 0 0 pattern 4 : 0.01 0.97 0.00 0.03
target 5 : 0 1 0 1 pattern 5 : 0.03 0.99 0.03 0.97
target 6 : 0 1 1 0 pattern 6 : 0.00 1.00 0.97 0.00
target 7 : 0 1 1 1 pattern 7 : 0.00 0.95 0.97 1.00
target 8 : 1 0 0 0 pattern 8 : 0.94 0.00 0.00 0.01
target 9 : 1 0 0 1 pattern 9 : 0.99 0.02 0.00 0.99
```

학습이 진행됨에 따라 가중치 값이 갱신되는 것을 볼 수 있습니다. 학습이 끝나기 전 마지막 1회 가중치 갱신 결과를 볼 수 있으며, 마지막에는 학습된 결과의 예측 값을 목표 값과 비교하여 보여줍니다. 예측 값이 목표 값이 적당히 가까운 것을 볼 수 있습니다. 예측 값을 목표 값에 더 가깝게 하려면 훈련의 횟수를 늘리면 됩니다.

데이터 늘려보기

여기서는 NumPy 인공 신경망으로 MNIST 데이터를 학습시키기 위해 입력 층, 은닉 층, 출력 층의 개수를 늘려봅니다. 다음 그림과 같이 학습할 데이터의 개수는 6만개, 입력 층의 개수는 784개, 은닉 층의 개수는 64개, 출력 층의 개수는 10개로 수정한 후, 임의의 입력 데이터를 생성한 후 1회 학습 시간을 측정해 봅니다.

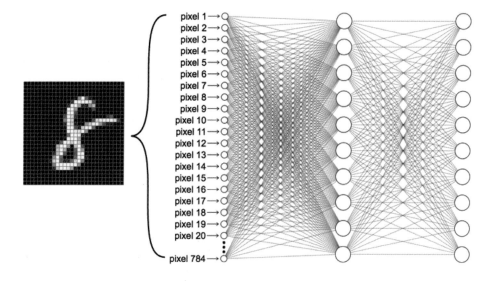

1 이전 예제를 복사합니다.

2 다음과 같이 파일을 수정합니다.

324_1.py

```
01 import numpy as np
02 import random
03 import time
04
05 np.set_printoptions(formatter={'float_kind':lambda x: "{0:6.4f}".format(x)})
06
07 NUM_PATTERN = 60000
08 NUM_IN = 784
09 NUM_HID = 64
10 NUM_OUT = 10
11
12 I = np.random.randn(NUM_PATTERN, 1, NUM_IN)
13 T = np.random.randn(NUM_PATTERN, 1, NUM_OUT)
14 O = np.zeros((NUM_PATTERN, 1, NUM_OUT))
15 WH = np.random.randn(NUM_IN, NUM_HID)/np.sqrt(NUM_IN/2) # He
16 BH = np.zeros((1, NUM_HID))
17 WO = np.random.randn(NUM_HID, NUM_OUT)/np.sqrt(NUM_HID) # Lecun
18 BO = np.zeros((1, NUM_OUT))
19
20 shuffled_pattern = [pc for pc in range(NUM_PATTERN)] #정수로!
21
22 random.seed(int(time.time()))
23
24 begin = time.time()
25
```

```
26 for epoch in range(1, 2):
27
28      tmp_a = 0;
29      tmp_b = 0;
30      for pc in range(NUM_PATTERN) :
31              tmp_a = random.randrange(0,NUM_PATTERN)
32              tmp_b = shuffled_pattern[pc]
33              shuffled_pattern[pc] = shuffled_pattern[tmp_a]
34              shuffled_pattern[tmp_a] = tmp_b
35
36      sumError = 0.
37
38      for rc in range(NUM_PATTERN) :
39
40              pc = shuffled_pattern[rc]
41
42              H = I[pc] @ WH + BH
43              H = (H>0)*H # ReLU
44
45              O[pc] = H @ WO + BO
46              O[pc] = 1/(1+np.exp(-O[pc])) #sigmoid
47
48              E = np.sum((O[pc]-T[pc])**2/2) #mean squared error
49
50              sumError += E
51
52              Ob = O[pc] - T[pc]
53              Ob = Ob*O[pc]*(1-O[pc]) #sigmoid
54
55              Hb = Ob @ WO.T
56              Hb = Hb*(H>0)*1 # ReLU
57
58              WHb = I[pc].T @ Hb
59              BHb = 1 * Hb
60              WOb = H.T @ Ob
61              BOb = 1 * Ob
62
63              lr = 0.01
64              WH = WH - lr * WHb
65              BH = BH - lr * BHb
66              WO = WO - lr * WOb
67              BO = BO - lr * BOb
68
69              if rc%1000==999 :
70                      print(".", end=' ', flush=True)
71
```

```
72 end = time.time()
73
74 time_taken = end - begin
75
76 print(" \nTime taken (in seconds) = {}".format(time_taken))
```

07 : NUM_PATTERN 값을 60000으로 바꿔줍니다. 뒤에서 사용할 손글씨 MNIST 데이터 셋의 학습용 데이터의 개수가 60000입니다.

24 : time.time() 함수를 호출하여 begin 변수에 학습 시작 시간을 써줍니다.

26 : for 문을 1회만 수행하도록 range 값을 1에서 2 미만으로 변경합니다.

69, 70 : rc값이 1000으로 나눈 나머지가 999일 때, 즉, 매 1000번 마다 학습 수행중임을 표시하기 위해 print 함수를 호출하여 점을 출력해줍니다. flush 인자를 True로 설정하여 점을 바로 출력하도록 합니다.

72 : time.time() 함수를 호출하여 end 변수에 학습 종료 시간을 써줍니다.

74 : time_taken 변수에 학습 측정 시간을 계산해 써줍니다.

76 : print 함수를 호출하여 학습에 걸린 시간을 출력해 줍니다.

❸ ▶ 버튼을 눌러 프로그램을 실행시킵니다. 다음은 실행 결과 화면입니다.

```
....................................................
Time taken (in seconds) = 22.50955057144165
```

필자의 경우, 22.5096 초가 걸립니다.

MNIST 파일 읽어서 학습해 보기

여기서는 NumPy 인공 신경망으로 다음과 같이 MNIST 데이터를 학습시켜 봅니다.

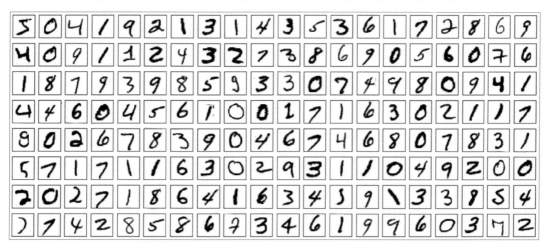

1 이전 예제를 복사합니다.

2 다음과 같이 파일을 수정합니다.

325_1.py

```
01 import numpy as np
02 import random
03 import time
04 import tensorflow as tf
05
06 mnist = tf.keras.datasets.mnist
07
08 (x_train, y_train), (x_test, y_test) = mnist.load_data()
09 x_train, x_test = x_train / 255.0, x_test / 255.0
10 x_train = x_train.reshape((60000, 1, 784))
11 y_train = np.array(tf.one_hot(y_train, depth=10))
12 y_train = y_train.reshape((60000, 1, 10))
13
14 np.set_printoptions(formatter={'float_kind':lambda x: "{0:6.4f}".format(x)})
15
16 NUM_PATTERN = 60000
17 NUM_IN = 784
18 NUM_HID = 64
19 NUM_OUT = 10
20
21 I = x_train
22 T = y_train
23 O = np.zeros((NUM_PATTERN, 1, NUM_OUT))
24 WH = np.random.randn(NUM_IN, NUM_HID)/np.sqrt(NUM_IN/2) # He
25 BH = np.zeros((1, NUM_HID))
26 WO = np.random.randn(NUM_HID, NUM_OUT)/np.sqrt(NUM_HID) # Lecun
27 BO = np.zeros((1, NUM_OUT))
28
29 shuffled_pattern = [pc for pc in range(NUM_PATTERN)] #정수로!
30
31 random.seed(int(time.time()))
32
33 begin = time.time()
34
35 for epoch in range(1, 4):
36
37     tmp_a = 0;
38     tmp_b = 0;
39     for pc in range(NUM_PATTERN) :
40         tmp_a = random.randrange(0,NUM_PATTERN)
41         tmp_b = shuffled_pattern[pc]
42         shuffled_pattern[pc] = shuffled_pattern[tmp_a]
```

```
43                      shuffled_pattern[tmp_a] = tmp_b
44
45          sumError = 0.
46
47          hit, miss = 0, 0
48
49          for rc in range(NUM_PATTERN) :
50
51                      pc = shuffled_pattern[rc]
52
53                      H = I[pc] @ WH + BH
54                      H = (H>0)*H # ReLU
55
56                      O[pc] = H @ WO + BO
57                      O[pc] = 1/(1+np.exp(-O[pc])) #sigmoid
58                      if np.argmax(O[pc][0])==np.argmax(T[pc][0]) :
59                              hit+=1
60                      else :
61                              miss+=1
62
63                      E = np.sum((O[pc]-T[pc])**2/2) #mean squared error
64
65                      sumError += E
66
67                      Ob = O[pc] - T[pc]
68                      Ob = Ob*O[pc]*(1-O[pc]) #sigmoid
69
70                      Hb = Ob @ WO.T
71                      Hb = Hb*(H>0)*1 # ReLU
72
73                      WHb = I[pc].T @ Hb
74                      BHb = 1 * Hb
75                      WOb = H.T @ Ob
76                      BOb = 1 * Ob
77
78                      lr = 0.01
79                      WH = WH - lr * WHb
80                      BH = BH - lr * BHb
81                      WO = WO - lr * WOb
82                      BO = BO - lr * BOb
83
84                      if rc%10000==9999 :
85                              print(" epoch: %2d rc: %6d " %(epoch, rc+1), end=' ')
86                              print(" hit: %6d miss: %6d " %(hit, miss), end=' ')
87                              print(" loss: %f accuracy: %f " \
```

```
88                        %(sumError/10000, hit/(hit+miss)))
89                        sumError = 0
90
91 end = time.time()
92
93 time_taken = end - begin
94
95 print( " \nTime taken (in seconds) = {} " .format(time_taken))
```

04 : import문을 이용하여 tensorflow 모듈을 tf라는 이름으로 불러옵니다. tensorflow 모듈은 구글에서 제공하는 인공 신경망 라이브러리입니다. 여기서는 06 번째 줄에서 mnist 데이터 셋을 사용하기 위해 필요합니다.

06 : mnist 변수를 생성한 후, tf.keras.datasets.mnist 모듈을 가리키게 합니다. mnist 모듈은 손 글씨 숫자 데이터를 가진 모듈입니다. mnist 모듈에는 6만개의 학습용 손 글씨 숫자 데이터와 1만개의 시험용 손 글씨 숫자 데이터가 있습니다. 이 데이터들에 대해서는 1 장에서 자세히 살펴보았습니다.

08 : mnist.load_data 함수를 호출하여 손 글씨 숫자 데이터를 읽어와 x_train, y_train, x_test, y_test 변수가 가리키게 합니다. x_train, x_test 변수는 각각 6만개의 학습용 손 글씨 숫자 데이터와 1만개의 시험용 손 글씨 숫자 데이터를 가리킵니다. y_train, y_test 변수는 각각 6만개의 학습용 손 글씨 숫자 라벨과 1만개의 시험용 손 글씨 숫자 라벨을 가리킵니다.

09 : x_train, x_test 변수가 가리키는 6만개, 1만개의 그림은 각각 28x28 픽셀로 구성된 그림이며, 1픽셀의 크기는 8비트로 0에서 255사이의 숫자를 가집니다. 모든 픽셀의 숫자를 255.0으로 나누어 각 픽셀을 0.0에서 1.0사이의 실수로 바꾸어 인공 신경망에 입력하게 됩니다.

10 : x_train 변수가 가리키는 6만개 그림은 28x28 픽셀로 구성되어 있습니다. NumPy 인공 신경망의 경우 그림 데이터를 입력할 때 28x28 픽셀을 784(=28x28) 픽셀로 일렬로 세워서 입력하게 됩니다. 그래서 x_train의 모양을 (60000, 1, 784)로 변경해 줍니다.

11 : tf.one_hot 함수를 호출하여 y_train의 값을 10개의 0또는 1로 구성된 형태의 배열로 변경합니다. 이런 형태의 라벨 변환을 one hot encoding이라고 합니다.

12 : y_train의 모양을 (60000, 1, 10)으로 변경해 줍니다.

21 : I을 x_train으로 할당합니다.

22 : T를 y_train으로 할당합니다.

35 : for 문을 3회만 수행하도록 range 값을 1에서 4 미만으로 변경합니다.

47 : hit, miss 변수를 생성한 후, 각각 0으로 초기화합니다. hit 변수는 59줄에서 예측이 맞을 때, miss는 61줄에서 예측이 틀릴 때, 하나씩 증가시킵니다. hit, miss는 매 회기마다 47줄에서 0으로 초기화되어 전체 입력 데이터에 대해 맞은 예측과 틀린 예측을 기록합니다.

58~61 : np.argmax 함수를 호출하여 O[pc] 행렬의 가장 큰 항목 색인값과 T[pc] 행렬의 가장 큰 항목 위치값을 비교하여 같으면 hit 값을 1 증가시키고, 그렇지 않으면 miss 값을 1 증가시킵니다.

84 : rc 값을 10000으로 나누어 나머지가 9999일 때마다, 즉 매 10000번 마다 85~89줄을 수행합니다.

85~88 : epoch, rc+1, hit, miss, loss, accuracy 값을 출력합니다.

89 : sumError 값을 0으로 초기화합니다. sumError 값은 매 10000번 마다 초기화되어 10000번 수행에 대한 오차 합을 기록합니다.

3 ▶ 버튼을 눌러 프로그램을 실행시킵니다. 다음은 실행 결과 화면입니다.

```
epoch:   1 rc:   10000 hit:    7629 miss:    2371 loss: 0.216441 accuracy: 0.762900
epoch:   1 rc:   20000 hit:   16540 miss:    3460 loss: 0.106507 accuracy: 0.827000
epoch:   1 rc:   30000 hit:   25539 miss:    4461 loss: 0.090568 accuracy: 0.851300
epoch:   1 rc:   40000 hit:   34678 miss:    5322 loss: 0.079028 accuracy: 0.866950
epoch:   1 rc:   50000 hit:   43856 miss:    6144 loss: 0.073834 accuracy: 0.877120
epoch:   1 rc:   60000 hit:   53100 miss:    6900 loss: 0.067624 accuracy: 0.885000
epoch:   2 rc:   10000 hit:    9342 miss:     658 loss: 0.062061 accuracy: 0.934200
epoch:   2 rc:   20000 hit:   18655 miss:    1345 loss: 0.061443 accuracy: 0.932750
epoch:   2 rc:   30000 hit:   28070 miss:    1930 loss: 0.053897 accuracy: 0.935667
epoch:   2 rc:   40000 hit:   37474 miss:    2526 loss: 0.053564 accuracy: 0.936850
epoch:   2 rc:   50000 hit:   46874 miss:    3126 loss: 0.052256 accuracy: 0.937480
epoch:   2 rc:   60000 hit:   56321 miss:    3679 loss: 0.049771 accuracy: 0.938683
epoch:   3 rc:   10000 hit:    9476 miss:     524 loss: 0.047631 accuracy: 0.947600
epoch:   3 rc:   20000 hit:   19011 miss:     989 loss: 0.043784 accuracy: 0.950550
epoch:   3 rc:   30000 hit:   28533 miss:    1467 loss: 0.043348 accuracy: 0.951100
epoch:   3 rc:   40000 hit:   38054 miss:    1946 loss: 0.044344 accuracy: 0.951350
epoch:   3 rc:   50000 hit:   47585 miss:    2415 loss: 0.043094 accuracy: 0.951700
epoch:   3 rc:   60000 hit:   57132 miss:    2868 loss: 0.041638 accuracy: 0.952200

Time taken (in seconds) = 69.69139266014099
```

3회 학습을 수행한 후, 95.22%의 정확도로 학습 데이터를 예측하고 있습니다. 맨 마지막의 학습 결과는 60000개의 입력 데이터에 대해 57132개를 올바르게 예측하고, 2868개를 틀리게 예측합니다. 학습 수행 시간은 약 70초 정도 걸립니다.

softmax, cross entropy error 함수 사용하기

이번에는 출력 층의 활성화 함수를 softmax 함수로, 오차 계산 함수를 cross entropy error 함수로 변경한 후, 학습을 수행해 봅니다.

1 이전 예제를 복사합니다.
2 다음과 같이 파일을 수정합니다.

325_2.py

```
01~52 #이전 예제와 같습니다.
53              H = I[pc] @ WH + BH
54              H = (H>0)*H # ReLU
55
56              O[pc] = H @ WO + BO
57              OM = O[pc] - np.max(O[pc])
58              O[pc] = np.exp(OM)/np.sum(np.exp(OM)) #softmax
59              if np.argmax(O[pc][0])==np.argmax(T[pc][0]) :
60                      hit+=1
```

```
61                else :
62                    miss+=1
63
64                E = np.sum(-T[pc]*np.log(O[pc])) #cross entropy error
65
66                sumError += E
67
68                Ob = O[pc] - T[pc]
69                # nothing for softmax
70
71                Hb = Ob @ WO.T
72                Hb = Hb*(H>0)*1 # ReLU
73~끝 #이전 예제와 같습니다.
```

60, 61 : 출력 층의 함수를 softmax 함수로 변경합니다.
67 : 오차 계산 함수를 cross entropy error 함수로 변경합니다.

❸ ▶ 버튼을 눌러 프로그램을 실행시킵니다. 다음은 실행 결과 화면입니다.

```
epoch:  1 rc:  10000 hit:   8597 miss:   1403 loss: 0.462304 accuracy: 0.859700
epoch:  1 rc:  20000 hit:  17862 miss:   2138 loss: 0.253578 accuracy: 0.893100
epoch:  1 rc:  30000 hit:  27197 miss:   2803 loss: 0.219167 accuracy: 0.906567
epoch:  1 rc:  40000 hit:  36674 miss:   3326 loss: 0.181170 accuracy: 0.916850
epoch:  1 rc:  50000 hit:  46146 miss:   3854 loss: 0.174503 accuracy: 0.922920
epoch:  1 rc:  60000 hit:  55660 miss:   4340 loss: 0.161298 accuracy: 0.927667
epoch:  2 rc:  10000 hit:   9606 miss:    394 loss: 0.133489 accuracy: 0.960600
epoch:  2 rc:  20000 hit:  19241 miss:    759 loss: 0.122667 accuracy: 0.962050
epoch:  2 rc:  30000 hit:  28866 miss:   1134 loss: 0.126253 accuracy: 0.962200
epoch:  2 rc:  40000 hit:  38492 miss:   1508 loss: 0.126328 accuracy: 0.962300
epoch:  2 rc:  50000 hit:  48144 miss:   1856 loss: 0.116273 accuracy: 0.962880
epoch:  2 rc:  60000 hit:  57802 miss:   2198 loss: 0.112065 accuracy: 0.963367
epoch:  3 rc:  10000 hit:   9698 miss:    302 loss: 0.098693 accuracy: 0.969800
epoch:  3 rc:  20000 hit:  19402 miss:    598 loss: 0.092623 accuracy: 0.970100
epoch:  3 rc:  30000 hit:  29130 miss:    870 loss: 0.089414 accuracy: 0.971000
epoch:  3 rc:  40000 hit:  38847 miss:   1153 loss: 0.089008 accuracy: 0.971175
epoch:  3 rc:  50000 hit:  48585 miss:   1415 loss: 0.093995 accuracy: 0.971700
epoch:  3 rc:  60000 hit:  58261 miss:   1739 loss: 0.100390 accuracy: 0.971017

Time taken (in seconds) = 70.44097638130188
```

3회 학습을 수행한 후, 97.10%의 정확도로 학습 데이터를 예측하고 있습니다. 맨 마지막의 학습 결과는 60000개의 입력 데이터에 대해 58261개를 올바르게 예측하고, 1739개를 틀리게 예측합니다. 학습 수행 시간은 약 70초 정도 걸립니다.

FASHION MNIST 데이터 테스트

이번엔 데이터 셋을 FASHION MNIST 데이터로 변경하여 테스트해 봅니다. 패션 MNIST 데이터 셋은 손 글씨 MNIST보다 좀 더 복잡한 형태의 이미지를 제공하기 위해 만들어졌습니다.

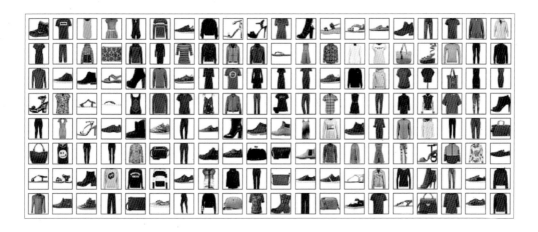

1 이전 예제를 복사합니다.

2 다음과 같이 파일을 수정합니다.

325_2.py

```
06 mnist = tf.keras.datasets.fashion_mnist
```

06 : minst 변수가 fashion_mnist 데이터 셋을 가리키도록 변경합니다.

3 ▶ 버튼을 눌러 프로그램을 실행시킵니다. 다음은 실행 결과 화면입니다.

```
epoch:  1 rc:  10000 hit:   7439 miss:   2561 loss: 0.703471 accuracy: 0.743900
epoch:  1 rc:  20000 hit:  15550 miss:   4450 loss: 0.528387 accuracy: 0.777500
epoch:  1 rc:  30000 hit:  23736 miss:   6264 loss: 0.494457 accuracy: 0.791200
epoch:  1 rc:  40000 hit:  32037 miss:   7963 loss: 0.464478 accuracy: 0.800925
epoch:  1 rc:  50000 hit:  40330 miss:   9670 loss: 0.464184 accuracy: 0.806600
epoch:  1 rc:  60000 hit:  48752 miss:  11248 loss: 0.445191 accuracy: 0.812533
epoch:  2 rc:  10000 hit:   8474 miss:   1526 loss: 0.420411 accuracy: 0.847400
epoch:  2 rc:  20000 hit:  16923 miss:   3077 loss: 0.421269 accuracy: 0.846150
epoch:  2 rc:  30000 hit:  25425 miss:   4575 loss: 0.411722 accuracy: 0.847500
epoch:  2 rc:  40000 hit:  34004 miss:   5996 loss: 0.390658 accuracy: 0.850100
epoch:  2 rc:  50000 hit:  42579 miss:   7421 loss: 0.398140 accuracy: 0.851580
epoch:  2 rc:  60000 hit:  51161 miss:   8839 loss: 0.401036 accuracy: 0.852683
epoch:  3 rc:  10000 hit:   8617 miss:   1383 loss: 0.374698 accuracy: 0.861700
epoch:  3 rc:  20000 hit:  17187 miss:   2813 loss: 0.385727 accuracy: 0.859350
epoch:  3 rc:  30000 hit:  25773 miss:   4227 loss: 0.382991 accuracy: 0.859100
epoch:  3 rc:  40000 hit:  34420 miss:   5580 loss: 0.371946 accuracy: 0.860500
epoch:  3 rc:  50000 hit:  43046 miss:   6954 loss: 0.371740 accuracy: 0.860920
epoch:  3 rc:  60000 hit:  51707 miss:   8293 loss: 0.363734 accuracy: 0.861783

Time taken (in seconds) = 69.41749691963196
```

3회 학습을 수행한 후, 86.18%의 정확도로 학습 데이터를 예측하고 있습니다. 맨 마지막의 학습 결과는 60000개의 입력 데이터에 대해 51707개를 올바르게 예측하고, 8293개를 틀리게 예측합니다. 학습 수행 시간은 약 69초 정도 걸립니다.

이상에서 NumPy 인공 신경망을 이용하여 MNIST 데이터 셋에 대해 학습과 테스트를 수행해 보았습니다.

P

ython with AI

04 텐서플로우(Tensorflow) 내부 동작 이해하기

이번 장에서는 딥러닝 인공 신경망을 NumPy 예제와 Tensorflow 예제로 구현해 보면서 Tensorflow의 내부 동작을 이해해 봅니다. 이 과정에서 Tensorflow의 내부 동작을 정확히 이해하고 활용 능력을 극대화합니다. 또 최적화 함수인 경사 하강법에 대해 구체적으로 살펴봅니다. SGD, Momentum, AdaGrad, RMSProp, Adam의 최적화 함수 알고리즘을 살펴보고 구현을 통해 그 동작을 구체적으로 이해해 봅니다.

01 _ NumPy로 Tensorflow 내부 동작 이해하기

다음은 단일 인공 신경의 순전파, 역전파 행렬 계산식을 나타낸 그림입니다. 여기서는 다음 인 공 신경을 NumPy와 Tensorflow로 구현해 보며 텐서플로우의 내부적인 동작을 이해해 봅니다. Tensorflow의 내부 동작을 잘 이해하여 Tensorflow의 활용도를 높일 수 있도록 합니다.

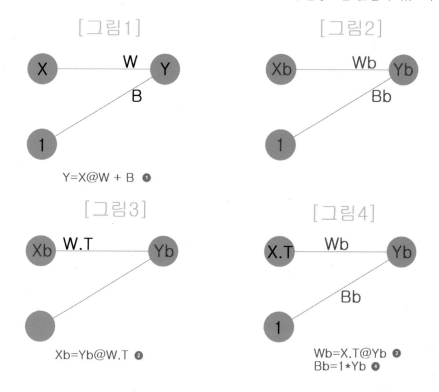

[그림1]은 순전파 과정에 필요한 행렬과 행렬 계산식을 나타냅니다.

[그림2]는 역전파에 필요한 행렬입니다. 순전파에 대응되는 행렬이 모두 필요합니다.

[그림3]은 입력의 역전파에 필요한 행렬과 행렬 계산식을 나타냅니다.

[그림4]는 가중치와 편향의 역전파에 필요한 행렬과 행렬 계산식을 나타냅니다.

※ ❷ X 층이 입력 층일 경우엔 이 수식은 필요하지 않습니다.
※ @ 문자는 행렬 곱을 의미합니다.

이상에서 인공 신경 학습에 필요한 행렬 계산식을 정리하면 다음과 같습니다.

※ lr은 학습률을 나타냅니다.

```
순전파
 Y = X @ W + B ❶

오차
 E = np.sum((Y - T) ** 2 / 2)  ❺

역전파 오차
 Yb = Y - T ❻

가중치, 편향 역전파
 Wb = X.T @ Yb ❸
 Bb = 1 * Yb ❹

가중치, 편향 학습
 W = W - lr*Wb  ❼
 B = B - lr*Bb  ❽
```

❺ 지금까지 우리는 다음과 같이 오차 계산을 하였습니다.

```
E = np.sum((Y - T) ** 2 / 2)
```

이 코드는 다음 수식을 구현한 형태입니다.

$$MSE = \frac{1}{2} \sum_{i=1}^{n} (y_i - t_i)^2$$

그러나 Tensorflow와 비교하는 예제에서 우리는 다음과 같은 수식을 사용합니다.

$$MSE = \frac{1}{n} \sum_{i=1}^{n} (y_i - t_i)^2$$

이 수식은 Tensorflow에서 사용하는 평균 오차 계산식입니다. 여기서 n은 출력층 노드의 개수를 의미합니다.

그래서 Tensorflow와 비교하는 NumPy예제에서 우리는 다음과 같은 형태로 오차를 계산하게 됩니다.

```
E = np.sum((Y - T) ** 2) / Y.shape[1]
```

여기서 Y.shape[1]은 출력 노드의 개수 값을 갖습니다.

결론적으로 오차 계산식에 차이가 있지만 학습의 결과는 크게 다르지 않습니다.

❻ 지금까지 역전파 오차의 경우엔 다음과 같이 계산 하였습니다.

Yb = Y - T

그러나 Tensorflow에서는 바뀐 형태의 평균 제곱 오차를 기반으로 다음과 같은 형태로 역전파 오차를 계산해야 합니다.

Yb = 2 * (Y - T) / Y.shape[1]

2와 Y.shape[1]은 편미분 과정에서 추가된 부분이며, 여기서는 자세한 설명을 하지는 않습니다.

2입력 2출력 인공 신경망 구현하기

다음은 [입력2 출력2]의 인공 신경망 학습에 사용할 행렬을 나타냅니다.

$X = \begin{bmatrix} 2 & 3 \end{bmatrix}$ ❾
$T = \begin{bmatrix} 27 & -30 \end{bmatrix}$ ❿
$W = \begin{bmatrix} 3 & 5 \\ 4 & 6 \end{bmatrix}$ ⓫
$B = \begin{bmatrix} 1 & 2 \end{bmatrix}$ ⓬

X를 입력 값으로, T를 목표 값으로 하여 가중치 W와 편향 B에 대해 NumPy 행렬 계산식과 Tensorflow로 구현해 봅니다.

NumPy로 구현하기

먼저 NumPy로 구현해 봅니다.

1 다음과 같이 예제를 작성합니다.

411_1.py

```
01 import numpy as np
02
03 np.set_printoptions(formatter={'float_kind':lambda x: "{0:6.3f}".format(x)})
04
05 X = np.array([[2, 3]]) # ❾
06 T = np.array([[27, -30]]) # ❿
07
08 W = np.array([[3, 5], # ⓫
09 [4, 6]])
```

```
10 B = np.array([[1, 2]]) # ⓬
11
12 for epoch in range(2):
13
14     print(' epoch = %d ' %epoch)
15
16     Y = X @ W + B # ❶
17     print(' Y =', Y)
18
19     E = np.sum((Y - T) ** 2) / Y.shape[1] # ❺
20
21     Yb = 2 * (Y - T) / Y.shape[1] # ❻
22
23     Wb = X.T @ Yb # ❸
24     Bb = 1 * Yb # ❹
25
26     lr = 0.01
27
28     W = W - lr * Wb # ❼
29     B = B - lr * Bb # ❽
30     print(' W =\n', W)
31     print(' B =', B)
```

19 : Tensorflow에서 사용하는 평균 오차 계산식입니다.

21 : Tensorflow에서 사용하는 역전파 오차 계산식입니다.

21 : 예측 값을 가진 Y 행렬에서 목표 값을 가진 T 행렬을 뺀 후, 2를 곱해주고 Y의 노드 개수로 나눠준 후, 결과 값을 Yb 변수에 할당합니다. 2와 Y.shape[1]은 편미분 과정에서 추가된 부분이며, 여기서는 자세한 설명을 하지는 않습니다.

2 ▶ 버튼을 눌러 프로그램을 실행시킵니다. 다음은 실행 결과 화면입니다.

```
epoch = 0
 Y = [[19 30]]
 W =
[[ 3.160  3.800]
 [ 4.240  4.200]]
 B = [[ 1.080  1.400]]
epoch = 1
 Y = [[20.120 21.600]]
 W =
[[ 3.298  2.768]
 [ 4.446  2.652]]
 B = [[ 1.149  0.884]]
```

Y, W, B 값이 2회 출력됩니다.

Tensorflow로 구현하기

다음은 텐서플로우로 구현해 봅니다.

1 다음과 같이 예제를 작성합니다.

411_2.py

```
01 import tensorflow as tf
02 import numpy as np
03
04 np.set_printoptions(formatter={'float_kind':lambda x: "{0:6.3f}".format(x)})
05
06 X = np.array([[2, 3]]) # ❾
07 T = np.array([[27, -30]]) # ❿
08
09 W = np.array([[3, 5], # ⓫
10 [4, 6]])
11 B = np.array([1, 2]) # ⓬
12
13 model = tf.keras.Sequential([
14     tf.keras.layers.Dense(2, input_shape=(2,)),
15 ])
16
17 model.layers[0].set_weights([W, B])
18
19 model.compile(
20             optimizer=tf.keras.optimizers.SGD(learning_rate=0.01), # ❼ ❽
21             loss=tf.keras.losses.MeanSquaredError()) # ❺
22
23 for epoch in range(2):
24
25     print('epoch = %d' %epoch)
26
27     Y = model.predict(X) # ❶
28     print(' Y =', Y)
29
30     model.fit(X, T, epochs=1)
31     print(' W =\n', model.layers[0].get_weights()[0])
32     print(' B =', model.layers[0].get_weights()[1])
```

01 : import문을 이용하여 tensorflow 모듈을 tf라는 이름으로 불러옵니다. tensorflow 모듈은 구글에서 제공하는 인공 신경망 라이브러리입니다.

02 : import문을 이용하여 numpy 모듈을 np라는 이름으로 불러옵니다. numpy 모듈은 행렬 계산을 편하게 해주는 라이브러리입니다. 인공 신경망은 일반적으로 행렬 계산식으로 구성하게 됩니다.

04 : np.set_printoptions 함수를 호출하여 numpy의 실수 출력 방법을 변경합니다. 이 예제에서는 소수점 이하 3자리까지 출력합니다.

6~10 : X, T, W 변수를 이차 배열의 numpy 행렬로 초기화합니다.

11 : B 변수를 일차 배열의 numpy 벡터로 초기화합니다.

13~15 : tf.keras.Sequential 클래스를 이용하여 인공 신경망을 생성합니다.

14 : tf.keras.layers.Dense 클래스를 이용하여 신경 망 층을 생성합니다. 입력 노드 2개와 연결된 출력 노드 2개로 구성된 인공 신경망 층을 생성합니다. 여기서 첫 번째 인자는 출력 노드의 개수를 나타냅니다. input_shape 변수는 입력 노드의 개수를 나타냅니다.

17 : 인공 신경망에 임의로 설정된 가중치와 편향을 W, B로 변경합니다.

19~21 : model.compile 함수를 호출하여 내부적으로 인공 신경망을 구성합니다. 인공 신경망을 구성할 때에는 2개의 함수를 정해야 합니다. loss 함수와 optimizer 함수, 즉, 손실 함수와 최적화 함수를 정해야 합니다. 손실 함수로는 NumPy 예제의 ❺에 해당하는 tf.keras.losses.MeanSquaredError 함수를 사용하고 최적화 함수는 확률적 경사 하강(sgd : stochastic gradient descent) 함수인 NumPy 예제의 ❼, ❽에 해당하는 tf.keras.optimizers.SGD을 사용합니다.

27 : model.predict 함수를 호출하여 인공 신경망을 사용합니다. 이 과정은 순전파를 수행하는 과정입니다. NumPy 예제의 ❶에 해당하는 동작을 수행합니다.

30 : model.fit 함수를 호출하여 인공 신경망에 대한 학습을 시작합니다. fit 함수에는 X, T 데이터가 입력이 되는데 인공 신경망을 X, T 데이터에 맞도록 학습한다는 의미를 갖습니다. 즉, X, T 데이터에 맞도록 인공 신경망을 조물조물, 주물주물 학습한다는 의미입니다. fit 함수에는 학습을 몇 회 수행할지도 입력해 줍니다. epochs는 학습 횟수를 의미하며, 여기서는 1회 학습을 수행하도록 합니다. 일반적으로 학습 횟수에 따라 인공 신경망 근사 함수가 정확해 집니다.

❷ ▶ 버튼을 눌러 프로그램을 실행시킵니다. 다음은 실행 결과 화면입니다.

```
epoch = 0
 Y = [[19.000 30.000]]
1/1 [==============================]
 W =
 [[ 3.160  3.800]
 [ 4.240  4.200]]
 B = [ 1.080  1.400]
epoch = 1
 Y = [[20.120 21.600]]
1/1 [==============================]
 W =
 [[ 3.298  2.768]
 [ 4.446  2.652]]
 B = [ 1.149  0.884]
```

NumPy 예제와 결과가 같은지 비교해 봅니다. NumPy와 결과가 같은 것을 볼 수 있습니다.

반복 학습 20회 수행하기

여기서는 반복 학습 20회를 수행해 봅니다.

❶ 다음과 같이 앞에서 작성한 NumPy, 텐서플로우 예제를 수정합니다.

```
12 for epoch in range(20):
```

12 : epoch값을 0에서 20 미만까지로 바꾸어줍니다.

```
23 for epoch in range(20):
```

23 : epoch값을 0에서 20 미만까지로 바꾸어줍니다.

❷ ▶ 버튼을 눌러 2개의 프로그램을 실행시킵니다. 다음은 실행 결과 화면입니다.

```
epoch = 19
 Y  = [[26.544 -26.583]]
 W =
[[ 4.087 -3.152]
 [ 5.630 -6.227]]
 B = [[ 1.543 -2.076]]
```

```
epoch = 19
 Y  = [[26.544 -26.583]]
1/1 [==============================]
 W =
[[ 4.087 -3.152]
 [ 5.630 -6.227]]
 B = [ 1.543 -2.076]
```

결과 값을 비교합니다. 결과 값이 같습니다.

반복 학습 200회 수행하기

여기서는 반복 학습 200회를 수행해 봅니다.

❶ 다음과 같이 앞에서 작성한 NumPy, 텐서플로우 예제를 수정합니다.

```
12 for epoch in range(200):
```

12 : epoch값을 0에서 200 미만까지로 바꾸어줍니다.


```
23 for epoch in range(200):
```

23 : epoch값을 0에서 200 미만까지로 바꾸어줍니다.

❷ ▶ 버튼을 눌러 2개의 프로그램을 실행시킵니다. 다음은 실행 결과 화면입니다.

```
epoch = 199
 Y  = [[27.000 -30.000]]
 W  =
[[ 4.143 -3.571]
 [ 5.714 -6.857]]
 B  = [[ 1.571 -2.286]]
```

```
epoch = 199
 Y  = [[27.000 -30.000]]
1/1 [==============================]
 W =
[[ 4.143 -3.571]
 [ 5.714 -6.857]]
 B = [ 1.571 -2.286]
```

결과 값을 비교합니다. 결과 값이 같습니다.

3입력 3출력 인공 신경망 구현하기

다음은 [입력3 출력3]의 인공 신경망 학습에 사용할 행렬을 나타냅니다.

$$X = \begin{bmatrix} 2 & 3 & 4 \end{bmatrix}$$
$$T = \begin{bmatrix} 27 & -30 & 179 \end{bmatrix}$$
$$W = \begin{bmatrix} 3 & 5 & 8 \\ 4 & 6 & 9 \\ 5 & 7 & 10 \end{bmatrix}$$
$$B = \begin{bmatrix} 1 & 2 & 3 \end{bmatrix}$$

X를 입력 값으로, T를 목표 값으로 하여 가중치 W와 편향 B에 대해 NumPy 행렬 계산식과 Tensorflow로 구현해 봅니다.

NumPy로 구현하기

먼저 NumPy로 구현해 봅니다.

1 다음과 같이 예제를 복사하여 수정합니다.

412_1.py

```
01~04 # 이전 예제와 같습니다.
05 X = np.array([[2, 3, 4]])
06 T = np.array([[27, -30, 179]])
07
08 W = np.array([[3, 5, 8],
09              [4, 6, 9],
10              [5, 7, 10]])
11 B = np.array([[1, 2, 3]])
12~끝 # 이전 예제와 같습니다.
```

2 ▶ 버튼을 눌러 프로그램을 실행시킵니다. 다음은 실행 결과 화면입니다.

```
epoch = 199
 Y  = [[27.000 -30.000 179.000]]
 W  =
[[ 2.200 -0.867 14.200]
 [ 2.800 -2.800 18.300]
 [ 3.400 -4.733 22.400]]
 B  = [[ 0.600 -0.933  6.100]]
```

Tensorflow로 구현하기

다음은 텐서플로우로 구현해 봅니다.

1 다음과 같이 예제를 복사하여 수정합니다.

412_2.py

```
01~05 # 이전 예제와 같습니다.
06 X = np.array([[2, 3, 4]])
07 T = np.array([[27, -30, 179]])
08
09 W = np.array([[3, 5, 8],
10               [4, 6, 9],
11               [5, 7, 10]])
12 B = np.array([1, 2, 3])
13
14 model = tf.keras.Sequential([
15     tf.keras.layers.Dense(3, input_shape=(3,)),
16 ])
17~끝 : # 이전 예제와 같습니다.
```

15 : 출력 층 노드의 개수를 3으로, 입력 층 노드의 개수를 3으로 변경합니다.

2 ▶ 버튼을 눌러 프로그램을 실행시킵니다. 다음은 실행 결과 화면입니다.

```
epoch = 199
 Y  = [[27.000 -30.000 179.000]]
 1/1 [==============================]
 W =
 [[ 2.200 -0.867 14.200]
 [ 2.800 -2.800 18.300]
 [ 3.400 -4.733 22.400]]
 B = [ 0.600 -0.933  6.100]
```

NumPy 예제와 결과가 같은지 비교해 봅니다. NumPy와 결과가 같은 것을 볼 수 있습니다.

2입력 1출력 인공 신경 구현하기

다음은 입력2 출력1의 인공 신경 학습에 사용할 행렬을 나타냅니다.

$X = \begin{bmatrix} 2 & 3 \end{bmatrix}$
$T = \begin{bmatrix} 27 \end{bmatrix}$
$W = \begin{bmatrix} 3 \\ 4 \end{bmatrix}$
$B = \begin{bmatrix} 1 \end{bmatrix}$

X를 입력 값으로, T를 목표 값으로 하여 가중치 W와 편향 B에 대해 NumPy 행렬 계산식과 Tensorflow로 구현해 봅니다.

NumPy로 구현하기

먼저 NumPy로 구현해 봅니다.

1 다음과 같이 예제를 복사하여 수정합니다.

413_1.py

```
01~04 # 이전 예제와 같습니다.
05 X = np.array([[2, 3]])
06 T = np.array([[27]])
07
08 W = np.array([[3],
09              [4]])
10 B = np.array([[1]])
11~끝 # 이전 예제와 같습니다.
```

2 ▶ 버튼을 눌러 프로그램을 실행시킵니다. 다음은 실행 결과 화면입니다.

```
epoch = 199
 Y  = [[27.000]]
 W  =
[[ 4.143]
 [ 5.714]]
 B  = [[ 1.571]]
```

Tensorflow로 구현하기

다음은 텐서플로우로 구현해 봅니다.

1 다음과 같이 예제를 수정합니다.

413_2.py

```
01~05 # 이전 예제와 같습니다.
06 X = np.array([[2, 3]])
07 T = np.array([[27]])
08
09 W = np.array([[3],
10 [4]])
11 B = np.array([1])
12
13 model = tf.keras.Sequential([
14      tf.keras.layers.Dense(1, input_shape=(2,)),
15 ])
16~끝 # 이전 예제와 같습니다.
```

14 : 출력 층 노드의 개수를 1로, 입력 층 노드의 개수를 2로 변경합니다.

2 ▶ 버튼을 눌러 프로그램을 실행시킵니다. 다음은 실행 결과 화면입니다.

```
epoch = 199
 Y  = [[27.000]]
1/1 [==============================]
 W =
 [[ 4.143]
 [ 5.714]]
 B = [ 1.571]
```

NumPy 예제와 결과가 같은지 비교해 봅니다. NumPy와 결과가 같은 것을 볼 수 있습니다.

1입력 1출력 인공 신경 구현하기

다음은 [입력1 출력1]의 인공 신경 학습에 사용할 행렬을 나타냅니다.

$$X = [2]$$
$$T = [10]$$
$$W = [3]$$
$$B = [1]$$

X를 입력 값으로, T를 목표 값으로 하여 가중치 W와 편향 B에 대해 NumPy 행렬 계산식과 Tensorflow로 구현해 봅니다.

NumPy로 구현하기

먼저 NumPy로 구현해 봅니다.

1 다음과 같이 예제를 복사하여 수정합니다.

414_1.py

```
01~04 # 이전 예제와 같습니다.
05 X = np.array([[2]])
06 T = np.array([[10]])
07
08 W = np.array([[3]])
09 B = np.array([[1]])
10~끝 # 이전 예제와 같습니다.
```

2 ▶ 버튼을 눌러 프로그램을 실행시킵니다. 다음은 실행 결과 화면입니다.

```
epoch = 199
 Y  = [[10.000]]
 W  =
 [[ 4.200]]
 B  = [[ 1.600]]
```

Tensorflow로 구현하기

다음은 텐서플로우로 구현해 봅니다.

1 다음과 같이 예제를 수정합니다.

414_2.py

```
01~05 # 이전 예제와 같습니다.
06 X = np.array([[2]])
07 T = np.array([[10]])
08
09 W = np.array([[3]])
10 B = np.array([1])
11
12 model = tf.keras.Sequential([
13      tf.keras.layers.Dense(1, input_shape=(1,)),
14 ])
15~끝 # 이전 예제와 같습니다.
```

13 : 출력 층 노드의 개수를 1로, 입력 층 노드의 개수를 1로 변경합니다.

2 ▶ 버튼을 눌러 프로그램을 실행시킵니다. 다음은 실행 결과 화면입니다.

```
epoch = 199
 Y  = [[10.000]]
1/1 [==============================]
 W =
 [[ 4.200]]
 B = [ 1.600]
```

NumPy 예제와 결과가 같은지 비교해 봅니다. NumPy와 결과가 같은 것을 볼 수 있습니다.

2입력 2은닉 2출력 인공 신경망 구현하기

다음은 은닉 층이 포함된 인공 신경망의 순전파, 역전파 행렬 계산식을 나타낸 그림입니다. 이 그림은 앞에서 살펴본 그림입니다. 여기서는 다음 인공 신경망을 NumPy와 Tensorflow로 구현해 보며 텐서플로우의 내부적인 동작을 이해해 봅니다.

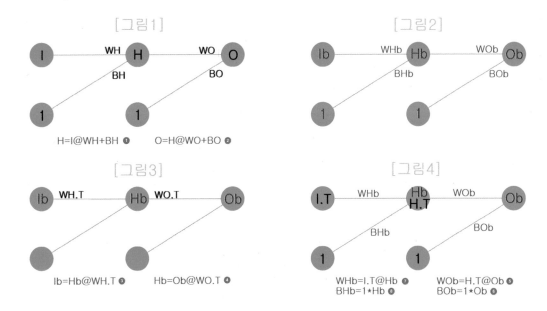

[그림1]은 순전파 과정에 필요한 행렬과 행렬 계산식을 나타냅니다.

[그림2]는 역전파에 필요한 행렬입니다. 순전파에 대응되는 행렬이 모두 필요합니다.

[그림3]은 입력의 역전파에 필요한 행렬과 행렬 계산식을 나타냅니다.

[그림4]는 가중치와 편향의 역전파에 필요한 행렬과 행렬 계산식을 나타냅니다.

※ ❸ I 층이 입력 층일 경우엔 이 수식은 필요하지 않습니다.
※ @ 문자는 행렬 곱을 의미합니다.

이상에서 필요한 행렬 계산식을 정리하면 다음과 같습니다.

※ lr은 학습률을 나타냅니다.

순전파

$H = I@WH + BH$ ❶
$O = H@WO + BO$ ❷

역전파 오차

$Ob = O - T$ ❿

입력 역전파

$Hb = Ob@WO.T$ ❹

가중치, 편향 학습

$WHb = I.T@Hb$ ❼
$BHb = 1*Hb$ ❽
$WOb = H.T@Ob$ ❺
$BOb = 1*Ob$ ❻

가중치, 편향 학습

$WH = WH - lr*WHb$ ⓭
$BH = BH - lr*BHb$ ⓮
$WO = WO - lr*WOb$ ⑪
$BO = BO - lr*BOb$ ⑫

❿ Tensorflow에서는 바뀐 형태의 평균 제곱 오차를 기반으로 다음과 같은 형태로 역전파 오차를 계산합니다.

$Ob = 2 * (O - T) / O.shape[1]$

2와 O.shape[1]은 편미분 과정에서 추가된 부분이며, 여기서는 자세한 설명을 하지는 않습니다.
다음은 [입력2 출력2]의 인공 신경 학습에 사용할 행렬을 나타냅니다.

$$I = [.05\ .10]$$
$$T = [.01\ .99]$$
$$WH = \begin{bmatrix} .15 & .25 \\ .20 & .30 \end{bmatrix}$$
$$BH = [.35\ .35]$$
$$WO = \begin{bmatrix} .40 & .50 \\ .45 & .66 \end{bmatrix}$$
$$BO = [.60\ .60]$$

I를 입력 값으로, T를 목표 값으로 하여 가중치와 편향 WH, WO, BH, BO에 대해 NumPy 행렬 계산식과 Tensorflow로 구현해 봅니다.

NumPy로 구현하기
먼저 NumPy로 구현해 봅니다.

1 다음과 같이 예제를 작성합니다.

415_1.py

```
01 import numpy as np
02
03 np.set_printoptions(formatter={'float_kind':lambda x: "{0:6.3f}".format(x)})
04
05 I = np.array([[.05, .10]])
06 T = np.array([[.01, .99]])
07 WH = np.array([[.15, .25],
08               [.20, .30]])
09 BH = np.array([[.35, .35]])
10 WO = np.array([[.40, .50],
11               [.45, .55]])
12 BO = np.array([[.60, .60]])
13
14 for epoch in range(2):
15
16     print('epoch = %d' %epoch)
17
18     H = I @ WH + BH # ❶
19     O = H @ WO + BO # ❷
20     print(' O =', O)
21
22     E = np.sum((O - T) ** 2) / O.shape[1] # ❿
23
24     Ob = 2 * (O - T) / O.shape[1]
```

```
25        Hb = Ob@WO.T # ❹
26
27        WOb = H.T @ Ob # ❺
28        BOb = 1 * Ob # ❻
29        WHb = I.T @ Hb # ❼
30        BHb = 1 * Hb # ❽
31
32        lr = 0.01
33
34        WO = WO - lr * WOb # ⓫
35        BO = BO - lr * BOb # ⓬
36        WH = WH - lr * WHb # ⓭
37        BH = BH - lr * BHb # ⓮
38        print(' WH =\n ', WH)
39        print(' BH =\n ', BH)
40        print(' WO =\n ', WO)
41        print(' BO =\n ', BO)
```

22　　: Tensorflow에서 사용하는 평균 오차 계산식입니다.

24　　: Tensorflow에서 사용하는 역전파 오차 계산식입니다.

38~41 : print 함수를 호출하여 학습이 수행된 WH, BH, WO, BO 행렬값을 출력합니다.

❷ ▶ 버튼을 눌러 프로그램을 실행시킵니다. 다음은 실행 결과 화면입니다.

```
epoch = 0
 O  = [[ 0.928  1.005]]
 WH =
[[ 0.150  0.250]
 [ 0.200  0.300]]
 BH =
[[ 0.346  0.346]]
 WO =
[[ 0.397  0.500]
 [ 0.446  0.550]]
 BO =
[[ 0.591  0.600]]
epoch = 1
 O  = [[ 0.912  1.000]]
 WH =
[[ 0.150  0.250]
 [ 0.199  0.299]]
 BH =
[[ 0.343  0.342]]
 WO =
[[ 0.393  0.500]
 [ 0.443  0.550]]
 BO =
[[ 0.582  0.600]]
```

O, WH, BH, WO, BO 값이 2회 출력됩니다.

Tensorflow로 구현하기

다음은 텐서플로우로 구현해 봅니다.

1 다음과 같이 예제를 작성합니다.

415_2.py

```
01 import tensorflow as tf
02 import numpy as np
03
04 np.set_printoptions(formatter={'float_kind':lambda x: "{0:6.3f}".format(x)})
05
06 I = np.array([[.05, .10]])
07 T = np.array([[.01, .99]])
08
09 WH = np.array([[.15, .25],
10               [.20, .30]])
11 BH = np.array([.35, .35])
12 WO = np.array([[.40, .50],
13               [.45, .55]])
14 BO = np.array([.60, .60])
15
16 model = tf.keras.Sequential([
17         tf.keras.layers.Dense(2, input_shape=(2,)),
18         tf.keras.layers.Dense(2)
19 ])
20
21 model.layers[0].set_weights([WH, BH])
22 model.layers[1].set_weights([WO, BO])
23
24 model.compile(
25             optimizer=tf.keras.optimizers.SGD(learning_rate=0.01),
26             loss=tf.keras.losses.MeanSquaredError())
27
28 for epoch in range(2):
29
30     print('epoch = %d' %epoch)
31
32     O = model.predict(I)
33     print(' O =', O)
34
35     model.fit(I, T, epochs=1)
36     print(' WH =\n', model.layers[0].get_weights()[0])
37     print(' BH =\n', model.layers[0].get_weights()[1])
38     print(' WO =\n', model.layers[1].get_weights()[0])
39     print(' BO =\n', model.layers[1].get_weights()[1])
```

11, 14 : BH, BO 변수를 일차 배열의 numpy 벡터로 초기화합니다.

17 : 은닉 층 노드의 개수를 2로, 입력 층 노드의 개수를 2로 설정합니다.

18 : 출력 층 노드의 개수를 2로 설정합니다.

21 : 인공 신경망 은닉 층에 임의로 설정된 가중치와 편향을 WH, BH로 변경합니다.

22 : 인공 신경망 출력 층에 임의로 설정된 가중치와 편향을 WO, BO로 변경합니다.

36~39 : print 함수를 호출하여 학습이 수행된 WH, BH, WO, BO 행렬값을 출력합니다.

❷ ▶ 버튼을 눌러 프로그램을 실행시킵니다. 다음은 실행 결과 화면입니다.

```
epoch = 0
 O  = [[ 0.928  1.005]]
1/1 [==============================]
 WH =
 [[ 0.150  0.250]
 [ 0.200  0.300]]
 BH =
 [ 0.346  0.346]
 WO =
 [[ 0.397  0.500]
 [ 0.446  0.550]]
 BO =
 [ 0.591  0.600]
epoch = 1
 O  = [[ 0.912  1.000]]
1/1 [==============================]
 WH =
 [[ 0.150  0.250]
 [ 0.199  0.299]]
 BH =
 [ 0.343  0.342]
 WO =
 [[ 0.393  0.500]
 [ 0.443  0.550]]
 BO =
 [ 0.582  0.600]
```

NumPy 예제와 결과가 같은지 비교해 봅니다. NumPy와 결과가 같은 것을 볼 수 있습니다.

반복 학습 20회 수행하기

여기서는 반복 학습 20회를 수행해 봅니다.

❶ 다음과 같이 앞에서 작성한 NumPy, 텐서플로우 예제를 수정합니다.

```
14 for epoch in range(20):
```

14 : epoch값을 0에서 20 미만까지로 바꾸어줍니다.

```
28 for epoch in range(20):
```

28 : epoch값을 0에서 20 미만까지로 바꾸어줍니다.

2 ▶ 버튼을 눌러 2개의 프로그램을 실행시킵니다. 다음은 실행 결과 화면입니다.

```
epoch = 19
 O = [[ 0.690  0.946]]
 WH =
[[ 0.147  0.247]
 [ 0.194  0.294]]
 BH =
[[ 0.293  0.285]]
 WO =
[[ 0.345  0.501]
 [ 0.393  0.551]]
 BO =
[[ 0.442  0.604]]
```

```
epoch = 19
 O = [[ 0.690  0.946]]
1/1 [==============================]
 WH =
[[ 0.147  0.247]
 [ 0.194  0.294]]
 BH =
[ 0.293  0.285]
 WO =
[[ 0.345  0.501]
 [ 0.393  0.551]]
 BO =
[ 0.442  0.604]
```

결과 값을 비교합니다. 결과 값이 같습니다.

반복 학습 200회 수행하기

여기서는 반복 학습 200회를 수행해 봅니다.

1 다음과 같이 앞에서 작성한 NumPy, 텐서플로우 예제를 수정합니다.

```
14 for epoch in range(200):
```

14 : epoch값을 0에서 200 미만까지로 바꾸어줍니다.

```
28 for epoch in range(200):
```

28 : epoch값을 0에서 200 미만까지로 바꾸어줍니다.

2 ▶ 버튼을 눌러 2개의 프로그램을 실행시킵니다. 다음은 실행 결과 화면입니다.

```
epoch = 199
 O  = [[ 0.085  0.962]]
 WH =
[[ 0.143  0.242]
 [ 0.186  0.284]]
 BH =
[[ 0.213  0.188]]
 WO =
[[ 0.219  0.527]
 [ 0.268  0.577]]
 BO =
[[-0.029  0.704]]
```

```
epoch = 199
 O  = [[ 0.085  0.962]]
1/1 [==============================]
 WH =
[[ 0.143  0.242]
 [ 0.186  0.284]]
 BH =
[ 0.213  0.188]
 WO =
[[ 0.219  0.527]
 [ 0.268  0.577]]
 BO =
[-0.029  0.704]
```

결과 값을 비교합니다. 결과 값이 같습니다.

활성화 함수 적용하기

여기서는 앞에서 NumPy와 Tensorflow를 이용해 구현한 인공 신경망에 sigmoid, tanh, ReLU 활성화 함수를 차례대로 적용해 보면서 텐서플로우의 내부적인 동작을 이해해 봅니다.

sigmoid 함수 적용해 보기

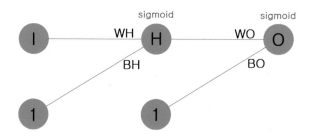

먼저 은닉 층과 출력 층에 sigmoid 활성화 함수를 적용해 봅니다. 다음 그림을 살펴봅니다.

❶ NumPy에 적용하기

먼저 NumPy 예제에 적용해 봅니다.

1 이전 예제 415_1.py를 복사합니다.

2 다음과 같이 예제를 수정합니다. # 표시된 부분은 추가되거나 수정된 부분을 나타냅니다.

416_1.py

```
01~17 # 이전 예제와 같습니다.
18      H = I @ WH + BH
19      H = 1/(1+np.exp(-H)) #
20
21      O = H @ WO + BO
22      O = 1/(1+np.exp(-O)) #
23
24      print( ' O = ', O)
25
26      E = np.sum((O - T) ** 2) / O.shape[1]
27
28      Ob = 2 * (O - T) / O.shape[1]
29      Ob = Ob*O*(1-O) #
30
31      Hb = Ob@WO.T
32      Hb = Hb*H*(1-H) #
33~끝 # 이전 예제와 같습니다.
```

19 : 은닉 층 H에 순전파 시그모이드 활성화 함수를 적용합니다.
22 : 출력 층 O에 순전파 시그모이드 활성화 함수를 적용합니다.
29 : 역 출력 층 Ob에 역전파 시그모이드 활성화 함수를 적용합니다.
32 : 역 은닉 층 Hb에 역전파 시그모이드 활성화 함수를 적용합니다.

3 ▶ 버튼을 눌러 프로그램을 실행시킵니다. 다음은 실행 결과 화면입니다.

```
epoch = 199
 O  = [[ 0.649  0.793]]
 WH =
 [[ 0.149  0.249]
 [ 0.199  0.298]]
 BH =
 [[ 0.337  0.334]]
 WO =
 [[ 0.230  0.542]
 [ 0.279  0.592]]
 BO =
 [[ 0.312  0.670]]
```

O, WH, BH, WO, BO 값을 확인합니다.

❷ Tensorflow에 적용하기

다음은 Tensorflow 예제에 적용해 봅니다.

1 이전 예제 415_2.py를 복사합니다.

2 다음과 같이 예제를 수정합니다.

416_2.py

```
01~15 # 이전 예제와 같습니다.
16 model = tf.keras.Sequential([
17        tf.keras.layers.Dense(2, input_shape=(2,), activation='sigmoid'),
18        tf.keras.layers.Dense(2, activation='sigmoid')
19 ])
20~끝 # 이전 예제와 같습니다.
```

17: 은닉 층에 활성화 함수 sigmoid를 적용합니다.
18: 출력 층에 활성화 함수 sigmoid를 적용합니다.

3 ▶ 버튼을 눌러 프로그램을 실행시킵니다. 다음은 실행 결과 화면입니다.

```
epoch = 199
 O  = [[ 0.649  0.793]]
1/1 [==============================]
 WH =
 [[ 0.149  0.249]
 [ 0.199  0.298]]
 BH =
 [ 0.337  0.334]
 WO =
 [[ 0.230  0.542]
 [ 0.279  0.592]]
 BO =
 [ 0.312  0.670]
```

NumPy 예제와 결과가 같은지 비교해 봅니다. NumPy와 결과가 같은 것을 볼 수 있습니다.

tanh 함수 적용해 보기

다음은 은닉 층과 출력 층에 tanh 활성화 함수를 적용해 봅니다. 다음 그림을 살펴봅니다.

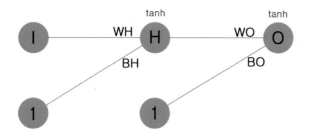

❶ NumPy에 적용하기

먼저 NumPy 예제에 적용해 봅니다.

1 이전 예제 416_1.py를 복사합니다.

2 다음과 같이 예제를 수정합니다. # 표시된 부분은 추가되거나 수정된 부분을 나타냅니다.

416_3.py

```
01~17 # 이전 예제와 같습니다.
18      H = I @ WH + BH
19      H = np.tanh(H) #
20
21      O = H @ WO + BO
22      O = np.tanh(O) #
23
24      print(' O =', O)
25
26      E = np.sum((O - T) ** 2) / O.shape[1]
27
28      Ob = 2 * (O - T) / O.shape[1]
29      Ob = Ob*(1+O)*(1-O) #
30
31      Hb = Ob@WO.T
32      Hb = Hb*(1+H)*(1-H) #
33~끝 # 이전 예제와 같습니다.
```

19 : 은닉 층 H에 순전파 tanh 활성화 함수를 적용합니다.
22 : 출력 층 O에 순전파 tanh 활성화 함수를 적용합니다.
29 : 역 출력 층 Ob에 역전파 tanh 활성화 함수를 적용합니다.
32 : 역 은닉 층 Hb에 역전파 tanh 활성화 함수를 적용합니다.

③ ▶ 버튼을 눌러 프로그램을 실행시킵니다. 다음은 실행 결과 화면입니다.

```
epoch = 199
O  = [[ 0.149  0.802]]
WH =
[[ 0.146  0.245]
 [ 0.192  0.290]]
BH =
[[ 0.271  0.254]]
WO =
[[ 0.215  0.553]
 [ 0.262  0.604]]
BO =
[[ 0.011  0.771]]
```

O, WH, BH, WO, BO 값을 확인합니다.

❷ Tensorflow에 적용하기

다음은 Tensorflow 예제에 적용해 봅니다.

1 이전 예제 416_2.py를 복사합니다.

2 다음과 같이 예제를 수정합니다.

416_4.py

```
01~15 # 이전 예제와 같습니다.
16 model = tf.keras.Sequential([
17      tf.keras.layers.Dense(2, input_shape=(2,), activation='tanh'),
18      tf.keras.layers.Dense(2, activation='tanh')
19 ])
20~끝 # 이전 예제와 같습니다.
```

17 : 은닉 층에 활성화 함수 tanh를 적용합니다.
18 : 출력 층에 활성화 함수 tanh를 적용합니다.

③ ▶ 버튼을 눌러 프로그램을 실행시킵니다. 다음은 실행 결과 화면입니다.

```
epoch = 199
O  = [[ 0.149  0.802]]
1/1 [==============================]
WH =
[[ 0.146  0.245]
 [ 0.192  0.290]]
BH =
[ 0.271  0.254]
WO =
[[ 0.215  0.553]
 [ 0.262  0.604]]
BO =
[ 0.011  0.771]
```

NumPy 예제와 결과가 같은지 비교해 봅니다. NumPy와 결과가 같은 것을 볼 수 있습니다.

ReLU 함수 적용해 보기

다음은 은닉 층과 출력 층에 ReLU 활성화 함수를 적용해 봅니다. 다음 그림을 살펴봅니다.

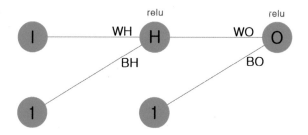

❶ NumPy에 적용하기

먼저 NumPy 예제에 적용해 봅니다.

1 이전 예제 416_3.py를 복사합니다.

2 다음과 같이 예제를 수정합니다. # 표시된 부분은 추가되거나 수정된 부분을 나타냅니다.

416_5.py

```
01~17 # 이전 예제와 같습니다.
18        H = I @ WH + BH
19        H = (H>0)*H #
20
21        O = H @ WO + BO
22        O = (O>0)*O #
23
24        print( ' O = ', O)
25
26        E = np.sum((O - T) ** 2) / O.shape[1]
27
28        Ob = 2 * (O - T) / O.shape[1]
29        Ob = Ob*(O>0)*1 #
30
31        Hb = Ob@WO.T
32        Hb = Hb*(H>0)*1 #
33~끝 # 이전 예제와 같습니다.
```

19 : 은닉 층 H에 순전파 ReLU 활성화 함수를 적용합니다.
22 : 출력 층 O에 순전파 ReLU 활성화 함수를 적용합니다.
29 : 역 출력 층 Ob에 역전파 ReLU 활성화 함수를 적용합니다.
32 : 역 은닉 층 Hb에 역전파 ReLU 활성화 함수를 적용합니다.

❸ ▶ 버튼을 눌러 프로그램을 실행시킵니다. 다음은 실행 결과 화면입니다.

```
epoch = 199
 O  = [[ 0.085  0.962]]
 WH =
[[ 0.143  0.242]
 [ 0.186  0.284]]
 BH =
[[ 0.213  0.188]]
 WO =
[[ 0.219  0.527]
 [ 0.268  0.577]]
 BO =
[[-0.029  0.704]]
```

O, WH, BH, WO, BO 값을 확인합니다.

❷ Tensorflow에 적용하기

다음은 Tensorflow 예제에 적용해 봅니다.

1 이전 예제 416_4.py를 복사합니다.

2 다음과 같이 예제를 수정합니다.

416_6.py

```
01~15 # 이전 예제와 같습니다.
16 model = tf.keras.Sequential([
17         tf.keras.layers.Dense(2, input_shape=(2,), activation='relu'),
18         tf.keras.layers.Dense(2, activation='relu')
19 ])
20~끝 # 이전 예제와 같습니다.
```

17 : 은닉 층에 활성화 함수 relu를 적용합니다.
18 : 출력 층에 활성화 함수 relu를 적용합니다.

❸ ▶ 버튼을 눌러 프로그램을 실행시킵니다. 다음은 실행 결과 화면입니다.

```
epoch = 199
 O  = [[ 0.085  0.962]]
1/1 [==============================]
 WH =
[[ 0.143  0.242]
 [ 0.186  0.284]]
 BH =
[ 0.213  0.188]
 WO =
[[ 0.219  0.527]
 [ 0.268  0.577]]
 BO =
[-0.029  0.704]
```

NumPy 예제와 결과가 같은지 비교해 봅니다. NumPy와 결과가 같은 것을 볼 수 있습니다.

출력 층에 softmax 함수 적용해 보기

여기서는 앞에서 NumPy와 Tensorflow를 이용해 구현한 인공 신경망의 출력 층에 소프트맥스 함수를 적용해 보면서 텐서플로우의 내부적인 동작을 이해해 봅니다.

sigmoid와 softmax

먼저 은닉 층은 sigmoid, 출력 층은 softmax 활성화 함수를 적용해 봅니다. 다음 그림을 살펴봅니다.

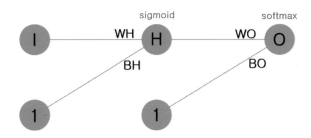

소프트맥스 활성화 함수는 크로스 엔트로피 오차 함수와 같이 사용하며 일반적으로 목표 값은 0 또는 1의 값만 가지며, 총합은 1이 됩니다. 그래서 목표 값을 다음과 같이 바꿔주도록 합니다. 다른 값들은 지금까지 사용한 값을 그대로 사용합니다.

$$I = [.05\ .10]$$
$$T = [0\quad 1]$$
$$WH = \begin{bmatrix} .15\ .25 \\ .20\ .30 \end{bmatrix}$$
$$BH = [.35\ .35]$$
$$WO = \begin{bmatrix} .40\ .50 \\ .45\ .66 \end{bmatrix}$$
$$BO = [.60\ .60]$$

❶ NumPy에 적용하기

먼저 NumPy 예제에 적용해 봅니다.

1 이전 예제 416_5.py를 복사합니다.

2 다음과 같이 예제를 수정합니다. # 표시된 부분은 추가되거나 수정된 부분을 나타냅니다.

417_1.py

```
01 import numpy as np
02
03 np.set_printoptions(formatter={'float_kind':lambda x: "{0:6.3f}".format(x)})
04
05 I = np.array([[.05, .10]])
06 T = np.array([[ 0, 1]]) #
```

```
07  WH = np.array([[.15, .25],
08                 [.20, .30]])
09  BH = np.array([[.35, .35]])
10  WO = np.array([[.40, .50],
11                 [.45, .55]])
12  BO = np.array([[.60, .60]])
13
14  for epoch in range(200):
15
16      print(' epoch = %d ' %epoch)
17
18      H = I @ WH + BH
19      H = 1/(1+np.exp(-H)) #
20
21      O = H @ WO + BO
22      OM = O - np.max(O) #
23      O = np.exp(OM)/np.sum(np.exp(OM)) #
24
25      print(' O =', O)
26
27      E = np.sum(-T*np.log(O)) #
28
29      Ob = O - T #
30
31
32      Hb = Ob@WO.T
33      Hb = Hb*H*(1-H)
34~끝 # 이전 예제와 같습니다.
```

06 : 목표 값을 각각 0과 1로 변경합니다.

19 : 은닉 층 H에 순전파 sigmoid 활성화 함수를 적용합니다.

22, 23 : 출력 층의 활성화 함수를 소프트맥스로 변경합니다.

22 : O의 각 항목에서 O의 가장 큰 항목 값을 빼줍니다. 이렇게 하면 23 줄에서 오버플로우를 막을 수 있습니다. O 에 대한 최종 결과는 같습니다. 자세한 내용은 [소프트맥스 오버플로우]를 검색해 봅니다.

27 : 오차 계산을 크로스 엔트로피 오차 형태의 수식으로 변경합니다. 소프트맥스 활성화 함수는 크로스 엔트로피 오차와 같이 사용합니다.

$$E = -\sum_k t_k \log o_k$$

29 : 소프트맥스 함수의 역전파 오차 계산 부분은 다음과 같습니다. 소프트맥스 함수는 크로스 엔트로피 함수와 같이 사용될 때 역전파 시 소프트맥스 함수를 역으로 거쳐 전파되는 오차가 다음과 같이 예측 값과 목표 값의 차가 됩니다.

$$o_{kb} = o_k - t_k$$

그래서 일반적으로 소프트맥스 함수를 활성화 함수로 사용할 경우 오차 함수는 크로스 엔트로피 오차 함수가 됩니다.

33 : 역 은닉 층 Hb에 역전파 sigmoid 활성화 함수를 적용합니다.

❸ ▶ 버튼을 눌러 프로그램을 실행시킵니다. 다음은 실행 결과 화면입니다.

```
epoch = 199
 O  = [[ 0.136  0.864]]
 WH =
[[ 0.152  0.252]
 [ 0.205  0.305]]
 BH =
[[ 0.398  0.398]]
 WO =
[[ 0.101  0.799]
 [ 0.149  0.851]]
 BO =
[[ 0.100  1.100]]
```

O, WH, BH, WO, BO 값을 확인합니다.

❷ Tensorflow에 적용하기

다음은 Tensorflow 예제에 적용해 봅니다.

1 이전 예제 416_6.py를 복사합니다.

2 다음과 같이 예제를 수정합니다.

417_2.py

```python
01 import tensorflow as tf
02 import numpy as np
03
04 np.set_printoptions(formatter={'float_kind':lambda x: "{0:6.3f}".format(x)})
05
06 I = np.array([[.05, .10]])
07 T = np.array([[ 0, 1]])
08
09 WH = np.array([[.15, .25],
10              [.20, .30]])
11 BH = np.array([.35, .35])
12 WO = np.array([[.40, .50],
13              [.45, .55]])
14 BO = np.array([.60, .60])
15
16 model = tf.keras.Sequential([
17        tf.keras.layers.Dense(2, input_shape=(2,), activation='sigmoid'),
18        tf.keras.layers.Dense(2, activation='softmax')
19 ])
20
21 model.layers[0].set_weights([WH, BH])
```

```
22 model.layers[1].set_weights([WO, BO])
23
24 model.compile(
25                 optimizer=tf.keras.optimizers.SGD(learning_rate=0.01),
26                 loss=tf.keras.losses.CategoricalCrossentropy())
27
28 for epoch in range(200):
29
30      print(' epoch = %d ' %epoch)
31
32      O = model.predict(I)
33      print(' O =', O)
34
35      model.fit(I, T, epochs=1)
36      print(' WH =\n', model.layers[0].get_weights()[0])
37      print(' BH =\n', model.layers[0].get_weights()[1])
38      print(' WO =\n', model.layers[1].get_weights()[0])
39      print(' BO =\n', model.layers[1].get_weights()[1])
```

07 : 목표 값을 각각 0과 1로 변경합니다.

17 : 은닉 층에 활성화 함수 sigmoid를 적용합니다.

18 : 출력 층에 활성화 함수 softmax를 적용합니다.

26 : 손실 함수로는 크로스 엔트로피 오차 함수인 tf.keras.losses.CategoricalCrossentropy을 사용합니다.

❸ ▶ 버튼을 눌러 프로그램을 실행시킵니다. 다음은 실행 결과 화면입니다.

```
epoch = 199
 O = [[ 0.136  0.864]]
1/1 [==============================]
 WH =
[[ 0.152  0.252]
 [ 0.205  0.305]]
 BH =
[ 0.398  0.398]
 WO =
[[ 0.101  0.799]
 [ 0.149  0.851]]
 BO =
[ 0.100  1.100]
```

NumPy 예제와 결과가 같은지 비교해 봅니다. NumPy와 결과가 같은 것을 볼 수 있습니다.

tanh와 softmax

여기서는 은닉 층은 tanh, 출력 층은 softmax 활성화 함수를 적용해 봅니다. 다음 그림을 살펴봅니다.

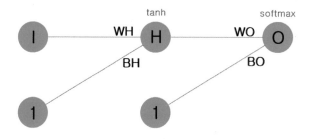

❶ NumPy에 적용하기

먼저 NumPy 예제에 적용해 봅니다.

1 이전 예제 417_1.py를 복사합니다.

2 다음과 같이 예제를 수정합니다. # 표시된 부분은 추가되거나 수정된 부분을 나타냅니다.

417_3.py

```
01~17 # 이전 예제와 같습니다.
 18        H = I @ WH + BH
 19        H = np.tanh(H) #
 20
 21        O = H @ WO + BO
 22        OM = O - np.max(O)
 23        O = np.exp(OM)/np.sum(np.exp(OM))
 24
 25        print(' O =', O)
 26
 27        E = np.sum(-T*np.log(O))
 28
 29        Ob = O - T
 30
 31
 32        Hb = Ob@WO.T
 33        Hb = Hb*(1+H)*(1-H) #
34~끝 # 이전 예제와 같습니다.
```

19 : 은닉 층 H에 순전파 tanh 활성화 함수를 적용합니다.

22, 23 : 출력 층의 활성화 함수는 softmax입니다.

27 : 오차 계산은 크로스 엔트로피 오차 함수를 사용합니다.

33 : 역 은닉 층 Hb에 역전파 tanh 활성화 함수를 적용합니다.

❸ ▶ 버튼을 눌러 프로그램을 실행시킵니다. 다음은 실행 결과 화면입니다.

```
epoch = 199
O  = [[ 0.158  0.842]]
WH =
[[ 0.157  0.257]
 [ 0.215  0.315]]
BH =
[[ 0.496  0.497]]
WO =
[[ 0.170  0.730]
 [ 0.213  0.787]]
BO =
[[ 0.038  1.162]]
```

O, WH, BH, WO, BO 값을 확인합니다.

❷ Tensorflow에 적용하기

다음은 Tensorflow 예제에 적용해 봅니다.

❶ 이전 예제 417_2.py를 복사합니다.

❷ 다음과 같이 예제를 수정합니다.

417_4.py

```
01~15 # 이전 예제와 같습니다.
16 model = tf.keras.Sequential([
17      tf.keras.layers.Dense(2, input_shape=(2,), activation='tanh'),
18      tf.keras.layers.Dense(2, activation='softmax')
19 ])
20
21 model.layers[0].set_weights([WH, BH])
22 model.layers[1].set_weights([WO, BO])
23
24 model.compile(
25              optimizer=tf.keras.optimizers.SGD(learning_rate=0.01),
26              loss=tf.keras.losses.CategoricalCrossentropy())
27~끝 # 이전 예제와 같습니다.
```

17 : 은닉 층에 활성화 함수 tanh를 적용합니다.
18 : 출력 층에 활성화 함수 softmax를 적용합니다.

3 ▶ 버튼을 눌러 프로그램을 실행시킵니다. 다음은 실행 결과 화면입니다.

```
epoch = 199
 O  = [[ 0.158  0.842]]
1/1 [==============================]
 WH =
 [[ 0.157  0.257]
 [ 0.215  0.315]]
 BH =
 [ 0.496  0.497]
 WO =
 [[ 0.170  0.730]
 [ 0.213  0.787]]
 BO =
 [ 0.038  1.162]
```

NumPy 예제와 결과가 같은지 비교해 봅니다. NumPy와 결과가 같은 것을 볼 수 있습니다.

ReLU와 softmax

여기서는 은닉 층은 ReLU, 출력 층은 softmax 활성화 함수를 적용해 봅니다. 다음 그림을 살펴봅니다.

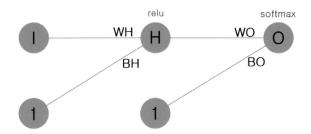

❶ NumPy에 적용하기

먼저 NumPy 예제에 적용해 봅니다.

1 이전 예제 417_3.py를 복사합니다.

2 다음과 같이 예제를 수정합니다. # 표시된 부분은 추가되거나 수정된 부분을 나타냅니다.

417_5.py

```
01~17 # 이전 예제와 같습니다.
18        H = I @ WH + BH
19        H = (H>0)*H #
20
21        O = H @ WO + BO
22        OM = O - np.max(O)
23        O = np.exp(OM)/np.sum(np.exp(OM))
24
25        print(' O =', O)
```

```
26
27          E = np.sum(-T*np.log(O))
28
29          Ob = O - T
30
31
32          Hb = Ob@WO.T
33          Hb = Hb*(H>0)*1 #
34~끝  # 이전 예제와 같습니다.
```

19   : 은닉 층 H에 순전파 ReLU 활성화 함수를 적용합니다.
22, 23 : 출력 층의 활성화 함수는 softmax입니다.
27   : 오차 계산은 크로스 엔트로피 오차 함수를 사용합니다.
33   : 역 은닉 층 Hb에 역전파 ReLU 활성화 함수를 적용합니다.

❸ ▶ 버튼을 눌러 프로그램을 실행시킵니다. 다음은 실행 결과 화면입니다.

```
epoch = 199
 O  = [[ 0.146  0.854]]
 WH =
[[ 0.159  0.259]
 [ 0.218  0.318]]
 BH =
[[ 0.528  0.533]]
 WO =
[[ 0.156  0.744]
 [ 0.197  0.803]]
 BO =
[[ 0.053  1.147]]
```

O, WH, BH, WO, BO 값을 확인합니다.

❷ Tensorflow에 적용하기

다음은 Tensorflow 예제에 적용해 봅니다.

❶ 이전 예제 417_4.py를 복사합니다.

❷ 다음과 같이 예제를 수정합니다.

417_6.py

```
01~15 # 이전 예제와 같습니다.
16 model = tf.keras.Sequential([
17      tf.keras.layers.Dense(2, input_shape=(2,), activation='relu'),
18      tf.keras.layers.Dense(2, activation='softmax')
19 ])
20
```

```
21 model.layers[0].set_weights([WH, BH])
22 model.layers[1].set_weights([WO, BO])
23
24 model.compile(
25              optimizer=tf.keras.optimizers.SGD(learning_rate=0.01),
26              loss=tf.keras.losses.CategoricalCrossentropy())
27~끝 # 이전 예제와 같습니다.
```

17: 은닉 층에 활성화 함수 ReLU를 적용합니다.
18: 출력 층에 활성화 함수 softmax를 적용합니다.

❸ ▶ 버튼을 눌러 프로그램을 실행시킵니다. 다음은 실행 결과 화면입니다.

```
epoch = 199
 O  = [[ 0.146  0.854]]
1/1 [==============================]
 WH =
[[ 0.159  0.259]
 [ 0.218  0.318]]
 BH =
[ 0.528  0.533]
 WO =
[[ 0.156  0.744]
 [ 0.197  0.803]]
 BO =
[ 0.053  1.147]
```

NumPy 예제와 결과가 같은지 비교해 봅니다. NumPy와 결과가 같은 것을 볼 수 있습니다.

GradientTape 사용해 보기

GradientTape은 tensorflow에서 제공하는 기능으로 인공 신경망 학습 과정을 좀 더 세세하게 제어하고자 할 경우에 사용합니다. 여기서는 GradientTape 기능을 이용하여 예제를 작성해 봅니다.

❶ 이전 예제 417_6.py를 복사합니다.

❷ 다음과 같이 예제를 수정합니다.

418_1.py

```
01 import tensorflow as tf
02 import numpy as np
03
04 np.set_printoptions(formatter={'float_kind':lambda x: "{0:6.3f}".format(x)})
05
06 I = np.array([[.05, .10]])
```

```
07 T = np.array([[ 0, 1]])
08
09 WH = np.array([[.15, .25],
10            [.20, .30]])
11 BH = np.array([.35, .35])
12 WO = np.array([[.40, .50],
13            [.45, .55]])
14 BO = np.array([.60, .60])
15
16 model = tf.keras.Sequential([
17       tf.keras.layers.Dense(2, input_shape=(2,), activation='relu'),
18       tf.keras.layers.Dense(2, activation='softmax')
19 ])
20
21 model.layers[0].set_weights([WH, BH])
22 model.layers[1].set_weights([WO, BO])
23
24 optimizer=tf.keras.optimizers.SGD(learning_rate=0.01)
25 loss=tf.keras.losses.CategoricalCrossentropy()
26
27 for epoch in range(200):
28
29       print('epoch = %d' %epoch)
30
31       with tf.GradientTape() as tape:
32
33               O = model(I)
34               print(' O =', O.numpy())
35               E = loss(T, O)
36
37       gradients = tape.gradient(E, model.trainable_variables)
38
39       optimizer.apply_gradients(zip(gradients, model.trainable_variables))
40       print(' WH =\n', model.layers[0].get_weights()[0])
41       print(' BH =\n', model.layers[0].get_weights()[1])
42       print(' WO =\n', model.layers[1].get_weights()[0])
43       print(' BO =\n', model.layers[1].get_weights()[1])
```

01~22 : 이전 예제와 같습니다.
24 : 최적화 함수를 설정합니다.
25 : 손실 함수를 설정합니다.
31 : 미분을 위한 GradientTape를 적용합니다.
33 : 순전파를 수행합니다.
35 : 오차를 계산합니다.
37 : 가중치와 편향의 역전파 오차 값을 구합니다.
39 : 가중치와 편향의 역전파 오차 값을 적용합니다.
40~43 : 갱신된 가중치와 편향 값을 출력합니다.

❸ ▶ 버튼을 눌러 프로그램을 실행시킵니다. 다음은 실행 결과 화면입니다.

```
epoch = 199
 O  = [[ 0.146  0.854]]
 WH =
[[ 0.159  0.259]
 [ 0.218  0.318]]
 BH =
 [ 0.528  0.533]
 WO =
[[ 0.156  0.744]
 [ 0.197  0.803]]
 BO =
 [ 0.053  1.147]
```

이전 예제와 결과를 비교합니다.

역전파 오차 살펴보기

GradientTape를 이용하면 가중치와 편향의 역전파 오차 값을 확인해 볼 수 있습니다. 여기서는 이전 예제를 수정하여 가중치와 편향의 역전파 오차 값을 확인해봅니다.

1 이전 예제 418_1.py를 복사합니다.

2 다음과 같이 예제를 수정합니다.

418_2.py

```
01 import tensorflow as tf
02 import numpy as np
03
04 np.set_printoptions(formatter={'float_kind':lambda x: "{0:6.3f}".format(x)})
05
06 I = np.array([[.05, .10]])
07 T = np.array([[ 0, 1]])
08
09 WH = np.array([[.15, .25],
10               [.20, .30]])
11 BH = np.array([.35, .35])
12 WO = np.array([[.40, .50],
13               [.45, .55]])
14 BO = np.array([.60, .60])
15
16 model = tf.keras.Sequential([
17       tf.keras.layers.Dense(2, input_shape=(2,), activation='relu'),
18       tf.keras.layers.Dense(2, activation='softmax')
19 ])
20
21 model.layers[0].set_weights([WH, BH])
22 model.layers[1].set_weights([WO, BO])
```

```
23
24 optimizer=tf.keras.optimizers.SGD(learning_rate=0.01)
25 loss=tf.keras.losses.CategoricalCrossentropy()
26
27 for epoch in range(200):
28
29      print( ' epoch = %d ' %epoch)
30
31      with tf.GradientTape() as tape:
32
33              O = model(I)
34              print( ' O = ', O.numpy())
35              E = loss(T, O)
36
37      gradients = tape.gradient(E, model.trainable_variables)
38      print( ' WHb =\n ', gradients[0].numpy())
39      print( ' BHb =\n ', gradients[1].numpy())
40      print( ' WOb =\n ', gradients[2].numpy())
41      print( ' BOb =\n ', gradients[3].numpy())
42
43      optimizer.apply_gradients(zip(gradients, model.trainable_variables))
44      print( ' WH =\n ', model.layers[0].get_weights()[0])
45      print( ' BH =\n ', model.layers[0].get_weights()[1])
46      print( ' WO =\n ', model.layers[1].get_weights()[0])
47      print( ' BO =\n ', model.layers[1].get_weights()[1])
```

38~41 : 가중치와 편향의 역전파 오차 값을 출력합니다.

❸ ▶ 버튼을 눌러 프로그램을 실행시킵니다. 다음은 실행 결과 화면입니다.

```
epoch = 199
O  = [[ 0.146  0.854]]
WHb =
[[-0.004 -0.004]
 [-0.009 -0.009]]
BHb =
[-0.085 -0.088]
WOb =
[[ 0.081 -0.081]
 [ 0.084 -0.084]]
BOb =
[ 0.146 -0.146]
WH =
[[ 0.159  0.259]
 [ 0.218  0.318]]
BH =
[ 0.528  0.533]
WO =
[[ 0.156  0.744]
 [ 0.197  0.803]]
BO =
[ 0.053  1.147]
```

WHb, BHb, WOb, BOb 값을 확인합니다.

02 _ 경사 하강 법 이해하기

여기서는 인공 신경망 학습에 아주 중요한 요소인 경사 하강 법에 대해 자세히 살펴봅니다. 경사 하강 법은 경사 방향으로 하강하는 방법이라는 의미입니다. 다음 그림과 같이 공(초록색 원)이 기운 방향으로 이동하여 단계적으로 최저점에 도달하는 원리를 수식으로 표현한 것을 경사 하강 법이라고 합니다. 경사 하강 법에 대해 예제를 통해 이해해 보도록 합니다.

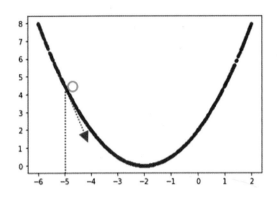 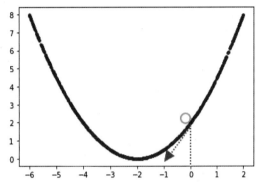

오차 함수 그래프 그려보기

다음은 경사 하강 법을 나타내는 수식으로 p의 최적화 함수라고도 합니다.

$$p = p - \alpha \frac{dE}{dp}$$

앞에서 우리는 다음과 같은 형태의 평균 제곱 오차 수식을 구현해 보았습니다.

$$E = \frac{1}{2}(p-t)^2, \ (p : prediction, t : target)$$

이 식에서는 p의 값이 t의 값에 가까울수록 E의 값은 0에 가까워집니다. 위 그림에서 t의 값 -2.0일 때 최소이므로 이 식은 다음과 같이 변경할 수 있습니다.

$$E = \frac{1}{2}(p+2)^2$$

이 수식을 p값이 -6에서 2사이 범위에서 그래프를 그려보도록 합니다.

1 다음과 같이 예제를 작성합니다.

421_1.py

```
01 import numpy as np
02 import time
03 import matplotlib.pyplot as plt
04
05 NUM_SAMPLES = 1000
06
07 np.random.seed(int(time.time()))
08
09 ps = np.random.uniform(-6, 2, NUM_SAMPLES)
10
11 es = 0.5*(ps+2)**2
12
13 plt.plot(ps, es, 'b.')
14 plt.show()
```

01 : import문을 이용하여 numpy 모듈을 np라는 이름으로 불러옵니다. 07, 09, 11 줄에서 사용합니다.

02 : import문을 이용하여 time 모듈을 불러옵니다. 07줄에서 임의 숫자(난수) 생성 초기화에 사용합니다.

03 : import문을 이용하여 matplotlib.pyplot 모듈을 plt라는 이름으로 불러옵니다. 여기서는 matplotlib.pyplot 모듈을 이용하여 13, 14줄에서 그래프를 그립니다.

05 : NUM_SAMPLES 변수를 생성한 후, 1000으로 초기화합니다. NUM_SAMPLES 변수는 생성할 데이터의 개수 값을 가지는 변수입니다.

07 : np.random.seed 함수를 호출하여 임의 숫자 생성을 초기화합니다. time.time 함수를 호출하여 현재 시간을 얻어낸 후, 정수 값으로 변환하여 np.random.seed 함수의 인자로 줍니다. 이렇게 하면 현재 시간에 맞춰 임의 숫자 생성이 초기화됩니다.

09 : np.random.uniform 함수를 호출하여 (-6, 2) 범위에서 NUM_SAMPLES 만큼의 임의 값을 차례대로 고르게 추출하여 ps 변수에 저장합니다.

11 : 다음 식을 이용하여 추출된 ps 값에 해당하는 es 값을 계산합니다. es 값도 NUM_SAMPLES 개수만큼 추출됩니다.

$$E = \frac{1}{2}(p+2)^2$$

파이썬에서 *는 곱셈기호, **는 거듭제곱기호를 나타냅니다.

13 : plt.plot 함수를 호출하여 ps, es 좌표 값에 맞추어 그래프를 내부적으로 그립니다. 그래프의 색깔은 파란색으로 그립니다. 'b.'은 파란색을 의미합니다.

14 : plt.show 함수를 호출하여 화면에 그래프를 표시합니다.

2 ▶ 버튼을 눌러 프로그램을 실행시킵니다. 다음은 실행 결과 화면입니다.

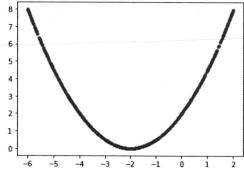

이 그래프에서 p값이 -2일 때 E는 최소값 0이 됩니다.

왼쪽 이동 경사 하강 법

다음 그림을 살펴봅니다. 이전 예제에서 p값은 0이었습니다. E값이 최소가 되기 위해서 p값은 0에서 -2로 옮겨가야 합니다. 그러기 위해서 p값은 기울어진 방향으로 이동하여야 합니다. 이 그림에서 p값은 왼쪽으로 이동하여야 합니다.

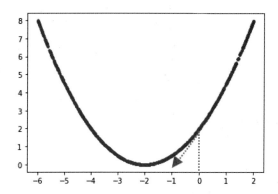

다음 그림에서 p값이 왼쪽으로 이동하면 E값은 아래로 이동합니다.

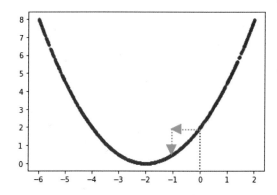 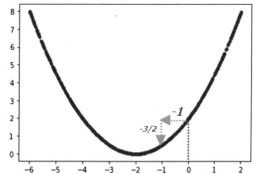

예를 들어, p값이 현재 위치 0에서 -1(왼쪽으로 1)만큼 이동하면 E값은 -3/2(아래로 3/2)만큼 이동합니다. 다음은 이 과정에 대한 수식입니다.

$$E_0 = \frac{1}{2}(0+2)^2 = 2$$

$$E_{-1} = \frac{1}{2}(-1+2)^2 = \frac{1}{2}$$

$$E_{-1} - E_0 = \frac{1}{2} - 2 = -\frac{3}{2}$$

p값이 왼쪽으로 아주 조금 이동하면 E값은 아래로 아주 조금 이동합니다. 이것을 그림으로 나타내면 다음과 같습니다.

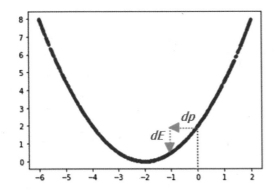

dp에 대한 dE의 비율을 다음과 같이 표현합니다.

$$\frac{dE}{dp}$$

이 표현법은 p값이 아주 작게 변할 때, E값이 아주 작게 변하는 비율을 나타냅니다. 이 표현법을 E의 p에 대한 기울기 또는 경사도라고 합니다. 다음 그림은 p값이 0일 때 해당 위치에서의 기울기를 나타냅니다.

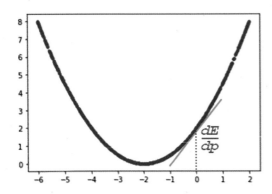

이 그림의 경우 기울기 $\frac{dE}{dp} > 0$ 입니다. $\frac{dE}{dp} > 0$ 일 경우 p값은 현재 위치에서 왼쪽으로 이동해야 E값이 작아집니다. 이 경우 다음 수식에 의해 p 값은 기울어진 방향(왼쪽 방향)으로 이동합니다.

$$p = p - \frac{dE}{dp}$$

즉, 새로운 p값은 이전 p값보다 작아집니다. p의 이동정도를 조절하기 위해서 다음과 같이 수식을 변경할 수 있습니다.

$$p = p - \alpha\frac{dE}{dp}$$

이 수식을 p의 최적화 함수라고 합니다. α는 학습률(learning rate)라고 하며, p값의 이동 정도를 조절합니다. α는 보통 $0.01 \sim 0.001$ 정도에서 실험적으로 적당한 값을 사용합니다.

오른쪽 이동 경사 하강 법

다음 그림을 살펴봅니다. 이번엔 p값이 -5라고 가정해 봅니다. E값이 최소가 되기 위해서 p값은 -5에서 -2로 옮겨가야 합니다. 그러기 위해서 p값은 기울어진 방향으로 이동하여야 합니다. 이 그림에서 p값은 오른쪽으로 이동하여야 합니다.

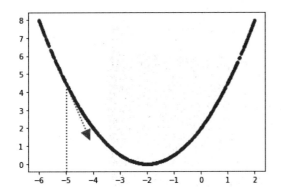

다음 그림에서 p값이 오른쪽으로 이동하면 E값은 아래로 이동합니다.

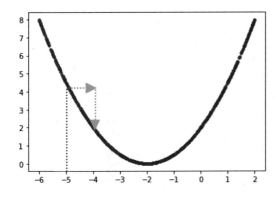
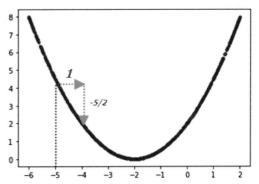

예를 들어, p값이 현재 위치 -5에서 $+1$(오른쪽으로 1)만큼 이동하면 E값은 $-5/2$(아래로 5/2)만큼 이동합니다. 다음은 이 과정에 대한 수식입니다.

$$E_{-5} = \frac{1}{2}(-5+2)^2 = \frac{9}{2}$$

$$E_{-4} = \frac{1}{2}(-4+2)^2 = 2$$

$$E_{-4} - E_{-5} = 2 - \frac{9}{2} = -\frac{5}{2}$$

p값이 오른쪽으로 아주 조금 이동하면 E값은 아래로 아주 조금 이동합니다. 이것을 그림으로 나타내면 다음과 같습니다.

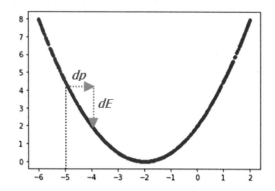

dp에 대한 dE의 비율을 다음과 같이 표현합니다.

$$\frac{dE}{dp}$$

이 표현법은 p값이 아주 작게 변할 때, E값이 아주 작게 변하는 비율을 나타냅니다. 이 표현법을 E의 p에 대한 기울기 또는 경사도라고 합니다. 다음 그림은 p값이 -5일 때 해당 위치에서의 기울기를 나타냅니다.

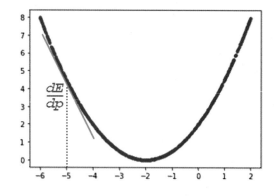

이 그림의 경우 기울기 $\frac{dE}{dp} < 0$ 입니다. $\frac{dE}{dp} < 0$ 일 경우 p값은 현재 위치에서 오른쪽으로 이동해야 E값이 작아집니다. 이 경우 다음 수식에 의해 p 값은 기울어진 방향(오른쪽 방향)으로 이동합니다.

$$p = p - \frac{dE}{dp}$$

즉, 새로운 p값은 이전 p값보다 커집니다. p의 이동정도를 조절하기 위해서 다음과 같이 수식을 변경할 수 있습니다.

$$p = p - \alpha \frac{dE}{dp}$$

이 수식을 p의 최적화 함수라고 합니다. α는 학습률(learning rate)라고 하며, p값의 이동 정도를 조절합니다.

오차 함수 기울기 구하기

다음 수식에 대해

$$E = \frac{1}{2}(p+2)^2$$

$\frac{dE}{dp}$는 다음과 같습니다.

$$\frac{dE}{dp} = \frac{d(\frac{1}{2}(p+2)^2)}{dp} = \frac{1}{2}2(p+2) = p+2$$

그래서 p의 최적화 함수는 다음과 같습니다.

$$p = p - \alpha\frac{dE}{dp}$$
$$= p - \alpha(p+2)$$

최적화 함수 왼쪽 이동하기

그러면 최적화 함수를 이용하여 p값이 0에서 −2로 가까워지는 예제를 수행해 봅니다.

1 다음과 같이 이전 예제를 수정합니다.

424_1.py

```
01 import numpy as np
02 import time
03 import matplotlib.pyplot as plt
04
05 NUM_SAMPLES = 1000
06
07 np.random.seed(int(time.time()))
08
09 ps = np.random.uniform(-6, 2, NUM_SAMPLES)
10
11 es = 0.5*(ps+2)**2
```

```
12
13 plt.plot(ps, es, 'b.')
14 plt.show()
15
16 p = 0
17 E = 0.5*(p+2)**2
18 lr = 0.5
19
20 DpE = p+2
21 p = p - lr*DpE
22 print('p :', p)
```

16 : p 변수를 선언한 후, 0으로 초기화합니다.

17 : 다음 수식을 구현합니다.

$$E = \frac{1}{2}(p+2)^2$$

18 : lr 변수를 선언한 후, 0.5로 초기화합니다. lr은 학습률을 나타냅니다. 이 값에 따라 학습의 정도가 빠르거나 늦어집니다.

20 : 다음 수식을 구현합니다.

$$\frac{dE}{dp} = p+2$$

21 : 다음 수식을 구현합니다.

$$p = p - \alpha \frac{dE}{dp}$$

22 : print 함수를 호출하여 왼쪽으로 이동한 p값을 출력해 봅니다.

2 ▶ 버튼을 눌러 프로그램을 실행시킵니다. 다음은 실행 결과 화면입니다.

```
p : -1.0
```

p값이 0에서 −1로 이동한 것을 확인합니다.

최적화 함수 반복 적용해 보기

여기서는 이 과정을 2회 수행해 보도록 합니다.

1 다음과 같이 예제를 수정합니다.

424_2.py

```
01 import numpy as np
02 import time
03 import matplotlib.pyplot as plt
04
05 NUM_SAMPLES = 1000
06
07 np.random.seed(int(time.time()))
```

```
08
09 ps = np.random.uniform(-6, 2, NUM_SAMPLES)
10
11 es = 0.5*(ps+2)**2
12
13 plt.plot(ps, es, 'b.')
14 plt.show()
15
16 p = 0
17 E = 0.5*(p+2)**2
18 lr = 0.5
19
20 for i in range(2):
21     DpE = p+2
22     p = p - lr*DpE
23     print('p :', p)
```

20 : for 문을 이용하여 21~23 과정을 2회 수행합니다.

② ▶ 버튼을 눌러 프로그램을 실행시킵니다. 다음은 실행 결과 화면입니다.

```
p : -1.0
p : -1.5
```

p값이 -1.0에서 -1.5로 한 번 더 이동한 것을 확인합니다.

③ 다음과 같이 예제를 수정합니다.

```
20 for i in range(4):
```

20 : for 문을 이용하여 4회 수행합니다.

④ ▶ 버튼을 눌러 프로그램을 실행시킵니다. 다음은 실행 결과 화면입니다.

```
p : -1.0
p : -1.5
p : -1.75
p : -1.875
```

p값이 -1.875까지 이동한 것을 확인합니다.

⑤ 다음과 같이 예제를 수정합니다.

```
20 for i in range(8):
```

20 : for 문을 이용하여 21~23 과정을 8회 수행합니다.

6 ▶ 버튼을 눌러 프로그램을 실행시킵니다. 다음은 실행 결과 화면입니다.

```
p : -1.0
p : -1.5
p : -1.75
p : -1.875
p : -1.9375
p : -1.96875
p : -1.984375
p : -1.9921875
```

p값이 −1.9921875까지 이동한 것을 확인합니다.

7 다음과 같이 예제를 수정합니다.

```
20 for i in range(16):
```

20 : for 문을 이용하여 21~23 과정을 16회 수행합니다.

8 ▶ 버튼을 눌러 프로그램을 실행시킵니다. 다음은 실행 결과 화면입니다.

```
p : -1.0
p : -1.5
p : -1.75
p : -1.875
p : -1.9375
p : -1.96875
p : -1.984375
p : -1.9921875
p : -1.99609375
p : -1.998046875
p : -1.9990234375
p : -1.99951171875
p : -1.999755859375
p : -1.9998779296875
p : -1.99993896484375
p : -1.999969482421875
```

p값이 −1.999969까지 이동한 것을 확인합니다.

최적화 함수 오른쪽 이동하기

이번엔 최적화 함수를 이용하여 p값이 −5에서 −2로 가까워지는 예제를 수행해 봅니다.

1 다음과 같이 예제를 수정합니다.

424_3.py

```
01 import numpy as np
02 import time
03 import matplotlib.pyplot as plt
```

```
04
05 NUM_SAMPLES = 1000
06
07 np.random.seed(int(time.time()))
08
09 ps = np.random.uniform(-6, 2, NUM_SAMPLES)
10
11 es = 0.5*(ps+2)**2
12
13 plt.plot(ps, es, 'b.')
14 plt.show()
15
16 p = -5
17 E = 0.5*(p+2)**2
18 lr = 0.5
19
20 for i in range(16):
21         DpE = p+2
22         p = p - lr*DpE
23         print('p :', p)
```

16 : p값을 -5로 변경합니다.

❷ ▶ 버튼을 눌러 프로그램을 실행시킵니다. 다음은 실행 결과 화면입니다.

```
p : -3.5
p : -2.75
p : -2.375
p : -2.1875
p : -2.09375
p : -2.046875
p : -2.0234375
p : -2.01171875
p : -2.005859375
p : -2.0029296875
p : -2.00146484375
p : -2.000732421875
p : -2.0003662109375
p : -2.00018310546875
p : -2.000091552734375
p : -2.0000457763671875
```

p값이 -2.0000까지 이동한 것을 확인합니다.

※ 경사 하강 법은 기울기 하강 법, 미분 하강 법이라고도 할 수 있습니다.

03 _ 확장 경사 하강 법

앞에서 우리는 다음과 같은 수식의 경사 하강 법을 살펴보았습니다.

$$p = p - \alpha \frac{dE}{dp}$$

이 수식은 기울어진 방향으로 기울어진 정도에 따라 이동하겠다는 단순한 방법입니다. 이 식은 기울어진 정도가 클수록 더 많이 이동하게 됩니다. 최종적으로 $\frac{dE}{dp}$ 기울기 가 0이 되는 지점에서 멈추게 됩니다. 여기서는 이 수식을 확장한 형태의 수식을 살펴봅니다. 확장된 수식으로는 모멘텀, AdaGrad, RMSProp, Adam 등이 있습니다. 일반적으로 Adam이 가장 많이 사용되는 최적화 수식입니다. 지금부터 이 수식들을 살펴보고 구현해 봅니다.

Momentum

모멘텀의 수식은 다음과 같습니다.

$$v = mv - \alpha \frac{dE}{dp}$$
$$p = p + v$$

모멘텀은 오차의 최소 위치를 찾기 위해 운동량 개념을 적용한 최적화 방법입니다. 이 수식에서 v는 이동 속도를 의미합니다. 즉, 경사에 의해서 속도가 점점 더해지는 상황을 고려한 최적화 방법입니다. 갱신되는 위치 값은 경사에 의한 속도 값이 더해지는 형태로 갱신됩니다. m은 momentum을 의미하며, 속도를 얼마나 고려할지를 정하게 됩니다. m은 일반적으로 0.9 정도의 값을 사용합니다. m이 0일 경우 앞에서 본 기본적인 경사하강 법과 같은 수식이 됩니다. 모멘텀은 현재 속도에 기울기가 더해지기 때문에 최소 위치를 찾는 속도가 더 빠릅니다. 또 찾는 속도가 점점 더 빨라지게 됩니다.

1 다음과 같이 예제를 수정합니다.

431_1.py

```
01 import numpy as np
02 import time
03 import matplotlib.pyplot as plt
04
05 NUM_SAMPLES = 1000
```

```
06
07 np.random.seed(int(time.time()))
08
09 ps = np.random.uniform(-6, 2, NUM_SAMPLES)
10
11 es = 0.5*(ps+2)**2
12
13 plt.plot(ps, es, 'b.')
14 plt.show()
15
16 p = -5
17 E = 0.5*(p+2)**2
18 lr = 0.5
19
20 v = 0
21 m = 0.5
22 for i in range(16):
23     DpE = p+2
24     v = m*v - lr*DpE
25     p = p + v
26     print('p :', p)
```

20 : v 변수를 선언한 후, 0으로 초기화합니다. 모멘텀의 초기 속도 값을 0으로 초기화합니다.

21 : m 변수를 선언한 후, 0.5로 초기화합니다. m 변수는 24줄에서 속도 v에 곱해져 속도를 얼마나 고려할지 결정하는 인자입니다.

24, 25 : 다음 모멘텀 수식을 구현합니다.

$$v = mv - \alpha \frac{dE}{dp}$$
$$p = p + v$$

2 ▶ 버튼을 눌러 프로그램을 실행시킵니다. 다음은 실행 결과 화면입니다.

```
p : -3.5
p : -2.0
p : -1.25
p : -1.25
p : -1.625
p : -2.0
p : -2.1875
p : -2.1875
p : -2.09375
p : -2.0
p : -1.953125
p : -1.953125
p : -1.9765625
p : -2.0
p : -2.01171875
p : -2.01171875
```

p값이 -2를 중심으로 좌우로 흔들리면서 -2에 가까워지는 것을 확인합니다.

AdaGrad

AdaGrad의 수식은 다음과 같습니다.

$$h = h + (\frac{dE}{dp})^2$$

$$p = p - \frac{\alpha}{\sqrt{h}}\frac{dE}{dp}$$

h 는 경사도를 제곱하여 계속 더해준 값입니다. 즉, 학습 과정에서 얻게 된 경사도 제곱 $(\frac{dE}{dp})^2$의 합입니다. $\sqrt{h}$는 현재 위치까지 누적된 경사도의 합을 반영합니다. 경사가 있는 동안에 $\sqrt{h}$ 값은 계속해서 커지게 되며, 경사도가 0에 가까워질수록 h 값은 일정한 값으로 수렴하게 됩니다. $\frac{\alpha}{\sqrt{h}}$는 학습률 α 를 $\sqrt{h}$ 로 나누어 학습이 많이 진행될수록 학습률이 작아지도록 조절하는 역할을 합니다. 그래서 학습이 진행될수록 최소 위치를 찾는 속도는 점점 느려지게 됩니다.

1 다음과 같이 예제를 수정합니다.

432_1.py

```
01 import numpy as np
02 import time
03 import matplotlib.pyplot as plt
04
05 NUM_SAMPLES = 1000
06
07 np.random.seed(int(time.time()))
08
09 ps = np.random.uniform(-6, 2, NUM_SAMPLES)
10
11 es = 0.5*(ps+2)**2
12
13 plt.plot(ps, es, 'b.')
14 plt.show()
15
16 p = -5
17 E = 0.5*(p+2)**2
18 lr = 0.5
19
20 h = 0
21 for i in range(16):
22     DpE = p+2
23     h = h + DpE*DpE
24     p = p - lr*1/np.sqrt(h)*DpE
25     print('p :', p)
```

20 : h 변수를 선언한 후, 0으로 초기화합니다. AdaGrad의 기울기 제곱의 누적 값을 0으로 초기화합니다.

23, 24 : 다음 AdaGrad 수식을 구현합니다.

$$h = h + (\frac{dE}{dp})^2$$
$$p = p - \frac{\alpha}{\sqrt{h}}\frac{dE}{dp}$$

2 ▶ 버튼을 눌러 프로그램을 실행시킵니다. 다음은 실행 결과 화면입니다.

```
p : -4.5
p : -4.17990780016776
p : -3.936198871936842
p : -3.73755267275177
p : -3.56963972891179936
p : -3.42448608972912
p : -3.297102434927234
p : -3.184110572800342
p : -3.083088830988888
p : -2.9922243398489448
p : -2.910112967319001
p : -2.835636906159039
p : -2.767886021231685
p : -2.706105258180596
p : -2.64965829085841556
p : -2.5980016754318234
```

p값이 −2로 가까워지는 것을 확인합니다. 또, −2에 가까워질수록 속도가 늦어지는 것을 확인합니다.

RMSProp

RMSProp의 수식은 다음과 같습니다.

$$h = \rho h + (1 - \rho)(\frac{dE}{dp})^2$$
$$p = p - \frac{\alpha}{\sqrt{h}}\frac{dE}{dp}$$

RMSProp은 AdaGrad를 개선한 방법으로 경사도 제곱의 합 h와 현재 경사도 제곱 $(\frac{dE}{dp})^2$ 을 비율적으로 선택할 수 있도록 합니다. 수식에서 ρ 값을 조절하여 현재 경사도의 제곱의 비율을 많이 주거나 적게 줄 수 있습니다. 예를 들어, ρ 값이 작을수록 h 에 현재 경사도를 크게 반영하게 됩니다. h 에 현재 경사도가 크게 반영될 경우 $\sqrt{h}$ 도 현재 경사도를 크게 반영하게 됩니다. 그래서 학습률 α 를 $\sqrt{h}$ 로 나누어 학습률이 작아지도록 조종하는 역할을 합니다.

1 다음과 같이 예제를 수정합니다.

433_1.py

```
01 import numpy as np
02 import time
03 import matplotlib.pyplot as plt
04
```

```
05 NUM_SAMPLES = 1000
06
07 np.random.seed(int(time.time()))
08
09 ps = np.random.uniform(-6, 2, NUM_SAMPLES)
10
11 es = 0.5*(ps+2)**2
12
13 plt.plot(ps, es, 'b.')
14 plt.show()
15
16 p = -5
17 E = 0.5*(p+2)**2
18 lr = 0.5
19
20 h = 0
21 lo = 0.9
22 for i in range(16):
23     DpE = p+2
24     h = lo*h + (1-lo)*DpE*DpE
25     p = p - lr*1/np.sqrt(h)*DpE
26     print('p :', p)
```

20 : h 변수를 선언한 후, 0으로 초기화합니다.

21 : lo 변수를 선언한 후, 0.9로 초기화합니다.

24, 25 : 다음 RMSProp 수식을 구현합니다.

$$h = \rho h + (1-\rho)(\frac{dE}{dp})^2$$

$$p = p - \frac{\alpha}{\sqrt{h}}\frac{dE}{dp}$$

2 ▶ 버튼을 눌러 프로그램을 실행시킵니다. 다음은 실행 결과 화면입니다.

```
p : -3.41886116991581
p : -2.7134110396666205
p : -2.349554711258639
p : -2.1629433880058793
p : -2.0714037348256906
p : -2.029135223319893
p : -2.0109564566037306
p : -2.003750520229244
p : -2.0011504207124537
p : -2.000309734675076
p : -2.0000711482607567
p : -2.0000133787199332
p : -2.000001928128071
p : -2.0000001886138024
p : -2.0000000092460635
p : -1.999999999977627
```

p값이 −2로 가까워지는 것을 확인합니다.

Adam

Adam의 수식은 다음과 같습니다.

$$m_t = \beta_1 m_{t-1} + (1 - \beta_1) \frac{dE}{dp}$$

$$v_t = \beta_2 v_{t-1} + (1 - \beta_2)(\frac{dE}{dp})^2$$

$$M_t = \frac{m_t}{1 - \beta_1^t}$$

$$V_t = \frac{v_t}{1 - \beta_2^t}$$

$$p = p - \frac{\alpha}{\sqrt{V_t} + \epsilon} M_t$$

Adam은 모멘텀과 AdaGrad를 조합한 방법입니다. 앞에서 모멘텀은 새로운 인자로 속도 개념을 갖는 v를, AdaGrad는 가속도 제곱의 누적 h를 추가하여 최적화를 수행했는데, Adam은 두 방법을 조합하고, v, h가 각각 처음에 0으로 설정되어 학습 초반에 0으로 편향되는 문제를 해결하는 방법을 더하여 만들어진 방법입니다. 수식에서 m_t 는 모멘텀의 v를, v_t 는 AdaGrad의 h를 의미합니다. M_t, V_t 는 각각 0에 편향되지 않게 하는 역할을 합니다. 보통 β1 로는 0.9, β2로는 0.999, ε으로는 10^{-8} 정도의 값을 사용합니다.

1 다음과 같이 예제를 수정합니다.

434_1.py

```
01 import numpy as np
02 import time
03 import matplotlib.pyplot as plt
04
05 NUM_SAMPLES = 1000
06
07 np.random.seed(int(time.time()))
08
09 ps = np.random.uniform(-6, 2, NUM_SAMPLES)
10
11 es = 0.5*(ps+2)**2
12
13 plt.plot(ps, es, 'b.')
14 plt.show()
15
16 p = -5
```

```
17 E = 0.5*(p+2)**2
18 lr = 0.5
19
20 m = 0
21 v = 0
22 t = 0
23 beta_1 = 0.9
24 beta_2 = 0.999
25 eps = 10**-8
26 for i in range(16):
27     t = t + 1
28     DpE = p+2
29     m = beta_1*m + (1-beta_1)*DpE
30     v = beta_2*v + (1-beta_2)*DpE*DpE
31     M = m/(1-beta_1**t)
32     V = v/(1-beta_2**t)
33     p = p - lr*M/(np.sqrt(V)+eps)
34     print('p :', p)
```

20, 21 : m, v 변수를 선언한 후, 0으로 초기화합니다.

22 : t 변수를 선언한 후, 0으로 초기화합니다. t 변수는 28줄에서 최적화 단계를 기록하기 위해 사용합니다.

23, 24 : beta_1, beta_2 변수를 선언한 후, 0으로 초기화합니다.

25 : eps 변수를 선언한 후, 10^{-8} 으로 초기화합니다.

27 : t 변수를 1씩 증가시켜 단계를 기록합니다.

29~33 : 다음 Adam 수식을 구현합니다.

$$m_t = \beta_1 m_{t-1} + (1-\beta_1)\frac{dE}{dp}$$

$$v_t = \beta_2 v_{t-1} + (1-\beta_2)(\frac{dE}{dp})^2$$

$$M_t = \frac{m_t}{1-\beta_1^t}$$

$$V_t = \frac{v_t}{1-\beta_2^t}$$

$$p = p - \frac{\alpha}{\sqrt{V_t}+\epsilon}M_t$$

2 ▶ 버튼을 눌러 프로그램을 실행시킵니다. 다음은 실행 결과 화면입니다.

```
p : -4.500000001666667
p : -4.0044135661447235
p : -3.51770813287177
p : -3.0459154724609996
p : -2.596907461354961
p : -2.180399226763144
p : -1.8073832706986472
p : -1.4887778921304025
p : -1.2334779898811434
p : -1.046552266834851
p : -0.9284485074849226
p : -0.875461954432766
p : -0.8809741868124046
p : -0.9367635792767339
p : -1.0339729342963133
p : -1.163663645331026
```

p값이 −2를 중심으로 좌우로 흔들리면서 −2에 가까워지는 것을 확인합니다.

지금까지 확장 경사 하강 법으로 모멘텀, AdaGrad, RMSProp, Adam을 살펴보았습니다. 일반적으로 Adam이 가장 많이 사용되는 최적화 함수입니다.

Python with AI

05

CNN 알고리즘의 이해와 구현

이번 장에서는 CNN 알고리즘을 이해해보고 직접 구현해 봅니다. CNN은 영상 인식과 관련된 인공 신경망으로 특히 활용이 많이 되는 인공 신경망입니다. 첫 번째, CNN의 순전파 과정을 살펴보고 구현해 봅니다. 이 과정에서 convolution, filter, stride, padding, pooling 등에 대한 용어를 정리하고 구현에 적용해 봅니다. 두 번째, 손글씨 데이터, 패션 데이터를 이용하여 실제 활용되는 CNN 기반 딥러닝을 살펴봅니다. 세 번째, CNN의 역전파 과정을 살펴보고 구현해 봅니다.

01 _ CNN의 순전파 이해와 구현

다음은 CNN 형태의 인공 신경망입니다. CNN은 이미지 인식에 뛰어난 인공 신경망으로 이미지의 특징을 뽑아내는 인공 신경망과 분류를 위한 인공 신경망으로 구성됩니다.

이미지의 특징을 뽑아내는 인공 신경망은 전통적인 영상 인식 방법을 접목한 신경망입니다. 전통적인 영상 인식 방법에서는 여러 가지 필터를 이용하여 이미지의 특징을 추출합니다. 필터는 커널이라고도 하며, CNN에서는 학습의 대상이 되는 가중치가 됩니다. 합성 곱(Convolution)은 필터를 이용하여 이미지의 특징을 추출하는 연산을 말하며, 모으기(Pooling)는 합성 곱을 이용하여 얻어낸 이미지를 단순화하는 연산을 말합니다. 분류를 위한 인공 신경망은 앞에서 살펴봤던 신경망으로 완전 연결 층 신경망이라고도 합니다. 여기서는 CNN에서 합성 곱(Convolution)과 모으기(Pooling) 연산의 동작을 살펴보고 구현해 봅니다.

CNN 신경망 살펴보기

CNN에서는 입력 이미지가 필터를 거쳐 특징을 가진 이미지로 출력되는 합성 곱(Convolution) 과정, 이미지를 단순화하는 모으기(Pooling) 과정, 앞에서 배웠던 완전 연결 층을 거치는 과정으로 구성됩니다. 예를 들어, 다음은 28x28x1 이미지에 대해 합성 곱 1차, 합성 곱 2차, 모으기, 완전 연결 층으로 구성된 CNN 신경망을 나타냅니다.

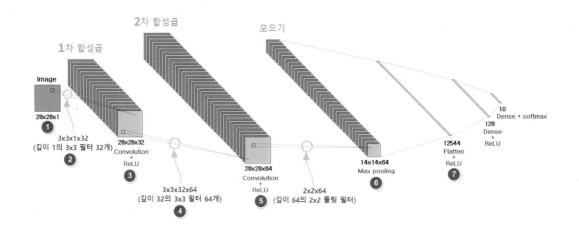

❶ 이 신경망에서 입력 층은 28x28x1의 이미지입니다. CNN에서 입력 이미지는 (세로 픽셀 개수x가로 픽셀 개수x깊이)로 구성됩니다. 여기서는 세로 28픽셀, 가로 28픽셀, 깊이 1의 이미지를 나타냅니다. 깊이는 채널(channel)이라고도 합니다.

❷ 입력 이미지에 필터 1개가 적용되면 특징을 가진 출력 이미지 1개가 나옵니다. 필터의 크기는 1x1, 3x3, 5x5와 같이 같은 크기의 홀수의 곱으로 표현됩니다. 일반적으로 3x3 크기의 필터가 사용됩니다. 입력 이미지에 필터가 적용될 때 필터의 깊이는 반드시 입력 이미지의 깊이와 같아야 합니다. 즉, 합성 곱에 사용하는 필터의 깊이는 입력 이미지의 깊이와 같아야 합니다. 예를 들어, 여기서 사용되는 필터는 3x3x1 크기의 필터가 되어야 합니다. 위 그림에서 28x28x1 이미지는 3x3x1 필터와 합성 곱이 수행된 후, 28x28x1의 특징을 가진 출력 이미지가 됩니다. 즉, 세로 28픽셀, 가로 28픽셀, 깊이 1의 특징을 가진 이미지가 출력됩니다.

❸ 또, 필터의 개수는 출력 이미지의 깊이와 같아야 합니다. 즉, 1차 합성 곱을 거친 출력 이미지의 깊이가 32이므로 1차 합성 곱에 필요한 필터의 개수는 32개가 되어야 합니다. 그래서 1차 합성 곱에 필요한 필터는 3x3x1x32의 크기가 됩니다. 1차 합성 곱을 거친 28x28x32 이미지는 세로 28픽셀, 가로 28픽셀, 깊이 32인 하나의 특징 이미지가 됩니다.

❹ 2차 합성 곱에서도 입력 이미지에 필터 1개가 적용되면 특징을 가진 출력 이미지 1개가 나옵니다. 입력 이미지의 깊이가 32이므로 필터의 크기는 3x3x32가 되어야 합니다.

❺ 2차 합성 곱을 거친 출력 이미지의 깊이가 64이므로 2차 합성 곱에 필요한 필터의 개수는 64개가 되어야 합니다. 그래서 2차 합성 곱에 필요한 필터는 3x3x32x64의 크기가 됩니다. 2차 합성 곱을 거친 28x28x64 이미지는 세로 28픽셀, 가로 28픽셀, 깊이 64인 하나의 특징 이미지가 됩니다.

❻ 모으기 과정은 입력 이미지의 가로, 세로 크기를 줄이는 과정으로 일반적으로 가로, 세로 크기를 각각 1/2로 줄이게 됩니다. 그래서 가로 14, 세로 14, 깊이 64가 됩니다.

❼ Flatten 과정에서는 모으기 과정을 거친 입체 이미지를 1차원 형태로 변형하는 작업을 수행합니다. 즉, 모으기 과정의 입체 이미지를 구성하는 모든 픽셀은 1차원 형태로 나열됩니다. 그래서 14x14x64 = 12544가 됩니다. 이후의 구성은 앞에서 배웠던 신경망의 구성과 같습니다.

3×3 입력 : filter size

여기서는 3x3 입력 이미지와 3x3 필터에 대해 합성 곱이 수행되는 과정을 살펴봅니다. 이미지의 깊이는 1로 설명의 편의상 생략합니다. 깊이가 고려되는 과정은 뒤에서 구체적으로 살펴봅니다.

다음은 3x3 입력 이미지와 3x3 필터에 대해 합성 곱이 수행되는 과정을 보여줍니다.

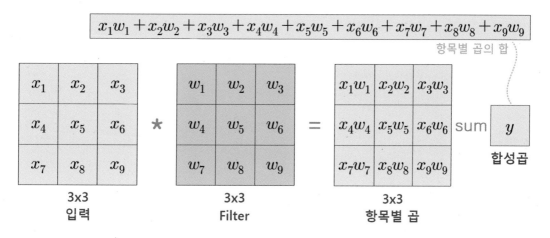

3x3 입력 이미지와 3x3 필터는 각각의 대응되는 항목이 개별적으로 곱해져 항목별 곱을 얻은 후에 9개의 항목이 모두 더해져 최종 결과 값 하나를 얻게 됩니다. 합성 곱을 수행할 때 입력의 크기와 필터의 크기는 같아야 합니다. 일반적으로 필터의 크기는 1x1, 3x3, 5x5와 같이 홀수의 곱을 사용합니다.

다음은 3x3 입력 이미지에 대한 합성 곱의 구체적인 예를 보여줍니다.

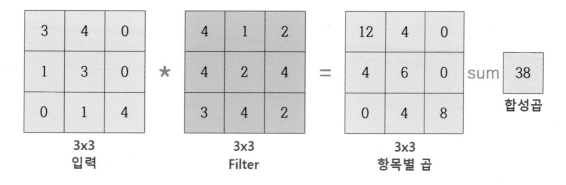

이 과정을 예제를 통해 살펴봅니다.

1 다음과 같이 예제를 작성합니다.

512_1.py

```python
01 import numpy as np
02
03 np.random.seed(1)
04
05 image = np.random.randint(5, size=(3,3))
06 print('image =\n', image)
07
08 filter = np.random.randint(5, size=(3,3))
09 print('filter =\n', filter)
10
11 image_x_filter = image * filter
12 print('image_x_filter =\n', image_x_filter)
13
14 convolution = np.sum(image_x_filter)
15 print('convolution =\n', convolution)
```

01 : numpy 모듈을 np라는 이름으로 불러옵니다. numpy 모듈은 행렬이나 다차원 배열을 쉽게 처리 할 수 있도록 지원하는 파이썬의 라이브러리입니다.

03 : np.random.seed 함수를 호출하여 임의 숫자 생성기 모듈을 초기화합니다. 인자로 1을 주어 생성되는 숫자를 일정하게 합니다. 숫자를 변경하면 생성되는 숫자가 달라질 수 있습니다.

05 : 0이상 5미만의 정수를 가진 3x3 행렬을 생성하여 image 변수에 할당합니다.

06 : print 함수를 호출하여 image 변수가 가리키는 행렬 값을 출력해 봅니다.

08 : 0이상 5미만의 정수를 가진 3x3 행렬을 생성하여 filter 변수에 할당합니다.

09 : print 함수를 호출하여 filter 변수가 가리키는 행렬 값을 출력해 봅니다.

11 : image와 filter를 곱한 후, 결과 행렬을 image_x_filter에 할당합니다. 파이썬에서 같은 크기를 갖는 두 개의 NumPy 행렬을 곱하면 같은 위치에 있는 항목끼리 곱셈이 수행됩니다.

12 : print 함수를 호출하여 image_x_filter 변수가 가리키는 행렬 값을 출력해 봅니다.

14 : np.sum 함수를 호출하여 image_x_filter 행렬의 모든 항목 값을 더하여 convolution 변수에 할당합니다.

15 : print 함수를 호출하여 convolution 값을 출력해 봅니다.

2 ▶ 버튼을 눌러 프로그램을 실행시킵니다. 다음은 실행 결과 화면입니다.

출력 결과를 앞의 그림과 비교하면서 살펴봅니다.

※ 독자의 이해를 돕기 위해 결과 화면을 편집하였습니다.

4×4 입력 : stride

여기서는 4x4 입력 이미지와 3x3 필터에 대해 합성 곱이 수행되는 과정을 살펴봅니다. 다음은 4x4 입력 이미지와 3x3 필터에 대해 합성 곱이 수행되는 과정을 보여줍니다.

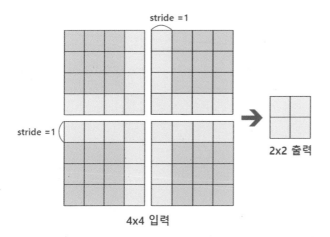

일반적으로 입력 이미지는 필터의 크기보다 큰데, 이때는 필터를 입력 이미지 위에서 일정 간격만큼 왼쪽에서 오른쪽으로 위에서 아래로 옮겨 다니면서 합성 곱을 수행합니다. 이 때 옮겨 다니는 크기를 stride(걸음)라고 합니다. stride 값은 1 이상의 정수 값이 되며 여기서는 1을 사용하고 있습니다. 위 그림은 4x4 입력 이미지로 4개의 3x3 하위 이미지를 생성한 후, 각각의 이미지에 대해 3x3 필터와 합성 곱을 수행하여 2x2 출력 이미지를 생성하는 과정을 나타냅니다.

다음은 4x4 입력 이미지에 대한 합성 곱의 구체적인 예를 보여줍니다.

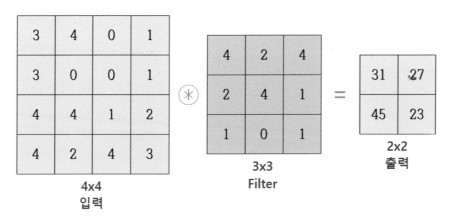

구체적으로 다음과 같은 과정을 거쳐 합성 곱을 수행합니다.

1단계

3	4	0	1
3	0	0	1
4	4	1	2
4	2	4	3

*

4	2	4
2	4	1
1	0	1

=

12	8	0
6	0	0
4	0	1

sum

31	

2단계

3	4	0	1
3	0	0	1
4	4	1	2
4	2	4	3

*

4	2	4
2	4	1
1	0	1

=

16	0	4
0	0	1
4	0	2

sum

31	27

3단계

3	4	0	1
3	0	0	1
4	4	1	2
4	2	4	3

*

4	2	4
2	4	1
1	0	1

=

12	0	0
8	16	1
4	0	4

sum

31	27
45	

4단계

3	4	0	1
3	0	0	1
4	4	1	2
4	2	4	3

*

4	2	4
2	4	1
1	0	1

=

0	0	4
8	4	2
2	0	3

sum

31	27
45	23

4x4
입력

3x3
Filter

3x3
항목별 곱

2x2
합성곱 출력

이 과정을 예제를 통해 살펴봅니다.

1 다음과 같이 예제를 작성합니다.

513_1.py

```
01 import numpy as np
02
03 np.random.seed(1)
04
05 image = np.random.randint(5, size=(4,4))
06 print('image =\n', image)
07
08 filter = np.random.randint(5, size=(3,3))
09 print('filter =\n', filter)
10
11 convolution = np.zeros((2,2))
```

```
12
13 for row in range(2):
14     for col in range(2):
15         window = image[row:row+3, col:col+3]
16         print( 'window(%d, %d) =\n' %(row, col), window)
17         print( 'window(%d, %d)*filter =\n' %(row, col), window*filter)
18         convolution[row, col] = np.sum(window*filter)
19
20 print( 'convolution =\n' , convolution)
```

05 : 0이상 5미만의 임의 정수를 가진 4x4 행렬을 생성하여 image 변수에 할당합니다.

11 : np.zeros 함수를 호출하여 0값으로 채워진 2x2 행렬을 생성하여 convolution 변수에 할당합니다.

13 : row값을 0에서 2 미만까지 바꾸어가며 14~18줄을 2회 수행합니다.

14 : col값을 0에서 2 미만까지 바꾸어가며 15~18줄을 2회 수행합니다.

15 : image 행렬의 row 이상 (row+3) 미만까지, col 이상 (col+3) 미만까지의 행렬을 window 변수가 가리키게 합니다. 예를 들어, (row=0, col=0)일 경우 window 변수는 image[0:3, 0:3] 행렬을 가리키게 됩니다.

16 : print 함수를 호출하여 row, col값과 window가 가리키는 행렬 값을 출력합니다.

17 : print 함수를 호출하여 row, col값과 window*filter 행렬 값을 출력합니다.

18 : np.sum 함수를 호출하여 window*filter 행렬의 모든 항목의 값을 더해서 convolution 행렬의 (row, col) 항목에 할당합니다.

20 : print 함수를 호출하여 convolution 값을 출력합니다.

2 ▶ 버튼을 눌러 프로그램을 실행시킵니다. 다음은 실행 결과 화면입니다.

```
        image =         window(0, 0) =   filter =       window(0, 0)*filter =   convolution =
        [[3 4 0 1]      [[3 4 0]         [[4 2 4]        [[12  8  0]              [[31. 27.]
1단계   [3 0 0 1]       [3 0 0]          [2 4 1]         [ 6  0  0]               [45. 23.]]
        [4 4 1 2]       [4 4 1]]         [1 0 1]]        [ 4  0  1]]
        [4 2 4 3]]

        image =         window(0, 1) =   filter =       window(0, 1)*filter =   convolution =
        [[3 4 0 1]      [[4 0 1]         [[4 2 4]        [[16  0  4]              [[31. 27.]
2단계   [3 0 0 1]       [0 0 1]          [2 4 1]         [ 0  0  1]               [45. 23.]]
        [4 4 1 2]       [4 1 2]]         [1 0 1]]        [ 4  0  2]]
        [4 2 4 3]]

        image =         window(1, 0) =   filter =       window(1, 0)*filter =   convolution =
        [[3 4 0 1]      [[3 0 0]         [[4 2 4]        [[12  0  0]              [[31. 27.]
3단계   [3 0 0 1]       [4 4 1]          [2 4 1]         [ 8 16  1]               [45. 23.]]
        [4 4 1 2]       [4 2 4]]         [1 0 1]]        [ 4  0  4]]
        [4 2 4 3]]

        image =         window(1, 1) =   filter =       window(1, 1)*filter =   convolution =
        [[3 4 0 1]      [[0 0 1]         [[4 2 4]        [[0  0  4]               [[31. 27.]
4단계   [3 0 0 1]       [4 1 2]          [2 4 1]         [8  4  2]                [45. 23.]]
        [4 4 1 2]       [2 4 3]]         [1 0 1]]        [2  0  3]]
        [4 2 4 3]]

        4x4             3x3              3x3            3x3                      2x2
        입력            윈도우           Filter         항목별 곱                합성곱 출력
```

출력 결과를 앞의 그림과 비교하면서 살펴봅니다.

※ 독자의 이해를 돕기 위해 결과 화면을 편집하였습니다.

6×6 입력 : padding

앞에서 우리는 4x4 입력 이미지에 대해 3x3 필터와 합성 곱을 수행해 보았습니다. 그 결과 2x2 크기의 출력 이미지를 얻게 되었습니다. 합성 곱을 수행하면 출력 이미지는 입력 이미지보다 작아지게 됩니다. 반복적으로 합성 곱을 수행하면 이미지의 크기는 점점 더 작아지게 됩니다. 입력 이미지의 크기와 출력 이미지의 크기를 같게 하기 위해서는 입력 이미지의 크기를 늘려 주어야 합니다. 이 과정을 padding(붙이기)라고 합니다.

다음은 4x4 입력 이미지를 상하 좌우로 1칸씩 zero padding을 하여 6x6 이미지로 변경한 후, 합성 곱을 수행한 결과를 보여줍니다.

6x6
zero pad
입력

padding=1

3x3
Filter

4x4
출력

여기서는 padding=1, stride=1로 수행할 경우 출력 이미지의 크기는 입력 이미지의 크기와 같게 됩니다. 일반적으로 입력 이미지의 크기가 N*N, 필터의 크기가 K*K, padding의 크기가 P, stride의 크기가 S라면 출력 이미지의 크기는 다음과 같습니다.

$$\left\lfloor \frac{N+2P-K}{S}+1 \right\rfloor \times \left\lfloor \frac{N+2P-K}{S}+1 \right\rfloor$$

예를 들어, 이미지의 크기가 4x4, 필터의 크기가 3x3, padding의 크기가 1, stride의 크기가 1이라면 출력 이미지의 크기는 다음과 같습니다.

$$\left\lfloor \frac{4+2\times1-3}{1}+1 \right\rfloor \times \left\lfloor \frac{4+2\times1-3}{1}+1 \right\rfloor = 4\times4$$

위의 과정을 예제를 통해 살펴봅니다.

1 다음과 같이 예제를 작성합니다.

514_1.py

```
01 import numpy as np
02
03 np.random.seed(1)
04
05 image = np.random.randint(5, size=(4,4))
06 print('image =\n', image)
07
08 filter = np.random.randint(5, size=(3,3))
09 print('filter =\n', filter)
10
11 image_pad = np.pad(image,((1,1), (1,1)))
12 print('image_pad =\n', image_pad)
13
14 convolution = np.zeros((4,4))
15
16 for row in range(4):
17     for col in range(4):
18             window = image_pad[row:row+3, col:col+3]
19             convolution[row, col] = np.sum(window*filter)
20
21 print('convolution =\n', convolution)
```

11 : np.pad 함수를 호출하여 image 행렬과 같은 모양의 행렬을 내부적으로 생성한 후, 행을 상하로 한 칸씩, 열을 좌우로 한 칸씩 늘려 0으로 채운 후, image_pad 변수에 할당합니다.

12 : print 함수를 호출하여 image_pad 변수가 가리키는 행렬 값을 출력해 봅니다.

14 : np.zeros 함수를 호출하여 0값으로 채워진 4x4 행렬을 생성하여 convolution 변수에 할당합니다.

16 : row값을 0에서 4 미만까지 바꾸어가며 17~19줄을 4회 수행합니다.

17 : col값을 0에서 4 미만까지 바꾸어가며 18~19줄을 4회 수행합니다.

18 : image_pad 행렬의 row 이상 (row+3) 미만까지, col 이상 (col+3) 미만까지의 행렬을 window 변수가 가리키게 합니다. 예를 들어, (row=0, col=0)일 경우 window 변수는 image_pad[0:3, 0:3] 행렬을 가리키게 됩니다.

19 : np.sum 함수를 호출하여 window*filter 행렬의 모든 항목의 값을 더해서 convolution 행렬의 (row, col) 항목에 할당합니다.

21 : print 함수를 호출하여 convolution 행렬 값을 출력합니다.

2 ▶ 버튼을 눌러 프로그램을 실행시킵니다. 다음은 실행 결과 화면입니다.

```
                image_pad =
image =         [[0 0 0 0 0 0]          filter =      convolution =
[[3 4 0 1]      [0 3 4 0 1 0]           [[4 2 4]      [[16. 25. 10.  4.]
[3 0 0 1]       [0 3 0 0 1 0]           [2 4 1]       [38. 31. 27.  7.]
[4 4 1 2]       [0 4 4 1 2 0]           [1 0 1]]      [28. 45. 23. 16.]
[4 2 4 3]]      [0 4 2 4 3 0]            3x3          [42. 48. 49. 28.]]
  4x4           [0 0 0 0 0 0]]          Filter
  입력               6x6                                 4x4
                  zero pad                              출력
                    입력
```

출력 결과를 앞의 그림과 비교하면서 살펴봅니다.

※ 독자의 이해를 돕기 위해 결과 화면을 편집하였습니다.

4×4 합성 곱 : pooling

다음은 4x4 합성 곱 이미지에 대해 max pooling을 수행한 결과를 보여줍니다. pooling은 특별한 종류의 필터로 생각할 수 있습니다. max pooling은 pooling 필터가 적용되는 영역에서 최대값을 골라냅니다.

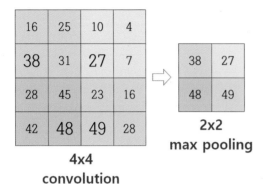

4x4
convolution

2x2
max pooling

일반적으로 pooling 필터의 크기는 2x2가 사용되며, stride는 2가 됩니다.

이 과정을 예제를 통해 살펴봅니다.

1 다음과 같이 예제를 작성합니다.

515_1.py

```python
01 import numpy as np
02
03 np.random.seed(1)
04
05 image = np.random.randint(5, size=(4,4))
06 print(' image =\n ', image)
07
08 filter = np.random.randint(5, size=(3,3))
09 print(' filter =\n', filter)
10
11 image_pad = np.pad(image,((1,1), (1,1)))
12 print(' image_pad =\n ', image_pad)
13
14 convolution = np.zeros((4,4))
15
16 for row in range(4):
17     for col in range(4):
18             window = image_pad[row:row+3, col:col+3]
19             convolution[row, col] = np.sum(window*filter)
20
21 print(' convolution =\n ', convolution)
```

```
22
23 max_pooled = np.zeros((2,2))
24
25 for row in range(0, 2):
26     for col in range(0, 2):
27         window = convolution[2*row:2*row+2, 2*col:2*col+2]
28         max_pooled[row, col] = np.max(window)
29
30 print( 'max_pooled =\n' , max_pooled)
```

23 : np.zeros 함수를 호출하여 0값으로 채워진 2x2 행렬을 생성하여 max_pooled 변수에 할당합니다.

25 : row값을 0에서 2 미만까지 26~28줄을 2회 수행합니다.

26 : col값을 0에서 2 미만까지 27~28줄을 2회 수행합니다.

27 : convolution 행렬의 2*row 이상 (2*row+2) 미만까지, 2*col 이상 (2*col+2) 미만까지의 행렬을 window 변수가 가리키게 합니다. 예를 들어, (row=0, col=0)일 경우 window 변수는 convolution[0:2, 0:2] 행렬을 가리키게 됩니다.

28 : np.max 함수를 호출하여 window가 가리키는 행렬의 항목 중에 최대값을 갖는 항목을 max_pooled 행렬의 (row, col) 항목에 할당합니다.

30 : print 함수를 호출하여 max_pooled 행렬 값을 출력합니다.

❷ ▶ 버튼을 눌러 프로그램을 실행시킵니다. 다음은 실행 결과 화면입니다.

출력 결과를 앞의 그림과 비교하면서 살펴봅니다.

※ 독자의 이해를 돕기 위해 결과 화면을 편집하였습니다.

6×6 입력 필터 늘리기

다음은 6x6 입력 이미지에 대해 2개의 필터를 이용하여 2개의 출력 이미지를 얻는 과정을 보여줍니다. 필터는 이미지의 특징을 추출하는 역할을 하므로 여기서는 입력 이미지에서 2가지 특징을 추출하게 됩니다. 일반적으로 필터의 개수만큼 이미지의 특징이 추출됩니다.

6x6 zero pad 입력

0	0	0	0	0	0
0	3	4	0	1	0
0	3	0	0	1	0
0	4	4	1	2	0
0	4	2	4	3	0
0	0	0	0	0	0

$\circledast$

3x3x2 Filter

4	4	4
1	1	1
0	1	0

2	2	1
0	1	1
4	0	3

=

4x4x2 출력

10	7	5	2
35	35	22	7
24	23	15	10
38	46	37	19

7	16	4	1
25	33	32	7
20	39	21	20
18	23	19	9

추출된 2장의 이미지는 다음과 같이 겹친 상태로 2층으로 쌓여진 하나의 입체 이미지를 구성합니다. 즉, 겹쳐진 개수만큼의 깊이를 갖는 하나의 이미지를 구성합니다.

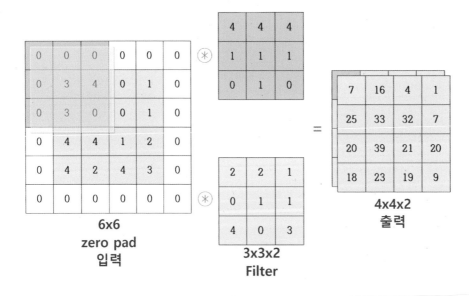

일반적으로 필터의 개수만큼 출력 이미지가 생성되며, 출력 이미지는 겹쳐진 상태로 하나의 입체 이미지로 출력됩니다. CNN에서는 최초에 입력된 이미지의 경우도 1층짜리 하나의 입체 이미지로 처리됩니다.

다음은 4x4x2 출력 이미지에 대해 max pooling을 수행한 결과를 보여줍니다.

10 7 5 2

35 35 22 7   35 22

24 23 15 10   46 37

38 46 37 19

7 16 4 1

25 33 32 7   33 32

20 39 21 20   39 21

18 23 19 9

2x2x2
max pooling

4x4x2
convolution

지금까지의 과정을 예제를 통해 정리해 봅니다.

1 다음과 같이 예제를 작성합니다.

516_1.py

```python
01 import numpy as np
02
03 np.random.seed(1)
04
05 image = np.random.randint(5, size=(4,4))
06 print('image =\n', image)
07
08 filter = np.random.randint(5, size=(3,3,2))
09 print('filter_0 =\n', filter[:,:,0])
10 print('filter_1 =\n', filter[:,:,1])
11
12 image_pad = np.pad(image,((1,1), (1,1)))
13 print('image_pad =\n', image_pad)
14
15 convolution = np.zeros((4,4,2))
16
17 for fn in range(2):
18     for row in range(4):
19         for col in range(4):
20             window = image_pad[row:row+3, col:col+3]
21             convolution[row, col, fn] = np.sum(window*filter[:,:,fn])
```

```
22
23 print( ' convolution_0 =\n ' , convolution[:,:,0])
24 print( ' convolution_1 =\n ' , convolution[:,:,1])
25
26 max_pooled = np.zeros((2,2,2))
27
28 for fn in range(2):
29      for row in range(0, 2):
30            for col in range(0, 2):
31                  window = convolution[2*row:2*row+2, 2*col:2*col+2, fn]
32                  max_pooled[row, col, fn] = np.max(window)
33
34 print( ' max_pooled_0 =\n ' , max_pooled[:,:,0])
35 print( ' max_pooled_1 =\n ' , max_pooled[:,:,1])
```

08 : 0이상 5미만의 정수를 가진 3x3x2 행렬을 생성하여 filter 변수에 할당합니다. 이렇게 하면 3x3 행렬 2개가 생성됩니다. 이 경우에는 3x3 크기의 필터 2개로 해석합니다.

09 : print 함수를 호출하여 첫 번째 filter 행렬 값을 출력해 봅니다.

10 : print 함수를 호출하여 두 번째 filter 행렬 값을 출력해 봅니다.

15 : np.zeros 함수를 호출하여 0값으로 채워진 4x4x2 행렬을 생성하여 convolution 변수에 할당합니다. 이 경우에는 2의 depth(깊이)를 갖는 4x4 행렬로 해석합니다.

17 : fn값을 0에서 2 미만까지 바꾸어가며 18~21줄을 2회 수행합니다. fn은 filter number를 의미합니다.

18 : row값을 0에서 4 미만까지 바꾸어가며 19~21줄을 4회 수행합니다.

19 : col값을 0에서 4 미만까지 바꾸어가며 20~21줄을 4회 수행합니다.

20 : image_pad 행렬의 row 이상 (row+3) 미만까지, col 이상 (col+3) 미만까지의 행렬을 window 변수가 가리키게 합니다. 예를 들어, (row=0, col=0)일 경우 window 변수는 image_pad[0:3, 0:3] 행렬을 가리키게 됩니다.

21 : np.sum 함수를 호출하여 window*filter[:,:,fn] 행렬의 모든 항목의 값을 더해서 convolution 행렬의 (row, col, fn) 항목에 할당합니다.

23 : print 함수를 호출하여 convolution[:,:,0] 행렬 값을 출력합니다.

24 : print 함수를 호출하여 convolution[:,:,1] 행렬 값을 출력합니다.

26 : np.zeros 함수를 호출하여 0값으로 채워진 2x2x2 행렬을 생성하여 max_pooled 변수에 할당합니다. 이 경우에는 맨 뒤에 오는 2의 depth(깊이)를 갖는 2x2 행렬로 해석합니다.

28 : fn값을 0에서 2 미만까지 바꾸어가며 29~32줄을 2회 수행합니다.

29 : row값을 0에서 2 미만까지 30~32줄을 2회 수행합니다.

30 : col값을 0에서 2 미만까지 31~32줄을 2회 수행합니다.

31 : convolution 행렬의 [2*row 이상 (2*row+2) 미만, 2*col 이상 (2*col+2) 미만, fn 깊이]에 있는 행렬을 window 변수가 가리키게 합니다. 예를 들어, (row=0, col=0, fn=0)일 경우 window 변수는 convolution[0:2, 0:2, 0] 행렬을 가리키게 됩니다.

32 : np.max 함수를 호출하여 window가 가리키는 행렬의 항목 중에 최대값을 갖는 항목을 max_pooled 행렬의 (row, col, fn) 항목에 할당합니다.

34 : print 함수를 호출하여 max_pooled[:,:,0] 행렬 값을 출력합니다.

35 : print 함수를 호출하여 max_pooled[:,:,1] 행렬 값을 출력합니다.

2 ▶ 버튼을 눌러 프로그램을 실행시킵니다. 다음은 실행 결과 화면입니다.

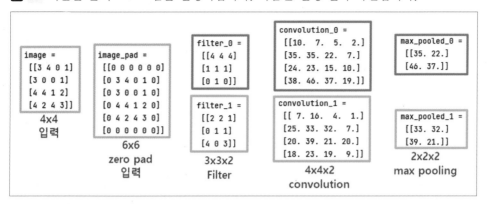

출력 결과를 앞의 그림과 비교하면서 살펴봅니다.

※ 독자의 이해를 돕기 위해 결과 화면을 편집하였습니다.

필터 역할 살펴보기

앞에서 우리는 입력 이미지에 3x3 필터를 적용하여 합성 곱을 수행하는 과정을 살펴보았습니다. 이 과정을 영상 인식에서는 필터링이라고 합니다. 필터링이란 이미지나 영상에서 원하는 정보만 걸러내는 작업을 말합니다. 이 과정에서 잡음을 걸러내어 영상을 깨끗하게 만들거나 잔선을 제거하여 흐리게 만들거나 부드러운 느낌을 걸러내어 선명한 느낌의 영상을 만들 수 있습니다. 필터링은 필터, 커널, 마스크, 윈도우 등으로 불리는 작은 크기의 행렬을 이용합니다. 필터링 연산의 결과는 행렬의 크기와 각 항목의 값에 의해 결정됩니다. 여기서는 필터링을 통해 추출되는 이미지의 특징을 구체적으로 살펴봅니다.

다음은 여러 나라의 문자가 표시된 큐브 이미지입니다. 이 큐브 이미지에 몇 가지 필터를 적용하여 이미지의 특징을 추출해 봅니다.

부드러운 이미지 추출하기

먼저 평균값 필터를 사용해 봅니다. 평균값 필터는 이웃 화소들을 평균화하여 이미지를 부드럽게 만들어주는 역할을 합니다. 평균값 필터는 다음과 같습니다.

$$K = \frac{1}{9} \begin{bmatrix} 1 & 1 & 1 \\ 1 & 1 & 1 \\ 1 & 1 & 1 \end{bmatrix}$$

이 필터는 주변의 모든 픽셀을 더해준 후, 필터의 원소 개수만큼 나누어줍니다.

1 다음과 같이 예제를 작성합니다.

517_1.py

```python
01 import numpy as np
02 import cv2
03 import matplotlib.pyplot as plt
04
05 image_color = cv2.imread('cube.png')
06 print('image_color.shape =', image_color.shape)
07 image = cv2.cvtColor(image_color, cv2.COLOR_BGR2GRAY)
08 print('image.shape =', image.shape)
09
10 filter = np.array([
11     [1,1,1],
12     [1,1,1],
13     [1,1,1],
14 ])/9
15
16 image_pad = np.pad(image,((1,1), (1,1)))
17 print('image_pad.shape =', image_pad.shape)
18
19 convolution = np.zeros_like(image)
20
21 for row in range(image.shape[0]):
22     for col in range(image.shape[1]):
23             window = image_pad[row:row+3, col:col+3]
24             convolution[row, col] = np.clip(np.sum(window*filter), 0, 255)
25
26 images = [image, convolution]
27 labels = ['gray', 'convolution']
28
29 plt.figure(figsize=(10, 5))
30 for i in range(len(images)):
```

```
31        plt.subplot(1,2,i+1)
32        plt.xticks([])
33        plt.yticks([])
34        plt.imshow(images[i], cmap=plt.cm.gray)
35        plt.xlabel(labels[i])
36 plt.show()
```

02   : import문을 이용하여 cv2 모듈을 불러옵니다. cv2는 OpenCV에 대한 파이썬 라이브러리입니다. OpenCV 라이브러리는 영상 처리 라이브러리입니다.

03   : import문을 이용하여 matplotlib.pyplot 모듈을 plt라는 이름으로 불러옵니다. 여기서는 matplotlib.pyplot 모듈을 이용하여 29~36 줄에서 이미지를 출력합니다.

05   : cv2 모듈의 imread 함수를 호출하여 cube.png 파일을 읽어와 image_color 변수로 가리키게 합니다. imread 함수는 numpy.ndarray 객체를 내어줍니다. numpy.ndarray는 numpy 모듈에서 제공하는 배열입니다.

06   : print 함수를 호출하여 image_color의 모양을 출력합니다.

07   : cv2 모듈의 cvtColor 함수를 호출하여 image_color 변수가 가리키는 그림의 색깔을 바꾼 후, 바뀐 그림을 image 변수가 가리키도록 합니다. BGR 형식의 파일을 GRAY 형식의 파일로 바꿉니다. OpenCV의 색깔 형식을 RGB라고 하나 실제로는 바이트 데이터의 순서가 반대인 BGR 형식입니다.

08   : print 함수를 호출하여 image의 모양을 출력합니다.

10~14 : np.array 함수를 호출하여, 1로 채워진 3x3 행렬을 생성하여 각 항목을 9로 나눠준 후, filter 변수에 할당합니다. 이 필터는 영상 처리에서 사용하는 필터로 평균값 필터라고 하며, 그림을 흐릿하게 하여 잔선을 제거해 주는 역할을 합니다.

16   : np.pad 함수를 호출하여 image 행렬과 같은 모양의 행렬을 내부적으로 생성한 후, 행을 상하로 한 칸씩, 열을 좌우로 한 칸씩 늘려 0으로 채운 후, image_pad 변수에 할당합니다.

17   : print 함수를 호출하여 image_pad의 모양을 출력합니다.

19   : np.zeros_like 함수를 호출하여 0으로 채워진 image 모양과 같은 행렬을 생성합니다.

21   : row값을 0에서 image의 세로 크기 미만까지 바꾸어가며 22~24줄을 수행합니다.

22   : col값을 0에서 image의 가로 크기 미만까지 바꾸어가며 23~24줄을 수행합니다.

23   : image_pad 행렬의 row 이상 (row+3) 미만까지, col 이상 (col+3) 미만까지의 행렬을 window 변수가 가리키게 합니다. 예를 들어, (row=0, col=0)일 경우 window 변수는 image_pad[0:3, 0:3] 행렬을 가리키게 됩니다.

24   : np.sum 함수를 호출하여 window*filter 행렬의 모든 항목의 값을 더하고, np.clip 함수를 이용하여 0에서 255 사이로 제한해 준 후에, convolution 행렬의 (row, col) 항목에 할당합니다.

21   : print 함수를 호출하여 convolution 행렬 값을 출력합니다.

26   : image와 convolution을 리스트에 넣은 후, images 변수에 할당합니다. images는 29~36 줄에서 그릴 이미지 리스트입니다.

27   : 'gray'와 'convolution' 문자열을 리스트에 넣은 후, labels 변수에 할당합니다.

29   : plt.figure 함수를 호출하여 새로운 그림을 만들 준비를 합니다. figure 함수는 내부적으로 그림을 만들고 편집할 수 있게 해 주는 함수입니다. figsize는 그림의 인치 단위의 크기를 나타냅니다. 여기서는 가로 10인치, 세로 5인치의 그림을 그린다는 의미입니다.

30   : 0에서 images 리스트 크기 미만에 대해

31   : plt.subplot 함수를 호출하여 그림 창을 분할하여 하위 그림을 그립니다. 1,2는 각각 행의 개수와 열의 개수를 의미합니다. i+1은 하위 그림의 위치를 나타냅니다.

32, 33 : plt.xticks, plt.yticks 함수를 호출하여 x, y 축 눈금을 설정합니다. 여기서는 빈 리스트를 주어 눈금 표시를 하지 않습니다.

34   : plt.imshow 함수를 호출하여 images[i] 항목의 그림을 내부적으로 그립니다. cmap는 color map의 약자로 gray는 그림을 흑백으로 표현해 줍니다.

35   : plt.xlabel 함수를 호출하여 x 축에 라벨을 붙여줍니다. 라벨의 값은 labels[i]입니다.

36   : plt.show 함수를 호출하여 내부적으로 그린 그림을 화면에 그립니다.

2 ▶ 버튼을 눌러 프로그램을 실행시킵니다. 다음은 실행 결과 화면입니다.

```
image_color.shape = (500, 500, 3)
image.shape = (500, 500)
image_pad.shape = (502, 502)
```

원 이미지의 크기는 500x500x3이며, 흑백으로 처리한 후에는 500x500의 크기가 됩니다. 그리고 패딩을 수행한 후에는 502x502의 크기가 됩니다.

gray

convolution

오른쪽 이미지가 왼쪽 이미지에 비해 조금 흐릿한 것을 확인합니다.

선명한 이미지 추출하기

다음은 Sharpening 필터를 사용해 봅니다. Sharpening 필터는 경계를 선명하게 표현합니다. Sharpening 필터는 다음과 같습니다.

$$K = \begin{bmatrix} -1 & -1 & -1 \\ -1 & 9 & -1 \\ -1 & -1 & -1 \end{bmatrix}$$

1 다음과 같이 예제를 수정합니다.

```
10 filter = np.array([
11     [-1,-1,-1],
12     [-1, 9,-1],
13     [-1,-1,-1]
14 ])
```

10~14 : np.array 함수를 호출하여, 예제와 같은 숫자로 채워진 3x3 행렬을 생성한 후, filter 변수에 할당합니다. 이 필터는 영상 처리에서 사용하는 필터로 sharpening 필터라고 하며, 그림을 선명하게 해 주는 역할을 합니다.

❷ ▶ 버튼을 눌러 프로그램을 실행시킵니다. 다음은 실행 결과 화면입니다.

gray

convolution

오른쪽 이미지가 왼쪽 이미지에 비해 경계선이 선명한 것을 확인합니다.

경계선 추출하기

다음은 Edge detection 필터를 사용해 봅니다. Edge detection 필터는 경계선을 추출합니다. Edge detection 필터는 다음과 같습니다.

$$K = \begin{bmatrix} -1 & -1 & -1 \\ -1 & 8 & -1 \\ -1 & -1 & -1 \end{bmatrix}$$

1 다음과 같이 예제를 수정합니다.

```
10 filter = np.array([
11     [-1,-1,-1],
12     [-1, 8,-1],
13     [-1,-1,-1]
14 ])
```

10~14 : np.array 함수를 호출하여, 예제와 같은 숫자로 채워진 3x3 행렬을 생성한 후, filter 변수에 할당합니다. 이 필터는 영상 처리에서 사용하는 필터로 edge detection 필터라고 하며, 사물의 경계선을 추출해 주는 역할을 합니다.

2 ▶ 버튼을 눌러 프로그램을 실행시킵니다. 다음은 실행 결과 화면입니다.

gray

convolution

왼쪽 이미지에서 경계선이 추출된 것을 확인합니다.

※ 기존의 영상 인식에서는 프로그래머가 필터를 정해 주어야 했으나 CNN에서는 이러한 필터들이 학습을 통해 만들어지게 됩니다. 즉, CNN에서 필터는 학습의 대상이 되는 가중치가 됩니다.

이미지 단순화

모으기(Pooling)는 합성 곱을 이용하여 얻어낸 이미지를 단순화하는 연산을 말합니다. 여기서는 max pooling을 이용하여 이미지를 단순화해 봅니다.

1 다음과 같이 예제를 수정합니다.

517_2.py

```python
01 import numpy as np
02 import cv2
03 import matplotlib.pyplot as plt
04
05 image_color = cv2.imread('cube.png')
06 print('image_color.shape = ', image_color.shape)
07 image = cv2.cvtColor(image_color, cv2.COLOR_BGR2GRAY)
08 print('image.shape = ', image.shape)
09
10 filter = np.array([
11     [-1,-1,-1],
12     [-1, 8,-1],
13     [-1,-1,-1]
14 ])
15
16 image_pad = np.pad(image,((1,1), (1,1)))
17 print('image_pad.shape = ', image_pad.shape)
18
19 convolution = np.zeros_like(image)
20
21 for row in range(image.shape[0]):
22     for col in range(image.shape[1]):
23         window = image_pad[row:row+3, col:col+3]
24         convolution[row, col] = np.clip(np.sum(window*filter), 0, 255)
25
26 max_pooled = np.zeros((int(image.shape[0]/2),int(image.shape[1]/2)))
27
28 for row in range(0, int(image.shape[0]/2)):
29     for col in range(0, int(image.shape[1]/2)):
30         window = convolution[2*row:2*row+2, 2*col:2*col+2]
31         max_pooled[row, col] = np.max(window)
32
33 images = [image, convolution, max_pooled]
34 labels = ['gray', 'convolution', 'max_pooled']
35
36 plt.figure(figsize=(15, 5))
37 for i in range(len(images)):
38     plt.subplot(1,3,i+1)
39     plt.xticks([])
40     plt.yticks([])
41     plt.imshow(images[i], cmap=plt.cm.gray)
```

```
42        plt.xlabel(labels[i])
43 plt.show()
```

26 : np.zeros 함수를 호출하여 0값으로 채워진 (image 가로 크기/2)*(image 세로 크기/2) 행렬을 생성하여 max_pooled 변수에 할당합니다.

28 : row값을 0에서 (image 세로 크기/2) 미만까지 29~31줄을 수행합니다.

29 : col값을 0에서 (image 가로 크기/2) 미만까지 30~31줄을 수행합니다.

30 : convolution 행렬의 2*row 이상 (2*row+2) 미만까지, 2*col 이상 (2*col+2) 미만까지의 행렬을 window 변수가 가리키게 합니다. 예를 들어, (row=0, col=0)일 경우 window 변수는 convolution[0:2, 0:2] 행렬을 가리키게 됩니다.

31 : np.max 함수를 호출하여 window가 가리키는 행렬의 항목 중에 최대값을 갖는 항목을 max_pooled 행렬의 (row, col) 항목에 할당합니다.

33 : images 리스트에 max_pooled를 추가합니다.

34 : labels 리스트에 'max_pooled' 문자열을 추가합니다.

36 : 그림의 가로 크기를 15인치로 변경합니다.

38 : 그림의 열의 개수를 3으로 변경합니다.

2 ▶ 버튼을 눌러 프로그램을 실행시킵니다. 다음은 실행 결과 화면입니다.

맨 오른쪽의 이미지는 중간 이미지에 대해 max pooling을 거쳐 단순화한 이미지입니다.

3×3×2 입력

여기서는 3x3x2 입력 이미지에 대해 합성 곱을 수행하는 과정을 살펴봅니다. 다음은 3x3x2 이미지에 대해 합성 곱을 수행하는 과정을 나타냅니다.

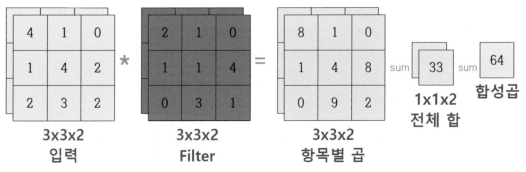

3x3x2 입력 이미지는 3x3x1 입력 이미지 2 장이 겹쳐진 상태로 입력되는 하나의 입체 이미지입니다. 겹쳐진 정도를 depth(깊이) 또는 channel이라고 합니다. 각각의 이미지는 RGB와 같이 색깔의 특징을 가진 이미지일 수도 있고, 다른 여러 가지 필터를 통해 추출된 특징을 가진 이미지일 수도 있습니다. 입력 이미지에 합성 곱을 위해 적용되는 필터의 두께(깊이)는 이미지의 두께와 같아야 합니다. 여기서 필터는 3x3x2로 이미지의 두께와 같습니다. 예를 들어, 이미지의 크기가 3x3x3이라면 필터의 크기는 3x3x3이 되며, 이미지의 크기가 3x3x4라면 필터의 크기도 3x3x4가 되어야 합니다. 각 층의 이미지와 필터는 각각의 대응되는 항목이 개별적으로 곱해져 항목별 곱을 구성한 후에 9개의 항목이 모두 더해져 중간 결과 값을 얻은 후에 층별로 더해진 값을 모두 더해 최종 결과 값 하나를 얻게 됩니다. 이 과정은 3, 4, 5 층 등 임의의 개수의 층에도 적용됩니다. 다음은 3x3x2 입력 이미지에 대해 구체적으로 수행되는 합성 곱 과정을 나타냅니다.

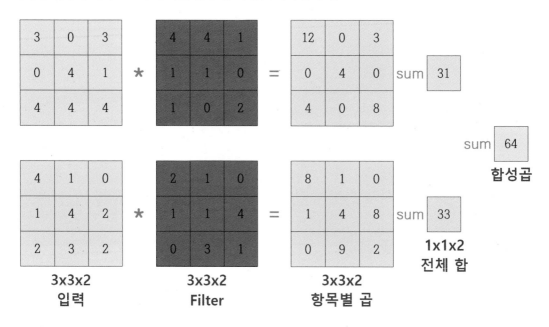

지금까지의 과정을 예제를 통해 정리해 봅니다.

1 다음과 같이 예제를 작성합니다.

518_1.py

```
01 import numpy as np
02
03 np.random.seed(1)
04
05 image = np.random.randint(5, size=(3,3,2))
06 print( ' image_0 =\n ', image[:,:,0])
```

```
07 print( ' image_1 =\n ' , image[:,:,1])
08
09 filter = np.random.randint(5, size=(3,3,2))
10 print( ' filter_0 =\n ' , filter[:,:,0])
11 print( ' filter_1 =\n ' , filter[:,:,1])
12
13 image_x_filter = image * filter
14 print( ' image_x_filter_0 =\n ' , image_x_filter[:,:,0])
15 print( ' image_x_filter_1 =\n ' , image_x_filter[:,:,1])
16
17 convolution = np.sum(image_x_filter)
18 print( ' convolution =\n ' , convolution)
```

05 : 0이상 5미만의 정수를 가진 3x3x2 행렬을 생성하여 image 변수에 할당합니다. 이 경우에는 2의 depth(깊이)를 갖는 3x3 행렬로 해석합니다.

06 : print 함수를 호출하여 image[:,:,0] 행렬 값을 출력합니다.

07 : print 함수를 호출하여 image[:,:,1] 행렬 값을 출력합니다.

09 : 0이상 5미만의 정수를 가진 3x3x2 행렬을 생성하여 filter 변수에 할당합니다. 이 경우에는 2의 depth(깊이)를 갖는 3x3 행렬로 해석합니다. 필터의 깊이 2는 입력 이미지의 깊이 2와 같아야 합니다.

10 : print 함수를 호출하여 filter[:,:,0] 행렬 값을 출력합니다.

11 : print 함수를 호출하여 filter[:,:,1] 행렬 값을 출력합니다.

13 : image와 filter를 곱한 후, 결과 행렬을 image_x_filter에 할당합니다. 파이썬에서 같은 크기를 갖는 두 개의 NumPy 행렬을 곱하면 같은 위치에 있는 항목끼리 곱셈이 수행됩니다. 3차원 행렬에 대해서도 마찬가지입니다.

14 : print 함수를 호출하여 image_x_filter[:,:,0] 행렬 값을 출력합니다.

15 : print 함수를 호출하여 image_x_filter[:,:,1] 행렬 값을 출력합니다.

17 : np.sum 함수를 호출하여 image_x_filter 행렬의 모든 항목 값을 더하여 convolution 변수에 할당합니다.

18 : print 함수를 호출하여 convolution 변수 값을 출력해 봅니다.

② ▶ 버튼을 눌러 프로그램을 실행시킵니다. 다음은 실행 결과 화면입니다.

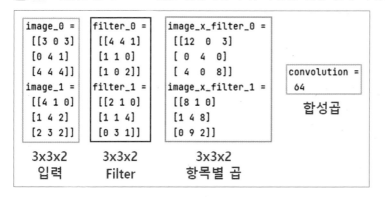

출력 결과를 앞의 그림과 비교하면서 살펴봅니다.

※ 독자의 이해를 돕기 위해 결과 화면을 편집하였습니다.

6×6×2 입력

다음은 4x4x2 입력 이미지를 상하 좌우로 1칸씩 zero padding을 하여 6x6x2 이미지로 변경한 후, 합성 곱을 수행한 결과를 보여줍니다.

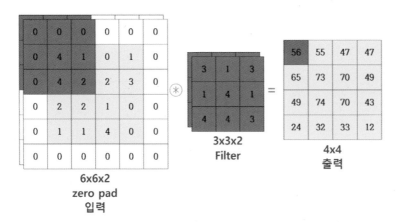

6x6x2 입력 이미지는 3x3x2 필터와 합성 곱이 수행된 후, 4x4x1 출력 이미지를 생성합니다. 입력 이미지의 두께와 상관없이 같은 두께의 필터와 합성 곱이 수행된 후에는 하나의 결과 이미지를 생성하게 됩니다. 여기서 출력 이미지의 깊이는 생략되었습니다. 다음은 6x6x2 입력 이미지에 대해 구체적으로 수행되는 합성 곱 과정을 나타냅니다.

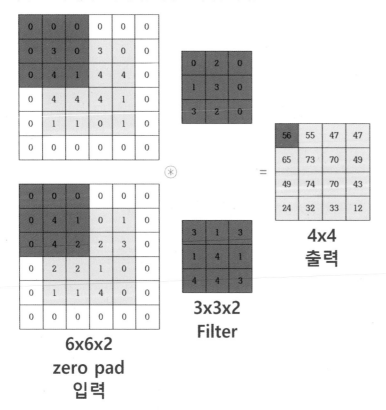

2층의 깊이로 구성된 6x6 입력 이미지 1개는 2층의 깊이로 구성된 3x3 필터 1개와 층별로 합성 곱이 수행된 후, 1층 깊이의 4x4 출력 이미지 1개를 생성해 내게 됩니다.

지금까지의 과정을 예제를 통해 정리해 봅니다.

1 다음과 같이 예제를 작성합니다.

519_1.py

```python
01 import numpy as np
02
03 np.random.seed(1)
04
05 image = np.random.randint(5, size=(4,4,2))
06 print( 'image_0 =\n ', image[:,:,0])
07 print( 'image_1 =\n ', image[:,:,1])
08
09 filter = np.random.randint(5, size=(3,3,2))
10 print( 'filter_0 =\n ', filter[:,:,0])
11 print( 'filter_1 =\n ', filter[:,:,1])
12
13 image_pad = np.pad(image,((1,1), (1,1), (0,0)))
14 print( 'image_pad_0 =\n ', image_pad[:,:,0])
15 print( 'image_pad_1 =\n ', image_pad[:,:,1])
16
17 convolution = np.zeros((4,4))
18
19 for row in range(4):
20     for col in range(4):
21             window = image_pad[row:row+3, col:col+3]
22             convolution[row, col] = np.sum(window*filter)
23
24 print( 'convolution =\n ', convolution)
```

05 : 0이상 5미만의 정수를 가진 4x4x2 행렬을 생성하여 image 변수에 할당합니다. 이 경우에는 2의 depth(깊이)를 갖는 4x4 행렬로 해석합니다.

06 : print 함수를 호출하여 image[:,:,0] 행렬 값을 출력합니다.

07 : print 함수를 호출하여 image[:,:,1] 행렬 값을 출력합니다.

13 : np.pad 함수를 호출하여 image 행렬과 같은 모양의 행렬을 내부적으로 생성한 후, 행을 상하로 한 칸씩, 열을 좌우로 한 칸씩 늘려 0으로 채운 후, image_pad 변수에 할당합니다. 깊이 부분은 늘리지 않습니다.

14 : print 함수를 호출하여 image_pad[:,:,0] 행렬 값을 출력합니다.

15 : print 함수를 호출하여 image_pad[:,:,1] 행렬 값을 출력합니다.

17 : np.zeros 함수를 호출하여 0값으로 채워진 4x4 행렬을 생성하여 convolution 변수에 할당합니다.

19 : row값을 0에서 4 미만까지 바꾸어가며 20~22줄을 4회 수행합니다.

20 : col값을 0에서 4 미만까지 바꾸어가며 21~22줄을 4회 수행합니다.

21 : image_pad 행렬의 row 이상 (row+3) 미만까지, col 이상 (col+3) 미만까지의 행렬을 window 변수가 가리키게 합니다. 예를 들어, (row=0, col=0)일 경우 window 변수는 image_pad[0:3, 0:3] 행렬을 가리키게 됩니다.

22 : np.sum 함수를 호출하여 window*filter 행렬의 모든 항목의 값을 더해서 convolution 행렬의 (row, col) 항목에 할당합니다.

24 : print 함수를 호출하여 convolution 행렬 값을 출력합니다.

2 ▶ 버튼을 눌러 프로그램을 실행시킵니다. 다음은 실행 결과 화면입니다.

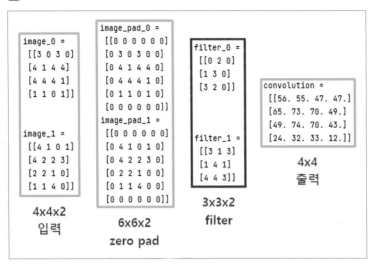

출력 결과를 앞의 그림과 비교하면서 살펴봅니다.

※ 독자의 이해를 돕기 위해 결과 화면을 편집하였습니다.

6×6×2 입력 필터 늘리기

다음은 6x6x2 입력 이미지에 대해 2개의 필터를 이용하여 2개의 출력 이미지를 얻는 과정을 보여줍니다. 필터는 이미지의 특징을 추출하는 역할을 하므로 여기서는 입력 이미지에서 2가지 특징을 추출하게 됩니다. 일반적으로 필터의 개수만큼 이미지의 특징이 추출됩니다. 필터의 두께는 입력 이미지의 두께와 같아야 합니다.

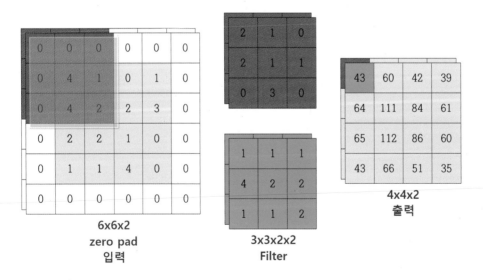

6x6x2 입력 이미지는 3x3x2 필터 2개와 합성 곱이 수행된 후, 4x4x2 출력 이미지를 생성합니다. 입력 이미지의 두께와 상관없이 같은 두께의 필터 하나와 합성 곱이 수행된 후에는 하나의 결과 이

미지를 생성하게 됩니다. 여기서는 2개의 필터가 사용되었으므로 2개의 결과 이미지를 생성하며, 결과 이미지들은 겹쳐져 이미지의 개수만큼의 깊이를 갖는 하나의 이미지를 구성합니다. 다음은 6x6x2 입력 이미지에 대해 3x3x2 필터 2개를 적용하여 합성 곱을 수행하는 과정을 구체적으로 보여줍니다.

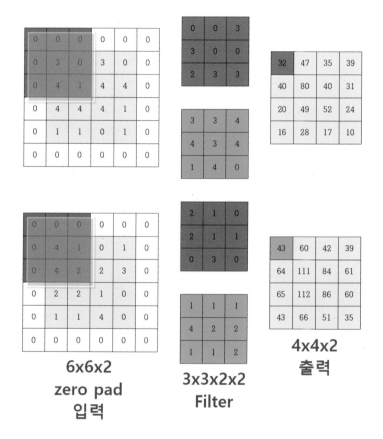

6x6x2
zero pad
입력

3x3x2x2
Filter

4x4x2
출력

2층의 깊이로 구성된 6x6 입력 이미지 1개는 2층의 깊이로 구성된 3x3 필터 2개와 층별로 합성 곱이 수행된 후, 2층 깊이의 4x4 출력 이미지 1개를 생성해 내게 됩니다.

지금까지의 과정을 예제를 통해 정리해 봅니다.

1 다음과 같이 예제를 작성합니다.

5110_1.py

```
01 import numpy as np
02
03 np.random.seed(1)
04
05 image = np.random.randint(5, size=(4,4,2))
06 print( 'image_0 =\n', image[:,:,0])
07 print( 'image_1 =\n', image[:,:,1])
```

```
08
09 filter = np.random.randint(5, size=(3,3,2,2))
10 print('filter_00 =\n', filter[:,:,0,0])
11 print('filter_10 =\n', filter[:,:,1,0])
12 print('filter_01 =\n', filter[:,:,0,1])
13 print('filter_11 =\n', filter[:,:,1,1])
14
15 image_pad = np.pad(image,((1,1), (1,1), (0,0)))
16 print('image_pad_0 =\n', image_pad[:,:,0])
17 print('image_pad_1 =\n', image_pad[:,:,1])
18
19 convolution = np.zeros((4,4,2))
20
21 for fn in range(2):
22      for row in range(4):
23          for col in range(4):
24              window = image_pad[row:row+3, col:col+3]
25              convolution[row, col, fn] = np.sum(window*filter[:,:,:,fn])
26
27 print('convolution_0 =\n', convolution[:,:,0])
28 print('convolution_1 =\n', convolution[:,:,1])
```

09 : 0이상 5미만의 정수를 가진 3x3x2x2 행렬을 생성하여 filter 변수에 할당합니다. 이렇게 하면 2의 깊이를 갖는 3x3 크기의 필터 2개가 생성됩니다. 세 번째에 오는 2는 필터의 깊이로, 마지막에 오는 2는 필터의 개수로 해석합니다.

10 : print 함수를 호출하여 0번 filter의 0번 깊이를 출력해 봅니다.

11 : print 함수를 호출하여 0번 filter의 1번 깊이를 출력해 봅니다.

12 : print 함수를 호출하여 1번 filter의 0번 깊이를 출력해 봅니다.

13 : print 함수를 호출하여 1번 filter의 1번 깊이를 출력해 봅니다.

19 : np.zeros 함수를 호출하여 0값으로 채워진 4x4x2 행렬을 생성하여 convolution 변수에 할당합니다. 이 경우에는 2의 depth(깊이)를 갖는 4x4 행렬로 해석합니다. convolution 행렬의 깊이 2는 09줄에서 정의된 filter 행렬의 개수 2와 같아야 합니다.

21 : fn값을 0에서 2 미만까지 바꾸어가며 22~25줄을 2회 수행합니다. fn은 filter number를 의미합니다.

22 : row값을 0에서 4 미만까지 바꾸어가며 23~25줄을 4회 수행합니다.

23 : col값을 0에서 4 미만까지 바꾸어가며 24~25줄을 4회 수행합니다.

24 : image_pad 행렬의 row 이상 (row+3) 미만까지, col 이상 (col+3) 미만까지의 행렬을 window 변수가 가리키게 합니다. 예를 들어, (row=0, col=0)일 경우 window 변수는 image_pad[0:3, 0:3] 행렬을 가리키게 됩니다.

25 : np.sum 함수를 호출하여 window*filter[:,:,:,fn] 행렬의 모든 항목의 값을 더해서 convolution 행렬의 (row, col, fn) 항목에 할당합니다.

27 : print 함수를 호출하여 convolution[:,:,0] 행렬 값을 출력합니다.

28 : print 함수를 호출하여 convolution[:,:,1] 행렬 값을 출력합니다.

2 ▶ 버튼을 눌러 프로그램을 실행시킵니다. 다음은 실행 결과 화면입니다.

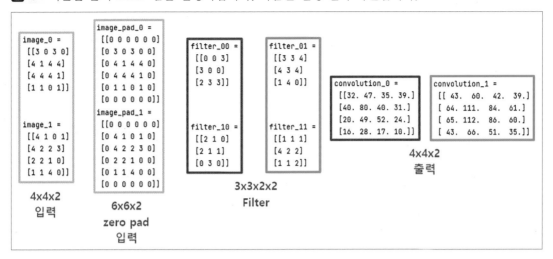

출력 결과를 앞의 그림과 비교하면서 살펴봅니다.

※ 독자의 이해를 돕기 위해 결과 화면을 편집하였습니다.

6×6×3 입력

여기서는 6x6x3 입력 이미지에 대해 2개의 필터를 이용하여 2개의 출력 이미지를 얻는 예제를 수행하여 봅니다.

1 다음과 같이 예제를 작성합니다.

5111_1.py

```
01 import numpy as np
02
03 np.random.seed(1)
04
05 image = np.random.randint(5, size=(4,4,3))
06 print('image_0 =\n', image[:,:,0])
07 print('image_1 =\n', image[:,:,1])
08 print('image_2 =\n', image[:,:,2])
09
10 filter = np.random.randint(5, size=(3,3,3,2))
11 print('filter_00 =\n', filter[:,:,0,0])
12 print('filter_01 =\n', filter[:,:,1,0])
13 print('filter_02 =\n', filter[:,:,2,0])
14 print('filter_10 =\n', filter[:,:,0,1])
15 print('filter_11 =\n', filter[:,:,1,1])
16 print('filter_12 =\n', filter[:,:,2,1])
17
18 image_pad = np.pad(image,((1,1), (1,1), (0,0)))
```

```
19 print('image_pad_0 =\n', image_pad[:,:,0])
20 print('image_pad_1 =\n', image_pad[:,:,1])
21 print('image_pad_2 =\n', image_pad[:,:,2])
22
23 convolution = np.zeros((4,4,2))
24
25 for fn in range(2):
26     for row in range(4):
27         for col in range(4):
28             window = image_pad[row:row+3, col:col+3]
29             convolution[row, col, fn] = np.sum(window*filter[:,:,:,fn])
30
31 print('convolution_0 =\n', convolution[:,:,0])
32 print('convolution_1 =\n', convolution[:,:,1])
```

05 : 입력 이미지의 깊이를 3으로 바꿔 줍니다.

08 : 깊이 2의 이미지 출력 부분을 추가합니다.

10 : 필터의 깊이를 3으로 바꿔줍니다. 필터의 깊이는 입력 이미지의 깊이와 같아야 합니다.

13 : 0번 filter의 2번 깊이 출력 부분을 추가합니다.

16 : 1번 filter의 2번 깊이 출력 부분을 추가합니다.

21 : image_pad의 2번 깊이 출력 부분을 추가합니다.

23 : np.zeros 함수를 호출하여 0값으로 채워진 4x4x2 행렬을 생성하여 convolution 변수에 할당합니다. convolution 행렬의 깊이 2는 10줄에서 정의된 filter 행렬의 개수 2와 같아야 합니다.

2 ▶ 버튼을 눌러 프로그램을 실행시킵니다. 다음은 실행 결과 화면입니다.

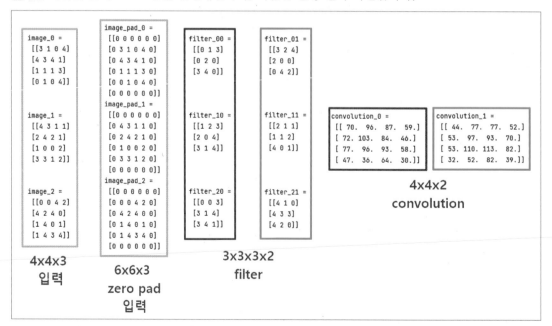

입력의 깊이는 필터의 깊이를 결정하여 필터의 개수는 출력의 깊이를 결정합니다.

※ 독자의 이해를 돕기 위해 결과 화면을 편집하였습니다.

필터의 깊이와 개수

다음 그림은 입력 이미지의 깊이와 필터의 깊이, 필터의 개수와 출력 이미지의 깊이의 관계를 보여줍니다.

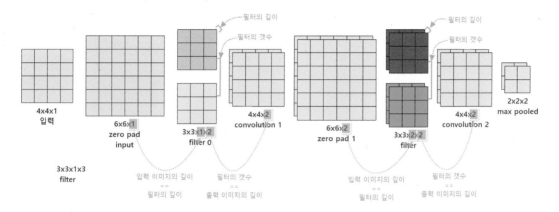

입력의 깊이는 필터의 깊이를 결정하여 필터의 개수는 출력의 깊이를 결정합니다.

다음 그림은 필터의 개수가 늘어났을 때, 출력의 깊이가 늘어나는 상황을 보여줍니다.

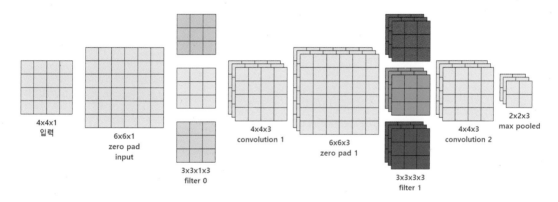

이상 CNN의 순전파 과정을 살펴보았습니다. 뒤에서 우리는 CNN 역전파 과정도 살펴봅니다.

02 _ CNN 활용 맛보기

앞에서 우리는 CNN의 주요 동작을 살펴보고 구현해 보았습니다. 여기서는 CNN 인공 신경망을 학습시켜 숫자와 그림을 인식해 보도록 합니다. CNN 인공 신경망은 앞에서 살펴본 완전 연결 인공 신경망에 비해 이미지 인식률이 훨씬 높습니다. 그러나 학습 시간은 훨씬 더 길다는 단점이 있습니다.

Conv2D-Conv2D-MaxPooling2D

다음은 합성 곱 2단계, 모으기 1단계, 완전 연결 층으로 구성된 인공 신경망입니다.

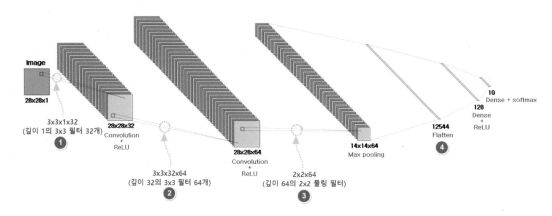

이 신경망의 입력 층은 28x28x1의 이미지입니다. 입력 층의 깊이가 1이므로 사용할 필터의 깊이도 1이 되어야 합니다. 1차 합성 곱 출력 층은 28x28x32로 깊이가 32입니다. 출력 층의 깊이가 32일 경우 사용할 필터의 개수는 32개가 되어야 합니다. ❶ 그래서 필터는 3x3x1x32의 4차원 행렬이 됩니다. 1차 합성 곱은 ReLU 함수를 거쳐 2차 합성 곱의 입력이 됩니다. 2차 합성 곱 입력 층의 깊이는 32이므로 사용할 필터의 깊이도 32가 되어야 합니다. 2차 합성 곱 출력 층은 28x28x64로 깊이가 64입니다. 출력 층의 깊이가 64이므로 사용할 필터의 개수는 64개가 되어야 합니다. ❷ 그래서 필터는 3x3x32x64의 4차원 행렬이 됩니다. 2차 합성 곱은 ReLU 함수를 거쳐 모으기의 입력이 됩니다. ❸ 모으기에 사용되는 필터는 2x2x64를 사용하여 모으기 출력 이미지는 14x14x64가 됩니다. ❹ 모으기 출력 이미지는 Flatten 과정을 거쳐 14x14x64 = 12544개의 1차원 이미지로 재구성됩니다. 이 신경망을 예제를 통해 살펴봅니다.

1 다음과 같이 예제를 작성합니다.

521_1.py

```
01 import tensorflow as tf
02
03 mnist = tf.keras.datasets.fashion_mnist
04
05 (x_train, y_train), (x_test, y_test) = mnist.load_data()
06 x_train, x_test = x_train / 255.0, x_test / 255.0
07 x_train = x_train.reshape((60000, 28, 28, 1))
08 x_test = x_test.reshape((10000, 28, 28, 1))
09
10 model = tf.keras.Sequential([
11     tf.keras.layers.InputLayer(input_shape=(28, 28, 1)),
12     tf.keras.layers.Conv2D(32, (3, 3), activation='relu', padding='same'),
13     tf.keras.layers.Conv2D(64, (3, 3), activation='relu', padding='same'),
14     tf.keras.layers.MaxPooling2D((2, 2)),
15     tf.keras.layers.Flatten(),
16     tf.keras.layers.Dense(128, activation='relu'),
17     tf.keras.layers.Dense(10, activation='softmax')
18 ])
19
20 model.summary()
21
22 model.compile(optimizer='adam',
23               loss='sparse_categorical_crossentropy',
24               metrics=['accuracy'])
25
26 model.fit(x_train, y_train, epochs=5)
27
28 model.evaluate(x_test, y_test)
```

01 : import문을 이용하여 tensorflow 모듈을 tf라는 이름으로 불러옵니다. tensorflow 모듈은 구글에서 제공하는 인공 신경망 라이브러리입니다.

03 : mnist 변수를 생성한 후, tf.keras.datasets.fashion_mnist 모듈을 가리키게 합니다. fashion_mnist 모듈은 신발, 옷, 가방 등의 패션 데이터를 가진 모듈입니다. fashion_mnist 모듈에는 6만개의 학습용 패션 데이터와 1만개의 시험용 패션 데이터가 있습니다.

05 : mnist.load_data 함수를 호출하여 패션 데이터를 읽어와 x_train, y_train, x_test, y_test 변수가 가리키게 합니다. x_train, x_test 변수는 각각 6만개의 학습용 패션 데이터와 1만개의 시험용 패션 데이터를 가리킵니다. y_train, y_test 변수는 각각 6만개의 학습용 패션 데이터 라벨과 1만개의 시험용 패션 데이터 라벨을 가리킵니다.

06 : x_train, x_test 변수가 가리키는 6만개, 1만개의 그림은 각각 28x28 픽셀로 구성된 그림이며, 1픽셀의 크기는 8비트로 0에서 255사이의 숫자를 가집니다. 모든 픽셀의 숫자를 255.0으로 나누어 각 픽셀을 0.0에서 1.0사이의 실수로 바꾸어 인공 신경망에 입력하게 됩니다.

07, 08 : x_train, x_test 변수가 가리키는 6만개, 1만개의 그림은 각각 28x28 픽셀, 28x28 픽셀로 구성되어 있습니다. 이 예제에서 소개하는 인공 신경망의 경우 그림 데이터를 입력할 때 28x28 픽셀을 28x28x1로 변경하여 입력하게 됩니다. 그래서 11줄에 있는 inputLayer 클래스는 28x28x1을 입력으로 받도록 구성됩니다. 28x28x1은 1의 깊이를 갖는 28x28 크기의 이미지를 의미합니다.

10~18 : tf.keras.Sequential 클래스를 이용하여 CNN 인공 신경망을 생성합니다.

11 : tf.keras.layers.InputLayer 함수를 이용하여 내부적으로 keras 라이브러리에서 제공하는 tensor를 생성하고, 입력의 모양을 정해줍니다.

12 : tf.keras.layers.Conv2D 클래스를 이용하여 합성 곱 신경망 층을 생성합니다. 합성 곱 출력 층의 개수는 32개(즉, 출력 층의 깊이는 32), 사용할 필터의 크기는 3x3, 활성화 함수는 relu, padding을 'same'으로 설정하여 출력 이미지의 크기를 입력 이미지의 크기와 같게 합니다. 앞에서 살펴보았던 padding zero의 동작을 수행합니다. 여기서 입력 이미지의 깊이는 1이기 때문에 3x3 필터의 깊이도 1이 되어야 하며, 합성 곱 출력 층의 개수가 32개(즉, 출력 층의 깊이는 32)이기 때문에 필터의 개수는 32개가 되어야 합니다. 즉, 깊이 1의 3x3 필터가 32개가 생성됩니다. 필터의 개수는 출력 층의 깊이와 같아야 합니다. 이 층에서 필요한 가중치 변수의 개수는 3*3*1*32=288개, 편향 변수의 개수는 32개가 되어 총 320개의 매개변수가 필요합니다. 편향의 개수는 필터의 개수와 같아야 합니다.

13 : tf.keras.layers.Conv2D 클래스를 이용하여 합성 곱 신경망 층을 생성합니다. 합성 곱 출력 층의 개수는 64개(즉, 출력 층의 깊이는 64), 사용할 필터의 크기는 3x3, 활성화 함수는 relu, padding을 'same'으로 설정하여 출력 이미지의 크기를 입력 이미지의 크기와 같게 합니다. 여기서 입력 이미지의 깊이는 32이기 때문에 3x3 필터의 깊이도 32가 되어야 하며, 합성 곱 출력 층의 개수가 64개(즉, 출력 층의 깊이는 64)이기 때문에 필터의 개수는 64개가 되어야 합니다. 즉, 깊이 32의 3x3 필터가 64개가 생성됩니다. 필터의 개수는 출력 층의 깊이와 같아야 합니다. 이 층에서 필요한 가중치 변수의 개수는 3*3*32*64=18432개, 편향 변수의 개수는 64개가 되어 총 18496개의 매개변수가 필요합니다. 편향의 개수는 필터의 개수와 같아야 합니다.

14 : tf.keras.layers.MaxPooling2D 클래스를 이용하여 풀링 층을 생성합니다. 풀링 층에 사용할 풀링 필터의 크기는 2x2입니다. 이전 합성 곱 층의 깊이가 64이므로 풀링 층의 깊이도 64가 되어야 하며, 크기는 반으로 줄어 14x14가 됩니다.

15 : tf.keras.layers.Flatten 클래스를 이용하여 이전 풀링 층을 완전 연결 층의 입력 층으로 모양을 변경할 수 있도록 합니다. 이 과정에서 14*14*64=12544개의 입력 노드로 변경됩니다.

16 : tf.keras.layers.Dense 클래스를 이용하여 신경망 층을 생성합니다. 여기서는 단위 인공 신경 128개를 생성합니다. 활성화 함수는 'relu' 함수를 사용합니다.

17 : tf.keras.layers.Dense 클래스를 이용하여 신경망 층을 생성합니다. 여기서는 단위 인공 신경 10개를 생성합니다. 활성화 함수는 'softmax' 함수를 사용합니다.

20 : model.summary 함수를 호출하여 생성된 모델의 개요를 출력합니다.

22~24 : model.compile 함수를 호출하여 내부적으로 인공 신경망을 구성합니다. 인공 신경망을 구성할 때에는 적어도 2개의 함수를 정해야 합니다. loss 함수와 optimizer 함수, 즉, 손실 함수와 최적화 함수를 정해야 합니다. 손실 함수로는 sparse_categorical_crossentropy 함수를 사용하고 최적화 함수는 adam 함수를 사용합니다. fit 함수 로그에는 기본적으로 손실 값만 표시됩니다. metrics 매개 변수는 학습 측정 항목 함수를 전달할 때 사용합니다. 'accuracy'는 학습의 정확도를 출력해 줍니다.

26 : model.fit 함수를 호출하여 인공 신경망에 대한 학습을 시작합니다. fit 함수에는 학습을 몇 회 수행할지도 입력해 줍니다. epochs는 학습 횟수를 의미하며, 여기서는 5회 학습을 수행하도록 합니다.

28 : model.evaluate 함수를 호출하여 인공 신경망의 학습 결과를 평가합니다. 여기서는 학습이 끝난 인공 신경망 함수에 x_test 값을 주어 학습 결과를 평가해 봅니다.

2 ▶ 버튼을 눌러 프로그램을 실행시킵니다. 다음은 실행 결과 화면입니다.

```
Model: "sequential"
_____
Layer (type)                 Output Shape              Param #
=================================================================
conv2d (Conv2D)              (None, 28, 28, 32)        320      ①
_____
conv2d_1 (Conv2D)            (None, 28, 28, 64)        18496    ②
_____
max_pooling2d (MaxPooling2D) (None, 14, 14, 64)        0
_____
flatten (Flatten)            (None, 12544)    ③        0
_____
dense (Dense)                (None, 128)               1605760  ④
_____
dense_1 (Dense)              (None, 10)                1290     ⑤
=================================================================
Total params: 1,625,866   ⑥
Trainable params: 1,625,866
Non-trainable params: 0
```

❶ 1차 합성 곱 단계에서 사용되는 가중치는 3x3x1x32의 크기를 갖습니다. 편향은 가중치의 개수만큼 필요하여 32개가 됩니다. 그래서 1차 합성 곱에 필요한 매개변수의 총 개수는 (3x3x1x32+32)=320이 됩니다.

❷ 2차 합성 곱 단계에서 사용되는 가중치는 3x3x32x64의 크기를 갖습니다. 편향은 가중치의 개수만큼 필요하여 64개가 됩니다. 그래서 2차 합성 곱에 필요한 매개변수의 총 개수는 (3x3x32x64+64)=18496이 됩니다.

❸ Flatten 층은 완전 연결 층의 입력 층으로 14x14x64=12544개의 노드로 구성됩니다.

❹ 은닉 층의 노드는 128개로 Flatten 층과 은닉 층 연결에 필요한 가중치의 개수는 12544x128이 됩니다. 편향은 가중치의 개수만큼 필요하여 128개가 됩니다. 그래서 Flatten 층과 은닉 층 연결에 필요한 매개변수의 총 개수는 (12544x128+128)=1605760이 됩니다.

❺ 출력 층의 노드는 10개로 은닉 층과 출력 층 연결에 필요한 가중치의 개수는 128x10이 됩니다. 편향은 가중치의 개수만큼 필요하여 10개가 됩니다. 그래서 은닉 층과 출력 층 연결에 필요한 매개변수의 총 개수는 (128x10+10)=1290이 됩니다.

❻ 그래서 학습의 대상이 되는 매개변수의 총 개수는 1625866이 됩니다.

```
Epoch 1/5                                                              ①
1875/1875 [==============================] - 73s 39ms/step - loss: 0.3504 - accuracy: 0.8744
Epoch 2/5
1875/1875 [==============================] - 71s 38ms/step - loss: 0.2155 - accuracy: 0.9206
Epoch 3/5
1875/1875 [==============================] - 72s 38ms/step - loss: 0.1614 - accuracy: 0.9402
Epoch 4/5
1875/1875 [==============================] - 72s 39ms/step - loss: 0.1191 - accuracy: 0.9556
Epoch 5/5                                                              ②
1875/1875 [==============================] - 71s 38ms/step - loss: 0.0837 - accuracy: 0.9690
313/313 [==============================] - 2s 7ms/step - loss: 0.2573 - accuracy: 0.9240 ③
```

패션 MNIST 데이터의 학습 과정의 정확도는 ❶ 87.44%에서 시작해서 ❷ 96.90%로 끝납니다. 완전 연결 인공 신경망에 비해 7% 정도 정확도가 높습니다. ❸ 학습이 끝난 후에, evalueate 함수로 시험 데이터를 예측한 결과는 92.40%로 학습 데이터의 예측 결과에 비해 정확도가 떨어진 상태입니다. 시험 데이터에 대한 예측 결과도 완전 연결 인공 신경망에 비해 6% 정도 정확도가 높습니다.

Conv2D-MaxPooling2D

다음은 합성 곱 1단계, 모으기 1단계, 완전 연결 층으로 구성된 인공 신경망입니다.

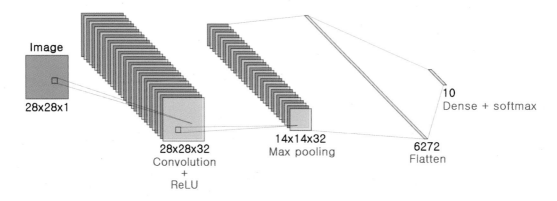

이전 인공 신경망에 비해 합성 곱 층은 1단계, 완전 연결 층의 은닉 층이 빠진 상태입니다.

이 신경망을 예제를 통해 살펴봅니다.

1 다음과 같이 예제를 수정합니다.

522_1.py

```
10 model = tf.keras.Sequential([
11     tf.keras.layers.InputLayer(input_shape=(28, 28, 1)),
12     tf.keras.layers.Conv2D(32, (3, 3), activation='relu', padding='same'),
13     tf.keras.layers.MaxPooling2D((2, 2)),
14     tf.keras.layers.Flatten(),
15     tf.keras.layers.Dense(10, activation='softmax')
16 ])
```

13 : tf.keras.layers.MaxPooling2D 클래스를 이용하여 풀링 층을 생성합니다. 풀링 층에 사용할 풀링 필터의 크기는 2x2입니다. 이전 합성 곱 층의 깊이가 32이므로 풀링 층의 깊이도 32가 되어야 하며, 이미지의 크기는 반으로 줄어 14x14가 됩니다.

14 : tf.keras.layers.Flatten 클래스를 이용하여 이전 풀링 층을 완전 연결 층의 입력 층으로 모양을 변경합니다. 이 과정에서 14*14*32=6272개의 입력 노드로 변경됩니다.

❷ ▶ 버튼을 눌러 프로그램을 실행시킵니다. 다음은 실행 결과 화면입니다.

```
Model: "sequential"
_____
Layer (type)                 Output Shape              Param #
=================================================================
conv2d (Conv2D)              (None, 28, 28, 32)        320    ①
_____
max_pooling2d (MaxPooling2D) (None, 14, 14, 32)        0
_____
flatten (Flatten)            (None, 6272)  ②           0
_____
dense (Dense)                (None, 10)                62730  ③
=================================================================
Total params: 63,050    ④
Trainable params: 63,050
Non-trainable params: 0
```

❶ 합성 곱 단계에서 사용되는 가중치는 3x3x1x32의 크기를 갖습니다. 편향은 가중치의 개수만큼 필요하여 32개가 됩니다. 그래서 합성 곱에 필요한 매개변수의 총 개수는 (3x3x1x32+32)=320이 됩니다. ❷ Flatten 층은 완전 연결 층의 입력 층으로 14x14x32=6272개의 노드로 구성됩니다. ❸ 출력 층의 노드는 10개로 Flatten 층과 출력 층 연결에 필요한 가중치의 개수는 6272x10이 됩니다. 편향은 가중치의 개수만큼 필요하여 10개가 됩니다. 그래서 Flatten 층과 출력 층 연결에 필요한 매개변수의 총 개수는 (6272x10+10)=62730이 됩니다. ❹ 그래서 학습의 대상이 되는 매개변수의 총 개수는 63050이 됩니다.

```
Epoch 1/5                                                              ①
1875/1875 [==============================] - 12s 6ms/step - loss: 0.4410 - accuracy: 0.8452
Epoch 2/5
1875/1875 [==============================] - 11s 6ms/step - loss: 0.3105 - accuracy: 0.8911
Epoch 3/5
1875/1875 [==============================] - 12s 6ms/step - loss: 0.2745 - accuracy: 0.9039
Epoch 4/5
1875/1875 [==============================] - 11s 6ms/step - loss: 0.2501 - accuracy: 0.9120
Epoch 5/5                                                              ②
1875/1875 [==============================] - 10s 5ms/step - loss: 0.2342 - accuracy: 0.9174
313/313 [==============================] - 1s 2ms/step - loss: 0.2973 - accuracy: 0.8962 ③
```

패션 MNIST 데이터의 학습 과정의 정확도는 ❶ 84.52%에서 시작해서 ❷ 91.74%로 끝납니다. 완전 연결 인공 신경망에 비해 2% 정도 정확도가 높습니다. ❸ 학습이 끝난 후에, evalueate 함수로 시험 데이터를 예측한 결과는 89.62%로 학습 데이터의 예측 결과에 비해 정확도가 떨어진 상태입니다. 시험 데이터에 대한 예측 결과도 완전 연결 인공 신경망에 비해 2% 정도 정확도가 높습니다.

필터 개수 줄여보기

다음은 합성 곱 1단계, 모으기 1단계, 완전 연결 층으로 구성된 인공 신경망입니다.

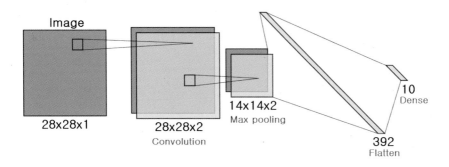

이전 인공 신경망에 비해 합성 곱 층에 사용하는 필터의 개수를 많이 줄인 상태입니다.
이 신경망을 예제를 통해 살펴봅니다.

1 다음과 같이 예제를 수정합니다.

523_1.py

```
10 model = tf.keras.Sequential([
11    tf.keras.layers.InputLayer(input_shape=(28, 28, 1)),
12    tf.keras.layers.Conv2D(2, (3, 3), activation='relu', padding='same'),
13    tf.keras.layers.MaxPooling2D((2, 2)),
14    tf.keras.layers.Flatten(),
15    tf.keras.layers.Dense(10, activation='softmax')
16 ])
```

12 : tf.keras.layers.Conv2D 클래스를 이용하여 합성 곱 신경망 층을 생성합니다. 합성 곱 출력 층의 개수는 2개(즉, 출력 층의 깊이는 2), 사용할 필터의 크기는 3x3, 활성화 함수는 relu, padding을 'same'으로 설정하여 출력 이미지의 크기를 입력 이미지의 크기와 같게 합니다. 여기서 입력 이미지의 깊이는 1이기 때문에 3x3 필터의 깊이도 1이 되어야 하며, 합성 곱 출력 층의 개수가 2개(즉, 출력 층의 깊이는 2)이기 때문에 필터의 개수는 2개가 되어야 합니다. 즉, 깊이 1의 3x3 필터가 2개가 생성됩니다. 필터의 개수는 출력 층의 깊이와 같아야 합니다. 이 층에서 필요한 가중치 변수의 개수는 2*3*3*1=18개, 편향 변수의 개수는 2개가 되어 총 20개의 매개변수가 필요합니다. 편향의 개수는 필터의 개수와 같아야 합니다.

13 : tf.keras.layers.MaxPooling2D 클래스를 이용하여 풀링 층을 생성합니다. 풀링 층에 사용할 풀링 필터의 크기는 2x2 입니다. 이전 합성 곱 층의 깊이가 2이므로 풀링 층의 깊이도 2가 되어야 하며, 이미지의 크기는 반으로 줄어 14x14가 됩니다.

14 : tf.keras.layers.Flatten 클래스를 이용하여 이전 풀링 층을 완전 연결 층의 입력 층으로 모양을 변경합니다. 이 과정에서 14*14*2=392개의 입력 노드로 변경됩니다.

2 ▶ 버튼을 눌러 프로그램을 실행시킵니다. 다음은 실행 결과 화면입니다.

```
Model: "sequential"
_____
Layer (type)                 Output Shape              Param #
=================================================================
conv2d (Conv2D)              (None, 28, 28, 2)         20      ❶
_____
max_pooling2d (MaxPooling2D) (None, 14, 14, 2)         0
_____
flatten (Flatten)            (None, 392)     ❷         0
_____
dense (Dense)                (None, 10)                3930    ❸
=================================================================
Total params: 3,950     ❹
Trainable params: 3,950
Non-trainable params: 0
```

❶ 합성 곱 단계에서 사용되는 가중치는 3x3x1x2의 크기를 갖습니다. 편향은 가중치의 개수만큼 필요하여 2개가 됩니다. 그래서 합성 곱에 필요한 매개변수의 총 개수는 (3x3x1x2+2)=20이 됩니다. ❷ Flatten 층은 완전 연결 층의 입력 층으로 14x14x2=392개의 노드로 구성됩니다. ❸ 출력 층의 노드는 10개로 Flatten 층과 출력 층 연결에 필요한 가중치의 개수는 392x10이 됩니다. 편향은 가중치의 개수만큼 필요하여 10개가 됩니다. 그래서 Flatten 층과 출력 층 연결에 필요한 매개변수의 총 개수는 (392x10+10)=3930이 됩니다. ❹ 그래서 학습의 대상이 되는 매개변수의 총 개수는 3950이 됩니다.

```
Epoch 1/5                                                      ❶
1875/1875 [==============================] - 7s 3ms/step - loss: 0.5914 - accuracy: 0.7950
Epoch 2/5
1875/1875 [==============================] - 6s 3ms/step - loss: 0.4239 - accuracy: 0.8516
Epoch 3/5
1875/1875 [==============================] - 6s 3ms/step - loss: 0.3995 - accuracy: 0.8599
Epoch 4/5
1875/1875 [==============================] - 6s 3ms/step - loss: 0.3881 - accuracy: 0.8629
Epoch 5/5                                                      ❷
1875/1875 [==============================] - 6s 3ms/step - loss: 0.3783 - accuracy: 0.8664
313/313 [==============================] - 1s 2ms/step - loss: 0.4031 - accuracy: 0.8582 ❸
```

패션 MNIST 데이터의 학습 과정의 정확도는 ❶ 79.50%에서 시작해서 ❷ 86.64%로 끝납니다. 완전 연결 인공 신경망에 비해 3% 정도 정확도가 낮습니다. ❸ 학습이 끝난 후에, evalueate 함수로 시험 데이터를 예측한 결과는 85.82%로 학습 데이터의 예측 결과에 비해 정확도가 떨어진 상태입니다. 시험 데이터에 대한 예측 결과도 완전 연결 인공 신경망에 비해 1% 정도 정확도가 낮습니다.

03 _ CNN의 역전파 이해와 구현

우리는 앞에서 CNN의 순전파 과정을 살펴보고 구현해 보았습니다. 구체적으로 합성 곱 연산과 모으기 연산을 살펴보고 구현해 보았습니다. 여기서는 CNN의 역전파 과정을 이해하고 구현해 봅니다. 구체적으로 합성 곱 연산과 모으기 연산의 역전파 과정을 이해하고 구현해 봅니다.

순전파 역전파 복습하기

먼저 단일 인공 신경의 순전파와 역전파를 복습한 후, 이를 바탕으로 합성 곱의 순전파 과정과 역전파 과정을 자세히 이해하고 정리해 봅니다.

다음은 앞에서 소개한 단일 인공 신경의 그림입니다. 이 인공 신경은 입력 노드 1개, 출력 노드 1개, 편향으로 구성된 단일 인공 신경입니다.

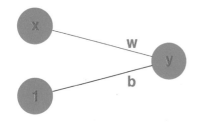

다음은 이 그림에 대한 수식입니다. 이 수식은 단일 인공 신경의 순전파를 나타내는 수식입니다.

$$xw + 1b = y$$

이 수식은 다음과 같은 의미를 갖습니다.

- x는 w만큼 y로 갔어. $x \xrightarrow{\ w\ } y$
- w는 x만큼 y로 갔어. $w \xrightarrow{\ x\ } y$
- b는 1만큼 y로 갔어. $b \xrightarrow{\ 1\ } y$

다음은 yb가 xb, wb, bb로 흘러가는 역전파를 나타냅니다.

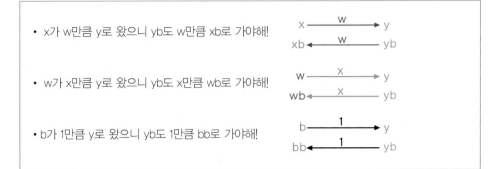

이를 수식으로 정리하면 다음과 같습니다. 이 수식은 단일 인공 신경의 역전파를 나타내는 수식입니다.

$$x_b = y_b w$$
$$w_b = y_b x$$
$$b_b = y_b 1$$

지금까지 복습한 단일 인공 신경의 순전파와 역전파를 바탕으로 합성 곱의 순전파와 역전파를 정리해 봅니다.

합성 곱의 순전파 정리하기

먼저 단일 인공 신경의 순전파를 바탕으로 합성 곱의 순전파를 정리해 봅니다.

다음은 CNN의 합성곱 과정에서 X, W, b가 y로 흘러가는 순전파를 나타냅니다. X는 3x3 입력 이미지, W는 3x3 가중치, b는 1x1 편향을 나타내며, y는 합성 곱의 결과입니다. 가중치 1개에 편향 1개가 붙습니다.

$$
\begin{array}{cccc}
X & W & b & y
\end{array}
$$

x_1	x_2	x_3
x_4	x_5	x_6
x_7	x_8	x_9

$*$

w_1	w_2	w_3
w_4	w_5	w_6
w_7	w_8	w_9

$+$ $\boxed{b}$ $=$ $\boxed{y}$

다음은 구체적으로 합성 곱이 수행되는 과정을 보여줍니다.

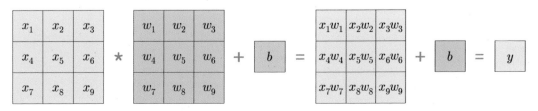

다음은 이 그림에 대한 수식입니다.

$$y = x_1w_1 + x_2w_2 + x_3w_3 + x_4w_4 + x_5w_5 + x_6w_6 + x_7w_7 + x_8w_8 + x_9w_9 + 1b$$

이 수식에서 x1은 w1만큼 곱해져 y로 흘러갑니다. 또, w1은 x1만큼 곱해져 y로 흘러갑니다. b는 1만큼 곱해져 y로 흘러갑니다. 나머지 변수(x2~x9, w2~w9)에 대해서도 같은 방식으로 생각할 수 있습니다.

이 수식은 x1, w1, b에 대해 다음과 같은 의미를 갖습니다.

- x1는 w1만큼 y로 갔어. x1 ——w1——▸ y
- w1는 x1만큼 y로 갔어. w1 ——x1——▸ y
- b는 1만큼 y로 갔어. b ——1——▸ y

이 수식을 행렬 전체로 확장하면 다음과 같습니다.

y=np.sum(X×W) + 1×b

이 수식에서 X의 각 항목은 W의 같은 위치에 있는 각 항목만큼 곱해져 y로 흘러갑니다. 또, W의 각 항목은 X의 같은 위치에 있는 각 항목만큼 곱해져 y로 흘러갑니다. b는 1만큼 곱해져 y로 흘러갑니다. 이를 행렬 전체를 하나의 단위로 말하면 다음과 같습니다. X는 W만큼 곱해져 y로 흘러갑니다. W는 X만큼 곱해져 y로 흘러갑니다. b는 1만큼 곱해져 y로 흘러갑니다.

그래서 이 수식은 다음과 같은 의미를 갖습니다.

- X는 W만큼 y로 갔어. X ——W——▸ y
- W는 X만큼 y로 갔어. W ——X——▸ y
- b는 1만큼 y로 갔어. b ——1——▸ y

이상 합성 곱의 순전파 과정을 정리해 보았습니다.

합성 곱의 역전파 정리하기

이번엔 합성 곱의 역전파를 정리해 봅니다. 역전파는 입력 역전파, 가중치 역전파, 편향 역전파 3가지로 구성됩니다.

입력 역전파

다음은 CNN의 합성 곱 과정에서 yb가 W를 거쳐 Xb로 흘러가는 입력 역전파를 나타냅니다.

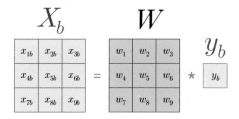

이 수식에서 yb는 W의 각 항목만큼 곱해져 Xb의 같은 위치에 대응되는 각 항목으로 흘러갑니다. 예를 들어, yb는 w1만큼 곱해져 x1b로 흘러갑니다.

가중치 역전파

다음은 CNN의 합성 곱 과정에서 yb가 X를 거쳐 Wb로 흘러가는 가중치 역전파를 나타냅니다.

$$
\begin{array}{|c|c|c|}
\hline
w_{1b} & w_{2b} & w_{3b} \\
\hline
w_{4b} & w_{5b} & w_{6b} \\
\hline
w_{7b} & w_{8b} & w_{9b} \\
\hline
\end{array}
=
\begin{array}{|c|c|c|}
\hline
x_1 & x_2 & x_3 \\
\hline
x_4 & x_5 & x_6 \\
\hline
x_7 & x_8 & x_9 \\
\hline
\end{array}
*
\begin{array}{|c|}
\hline
y_b \\
\hline
\end{array}
$$

이 수식에서 yb는 X의 각 항목만큼 곱해져 Wb의 같은 위치에 대응되는 각 항목으로 흘러갑니다. 예를 들어, yb는 x1만큼 곱해져 w1b로 흘러갑니다.

편향 역전파

다음은 CNN의 합성 곱 과정에서 yb가 bb로 흘러가는 편향 역전파를 나타냅니다.

$$
\begin{array}{|c|}
\hline
b_b \\
\hline
\end{array}
=
\begin{array}{|c|}
\hline
y_b \\
\hline
\end{array}
$$

이 수식에서 yb는 bb로 흘러갑니다.

다음은 yb가 x1b, w1b, bb로 흘러가는 역전파를 나타냅니다.

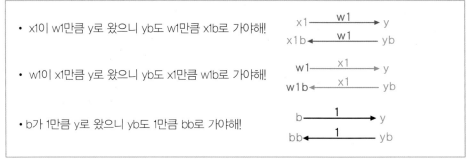

- x1이 w1만큼 y로 왔으니 yb도 w1만큼 x1b로 가야해!
- w1이 x1만큼 y로 왔으니 yb도 x1만큼 w1b로 가야해!
- b가 1만큼 y로 왔으니 yb도 1만큼 bb로 가야해!

※ 이 방법은 실제로 편미분과 연쇄법칙을 이용하여 유도한 방법으로 이 책에서는 좀 더 직관적인 방법으로 대체하였습니다.

이를 수식으로 정리하면 다음과 같습니다.

$$
\begin{aligned}
x_{1b} &= y_b w_1 \\
w_{1b} &= y_b x_1 \\
b_b &= y_b 1
\end{aligned}
$$

이 수식을 행렬 전체로 확장하면 다음과 같습니다.

$$
\begin{aligned}
X_b &= y_b * W \\
W_b &= y_b * X \\
b_b &= y_b * 1
\end{aligned}
$$

이 수식에서 yb는 W의 각 항목만큼 곱해져 Xb의 같은 위치에 대응되는 각 항목으로 흘러갑니다. 또, yb는 X의 각 항목만큼 곱해져 Wb의 같은 위치에 대응되는 각 항목으로 흘러갑니다. yb는 1만큼 bb로 흘러갑니다.

그래서 이 수식은 다음과 같은 의미를 갖습니다.

- X가 W만큼 y로 왔으니 yb도 W만큼 X로 가야해!
- W가 X만큼 y로 왔으니 yb도 X만큼 Wb로 가야해!
- b가 1만큼 y로 왔으니 yb도 1만큼 bb로 가야해!

※ 이 방법은 실제로 편미분과 연쇄법칙을 이용하여 유도한 방법으로 이 책에서는 좀 더 직관적인 방법으로 대체하였습니다.

이상 합성 곱의 역전파 과정을 정리해 보았습니다.

3×3 순전파 역전파

여기서는 3x3 입력에 대한 순전파와 역전파를 구현해 봅니다.

합성 곱 순전파

다음은 3x3 입력, 3x3 가중치에 대한 순전파 과정을 구체적으로 보여줍니다.

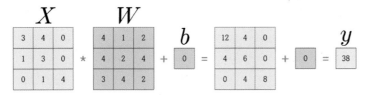

3x3 순전파

X의 모든 항목은 W의 대응되는 항목과 곱해진 후, 모두 더해지고, 편향 b와 더해져 y로 흘러갑니다. 다음은 이 그림에 대한 수식입니다.

$$y = X \circledast W + 1b$$

※ 여기서 $\circledast$ 기호는 합성 곱 연산을 의미합니다.

가중치 역전파

다음은 3x3 입력, 3x3 가중치에 대한 가중치 역전파 과정을 구체적으로 보여줍니다.

W_b

-9	-12	0
-3	-9	0
0	-3	-12

$=$

X

3	4	0
1	3	0
0	1	4

$*$

y_b

-3

3x3 가중치 역전파

yb의 값 3은 X의 각 항목과 곱해져 Wb의 대응되는 각 항목으로 흘러갑니다. 다음은 이 그림에 대한 수식입니다.

$$W_b = y_b \times X$$

편향 역전파

다음은 3x3 입력, 3x3 가중치에 대한 편향 역전파 과정을 구체적으로 보여줍니다.

b_b

-3

$=$

y_b

-3

편향 역전파

yb의 값 3은 bb로 흘러갑니다. 다음은 이 그림에 대한 수식입니다.

$$b_b = y_b \times 1$$

입력 역전파

다음은 3x3 입력, 3x3 가중치에 대한 입력 역전파 과정을 구체적으로 보여줍니다.

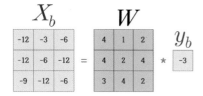

3x3 입력 역전파

yb의 값 3은 W의 각 항목과 곱해져 Xb의 대응되는 각 항목으로 흘러갑니다. 다음은 이 그림에 대한
수식입니다.

$$X_b = y_b \times W$$

지금까지의 과정을 예제를 통해 살펴봅니다.

■1 다음과 같이 예제를 작성합니다.

534_1.py

```
01 import numpy as np
02
03 np.random.seed(1)
04
05 X = np.random.randint(5, size=(3,3))
06 print('X =\n', X)
07
08 W = np.random.randint(5, size=(3,3))
09 print('W =\n', W)
10
11 b = 0
12 print('b =', b)
13
14 y = np.sum(X*W) + b
15 print('y =', y)
16
17 yb = np.random.randint(-5,5)
18 print('yb =', yb)
19
20 Wb = yb*X
```

```
21 print('Wb =\n', Wb)
22
23 bb = yb
24 print('bb =', bb)
25
26 Xb = yb*W
27 print('Xb =\n', Xb)
```

01 : numpy 모듈을 np라는 이름으로 불러옵니다. numpy 모듈은 행렬이나 다차원 배열을 쉽게 처리 할 수 있도록 지원하는 파이썬의 라이브러리입니다.

03 : np.random.seed 함수를 호출하여 임의 숫자 생성기 모듈을 초기화합니다. 인자로 1을 주어 생성되는 숫자를 일정하게 합니다. 숫자를 변경하면 생성되는 숫자가 달라질 수 있습니다.

05 : 0이상 5미만의 정수를 가진 3x3 행렬을 생성하여 X 변수에 할당합니다.

06 : print 함수를 호출하여 X 변수가 가리키는 행렬 값을 출력해 봅니다.

08 : 0이상 5미만의 정수를 가진 3x3 행렬을 생성하여 W 변수에 할당합니다.

09 : print 함수를 호출하여 W 변수가 가리키는 행렬 값을 출력해 봅니다.

11 : 편향 변수 b를 선언한 후, 0으로 초기화합니다. 일반적으로 편향 값은 0으로 시작합니다.

12 : print 함수를 호출하여 b 변수가 가리키는 정수 값을 출력해 봅니다.

14 : 행렬 X와 W에 대해 같은 위치에 있는 항목끼리 곱셈을 수행한 후, np.sum 함수를 호출하여 결과 값 행렬의 모든 항목 값을 더한 후, 편향 값 b를 더해서 y 변수에 할당합니다.

15 : print 함수를 호출하여 y 변수 값을 출력해 봅니다.

17 : −5이상 5미만의 임의 정수 하나를 생성하여, yb 변수에 할당합니다. yb는 임의로 생성한 역전파 입력 값입니다.

18 : print 함수를 호출하여 yb 변수가 가리키는 정수 값을 출력해 봅니다.

20 : yb 값을 X 행렬의 각 항목에 곱해 Wb에 할당합니다.

21 : print 함수를 호출하여 Wb 행렬 값을 출력해 봅니다.

23 : bb 변수를 생성한 후, yb 값을 받습니다.

24 : print 함수를 호출하여 bb 변수 값을 출력해 봅니다.

26 : yb 값을 W 행렬의 각 항목에 곱해 Xb에 할당합니다.

27 : print 함수를 호출하여 Xb 행렬 값을 출력해 봅니다.

2 ▶ 버튼을 눌러 프로그램을 실행시킵니다. 다음은 실행 결과 화면입니다.

```
                 X =          W =
                 [[3 4 0]     [[4 1 2]
합성곱 순전파     [1 3 0]  *   [4 2 4]    +    b = 0   =   y = 38
                 [0 1 4]]     [3 4 2]]


                 Wb =              X =
                 [[ -9 -12   0]    [[3 4 0]
가중치 역전파     [ -3  -9   0]  =  [1 3 0]  *   yb = -3
                 [  0  -3 -12]]    [0 1 4]]


편향 역전파       bb = -3    =    yb = -3


                 Xb =             W =
                 [[-12  -3  -6]    [[4 1 2]
입력 역전파       [-12  -6 -12]  =  [4 2 4]  *   yb = -3
                 [ -9 -12  -6]]    [3 4 2]]
```

출력 결과를 앞의 그림과 비교하면서 살펴봅니다.

※ 독자의 이해를 돕기 위해 결과 화면을 편집하였습니다.

4×4 순전파 역전파

여기서는 4x4 입력에 대한 순전파와 역전파를 구현해 봅니다.

합성 곱 순전파

다음은 4x4 입력, 3x3 가중치에 대한 순전파 과정을 구체적으로 보여줍니다.

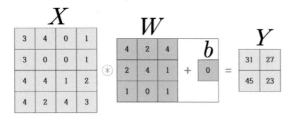

4x4 순전파

다음은 이 그림에 대한 수식입니다.

$$Y = X \circledast W + 1b$$

※ 여기서 $\circledast$ 기호는 합성 곱 연산을 의미합니다.

다음은 4x4 입력 이미지를 4개의 3x3 하위 이미지로 나누고, 각각의 하위 이미지에 대해 그것들의 위치에 따라 이름을 붙인 그림입니다.

X_{00} X_{01} X_{10} X_{11}

각각의 3x3 하위 이미지는 다음과 같이 순전파 연산이 수행됩니다.

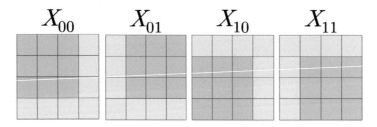

X00의 모든 항목은 W의 대응되는 항목과 곱해진 후, 모두 더해지고, 편향 b와 더해져 y00로 흘러 갑니다. 다음은 이 그림에 대한 수식입니다.

$$y_{00} = X_{00} \circledast W + 1b$$

X_{01}

3	4	0	1
3	0	0	1
4	4	1	2
4	2	4	3

$*$

W

4	2	4
2	4	1
1	0	1

$+$

b

0

$=$

16	0	4
0	0	1
4	0	2

$=$

y_{01}

31	27

X01의 모든 항목은 W의 대응되는 항목과 곱해진 후, 모두 더해지고, 편향 b와 더해져 y01로 흘러갑 니다. 다음은 이 그림에 대한 수식입니다.

$$y_{01} = X_{01} \circledast W + 1b$$

X_{10}

3	4	0	1
3	0	0	1
4	4	1	2
4	2	4	3

$*$

W

4	2	4
2	4	1
1	0	1

$+$

b

0

$=$

12	0	0
8	16	1
4	0	4

$=$

y_{10}

31	27
45	

X10의 모든 항목은 W의 대응되는 항목과 곱해진 후, 모두 더해지고, 편향 b와 더해져 y10로 흘러갑 니다. 다음은 이 그림에 대한 수식입니다.

$$y_{10} = X_{10} \circledast W + 1b$$

X_{11}

3	4	0	1
3	0	0	1
4	4	1	2
4	2	4	3

$*$

W

4	2	4
2	4	1
1	0	1

$+$

b

0

$=$

0	0	4
8	4	2
2	0	3

$=$

y_{11}

31	27
45	23

X11의 모든 항목은 W의 대응되는 항목과 곱해진 후, 모두 더해지고, 편향 b와 더해져 y11로 흘러갑 니다. 다음은 이 그림에 대한 수식입니다.

$$y_{11} = X_{11} \circledast W + 1b$$

가중치 역전파

다음은 4x4 입력, 3x3 가중치에 대한 가중치 역전파 과정을 구체적으로 보여줍니다.

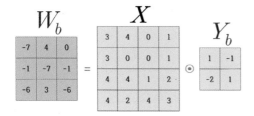

4x4 가중치 역전파

다음은 이 그림에 대한 수식입니다.

$$W_b = X \odot Y_b$$

※ 여기서 ⊙ 기호는 합성 곱 역전파 연산을 의미합니다.

다음은 4x4 입력에 대한 가중치 역전파 과정의 단계별 수행 과정을 보여줍니다.

y00b의 값 1은 X00의 각 항목과 곱해져 Wb의 대응되는 각 항목으로 흘러가 누적됩니다. 다음은 이 그림에 대한 수식입니다.

$$W_b \mathrel{+}= X_{00} \times y_{00b}$$

y01b의 값 −1은 X01의 각 항목과 곱해져 Wb의 대응되는 각 항목으로 흘러가 누적됩니다. 다음은 이 그림에 대한 수식입니다.

$$W_b \mathrel{+}= X_{01} \times y_{01b}$$

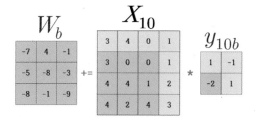

y10b의 값 −2는 X10의 각 항목과 곱해져 Wb의 대응되는 각 항목으로 흘러가 누적됩니다. 다음은 이 그림에 대한 수식입니다.

$$W_b \mathrel{+}= X_{10} \times y_{10b}$$

y11b의 값 1은 X11의 각 항목과 곱해져 Wb의 대응되는 각 항목으로 흘러가 누적됩니다. 다음은 이 그림에 대한 수식입니다.

$$W_b \mathrel{+}= X_{11} \times y_{11b}$$

편향 역전파

다음은 4x4 입력, 3x3 가중치에 대한 편향 역전파 과정을 구체적으로 보여줍니다.

4x4 편향 역전파

다음은 이 그림에 대한 수식입니다.

$$b_b = 1 \odot Y_b$$

※ 여기서 ⊙ 기호는 합성 곱 역전파 연산을 의미합니다.

다음은 4x4 입력에 대한 편향 역전파 과정의 단계별 수행 과정을 보여줍니다.

y00b의 값 1은 bb로 흘러가 누적됩니다. 다음은 이 그림에 대한 수식입니다.

$$b_b \mathrel{+}= 1 \times y_{00b}$$

y01b의 값 −1은 bb로 흘러가 누적됩니다. 다음은 이 그림에 대한 수식입니다.

$$b_b \mathrel{+}= 1 \times y_{01b}$$

y10b의 값 −2는 bb로 흘러가 누적됩니다. 다음은 이 그림에 대한 수식입니다.

$$b_b \mathrel{+}= 1 \times y_{10b}$$

y11b의 값 1은 bb로 흘러가 누적됩니다. 다음은 이 그림에 대한 수식입니다.

$$b_b \mathrel{+}= 1 \times y_{11b}$$

결론적으로 bb는 Y의 모든 항목의 합입니다. 즉, 다음과 같이 구할 수 있습니다.

$$b_b = sum(Y)$$

입력 역전파

다음은 4x4 입력, 3x3 가중치에 대한 입력 역전파 과정을 구체적으로 보여줍니다.

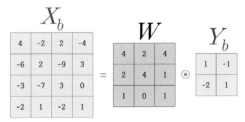

4x4 입력 역전파

다음은 이 그림에 대한 수식입니다.

$$X_b = W \odot Y_b$$

※ 여기서 ⊙ 기호는 합성 곱 역전파 연산을 의미합니다.

다음은 4x4 입력, 3x3 가중치에 대한 입력 역전파 과정의 단계별 수행 과정을 보여줍니다.

y00b의 값 1은 W의 각 항목과 곱해져 X00b의 대응되는 각 항목으로 흘러가 누적됩니다. 다음은 이 그림에 대한 수식입니다.

$$X_{00b} \mathrel{+}= W \times y_{00b}$$

y01b의 값 −1은 W의 각 항목과 곱해져 X01b의 대응되는 각 항목으로 흘러가 누적됩니다. 다음은 이 그림에 대한 수식입니다.

$$X_{01b} \mathrel{+}= W \times y_{01b}$$

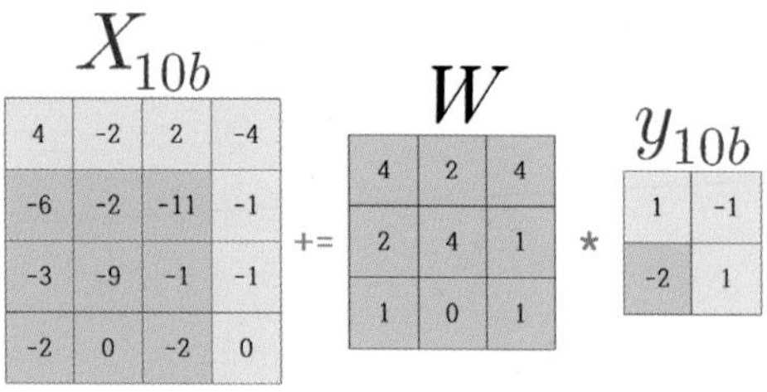

X_{10b} W y_{10b}

y10b의 값 −2는 W의 각 항목과 곱해져 X10b의 대응되는 각 항목으로 흘러가 누적됩니다. 다음은 이 그림에 대한 수식입니다.

$$X_{10b} += W \times y_{10b}$$

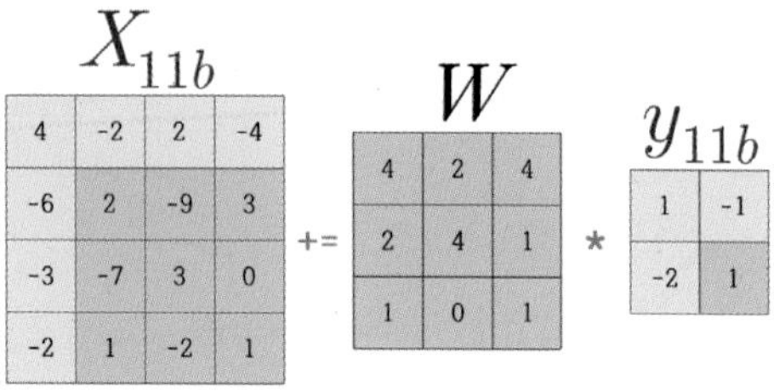

X_{11b} W y_{11b}

y11b의 값 1은 W의 각 항목과 곱해져 X11b의 대응되는 각 항목으로 흘러가 누적됩니다. 다음은 이 그림에 대한 수식입니다.

$$X_{11b} += W \times y_{11b}$$

지금까지의 과정을 예제를 통해 살펴봅니다.

1 다음과 같이 예제를 수정합니다. # 표시된 부분은 추가되거나 수정된 부분을 나타냅니다.

535_1.py

```
01 import numpy as np
02
03 np.random.seed(1)
04
05 X = np.random.randint(5, size=(4,4)) #
06 print( ' X =\n ', X)
07
08 W = np.random.randint(5, size=(3,3))
09 print( ' W =\n ', W)
10
11 b = 0
12 print( ' b = ', b)
13
```

```
14 Y = np.zeros((2,2)) #
15
16 for row in range(2): #
17         for col in range(2): #
18                 winX = X[row:row+3, col:col+3] #
19                 Y[row, col] = np.sum(winX*W) + b #
20
21 print('Y =\n', Y) #
22
23 Yb = np.random.randint(-8,5, size=Y.shape) #
24 print('Yb =\n', Yb) #
25
26 Wb = np.zeros_like(W) #
27
28 for row in range(2): #
29         for col in range(2): #
30                 winX = X[row:row+3, col:col+3] #
31                 # print('winX(%d, %d) =\n' %(row, col), winX) #
32                 Wb += winX*Yb[row, col] #
33                 # print('Wb(%d, %d) =\n' %(row, col), Wb) #
34
35 print('Wb =\n', Wb)
36
37 bb = np.sum(Yb) #
38 print('bb = ', bb)
39
40 Xb = np.zeros_like(X) #
41
42 for row in range(2): #
43         for col in range(2): #
44                 winXb = Xb[row:row+3, col:col+3] #
45                 winXb += Yb[row, col]*W #
46                 # print('Xb(%d, %d) =\n' %(row, col), Xb) #
47
48 print('Xb =\n', Xb)
```

05 : 0이상 5미만의 임의 정수를 가진 4x4 행렬을 생성하여 X 변수에 할당합니다.

14 : np.zeros 함수를 호출하여 0값으로 채워진 2x2 행렬을 생성하여 Y 변수에 할당합니다.

16 : row값을 0에서 2 미만까지 바꾸어가며 17~19줄을 2회 수행합니다.

17 : col값을 0에서 2 미만까지 바꾸어가며 18~19줄을 2회 수행합니다.

18 : X 행렬의 row 이상 (row+3) 미만까지, col 이상 (col+3) 미만까지의 행렬을 winX 변수가 가리키게 합니다. 예를 들어, (row=0, col=0)일 경우 winX 변수는 X[0:3, 0:3] 행렬을 가리키게 됩니다.

19 : np.sum 함수를 호출하여 winX*W 행렬의 모든 항목의 값을 더하고, 편향 b값을 더해서 Y 행렬의 (row, col) 항목에 할당합니다.

21 : print 함수를 호출하여 Y 행렬 값을 출력합니다.

23 : −8이상 5미만의 임의 정수를 가진 Y의 모양과 같은 행렬을 생성하여 Yb 변수에 할당합니다. Y는 2x2 행렬입니다. Yb는 역전파 입력 값을 갖습니다.

24 : print 함수를 호출하여 Yb 변수가 가리키는 행렬 값을 출력해 봅니다.

26 : 0으로 채워진 W의 모양과 같은 행렬을 생성하여 Wb 변수에 할당합니다. W는 3x3 행렬입니다.

28 : row값을 0에서 2 미만까지 바꾸어가며 29~33줄을 2회 수행합니다.

29 : col값을 0에서 2 미만까지 바꾸어가며 28~33줄을 2회 수행합니다.

30 : X 행렬의 row 이상 (row+3) 미만까지, col 이상 (col+3) 미만까지의 행렬을 winX 변수가 가리키게 합니다. 예를 들어, (row=0, col=0)일 경우 winX 변수는 image[0:3, 0:3] 행렬을 가리키게 됩니다.

31 : print 함수를 호출하여 row, col값과 winX가 가리키는 행렬 값을 출력합니다. winX 값을 단계별로 살펴보려면 주석을 해제해 줍니다.

32 : winX 행렬의 모든 항목에 Yb 행렬의 (row, col) 항목을 곱한 후, Wb의 대응되는 항목에 더해줍니다. 이 과정은 Yb값이 winX를 통해 Wb로 역전파되는 과정입니다. 즉, 가중치 역전파 과정입니다.

33 : print 함수를 호출하여 row, col값과 Wb 행렬 값을 출력합니다. Wb 값이 변하는 과정을 단계별로 살펴보려면 주석을 해제해 줍니다.

37 : Yb 행렬의 모든 항목 값을 더해서 bb 변수에 할당합니다. 이 과정은 Yb값이 bb로 역전파되는 과정입니다. 즉, 편향 역전파 과정입니다.

40 : 0으로 채워진 X의 모양과 같은 행렬을 생성하여 Xb 변수에 할당합니다. X는 4x4 행렬입니다.

42 : row값을 0에서 2 미만까지 바꾸어가며 43~46줄을 2회 수행합니다.

43 : col값을 0에서 2 미만까지 바꾸어가며 44~46줄을 2회 수행합니다.

44 : Xb 행렬의 row 이상 (row+3) 미만까지, col 이상 (col+3) 미만까지의 행렬을 winXb 변수가 가리키게 합니다. 예를 들어, (row=0, col=0)일 경우 winXb 변수는 Xb[0:3, 0:3] 행렬을 가리키게 됩니다.

45 : W 행렬의 모든 항목에 Yb 행렬의 (row, col) 항목을 곱한 후, WinXb의 대응되는 항목에 더해줍니다. 이 과정은 Yb값이 W를 통해 Xb로 역전파되는 과정입니다. 즉, 입력 역전파 과정입니다.

46 : print 함수를 호출하여 row, col값과 Xb 행렬 값을 출력합니다. Xb 값이 변하는 과정을 단계별로 살펴보려면 주석을 해제해 줍니다.

2 ▶ 버튼을 눌러 프로그램을 실행시킵니다. 다음은 실행 결과 화면입니다.

출력 결과를 앞의 그림과 비교하면서 살펴봅니다.

※ 독자의 이해를 돕기 위해 결과 화면을 편집하였습니다.

6×6 순전파 역전파

여기서는 6x6 입력에 대한 순전파와 역전파를 구현해 봅니다.

합성 곱 순전파

다음은 6x6 입력, 3x3 가중치에 대한 순전파 과정을 구체적으로 보여줍니다.

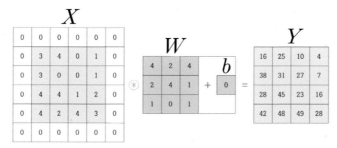

6x6 순전파

다음은 이 그림에 대한 수식입니다.

$$Y = X \circledast W + 1b$$

※ 여기서 ⊛ 기호는 합성 곱 연산을 의미합니다.

다음은 하위 입력 X00가 가중치 W와 합성 곱을 수행한 후, 편향 b와 더해져 y00의 결과 값 16이 되는 과정을 나타냅니다. X01~X33도 같은 방법으로 y01~y33 값으로 연결됩니다.

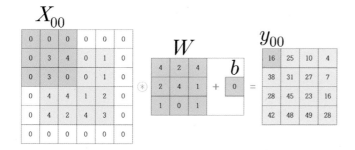

가중치 역전파

다음은 6x6 입력, 3x3 가중치에 대한 가중치 역전파 과정을 구체적으로 보여줍니다.

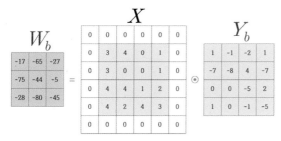

6x6 가중치 역전파

다음은 이 그림에 대한 수식입니다.

$$W_b = X \odot Y_b$$

※ 여기서 ⊙ 기호는 합성 곱 역전파 연산을 의미합니다.

다음은 6x6 입력에 대한 가중치 역전파 과정의 첫 번째와 두 번째 단계 수행 과정을 보여줍니다.

y00b의 값 1은 X00의 각 항목과 곱해져 Wb의 대응되는 각 항목으로 흘러가 누적됩니다. 다음은 이 그림에 대한 수식입니다.

$$W_b \mathrel{+}= X_{0c} \times y_{00b}$$

y01b의 값 −1은 X01의 각 항목과 곱해져 Wb의 대응되는 각 항목으로 흘러가 누적됩니다. 다음은 이 그림에 대한 수식입니다.

$$W_b \mathrel{+}= X_{01} \times y_{01b}$$

y02~y33도 같은 방법으로 X02~X33과 곱해져 Wb로 흘러가 누적됩니다.

편향 역전파

다음은 6x6 입력, 3x3 가중치에 대한 편향 역전파 과정을 구체적으로 보여줍니다.

$$b_b = 1 \odot Y_b$$

6x6 편향 역전파

다음은 이 그림에 대한 수식입니다.

$$b_b = 1 \odot Y_b$$

※ 여기서 ⊙ 기호는 합성 곱 역전파 연산을 의미합니다.

다음은 6x6 입력에 대한 편향 역전파 과정의 첫 번째와 두 번째 단계 수행 과정을 보여줍니다.

y00b의 값 1은 bb로 흘러가 누적됩니다. 다음은 이 그림에 대한 수식입니다.

$$b_b \mathrel{+}= 1 \times y_{00b}$$

y01b의 값 −1은 bb로 흘러가 누적됩니다. 다음은 이 그림에 대한 수식입니다.

$$b_b \mathrel{+}= 1 \times y_{01b}$$

y02~y33도 같은 방법으로 bb로 흘러가 누적됩니다. 결론적으로 bb는 Y의 모든 항목의 합입니다. 즉, 다음과 같이 구할 수 있습니다.

$$b_b = sum(Y)$$

입력 역전파

다음은 6x6 입력, 3x3 가중치에 대한 입력 역전파 과정을 구체적으로 보여줍니다.

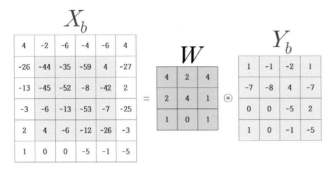

6x6 입력 역전파

다음은 이 그림에 대한 수식입니다.

$$X_b = W \odot Y_b$$

※ 여기서 ⊙ 기호는 합성 곱 역전파 연산을 의미합니다.

다음은 6x6 입력에 대한 입력 역전파 과정의 첫 번째와 두 번째 단계 수행 과정을 보여줍니다.

X_{00b}

4	2	4	0	0	0
2	4	1	0	0	0
1	0	1	0	0	0
0	0	0	0	0	0
0	0	0	0	0	0
0	0	0	0	0	0

+=

W

4	2	4
2	4	1
1	0	1

*

y_{00b}

1	-1	-2	1
-7	-8	4	-7
0	0	-5	2
1	0	-1	-5

y00b의 값 1은 W의 각 항목과 곱해져 X00b의 대응되는 각 항목으로 흘러가 누적됩니다. 다음은 이 그림에 대한 수식입니다.

$$X_{00b} \mathrel{+}= W \times y_{00b}$$

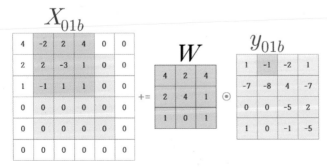

y01b의 값 −1은 W의 각 항목과 곱해져 X01b의 대응되는 각 항목으로 흘러가 누적됩니다. 다음은 이 그림에 대한 수식입니다.

$$X_{01b} \mathrel{+}= W \times y_{01b}$$

지금까지의 과정을 예제를 통해 살펴봅니다.

1 다음과 같이 예제를 수정합니다. # 표시된 부분은 추가되거나 수정된 부분을 나타냅니다.

536_1.py

```python
01 import numpy as np
02
03 np.random.seed(1)
04
05 X = np.random.randint(5, size=(4,4))
06 print('X =\n', X)
07
08 W = np.random.randint(5, size=(3,3))
09 print('W =\n', W)
10
11 b = 0
12 print('b =', b)
13
14 XP = np.pad(X,((1,1), (1,1))) #
15 print('XP =\n', XP) #
16
17 Y = np.zeros((4,4)) #
18
19 for row in range(4): #
20     for col in range(4): #
21             winXP = XP[row:row+3, col:col+3] #
22             Y[row, col] = np.sum(winXP*W) + b #
23
24 print('Y =\n', Y)
25
26 Yb = np.random.randint(-8,5, size=Y.shape)
27 print('Yb =\n', Yb)
28
29 Wb = np.zeros_like(W)
30
31 for row in range(4): #
32     for col in range(4): #
33             winXP = XP[row:row+3, col:col+3] #
34             Wb += winXP*Yb[row, col] #
35             # print('Wb(%d, %d) =\n' %(row, col), Wb)
36
37 print('Wb =\n', Wb)
38
```

```
39 bb = np.sum(Yb)
40 print(' bb = ', bb)
41
42 XPb = np.zeros_like(XP) #
43
44 for row in range(4): #
45     for col in range(4): #
46         winXPb = XPb[row:row+3, col:col+3] #
47         winXPb += Yb[row, col]*W #
48         # print(' XPb(%d, %d) =\n ' %(row, col), XPb)
49
50 print(' XPb =\n ', XPb) #
51
52 Xb = XPb[1:-1,1:-1] #
53 print(' Xb =\n ', Xb)
```

14 : np.pad 함수를 호출하여 X 행렬과 같은 모양의 행렬을 내부적으로 생성한 후, 행을 상하로 한 칸씩, 열을 좌우로 한 칸씩 늘려 0으로 채운 후, XP 변수에 할당합니다.

15 : print 함수를 호출하여 XP 변수가 가리키는 행렬 값을 출력해 봅니다.

17 : np.zeros 함수를 호출하여 0값으로 채워진 4x4 행렬을 생성하여 Y 변수에 할당합니다.

19 : row값을 0에서 4 미만까지 바꾸어가며 20~22줄을 4회 수행합니다.

20 : col값을 0에서 4 미만까지 바꾸어가며 21~22줄을 4회 수행합니다.

21 : XP 행렬의 row 이상 (row+3) 미만까지, col 이상 (col+3) 미만까지의 행렬을 winXP 변수가 가리키게 합니다. 예를 들어, (row=0, col=0)일 경우 winXP 변수는 XP[0:3, 0:3] 행렬을 가리키게 됩니다.

22 : np.sum 함수를 호출하여 winXP*W 행렬의 모든 항목의 값을 더하고, 편향 b값을 더해서 Y 행렬의 (row, col) 항목에 할당합니다.

31 : row값을 0에서 4 미만까지 바꾸어가며 32~34줄을 4회 수행합니다.

32 : col값을 0에서 4 미만까지 바꾸어가며 33~34줄을 4회 수행합니다.

33 : XP 행렬의 row 이상 (row+3) 미만까지, col 이상 (col+3) 미만까지의 행렬을 winXP 변수가 가리키게 합니다. 예를 들어, (row=0, col=0)일 경우 winXP 변수는 XP[0:3, 0:3] 행렬을 가리키게 됩니다.

34 : winXP 행렬의 모든 항목에 Yb 행렬의 (row, col) 항목을 곱한 후, Wb의 대응되는 항목에 더해줍니다. 이 과정은 Yb값이 winXP를 통해 Wb로 역전파되는 과정입니다. 즉, 가중치 역전파 과정입니다.

35 : print 함수를 호출하여 row, col값과 Wb 행렬 값을 출력합니다. Wb 값이 변하는 과정을 단계별로 살펴보려면 주석을 해제해 줍니다.

42 : 0으로 채워진 XP의 모양과 같은 행렬을 생성하여 XPb 변수에 할당합니다. XP는 6x6 행렬입니다.

44 : row값을 0에서 4 미만까지 바꾸어가며 44~46줄을 4회 수행합니다.

45 : col값을 0에서 4 미만까지 바꾸어가며 45~46줄을 4회 수행합니다.

46 : XPb 행렬의 row 이상 (row+3) 미만까지, col 이상 (col+3) 미만까지의 행렬을 winXPb 변수가 가리키게 합니다. 예를 들어, (row=0, col=0)일 경우 winXPb 변수는 XPb[0:3, 0:3] 행렬을 가리키게 됩니다.

47 : W 행렬의 모든 항목에 Yb 행렬의 (row, col) 항목을 곱한 후, WinXPb의 대응되는 항목에 더해줍니다. 이 과정은 Yb값이 W를 통해 XPb로 역전파되는 과정입니다. 즉, 입력 역전파 과정입니다.

48 : print 함수를 호출하여 row, col값과 Xb 행렬 값을 출력합니다. Xb 값이 변하는 과정을 단계별로 살펴보려면 주석을 해제해 줍니다.

50 : print 함수를 호출하여 XPb 행렬 값을 출력합니다.

52 : XPb 행렬의 행을 상하로 한 칸씩, 열을 좌우로 한 칸씩 줄여 Xb 변수에 할당합니다.

❷ ▶ 버튼을 눌러 프로그램을 실행시킵니다. 다음은 실행 결과 화면입니다.

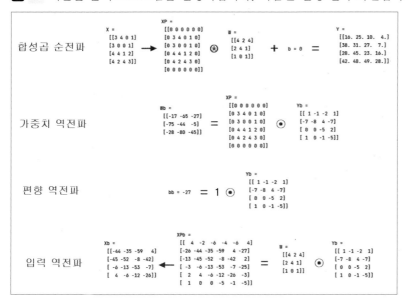

출력 결과를 앞의 그림과 비교하면서 살펴봅니다.

※ 독자의 이해를 돕기 위해 결과 화면을 편집하였습니다.

4×4 max pooling 순전파 역전파

여기서는 4x4 max pooling에 대한 순전파와 역전파를 구현해 봅니다. pooling은 특별한 종류의 필터로 생각할 수 있습니다. max pooling은 pooling 필터가 적용되는 영역에서 최대값을 골라냅니다. 다음은 4x4 합성 곱 이미지에 대한 순전파와 역전파 과정을 구체적으로 보여줍니다.

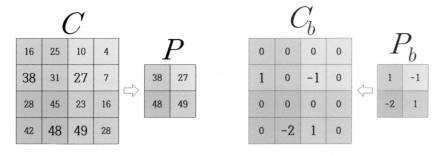

4x4 max pooling 순전파, 역전파

max pooling의 역전파 값은 순전파 시 최대값이 전달됐던 위치로 역전파 값이 전달됩니다. 나머지 위치에는 값이 전달되지 않습니다.

위 과정을 예제를 통해 살펴봅니다.

1 다음과 같이 예제를 수정합니다. # 표시된 부분은 추가되거나 수정된 부분을 나타냅니다.

537_1.py

```
01 import numpy as np
02
03 np.random.seed(1)
04
05 X = np.random.randint(5, size=(4,4))
06 print('X =\n', X)
07
08 W = np.random.randint(5, size=(3,3))
09 print('W =\n', W)
10
11 b = 0
12 print('b =', b)
13
14 XP = np.pad(X,((1,1), (1,1)))
15 print('XP =\n', XP)
16
17 Y = np.zeros((4,4))
18
19 for row in range(4):
20     for col in range(4):
21             winXP = XP[row:row+3, col:col+3]
22             Y[row, col] = np.sum(winXP*W) + b
23
24 print('Y =\n', Y)
25
26 MP = np.zeros((2,2)) #
27
28 for row in range(0, 2): #
29     for col in range(0, 2): #
30             winY = Y[2*row:2*row+2, 2*col:2*col+2] #
31             MP[row, col] = np.max(winY) #
32
33 print('MP =\n', MP) #
34
35 MPb = np.random.randint(-8,5, size=MP.shape) #
36 print('MPb =\n', MPb) #
37
38 Yb = np.zeros_like(Y) #
39
40 for row in range(0, 2): #
41     for col in range(0, 2): #
42             winY = Y[2*row:2*row+2, 2*col:2*col+2] #
43             winYb = Yb[2*row:2*row+2, 2*col:2*col+2] #
44             winYb[winY==np.max(winY)] = MPb[row, col] #
45
46 print('Yb =\n', Yb)
47
```

```
48  Wb = np.zeros_like(W)/1 #
49
50  for row in range(4):
51      for col in range(4):
52              winXP = XP[row:row+3, col:col+3]
53              Wb += winXP*Yb[row, col]
54
55  print( ' Wb =\n ' , Wb)
56
57  bb = np.sum(Yb)
58  print( ' bb = ' , bb)
59
60  XPb = np.zeros_like(XP)/1 #
61
62  for row in range(4):
63      for col in range(4):
64              winXPb = XPb[row:row+3, col:col+3]
65              winXPb += Yb[row, col]*W
66
67  print( ' XPb =\n ' , XPb)
68
69  Xb = XPb[1:-1,1:-1]
70  print( ' Xb =\n ' , Xb)
```

26 : np.zeros 함수를 호출하여 0값으로 채워진 2x2 행렬을 생성하여 MP 변수에 할당합니다.

28 : row값을 0에서 2 미만까지 29~31줄을 2회 수행합니다.

29 : col값을 0에서 2 미만까지 30~31줄을 2회 수행합니다.

30 : Y 행렬의 2*row 이상 (2*row+2) 미만까지, 2*col 이상 (2*col+2) 미만까지의 행렬을 winY 변수가 가리키게 합니다. 예를 들어, (row=0, col=0)일 경우 winY 변수는 Y[0:2, 0:2] 행렬을 가리키게 됩니다.

31 : np.max 함수를 호출하여 winY가 가리키는 행렬의 항목 중에 최대 값을 갖는 항목을 MP 행렬의 (row, col) 항목에 할당합니다.

33 : print 함수를 호출하여 MP 행렬 값을 출력합니다.

35 : −8이상 5미만의 임의 정수를 가진 MP의 모양과 같은 행렬을 생성하여 MPb 변수에 할당합니다. MP는 2x2 행렬입니다. MPb는 역전파 입력 값을 갖습니다.

36 : print 함수를 호출하여 MPb 변수가 가리키는 행렬 값을 출력해 봅니다.

38 : 0으로 채워진 Y의 모양과 같은 행렬을 생성하여 Yb 변수에 할당합니다. Y는 4x4 행렬입니다.

40 : row값을 0에서 2 미만까지 41~44줄을 2회 수행합니다.

41 : col값을 0에서 2 미만까지 42~44줄을 2회 수행합니다.

42 : Y 행렬의 2*row 이상 (2*row+2) 미만까지, 2*col 이상 (2*col+2) 미만까지의 행렬을 winY 변수가 가리키게 합니다. 예를 들어, (row=0, col=0)일 경우 winY 변수는 Y[0:2, 0:2] 행렬을 가리키게 됩니다.

43 : Yb 행렬의 2*row 이상 (2*row+2) 미만까지, 2*col 이상 (2*col+2) 미만까지의 행렬을 winYb 변수가 가리키게 합니다. 예를 들어, (row=0, col=0)일 경우 winYb 변수는 Yb[0:2, 0:2] 행렬을 가리키게 됩니다.

44 : WinY 행렬의 최대 값 항목의 위치와 같은 WinYb 행렬의 항목 위치로 MPb 행렬의 (row, col) 항목 값을 전달합니다. 즉, 순전파때 Y 행렬로 전달됐던 최대 값의 위치로 역전파때 역전파 값이 전달됩니다.

48 : Wb를 1로 나누어 실수 0값으로 변환합니다.

60 : XPb를 1로 나누어 실수 0값으로 변환합니다.

② ▶ 버튼을 눌러 프로그램을 실행시킵니다. 다음은 실행 결과 화면입니다.

출력 결과를 앞의 그림과 비교하면서 살펴봅니다.

※ 독자의 이해를 돕기 위해 결과 화면을 편집하였습니다.

필터가 2개인 경우의 순전파 역전파

다음은 6x6 입력 이미지에 대해 2개의 필터를 이용하여 2개의 출력 이미지를 얻는 과정을 보여줍니다. 필터는 이미지의 특징을 추출하는 역할을 하므로 여기서는 입력 이미지에서 2가지 특징을 추출하게 됩니다. 일반적으로 필터의 개수만큼 이미지의 특징이 추출됩니다. 여기서는 6x6 입력에 대해 3x3 필터가 2개인 경우의 순전파와 역전파를 구현해 봅니다.

합성 곱 순전파

다음은 6x6 입력, 3x3 가중치 2개에 대한 순전파 과정을 구체적으로 보여줍니다.

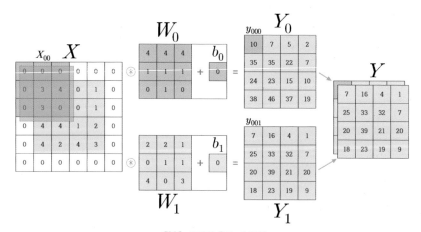

6X6, 가중치 2개, 순전파

다음은 이 그림에 대한 수식입니다.

$$Y_0 = X \circledast W_0 + 1b_0$$
$$Y_1 = X \circledast W_1 + 1b_1$$

※ 여기서 ⊛기호는 합성 곱 연산을 의미합니다.

가중치 역전파

다음은 6x6 입력, 3x3 가중치 2개에 대한 가중치 역전파 과정을 구체적으로 보여줍니다.

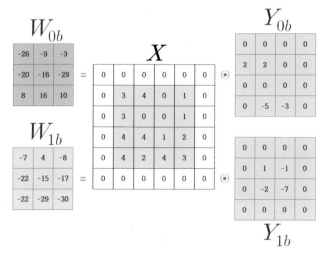

6x6, 가중치 2개, 가중치 역전파

다음은 이 그림에 대한 수식입니다.

$$W_{0b} = X \odot Y_{0b}$$
$$W_{1b} = X \odot Y_{1b}$$

※여기서 ⊙ 기호는 합성 곱 역전파 연산을 의미합니다.

다음은 6x6 입력, 3x3 가중치 2개에 대한 가중치 역전파 과정의 주요 5가지 단계의 수행 과정을 보여줍니다.

❶ 초기화

처음엔 다음과 같이 가중치 역전파 값을 0으로 초기화합니다.

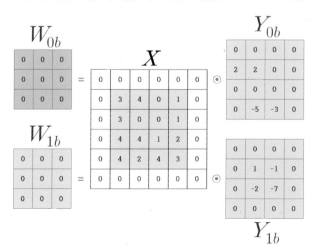

❷ 5 단계

5 단계에서 W0b의 값은 다음과 같습니다.

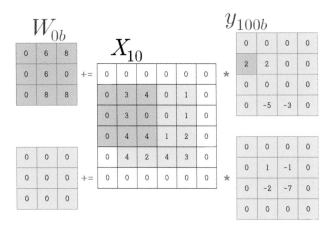

y100b의 값 2는 X10의 각 항목과 곱해져 W0b의 대응되는 각 항목으로 흘러가 누적됩니다. 다음은 이 그림에 대한 수식입니다.

$$W_{0b} += X_{10} \times y_{100b}$$

❸ 6 단계

6 단계에서 W0b의 값은 다음과 같습니다.

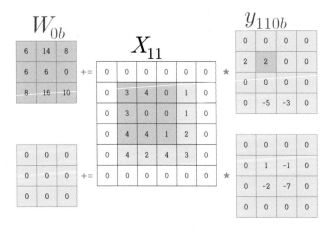

y110b의 값 2는 X11의 각 항목과 곱해져 W0b의 대응되는 각 항목으로 흘러가 누적됩니다. 다음은 이 그림에 대한 수식입니다.

$$W_{0b} += X_{11} \times y_{110b}$$

❹ 22 단계

22 단계에서 W1b의 값은 다음과 같습니다.

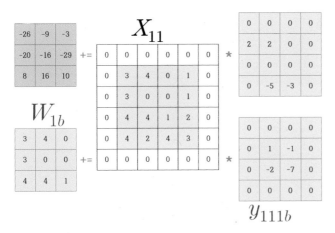

$$y_{111b}$$

y111b의 값 1은 X11의 각 항목과 곱해져 W1b의 대응되는 각 항목으로 흘러가 누적됩니다. 다음은 이 그림에 대한 수식입니다.

$$W_{1b} \mathrel{+}= X_{11} \times y_{111b}$$

❺ 23 단계

23 단계에서 W1b의 값은 다음과 같습니다.

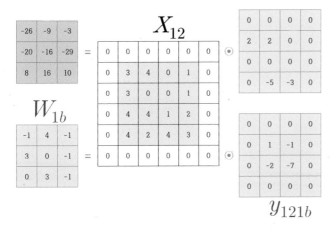

$$y_{121b}$$

y121b의 값 −1은 X12의 각 항목과 곱해져 W1b의 대응되는 각 항목으로 흘러가 누적됩니다. 다음은 이 그림에 대한 수식입니다.

$$W_{1b} \mathrel{+}= X_{12} \times y_{121b}$$

편향 역전파

다음은 6x6 입력, 3x3 가중치 2개에 대한 편향 역전파 과정을 구체적으로 보여줍니다.

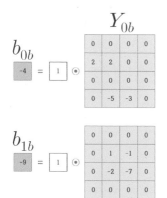

6x6, 가중치 2개, 편향 역전파

다음은 이 그림에 대한 수식입니다.

$$b_{0b} = 1 \odot Y_{0b}$$
$$b_{1b} = 1 \odot Y_{1b}$$

※ 여기서 $\odot$ 기호는 합성 곱 역전파 연산을 의미합니다.

b0b, b1b는 Y0b, Y1b의 모든 항목의 합입니다. 즉, 다음과 같이 구할 수 있습니다.

$$b_{0b} = sum(Y_{0b})$$
$$b_{1b} = sum(Y_{1b})$$

입력 역전파

다음은 6x6 입력, 3x3 가중치 2개에 대한 입력 역전파 과정을 구체적으로 보여줍니다.

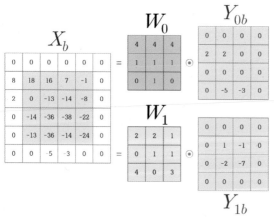

6x6, 가중치 2개, 입력 역전파

다음은 이 그림에 대한 수식입니다.

$$X_b = W_0 \odot Y_{0b} + W_1 \odot Y_{1b}$$

※ 여기서 ⊙ 기호는 합성 곱 역전파 연산을 의미합니다.

다음은 6x6 입력, 3x3 가중치 2개에 대한 입력 역전파 과정의 주요 6가지 단계의 수행 과정을 보여
줍니다.

❶ 초기화

처음엔 다음과 같이 입력 역전파 값을 0으로 초기화합니다.

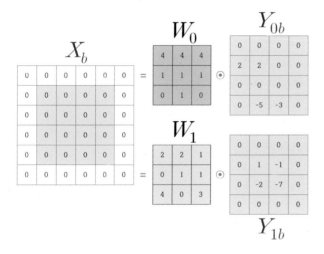

❷ 5 단계

5 단계에서 X10b의 값은 다음과 같습니다.

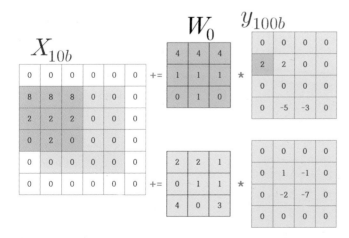

y100b의 값 2는 W0의 각 항목과 곱해져 X10b의 대응되는 각 항목으로 흘러가 누적됩니다. 다음은 이 그림에 대한 수식입니다.

$$X_{10b} \mathrel{+}= W_0 \times y_{100b}$$

❸ 6 단계

6 단계에서 X11b의 값은 다음과 같습니다.

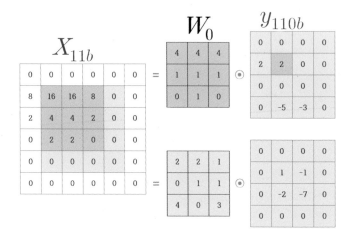

y110b의 값 2는 W0의 각 항목과 곱해져 X11b의 대응되는 각 항목으로 흘러가 누적됩니다. 다음은 이 그림에 대한 수식입니다.

$$X_{11b} \mathrel{+}= W_0 \times y_{110b}$$

❹ 14 단계

14 단계에서 X31b의 값은 다음과 같습니다.

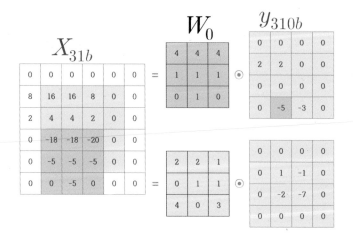

y310b의 값 0은 W0의 각 항목과 곱해져 X31b의 대응되는 각 항목으로 흘러가 누적됩니다. 다음은 이 그림에 대한 수식입니다.

$$X_{31b} \mathrel{+}= W_0 \times y_{310b}$$

❺ 15 단계

15 단계에서 X32b의 값은 다음과 같습니다.

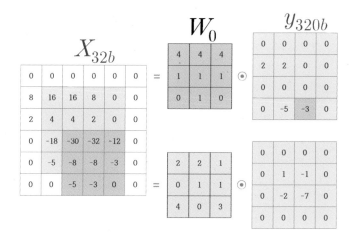

y320b의 값 0은 W0의 각 항목과 곱해져 X32b의 대응되는 각 항목으로 흘러가 누적됩니다. 다음은 이 그림에 대한 수식입니다.

$$X_{32b} \mathrel{+}= W_0 \times y_{320b}$$

❻ 22 단계

22 단계에서 X11b의 값은 다음과 같습니다.

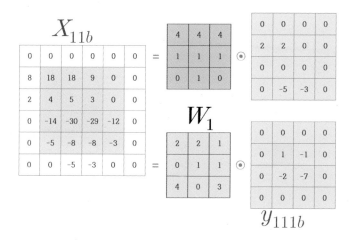

y111b의 값 1은 W1의 각 항목과 곱해져 X11b의 대응되는 각 항목으로 흘러가 누적됩니다. 다음은 이 그림에 대한 수식입니다.

$$X_{11b} \mathrel{+}= W_1 \times y_{111b}$$

지금까지의 과정을 예제를 통해 살펴봅니다.

1 다음과 같이 예제를 수정합니다. # 표시된 부분은 추가되거나 수정된 부분을 나타냅니다.

538_1.py

```python
01 import numpy as np
02
03 np.random.seed(1)
04
05 X = np.random.randint(5, size=(4,4))
06 print('X =\n', X)
07
08 W = np.random.randint(5, size=(3,3,2)) #
09 print('W_0 =\n', W[:,:,0]) #
10 print('W_1 =\n', W[:,:,1]) #
11
12 b = np.zeros((2,)) #
13 print('b =', b)
14
15 XP = np.pad(X,((1,1), (1,1)))
16 print('XP =\n', XP)
17
18 Y = np.zeros((4,4,2)) #
19
20 for fn in range(2): #
21     for row in range(4):
22         for col in range(4):
23             winXP = XP[row:row+3, col:col+3]
24             Y[row, col, fn] = np.sum(winXP*W[:,:,fn]) + b[fn] #
25
26 print('Y_0 =\n', Y[:,:,0]) #
27 print('Y_1 =\n', Y[:,:,1]) #
28
29 MP = np.zeros((2,2,2)) #
30
31 for fn in range(2): #
32     for row in range(0, 2):
33         for col in range(0, 2):
34             winY = Y[2*row:2*row+2, 2*col:2*col+2, fn] #
35             MP[row, col, fn] = np.max(winY) #
36
37 print('MP_0 =\n', MP[:,:,0]) #
```

```
38 print( ' MP_1 =\n ' , MP[:,:,1]) #
39
40 MPb = np.random.randint(-8,5, size=MP.shape)
41 print( ' MPb_0 =\n ' , MPb[:,:,0]) #
42 print( ' MPb_1 =\n ' , MPb[:,:,1]) #
43
44 Yb = np.zeros_like(Y)
45
46 for fn in range(2): #
47     for row in range(0, 2):
48         for col in range(0, 2):
49             winY = Y[2*row:2*row+2, 2*col:2*col+2, fn] #
50             winYb = Yb[2*row:2*row+2, 2*col:2*col+2, fn] #
51             winYb[winY==np.max(winY)]=MPb[row, col, fn] #
52
53 print( ' Yb_0 =\n ' , Yb[:,:,0]) #
54 print( ' Yb_1 =\n ' , Yb[:,:,1]) #
55
56 Wb = np.zeros_like(W)/1
57
58 for fn in range(2): #
59     for row in range(4):
60         for col in range(4):
61             winXP = XP[row:row+3, col:col+3]
62             Wb[:,:,fn] += winXP*Yb[row, col, fn] #
63
64 print( ' Wb_0 =\n ' , Wb[:,:,0]) #
65 print( ' Wb_1 =\n ' , Wb[:,:,1]) #
66
67 bb = np.zeros_like(b)/1 #
68
69 for fn in range(2): #
70     bb[fn] = np.sum(Yb[:,:,fn]) #
71
72 print( ' bb = ' , bb)
73
74 XPb = np.zeros_like(XP)/1
75
76 for fn in range(2): #
77     for row in range(4):
78         for col in range(4):
79             winXPb = XPb[row:row+3, col:col+3]
80             winXPb += Yb[row, col, fn]*W[:,:,fn] #
81
82 print( ' XPb =\n ' , XPb)
83
84 Xb = XPb[1:-1,1:-1]
85 print( ' Xb =\n ' , Xb)
```

08 : 0이상 5미만의 정수를 가진 3x3x2 행렬을 생성하여 W 변수에 할당합니다. 이렇게 하면 3x3 행렬 2개가 생성됩니다. 이 경우에는 3x3 크기의 가중치 2개로 해석합니다. 가중치의 개수는 출력의 깊이를 결정합니다.

09 : print 함수를 호출하여 첫 번째 가중치 행렬 값을 출력해 봅니다.

10 : print 함수를 호출하여 두 번째 가중치 행렬 값을 출력해 봅니다.

12 : np.zeros 함수를 호출하여 0값으로 채워진 원소 2개로 구성된 벡터를 생성하여 b 변수에 할당합니다.

18 : np.zeros 함수를 호출하여 0값으로 채워진 4x4x2 행렬을 생성하여 Y 변수에 할당합니다. 이 경우에는 2의 깊이 (depth)를 갖는 4x4 행렬로 해석합니다. 여기서 Y는 합성 곱 출력으로 출력의 개수는 필터의 개수와 같으며 출력의 개수는 출력이 하나로 합쳐지며 깊이가 됩니다.

20 : fn값을 0에서 2 미만까지 바꾸어가며 21~22줄을 2회 수행합니다. fn은 filter number를 의미하며, 여기서는 가중치의 번호를 나타냅니다.

24 : np.sum 함수를 호출하여 winXP*W[:,:,fn] 행렬의 모든 항목의 값을 더하고, 편향 b[fn] 값을 더해서 Y 행렬의 (row, col, fn) 항목에 할당합니다.

26 : print 함수를 호출하여 Y[:,:,0] 행렬 값을 출력합니다.

27 : print 함수를 호출하여 Y[:,:,1] 행렬 값을 출력합니다.

29 : np.zeros 함수를 호출하여 0값으로 채워진 2x2x2 행렬을 생성하여 MP 변수에 할당합니다. 이 경우에는 맨 뒤에 오는 2의 깊이(depth)를 갖는 2x2 행렬로 해석합니다.

31 : fn값을 0에서 2 미만까지 바꾸어가며 32~35줄을 2회 수행합니다.

34 : Y 행렬의 [2*row 이상 (2*row+2) 미만, 2*col 이상 (2*col+2) 미만, fn 깊이]에 있는 행렬을 winY 변수가 가리키게 합니다. 예를 들어, (row=0, col=0, fn=0)일 경우 winY 변수는 Y[0:2, 0:2, 0] 행렬을 가리키게 됩니다.

35 : np.max 함수를 호출하여 winY가 가리키는 행렬의 항목 중에 최대값을 갖는 항목을 MP 행렬의 (row, col, fn) 항목에 할당합니다.

37 : print 함수를 호출하여 MP[:,:,0] 행렬 값을 출력합니다.

38 : print 함수를 호출하여 MP[:,:,1] 행렬 값을 출력합니다.

41 : print 함수를 호출하여 MPb[:,:,0] 행렬 값을 출력합니다.

42 : print 함수를 호출하여 MPb[:,:,1] 행렬 값을 출력합니다.

46 : fn값을 0에서 2 미만까지 바꾸어가며 47~51줄을 2회 수행합니다.

49 : Y 행렬의 [2*row 이상 (2*row+2) 미만, 2*col 이상 (2*col+2) 미만, fn 깊이]에 있는 행렬을 winY 변수가 가리키게 합니다. 예를 들어, (row=0, col=0, fn=0)일 경우 winY 변수는 Y[0:2, 0:2, 0] 행렬을 가리키게 됩니다.

50 : Yb 행렬의 [2*row 이상 (2*row+2) 미만, 2*col 이상 (2*col+2) 미만, fn 깊이]에 있는 행렬을 winYb 변수가 가리키게 합니다. 예를 들어, (row=0, col=0, fn=0)일 경우 winYb 변수는 Yb[0:2, 0:2, 0] 행렬을 가리키게 됩니다.

51 : WinY 행렬의 최대 값 항목의 위치와 같은 WinYb 행렬의 항목 위치로 MPb 행렬의 (row, col, fn) 항목 값을 전달합니다. 즉, 순전파때 Y 행렬로 전달됐던 최대 값의 위치로 역전파때 역전파 값이 전달됩니다.

53 : print 함수를 호출하여 Yb[:,:,0] 행렬 값을 출력합니다.

54 : print 함수를 호출하여 Yb[:,:,1] 행렬 값을 출력합니다.

58 : fn값을 0에서 2 미만까지 바꾸어가며 59~62줄을 2회 수행합니다.

62 : winXP 행렬의 모든 항목에 Yb 행렬의 (row, col, fn) 항목을 곱한 후, Wb[:,:,fn]의 대응되는 항목에 더해줍니다. 이 과정은 Yb값이 winXP를 통해 Wb로 역전파되는 과정입니다. 즉, 가중치 역전파 과정입니다.

64 : print 함수를 호출하여 Wb[:,:,0] 행렬 값을 출력합니다.

65 : print 함수를 호출하여 Wb[:,:,1] 행렬 값을 출력합니다.

67 : b와 같은 형태의 벡터를 생성한 후, 실수 0으로 채운 후, b 변수에 할당합니다.

69 : fn값을 0에서 2 미만까지 바꾸어가며 70줄을 2회 수행합니다.

70 : np.sum 함수를 호출하여 Yb[:,:,fn] 행렬의 모든 항목 값을 더해 bb[fn]에 할당합니다.

76 : fn값을 0에서 2 미만까지 바꾸어가며 77~80줄을 2회 수행합니다.

80 : W[:,:,fn] 행렬의 모든 항목에 Yb 행렬의 (row, col, fn)항목을 곱한 후, WinXPb의 대응되는 항목에 더해줍니다. 이 과정은 Yb값이 W를 통해 XPb로 역전파되는 과정입니다. 즉, 입력 역전파 과정입니다.

 버튼을 눌러 프로그램을 실행시킵니다. 다음은 실행 결과 화면입니다.

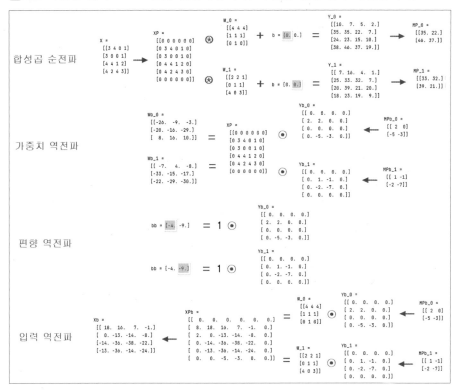

출력 결과를 앞의 그림과 비교하면서 살펴봅니다.

※ 독자의 이해를 돕기 위해 결과 화면을 편집하였습니다.

입력의 깊이가 2인 경우의 순전파 역전파

다음은 6x6x2 입력 이미지에 대해 2개의 필터를 이용하여 2개의 출력 이미지를 얻는 과정을 보여줍니다. 필터는 이미지의 특징을 추출하는 역할을 하므로 여기서는 입력 이미지에서 2가지 특징을 추출하게 됩니다. 일반적으로 필터의 개수만큼 이미지의 특징이 추출됩니다. 필터의 두께는 입력 이미지의 두께와 같아야 합니다. 여기서는 6x6x2 입력에 대해 3x3x2 필터가 2개인 경우의 순전파와 역전파를 구현해 봅니다.

합성 곱 순전파

다음은 6x6x2 입력, 3x3x2 가중치 2개에 대한 순전파 과정을 보여줍니다.

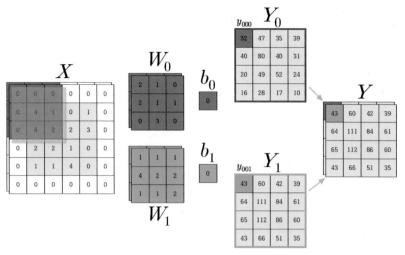

입력 **2**층, 출력 **2**층, 순전파

※ 입력의 깊이는 필터의 깊이를 결정하고 출력의 깊이는 필터의 개수를 결정합니다.

다음은 이 그림에 대한 수식입니다.

$$Y_0 = X \circledast W_0 + 1b_0$$
$$Y_1 = X \circledast W_1 + 1b_1$$

※ 여기서 $\circledast$ 기호는 합성 곱 연산을 의미합니다.

다음은 앞의 그림을 좀 더 구체적으로 보여줍니다.

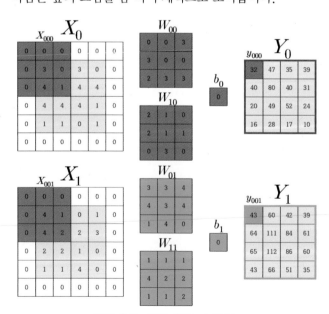

입력 **2**층, 출력 **2**층, 순전파

다음은 이 그림에 대한 수식입니다.

$$Y_0 = X_0 \circledast W_{00} + X_1 \circledast W_{10} + b_0$$
$$Y_1 = X_0 \circledast W_{01} + X_1 \circledast W_{11} + b_1$$

※ 여기서 ⊛ 기호는 합성 곱 연산을 의미합니다.

가중치 역전파

다음은 6x6x2 입력, 3x3x2 가중치 2개에 대한 가중치 역전파 과정을 구체적으로 보여줍니다.

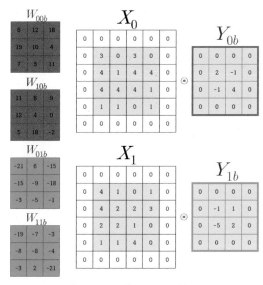

입력 **2**층, 출력 **2**층, 가중치 역전파

다음은 이 그림에 대한 수식입니다.

$$W_{00} = X_0 \odot Y_{0b}$$
$$W_{10} = X_1 \odot Y_{0b}$$
$$W_{01} = X_0 \odot Y_{1b}$$
$$W_{11} = X_1 \odot Y_{1b}$$

※ 여기서 ⊙ 기호는 합성 곱 역전파 연산을 의미합니다.

다음은 6x6x2 입력, 3x3x2 가중치 2개에 대한 가중치 역전파 과정의 주요 5가지 단계의 수행 과정을 보여줍니다.

❶ 초기화

처음엔 다음과 같이 가중치 역전파 값을 0으로 초기화합니다.

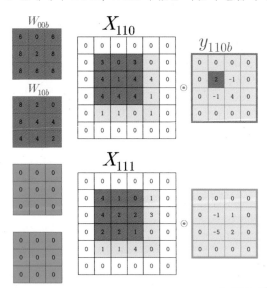

❷ 6 단계

6 단계에서 W00b, W01b의 값은 다음과 같습니다.

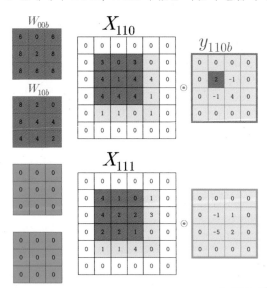

y100b의 값 2는 X110, X111의 각 항목과 곱해져 W00b, W10b의 대응되는 각 항목으로 흘러가 누적됩니다. 다음은 이 그림에 대한 수식입니다.

$$
\begin{aligned}
W_{00b} &+\!= X_{110} \times y_{110b} \\
W_{10b} &+\!= X_{111} \times y_{110b}
\end{aligned}
$$

❸ 7 단계

7 단계에서 W00b, W01b의 값은 다음과 같습니다.

y130b의 값 −1은 X130, X131의 각 항목과 곱해져 W00b, W10b의 대응되는 각 항목으로 흘러가 누적됩니다. 다음은 이 그림에 대한 수식입니다.

$$W_{00b} \mathrel{+}= X_{130} \times y_{130b}$$
$$W_{10b} \mathrel{+}= X_{131} \times y_{131b}$$

❹ 17 단계

17 단계에서 W10b, W11b의 값은 다음과 같습니다.

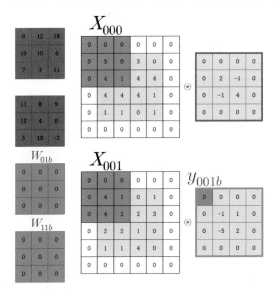

y001b의 값 0은 X000, X001의 각 항목과 곱해져 W01b, W11b의 대응되는 각 항목으로 흘러가 누적됩니다. 다음은 이 그림에 대한 수식입니다.

$$
\begin{aligned}
W_{01b} &+= X_{000} \times y_{001b} \\
W_{11b} &+= X_{001} \times y_{001b}
\end{aligned}
$$

❺ 22 단계

22 단계에서 W10b, W11b의 값은 다음과 같습니다.

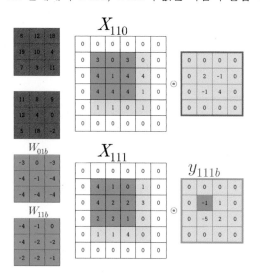

y111b의 값 −1은 X110, X111의 각 항목과 곱해져 W01b, W11b의 대응되는 각 항목으로 흘러가 누적됩니다. 다음은 이 그림에 대한 수식입니다.

$$
\begin{aligned}
W_{01b} &+= X_{110} \times y_{111b} \\
W_{11b} &+= X_{111} \times y_{111b}
\end{aligned}
$$

편향 역전파

다음은 6x6x2 입력, 3x3x2 가중치 2개에 대한 편향 역전파 과정을 구체적으로 보여줍니다.

입력 **2**층, 출력 **2**층, 편향 역전파

다음은 이 그림에 대한 수식입니다.

$$b_{0b} = 1 \odot Y_{0b}$$
$$b_{1b} = 1 \odot Y_{1b}$$

※ 여기서 ⊙ 기호는 합성 곱 역전파 연산을 의미합니다.

b0b, b1b는 Y0b, Y1b의 모든 항목의 합입니다. 즉, 다음과 같이 구할 수 있습니다.

$$b_{0b} = sum(Y_{0b})$$
$$b_{1b} = sum(Y_{1b})$$

입력 역전파

다음은 6x6x2 입력, 3x3x2 가중치 2개에 대한 입력 역전파 과정을 구체적으로 보여줍니다.

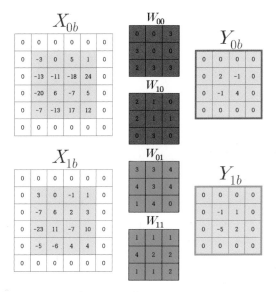

입력 **2층**, 출력 **2층**, 입력 역전파

다음은 이 그림에 대한 수식입니다.

$$X_{0b} = W_{00} \odot Y_{0b} + W_{01} \odot Y_{1b}$$
$$X_{1b} = W_{10} \odot Y_{0b} + W_{11} \odot Y_{1b}$$

※ 여기서 ⊙ 기호는 합성 곱 역전파 연산을 의미합니다.

다음은 6x6x2 입력, 3x3x2 가중치 2개에 대한 입력 역전파 과정의 주요 4가지 단계의 수행 과정을
보여줍니다.

❶ 초기화

처음엔 다음과 같이 입력 역전파 값을 0으로 초기화합니다.

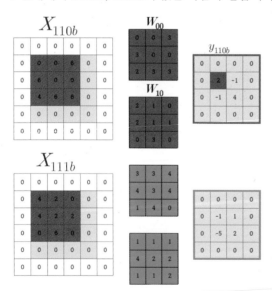

❷ 6 단계

6 단계에서 X110b, X111b의 값은 다음과 같습니다.

y110b의 값 2는 W00, W10의 각 항목과 곱해져 X110b, X111b의 대응되는 각 항목으로 흘러가 누적됩니다. 다음은 이 그림에 대한 수식입니다.

$$X_{110b} \mathrel{+}= W_{00} \times y_{110b}$$
$$X_{111b} \mathrel{+}= W_{10} \times y_{110b}$$

❸ 17 단계

17 단계에서 X000b, X001b의 값은 다음과 같습니다.

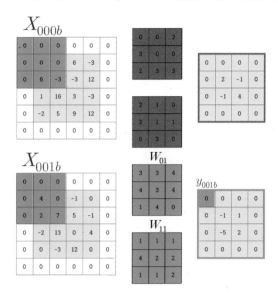

y001b의 값 0은 W01, W11의 각 항목과 곱해져 X000b, X001b의 대응되는 각 항목으로 흘러가 누적됩니다. 다음은 이 그림에 대한 수식입니다.

$$X_{000b} \mathrel{+}= W_{01} \times y_{001b}$$
$$X_{001b} \mathrel{+}= W_{11} \times y_{001b}$$

❹ 22 단계

22 단계에서 X110b, X111b의 값은 다음과 같습니다.

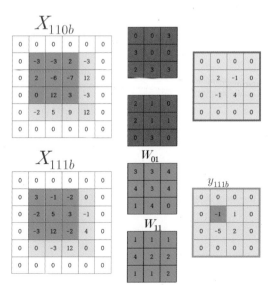

y111b의 값 −1은 W01, W11의 각 항목과 곱해져 X110b, X111b의 대응되는 각 항목으로 흘러가 누적됩니다. 다음은 이 그림에 대한 수식입니다.

$$X_{110b} \mathrel{+}= W_{01} \times y_{111b}$$
$$X_{111b} \mathrel{+}= W_{11} \times y_{111b}$$

지금까지의 과정을 예제를 통해 살펴봅니다.

1 다음과 같이 예제를 수정합니다. # 표시된 부분은 추가되거나 수정된 부분을 나타냅니다.

539_1.py

```python
01 import numpy as np
02
03 np.random.seed(1)
04
05 X = np.random.randint(5, size=(4,4,2)) #
06 print('X_0 =\n', X[:,:,0]) #
07 print('X_1 =\n', X[:,:,1]) #
08
09 W = np.random.randint(5, size=(3,3,2,2)) #
10 print('W_00 =\n', W[:,:,0,0]) #
11 print('W_10 =\n', W[:,:,1,0]) #
12 print('W_01 =\n', W[:,:,0,1]) #
13 print('W_11 =\n', W[:,:,1,1]) #
14
15 b = np.zeros((2,))
16 print('b =', b)
17
18 XP = np.pad(X,((1,1), (1,1), (0,0))) #
19 print('XP_0 =\n', XP[:,:,0]) #
20 print('XP_1 =\n', XP[:,:,1]) #
21
22 Y = np.zeros((4,4,2))
23
24 for fn in range(2):
25     for row in range(4):
26         for col in range(4):
27             winXP = XP[row:row+3, col:col+3]
28             Y[row, col, fn] = np.sum(winXP*W[:,:,:,fn]) + b[fn] #
29
30 print('Y_0 =\n', Y[:,:,0])
31 print('Y_1 =\n', Y[:,:,1])
32
```

```
33  MP = np.zeros((2,2,2))
34
35  for fn in range(2):
36      for row in range(0, 2):
37          for col in range(0, 2):
38              winY = Y[2*row:2*row+2, 2*col:2*col+2, fn]
39              MP[row, col, fn] = np.max(winY)
40
41  print('MP_0 =\n', MP[:,:,0])
42  print('MP_0 =\n', MP[:,:,1])
43
44  MPb = np.random.randint(-8,5, size=MP.shape)
45  print('MPb_0 =\n', MPb[:,:,0])
46  print('MPb_0 =\n', MPb[:,:,1])
47
48  Yb = np.zeros_like(Y)
49
50  for fn in range(2):
51      for row in range(0, 2):
52          for col in range(0, 2):
53              winY = Y[2*row:2*row+2, 2*col:2*col+2, fn]
54              winYb = Yb[2*row:2*row+2, 2*col:2*col+2, fn]
55              winYb[winY==np.max(winY)] = MPb[row, col, fn]
56
57  print('Yb_0 =\n', Yb[:,:,0])
58  print('Yb_1 =\n', Yb[:,:,1])
59
60  Wb = np.zeros_like(W)/1
61
62  for fn in range(2):
63      for row in range(4):
64          for col in range(4):
65              winXP = XP[row:row+3, col:col+3]
66              Wb[:,:,:,fn] += winXP*Yb[row, col, fn] #
67
68  print('Wb_00 =\n', Wb[:,:,0,0]) #
69  print('Wb_10 =\n', Wb[:,:,1,0]) #
70  print('Wb_01 =\n', Wb[:,:,0,1]) #
71  print('Wb_11 =\n', Wb[:,:,1,1]) #
72
73  bb = np.zeros_like(b)/1
74
75  for fn in range(2):
76      bb[fn] = np.sum(Yb[:,:,fn])
77
```

```
78  print('bb =', bb)
79
80  XPb = np.zeros_like(XP)/1
81
82  for fn in range(2):
83      for row in range(4):
84          for col in range(4):
85              winXPb = XPb[row:row+3, col:col+3]
86              winXPb += Yb[row, col, fn]*W[:,:,:,fn] #
87
88  print('XPb_0 =\n', XPb[:,:,0]) #
89  print('XPb_1 =\n', XPb[:,:,1]) #
90
91  Xb = XPb[1:-1,1:-1]
92  print('Xb_0 =\n', Xb[:,:,0]) #
93  print('Xb_1 =\n', Xb[:,:,1]) #
```

05 : 0이상 5미만의 정수를 가진 4x4x2 행렬을 생성하여 X 변수에 할당합니다. 이렇게 하면 2의 깊이를 갖는 4x4 크기의 행렬이 생성됩니다. 세 번째에 오는 2는 입력의 깊이를 의미하며, 필터의 깊이를 결정합니다.

06 : print 함수를 호출하여 X 행렬의 0번 깊이를 출력해 봅니다.

07 : print 함수를 호출하여 X 행렬의 1번 깊이를 출력해 봅니다.

09 : 0이상 5미만의 정수를 가진 3x3x2x2 행렬을 생성하여 W 변수에 할당합니다. 이렇게 하면 2의 깊이를 갖는 3x3 크기의 가중치 2개가 생성됩니다. 세 번째에 오는 2는 가중치의 깊이로, 마지막에 오는 2는 가중치의 개수로 해석합니다. 가중치의 깊이는 입력의 깊이에 의해 결정되며, 가중치의 개수는 출력의 깊이를 결정합니다.

10 : print 함수를 호출하여 0번 W의 0번 깊이를 출력해 봅니다.

11 : print 함수를 호출하여 1번 W의 0번 깊이를 출력해 봅니다.

12 : print 함수를 호출하여 0번 W의 1번 깊이를 출력해 봅니다.

13 : print 함수를 호출하여 1번 W의 1번 깊이를 출력해 봅니다.

18 : np.pad 함수를 호출하여 X 행렬과 같은 모양의 행렬을 내부적으로 생성한 후, 행을 상하로 한 칸씩, 열을 좌우로 한 칸씩 늘려 0으로 채운 후, XP 변수에 할당합니다. 깊이에 해당하는 부분은 늘리지 않습니다.

19 : print 함수를 호출하여 XP의 0번 깊이를 출력해 봅니다.

20 : print 함수를 호출하여 XP의 1번 깊이를 출력해 봅니다.

28 : np.sum 함수를 호출하여 winXP*W[:,:,:,fn] 행렬의 모든 항목의 값을 더하고, 편향 b[fn] 값을 더해서 Y 행렬의 (row, col, fn) 항목에 할당합니다.

66 : winXP 행렬의 모든 항목에 Yb 행렬의 (row, col, fn) 항목을 곱한 후, Wb[:,:,:,fn]의 대응되는 항목에 더해줍니다. 이 과정은 Yb값이 winXP를 통해 Wb로 역전파되는 과정입니다. 즉, 가중치 역전파 과정입니다.

68 : print 함수를 호출하여 0번 Wb의 0번 깊이를 출력해 봅니다.

69 : print 함수를 호출하여 1번 Wb의 0번 깊이를 출력해 봅니다.

70 : print 함수를 호출하여 0번 Wb의 1번 깊이를 출력해 봅니다.

71 : print 함수를 호출하여 1번 Wb의 1번 깊이를 출력해 봅니다.

86 : W[:,:,:,fn] 행렬의 모든 항목에 Yb 행렬의 (row, col, fn)항목을 곱한 후, WinXPb의 대응되는 항목에 더해줍니다. 이 과정은 Yb값이 W를 통해 XPb로 역전파되는 과정입니다. 즉, 입력 역전파 과정입니다.

88 : print 함수를 호출하여 XPb[:,:,0] 행렬 값을 출력합니다.

89 : print 함수를 호출하여 XPb[:,:,1] 행렬 값을 출력합니다.

92 : print 함수를 호출하여 Xb[:,:,0] 행렬 값을 출력합니다.

93 : print 함수를 호출하여 Xb[:,:,1] 행렬 값을 출력합니다.

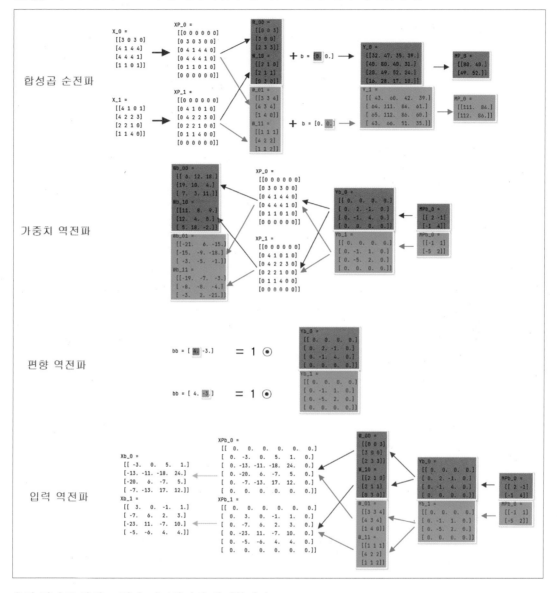

출력 결과를 앞의 그림과 비교하면서 살펴봅니다.

※ 독자의 이해를 돕기 위해 결과 화면을 편집하였습니다.

Python with AI

06 넘파이(NumPy) CNN 구현과 활용

이번 장에서는 NumPy 기반으로 CNN 라이브러리를 구현하고 활용해 봅니다. 첫 번째, NumPy 기반으로 실제 활용할 수 있는 CNN 프레임워크를 구현해 봅니다. 그 과정에서 CNN의 세부적인 동작을 이해하고 Tensorflow와 같은 프레임워크의 활용 능력을 키웁니다. 두 번째, 직접 구현한 NumPy CNN 라이브러리를 이용하여 손글씨 MNIST, FASHION MNIST 파일을 읽어서 학습해 봅니다. 이 과정에서 Tensorflow로 수행했던 예제의 결과와 비교해 봅니다.

01 _ NumPy CNN 구현하기

다음은 4x4x1 이미지에 대해 합성 곱 1단계, 모으기 1단계, 완전 연결 층으로 구성된 CNN 신경망을 나타냅니다. 구현의 편의 상 단순한 형태로 망을 구성하였으며, 뒤에서는 간단하게 망을 확장하여 패션 MNIST 데이터에 대한 학습을 수행해 보도록 합니다. 여기서는 다음 인공 신경망을 Tensorflow와 NumPy를 이용하여 비교해가며 구현해 봅니다. 이 과정에서 CNN 인공 신경망에 대한 Tensorflow의 내부 동작을 잘 이해하여 Tensorflow의 활용도를 높일 수 있도록 합니다.

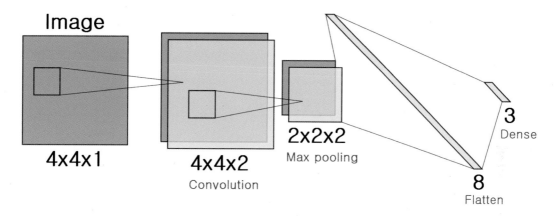

이 신경망의 입력 층은 4x4x1의 이미지입니다. 입력 층의 깊이가 1이므로 사용할 필터의 깊이도 1이되어야 합니다. 합성 곱 출력 층은 4x4x2로 깊이가 2입니다. 출력 층의 깊이가 2일 경우 사용할 필터의 개수는 2개가 됩니다. 그래서 필터는 3x3x1x2의 4차원 행렬이 됩니다. 합성 곱은 모으기의 입력이 됩니다. 모으기에 사용되는 필터는 2x2x2를 사용하여 모으기 출력 이미지는 2x2x2가 됩니다. 모으기 출력 이미지는 Flatten 과정을 거쳐 2x2x2 = 8개의 1차원 이미지로 재구성됩니다. Flatten 층은 완전 연결 층의 입력 층입니다. Flatten 층은 출력 층으로 연결됩니다. 출력 층은 3개의 노드로 구성하였습니다. 다음은 순전파 과정을 구체적으로 나타낸 그림입니다.

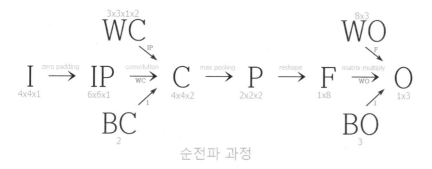

순전파 과정

다음은 역전파 과정을 구체적으로 나타낸 그림입니다.

역전파 과정

데이터 준비하기

먼저 CNN 구현에 필요한 입력 데이터, 가중치, 편향, 목표 데이터를 준비합니다.

Tensorflow로 구현하기

먼저 Tensorflow로 구현해 봅니다.

■1 다음과 같이 예제를 작성합니다.

611_1.py

```
01 import tensorflow as tf
02 import numpy as np
03
04 np.set_printoptions(formatter={'float_kind':lambda x: "{0:6.3f}".format(x)})
05
06 IMG_SIZE = 4
07 HALF_SIZE = int(IMG_SIZE/2)
08
09 I_DEPTH = 1
10 C_DEPTH = 2
11 K_SIZE = 3
12 NUM_OUT = 3
13
14 np.random.seed(1)
15
16 I = np.random.rand(1,IMG_SIZE,IMG_SIZE,I_DEPTH)
17 WC = np.random.rand(K_SIZE,K_SIZE,I_DEPTH,C_DEPTH)
18 BC = np.random.rand(C_DEPTH,)
19
20 WO = np.random.rand(HALF_SIZE*HALF_SIZE*C_DEPTH,NUM_OUT)
21 BO = np.random.rand(NUM_OUT,)
```

```
22
23 T = np.zeros((1, NUM_OUT))
24
25 print( ' I =\n ', I[0,:,:,0])
26 print( ' WC_0 =\n ', WC[:,:,0,0])
27 print( ' WC_1 =\n ', WC[:,:,0,1])
28 print( ' BC = ', BC)
29 print( ' WO =\n ', WO[:,0])
30 print( ' BO = ', BO)
31
32 print( ' T = ', T)
```

04 : np.set_printoptions 함수를 호출하여 numpy의 실수 출력 방법을 변경합니다. 이 예제에서는 소수점 이하 3자리까지 출력합니다.

06 : IMG_SIZE 변수를 선언한 후, 4로 초기화합니다. 입력 이미지의 가로 세크 크기 값을 갖습니다.

07 : HALF_SIZE 변수를 선언한 후, IMG_SIZE의 반으로 초기화합니다. 풀링 층에서 사용할 이미지의 가로 세크 크기 값입니다.

09 : I_DEPTH 변수를 선언한 후, 1로 초기화합니다. 입력 이미지의 깊이 값을 갖습니다.

10 : C_DEPTH 변수를 선언한 후, 2로 초기화합니다. 합성 곱 층의 깊이 값을 갖습니다.

11 : K_SIZE 변수를 선언한 후, 3으로 초기화합니다. 필터의 가로 세크 크기 값을 갖습니다.

12 : NUM_OUT 변수를 선언한 후, 3으로 초기화합니다. 최종 출력 층에 사용할 노드 개수를 설정할 변수입니다.

14 : np.random.seed 함수를 호출하여 임의 숫자 생성기 모듈을 초기화합니다. 인자로 1을 주어 생성되는 숫자를 일정하게 합니다. 숫자를 변경하면 생성되는 숫자가 달라질 수 있습니다.

16 : np.random.rand 함수를 호출하여 (1 x IMG_SIZE x IMG_SIZE x I_DEPTH) 크기의 4차원 행렬을 생성한 후, 0에서 1사이의 임의 실수로 초기화 한 후, I 변수에 할당합니다. 맨 앞에 오는 1은 이미지의 개수를 의미하며 맨 뒤에 오는 I_DEPTH는 이미지의 깊이를 의미합니다.

17 : np.random.rand 함수를 호출하여 (K_SIZE x K_SIZE x I_DEPTH x C_DEPTH) 크기의 4차원 행렬을 생성한 후, 0에서 1사이의 임의 실수로 초기화 한 후, WC 변수에 할당합니다. 세 번째 오는 I_DEPTH는 이미지의 깊이를 의미하며, 맨 뒤에 오는 C_DEPTH는 출력 층의 깊이를 의미합니다. WC는 합성 곱에 사용할 필터를 가리키는 변수입니다. CNN에서 필터는 학습의 대상이 되는 가중치입니다.

18 : np.random.rand 함수를 호출하여 C_DEPTH 크기의 1차원 벡터를 생성한 후, 0에서 1사이의 임의 실수로 초기화 한 후, BC 변수에 할당합니다. BC 변수는 편향을 가리키는 변수이며, 출력 층의 깊이와 같습니다.

20 : np.random.rand 함수를 호출하여 ((HALF_SIZE x HALF_SIZE x C_DEPTH) x NUM_OUT) 크기의 2차원 행렬을 생성한 후, 0에서 1사이의 임의 실수로 초기화 한 후, WO 변수에 할당합니다. WO는 완전 연결 층에서 입력 층과 출력 층 사이에 사용할 가중치를 가리키는 변수입니다.

21 : np.random.rand 함수를 호출하여 NUM_OUT 크기의 1차원 벡터를 생성한 후, 0에서 1사이의 임의 실수로 초기화 한 후, BO 변수에 할당합니다. BO 변수는 완전 연결 층에서 입력 층과 출력 층 사이에 사용할 편향을 가리키는 변수입니다.

23 : 초기 값 0을 갖는 1 x NUM_OUT 행렬을 생성한 후, 변수 T에 할당합니다. T는 목표 값을 갖는 행렬이며, 역전파 값 계산을 편하게 하기 위해 0값으로 초기화합니다.

25 : print 함수를 호출하여 I 행렬의 값을 출력합니다.

26, 27 : print 함수를 호출하여 WC의 값을 출력합니다.

28 : print 함수를 호출하여 BC의 값을 출력합니다.

29 : print 함수를 호출하여 WO의 값을 출력합니다.

30 : print 함수를 호출하여 BO의 값을 출력합니다.

32 : print 함수를 호출하여 T의 값을 출력합니다.

2 ▶ 버튼을 눌러 프로그램을 실행시킵니다. 다음은 실행 결과 화면입니다.

```
I =
[[ 0.417  0.720  0.000  0.302]
 [ 0.147  0.092  0.186  0.346]
 [ 0.397  0.539  0.419  0.685]
 [ 0.204  0.878  0.027  0.670]]
WC_0 =
[[ 0.417  0.140  0.801]
 [ 0.313  0.876  0.085]
 [ 0.170  0.098  0.958]]
WC_1 =
[[ 0.559  0.198  0.968]
 [ 0.692  0.895  0.039]
 [ 0.878  0.421  0.533]]
BC  = [ 0.692  0.316]
WO =
 [ 0.687  0.750  0.280  0.448  0.288  0.679  0.492  0.147]
BO = [ 0.102  0.414  0.694]
T = [[ 0.000  0.000  0.000]]
```

NumPy로 구현하기

다음은 NumPy로 구현해 봅니다.

1 다음과 같이 예제를 작성합니다.

611_2.py

```
01 import numpy as np
02
03 np.set_printoptions(formatter={'float_kind':lambda x: "{0:6.3f}".format(x)})
04
05 IMG_SIZE = 4
06 HALF_SIZE = int(IMG_SIZE/2)
07
08 I_DEPTH = 1
09 C_DEPTH = 2
10 K_SIZE = 3
11 P_SIZE = 2
12 NUM_OUT = 3
13
14 np.random.seed(1)
15
16 I = np.random.rand(1,IMG_SIZE,IMG_SIZE,I_DEPTH)
17 WC = np.random.rand(K_SIZE,K_SIZE,I_DEPTH,C_DEPTH)
18 BC = np.random.rand(C_DEPTH,)
19
20 WO = np.random.rand(HALF_SIZE*HALF_SIZE*C_DEPTH,NUM_OUT)
21 BO = np.random.rand(1, NUM_OUT)
22
23 T = np.zeros((1, NUM_OUT))
```

```
24
25 C = np.zeros((IMG_SIZE,IMG_SIZE,C_DEPTH))
26 P = np.zeros((HALF_SIZE,HALF_SIZE,C_DEPTH))
27
28 print(' I =\n', I[0,:,:,0])
29 print(' WC_0 =\n', WC[:,:,0,0])
30 print(' WC_1 =\n', WC[:,:,0,1])
31 print(' BC = ', BC)
32 print(' WO =\n', WO[:,0])
33 print(' BO = ', BO)
34
35 print(' T = ', T)
```

11   : P_SIZE 변수를 선언한 후, 2로 초기화합니다. 풀링 필터의 가로 세크 크기 값을 갖습니다.

21   : np.random.rand 함수를 호출하여 (1 x NUM_OUT) 크기의 행렬을 생성한 후, 0에서 1사이의 임의 실수로 초기화한 후, BO 변수에 할당합니다. BO 변수는 완전 연결 층에서 입력 층과 출력 층 사이에 사용할 편향을 가리키는 변수입니다.

25   : 초기 값 0을 갖는 (IMG_SIZE x IMG_SIZE x C_DEPTH) 행렬을 생성한 후, 변수 C에 할당합니다. C는 합성 곱을 수행한 후의 결과 값을 갖는 행렬입니다.

26   : 초기 값 0을 갖는 (HALF_SIZE x HALF_SIZE x C_DEPTH) 행렬을 생성한 후, 변수 P에 할당합니다. P는 max pooling을 수행한 후의 결과 값을 갖는 행렬입니다.

28   : print 함수를 호출하여 I 행렬의 값을 출력합니다.

29, 30 : print 함수를 호출하여 WC의 값을 출력합니다.

31   : print 함수를 호출하여 BC의 값을 출력합니다.

32   : print 함수를 호출하여 WO의 값을 출력합니다.

33   : print 함수를 호출하여 BO의 값을 출력합니다.

35   : print 함수를 호출하여 T의 값을 출력합니다.

2 ▶ 버튼을 눌러 프로그램을 실행시킵니다. 다음은 실행 결과 화면입니다.

```
I =
 [[ 0.417  0.720  0.000  0.302]
 [ 0.147  0.092  0.186  0.346]
 [ 0.397  0.539  0.419  0.685]
 [ 0.204  0.878  0.027  0.670]]
WC_0 =
 [[ 0.417  0.140  0.801]
 [ 0.313  0.876  0.085]
 [ 0.170  0.098  0.958]]
WC_1 =
 [[ 0.559  0.198  0.968]
 [ 0.692  0.895  0.039]
 [ 0.878  0.421  0.533]]
BC = [ 0.692  0.316]
WO =
 [ 0.687  0.750  0.280  0.448  0.288  0.679  0.492  0.147]
BO = [[ 0.102  0.414  0.694]]
T = [[ 0.000  0.000  0.000]]
```

Tensorflow 예제와 결과가 같은지 비교해 봅니다.

zero padding 구현하기

여기서는 NumPy 예제에 대해 4x4x1 입력을 6x6x1 입력형태로 바꿔줍니다. Tensorflow 라이브 러리의 경우엔 padding 인자로 입력의 크기를 조절할 수 있으므로, NumPy 예제에 대해서만 zero padding을 수행합니다.

NumPy로 구현하기

1 다음과 같이 예제를 수정합니다.

612_1.py

```
01 import numpy as np
02
03 np.set_printoptions(formatter={'float_kind':lambda x: "{0:6.3f}".format(x)})
04
05 IMG_SIZE = 4
06 HALF_SIZE = int(IMG_SIZE/2)
07
08 I_DEPTH = 1
09 C_DEPTH = 2
10 K_SIZE = 3
11 P_SIZE = 2
12 NUM_OUT = 3
13
14 np.random.seed(1)
15
16 I = np.random.rand(1,IMG_SIZE,IMG_SIZE,I_DEPTH)
17 WC = np.random.rand(K_SIZE,K_SIZE,I_DEPTH,C_DEPTH)
18 BC = np.random.rand(C_DEPTH,)
19
20 WO = np.random.rand(HALF_SIZE*HALF_SIZE*C_DEPTH,NUM_OUT)
21 BO = np.random.rand(1, NUM_OUT)
22
23 T = np.zeros((1, NUM_OUT))
24
25 C = np.zeros((IMG_SIZE,IMG_SIZE,C_DEPTH))
26 P = np.zeros((HALF_SIZE,HALF_SIZE,C_DEPTH))
27
28 IP = np.pad(I, ((0,0), (1,1), (1,1), (0,0)))
29 print('IP =\n', IP[0,:,:,0])
```

28 : np.pad 함수를 호출하여 I 행렬과 같은 모양의 행렬을 내부적으로 생성한 후, 행을 상하로 한 칸씩, 열을 좌우로 한 칸씩 늘려 0으로 채운 후, IP 변수에 할당합니다.

29 : print 함수를 호출하여 IP 변수가 가리키는 행렬 값을 출력해 봅니다.

2 ▶ 버튼을 눌러 프로그램을 실행시킵니다. 다음은 실행 결과 화면입니다.

```
IP =
[[ 0.000  0.000  0.000  0.000  0.000  0.000]
 [ 0.000  0.417  0.720  0.000  0.302  0.000]
 [ 0.000  0.147  0.092  0.186  0.346  0.000]
 [ 0.000  0.397  0.539  0.419  0.685  0.000]
 [ 0.000  0.204  0.878  0.027  0.670  0.000]
 [ 0.000  0.000  0.000  0.000  0.000  0.000]]
```

합성 곱 층 추가하기

여기서는 합성 곱 층을 추가해 봅니다.

Tensorflow로 구현하기

먼저 Tensorflow로 구현해 봅니다.

1 다음과 같이 예제를 수정합니다.

613_1.py

```python
01 import tensorflow as tf
02 import numpy as np
03
04 np.set_printoptions(formatter={'float_kind':lambda x: "{0:6.3f}".format(x)})
05
06 IMG_SIZE = 4
07 HALF_SIZE = int(IMG_SIZE/2)
08
09 I_DEPTH = 1
10 C_DEPTH = 2
11 K_SIZE = 3
12 NUM_OUT = 3
13
14 np.random.seed(1)
15
16 I = np.random.rand(1,IMG_SIZE,IMG_SIZE,I_DEPTH)
17 WC = np.random.rand(K_SIZE,K_SIZE,I_DEPTH,C_DEPTH)
18 BC = np.random.rand(C_DEPTH,)
19
20 WO = np.random.rand(HALF_SIZE*HALF_SIZE*C_DEPTH,NUM_OUT)
21 BO = np.random.rand(NUM_OUT,)
22
23 T = np.zeros((1, NUM_OUT))
24
25 model = tf.keras.Sequential([
26     tf.keras.layers.InputLayer(input_shape=(IMG_SIZE, IMG_SIZE, I_DEPTH)),
```

```
27        tf.keras.layers.Conv2D(C_DEPTH, (K_SIZE, K_SIZE), padding='same'),
28 ])
29
30 model.layers[0].set_weights([WC, BC])
31
32 optimizer=tf.keras.optimizers.SGD(learning_rate=0.01)
33 loss=tf.keras.losses.MeanSquaredError()
34
35 for epoch in range(1):
36
37        with tf.GradientTape() as tape:
38
39                O = model(I)
40                print('O_0 =\n', O.numpy()[0,:,:,0])
41                print('O_1 =\n', O.numpy()[0,:,:,1])
42                print('O.shape =', O.shape)
```

25~28 : tf.keras.Sequential 클래스를 이용하여 CNN 인공 신경망을 생성합니다.

26 : tf.keras.layers.InputLayer 함수를 이용하여 내부적으로 keras 라이브러리에서 제공하는 tensor를 생성하고, 입력 의 모양을 정해줍니다.

27 : tf.keras.layers.Conv2D 클래스를 이용하여 합성 곱 신경망 층을 생성합니다. 합성 곱 출력 층의 개수는 C_ DEPTH(즉, 출력 층의 깊이는 C_DEPTH), 사용할 필터의 크기는 (K_SIZE x K_SIZE), padding을 'same'으로 설정 하여 출력 이미지의 크기를 입력 이미지의 크기와 같게 합니다. 여기서 활성화 함수는 사용하지 않습니다.

30 : set_weights 함수를 호출하여 model.layers[0]의 가중치와 편향을 WC와 BC로 변경합니다.

32 : 최적화 함수를 SGD 함수로 설정합니다. 학습률은 0.01로 설정합니다.

33 : 손실 함수로는 MeanSquaredError 함수로 설정합니다.

35 : 37~42 줄을 1회 수행합니다.

37 : 미분을 위한 GradientTape를 적용합니다.

39 : 순전파를 수행합니다.

40, 41 : print 함수를 호출하여 합성 곱을 수행한 출력 값을 출력합니다.

42 : print 함수를 호출하여 합성 곱 출력의 모양을 출력합니다.

2 ▶ 버튼을 눌러 프로그램을 실행시킵니다. 다음은 실행 결과 화면입니다.

```
O_0 =
[[ 1.221  1.666  1.308  1.022]
 [ 2.019  1.632  2.245  1.234]
 [ 2.041  1.695  2.422  1.621]
 [ 1.433  2.105  1.881  1.559]]
O_1 =
[[ 0.828  1.516  1.170  0.895]
 [ 1.685  1.682  2.270  1.470]
 [ 1.364  1.933  2.654  1.698]
 [ 1.133  1.978  2.022  1.304]]
O.shape = (1, 4, 4, 2)
```

NumPy로 구현하기

다음은 NumPy로 구현해 봅니다.

1 다음과 같이 예제를 수정합니다.

613_2.py

```
01 import numpy as np
02
03 np.set_printoptions(formatter={'float_kind':lambda x: "{0:6.3f}".format(x)})
04
05 IMG_SIZE = 4
06 HALF_SIZE = int(IMG_SIZE/2)
07
08 I_DEPTH = 1
09 C_DEPTH = 2
10 K_SIZE = 3
11 P_SIZE = 2
12 NUM_OUT = 3
13
14 np.random.seed(1)
15
16 I = np.random.rand(1,IMG_SIZE,IMG_SIZE,I_DEPTH)
17 WC = np.random.rand(K_SIZE,K_SIZE,I_DEPTH,C_DEPTH)
18 BC = np.random.rand(C_DEPTH,)
19
20 WO = np.random.rand(HALF_SIZE*HALF_SIZE*C_DEPTH,NUM_OUT)
21 BO = np.random.rand(1, NUM_OUT)
22
23 T = np.zeros((1, NUM_OUT))
24
25 C = np.zeros((IMG_SIZE,IMG_SIZE,C_DEPTH))
26 P = np.zeros((HALF_SIZE,HALF_SIZE,C_DEPTH))
27
28 IP = np.pad(I, ((0,0), (1,1), (1,1), (0,0)))
29
30 for fn in range(C_DEPTH):
31     for row in range(IMG_SIZE):
32             for col in range(IMG_SIZE):
33                     Win3D = IP[0, row:row+K_SIZE, col:col+K_SIZE]
34                     C[row,col,fn] = np.sum(Win3D*WC[:,:,:,fn])+BC[fn]
35
36 print('C_0 =\n', C[:,:,0])
37 print('C_1 =\n', C[:,:,1])
38 print('C.shape =', C.shape)
```

30 : fn값을 0에서 C_DEPTH 미만까지 바꾸어가며 31~34줄을 수행합니다. fn은 filter number를 의미합니다.

31 : row값을 0에서 IMG_SIZE 미만까지 바꾸어가며 32~34줄을 수행합니다.

32 : col값을 0에서 IMG_SIZE 미만까지 바꾸어가며 33~34줄을 수행합니다.

33 : IP 행렬의 0번 이미지에 대해 row 이상 (row+K_SIZE) 미만까지, col 이상 (col+K_SIZE) 미만까지의 행렬을 Win3D 변수가 가리키게 합니다. 예를 들어, (row=0, col=0)일 경우 Win3D 변수는 IP[0, 0:3, 0:3] 행렬을 가리키게 됩니다.

34 : np.sum 함수를 호출하여 Win3D*WC[:,:,fn] 행렬의 모든 항목의 값을 더하고, BC[fn] 값을 더한 후, C 행렬의 (row, col, fn) 항목에 할당합니다.

36 : print 함수를 호출하여 C[:,:,0] 행렬 값을 출력합니다.

37 : print 함수를 호출하여 C[:,:,1] 행렬 값을 출력합니다.

38 : 합성 곱 출력의 모양을 출력합니다.

2 ▶ 버튼을 눌러 프로그램을 실행시킵니다. 다음은 실행 결과 화면입니다.

```
C_0 =
 [[ 1.221  1.666  1.308  1.022]
 [ 2.019  1.632  2.245  1.234]
 [ 2.041  1.695  2.422  1.621]
 [ 1.433  2.105  1.881  1.559]]
C_1 =
 [[ 0.828  1.516  1.170  0.895]
 [ 1.685  1.682  2.270  1.470]
 [ 1.364  1.933  2.654  1.698]
 [ 1.133  1.978  2.022  1.304]]
C.shape = (4, 4, 2)
```

Tensorflow 예제와 결과가 같은지 비교해 봅니다.

Max Pooling 층 추가하기

여기서는 Max Pooling 층을 추가해 봅니다.

Tensorflow로 구현하기

먼저 Tensorflow로 구현해 봅니다.

1 다음과 같이 예제를 수정합니다.

614_1.py

```
25 model = tf.keras.Sequential([
26     tf.keras.layers.InputLayer(input_shape=(IMG_SIZE, IMG_SIZE, I_DEPTH)),
27     tf.keras.layers.Conv2D(C_DEPTH, (K_SIZE, K_SIZE), padding='same'),
28     tf.keras.layers.MaxPooling2D((2, 2)),
29 ])
```

28 : 풀링 층을 추가합니다.

2 ▶ 버튼을 눌러 프로그램을 실행시킵니다. 다음은 실행 결과 화면입니다.

```
0_0 =
 [[ 2.019  2.245]
  [ 2.105  2.422]]
0_1 =
 [[ 1.685  2.270]
  [ 1.978  2.654]]
0.shape = (1, 2, 2, 2)
```

NumPy로 구현하기

다음은 NumPy로 구현해 봅니다.

1 다음과 같이 예제를 수정합니다.

614_2.py

```python
01 import numpy as np
02
03 np.set_printoptions(formatter={'float_kind':lambda x: "{0:6.3f}".format(x)})
04
05 IMG_SIZE = 4
06 HALF_SIZE = int(IMG_SIZE/2)
07
08 I_DEPTH = 1
09 C_DEPTH = 2
10 K_SIZE = 3
11 P_SIZE = 2
12 NUM_OUT = 3
13
14 np.random.seed(1)
15
16 I = np.random.rand(1,IMG_SIZE,IMG_SIZE,I_DEPTH)
17 WC = np.random.rand(K_SIZE,K_SIZE,I_DEPTH,C_DEPTH)
18 BC = np.random.rand(C_DEPTH,)
19
20 WO = np.random.rand(HALF_SIZE*HALF_SIZE*C_DEPTH,NUM_OUT)
21 BO = np.random.rand(1, NUM_OUT)
22
23 T = np.zeros((1, NUM_OUT))
24
25 C = np.zeros((IMG_SIZE,IMG_SIZE,C_DEPTH))
26 P = np.zeros((HALF_SIZE,HALF_SIZE,C_DEPTH))
27
28 IP = np.pad(I, ((0,0), (1,1), (1,1), (0,0)))
29
```

```
30 for fn in range(C_DEPTH):
31     for row in range(IMG_SIZE):
32         for col in range(IMG_SIZE):
33             Win3D = IP[0, row:row+K_SIZE, col:col+K_SIZE]
34             C[row,col,fn] = np.sum(Win3D*WC[:,:,:,fn])+BC[fn]
35
36 for fn in range(C_DEPTH):
37     for row in range(0,HALF_SIZE):
38         for col in range(0,HALF_SIZE):
39             Win3D = C[2*row:2*row+P_SIZE, 2*col:2*col+P_SIZE, fn]
40             P[row,col,fn] = np.max(Win3D)
41
42 print('P_0 =\n', P[:,:,0])
43 print('P_1 =\n', P[:,:,1])
44 print('P.shape =', P.shape)
```

36 : fn값을 0에서 C_DEPTH 미만까지 바꾸어가며 37~40줄을 수행합니다.

37 : row값을 0에서 HALF_SIZE 미만까지 38~40줄을 수행합니다.

38 : col값을 0에서 HALF_SIZE 미만까지 39~40줄을 수행합니다.

39 : C 행렬의 [2*row 이상 (2*row+P_SIZE) 미만, 2*col 이상 (2*col+P_SIZE) 미만, fn 깊이]에 있는 행렬을 Win3D 변수가 가리키게 합니다. 예를 들어, (row=0, col=0, fn=0)일 경우 Win3D 변수는 C[0:2, 0:2, 0] 행렬을 가리키게 됩니다.

40 : np.max 함수를 호출하여 Win3D가 가리키는 행렬의 항목 중에 최대값을 갖는 항목을 P 행렬의 (row, col, fn) 항목에 할당합니다.

42 : print 함수를 호출하여 P[:,:,0] 행렬 값을 출력합니다.

43 : print 함수를 호출하여 P[:,:,1] 행렬 값을 출력합니다.

44 : print 함수를 호출하여 max pooling 출력의 모양을 출력합니다.

2 ▶ 버튼을 눌러 프로그램을 실행시킵니다. 다음은 실행 결과 화면입니다.

```
P_0 =
 [[ 2.019  2.245]
 [ 2.105  2.422]]
P_1 =
 [[ 1.685  2.270]
 [ 1.978  2.654]]
P.shape = (2, 2, 2)
```

Tensorflow 예제와 결과가 같은지 비교해 봅니다.

Flatten 층 추가하기

여기서는 Flatten 층을 추가해 봅니다.

Tensorflow로 구현하기

먼저 Tensorflow로 구현해 봅니다.

■ 다음과 같이 예제를 수정합니다.

615_1.py

```
01~24 #이전 예제와 같습니다.
25 model = tf.keras.Sequential([
26     tf.keras.layers.InputLayer(input_shape=(IMG_SIZE, IMG_SIZE, I_DEPTH)),
27     tf.keras.layers.Conv2D(C_DEPTH, (K_SIZE, K_SIZE), padding='same'),
28     tf.keras.layers.MaxPooling2D((2, 2)),
29     tf.keras.layers.Flatten(),
30 ])
31
32 model.layers[0].set_weights([WC, BC])
33
34 optimizer=tf.keras.optimizers.SGD(learning_rate=0.01)
35 loss=tf.keras.losses.MeanSquaredError()
36
37 for epoch in range(1):
38
39     with tf.GradientTape() as tape:
40
41         O = model(I)
42         print('O =\n', O.numpy())
43         print('O.shape =', O.shape)
```

29 : tf.keras.layers.Flatten 클래스를 이용하여 이전 풀링 층을 완전 연결 층의 입력 층으로 모양을 변경할 수 있도록 합니다.
42 : 풀링 층을 완전 연결 층의 입력 층으로 변경한 값을 출력합니다.
43 : 완전 연결 층의 입력 층 모양을 출력합니다.

■ ▶ 버튼을 눌러 프로그램을 실행시킵니다. 다음은 실행 결과 화면입니다.

```
O =
 [[ 2.019  1.685  2.245  2.270  2.105  1.978  2.422  2.654]]
O.shape = (1, 8)
```

NumPy로 구현하기

다음은 NumPy로 구현해 봅니다.

1 다음과 같이 예제를 수정합니다.

615_2.py

```
01 import numpy as np
02
03 np.set_printoptions(formatter={'float_kind':lambda x: "{0:6.3f}".format(x)})
04
05 IMG_SIZE = 4
06 HALF_SIZE = int(IMG_SIZE/2)
07
08 I_DEPTH = 1
09 C_DEPTH = 2
10 K_SIZE = 3
11 P_SIZE = 2
12 NUM_OUT = 3
13
14 np.random.seed(1)
15
16 I = np.random.rand(1,IMG_SIZE,IMG_SIZE,I_DEPTH)
17 WC = np.random.rand(K_SIZE,K_SIZE,I_DEPTH,C_DEPTH)
18 BC = np.random.rand(C_DEPTH,)
19
20 WO = np.random.rand(HALF_SIZE*HALF_SIZE*C_DEPTH,NUM_OUT)
21 BO = np.random.rand(1, NUM_OUT)
22
23 T = np.zeros((1, NUM_OUT))
24
25 C = np.zeros((IMG_SIZE,IMG_SIZE,C_DEPTH))
26 P = np.zeros((HALF_SIZE,HALF_SIZE,C_DEPTH))
27
28 IP = np.pad(I, ((0,0), (1,1), (1,1), (0,0)))
29
30 for fn in range(C_DEPTH):
31     for row in range(IMG_SIZE):
32         for col in range(IMG_SIZE):
33             Win3D = IP[0, row:row+K_SIZE, col:col+K_SIZE]
34             C[row,col,fn] = np.sum(Win3D*WC[:,:,:,fn])+BC[fn]
35
36 for fn in range(C_DEPTH):
37     for row in range(0,HALF_SIZE):
38         for col in range(0,HALF_SIZE):
39             Win3D = C[2*row:2*row+P_SIZE, 2*col:2*col+P_SIZE, fn]
40             P[row,col,fn] = np.max(Win3D)
```

```
41
42 (p_size, _, p_depth) = P.shape
43 F = P.reshape((1,p_size*p_size*p_depth))
44 print( ' F =\n ' , F)
45 print( ' F.shape = ' , F.shape)
```

42 : P 풀링 층 이미지의 가로와 세로의 크기와 깊이 값을 각각 p_size, p_depth 변수에 저장합니다.

43 : P 풀링 층을 reshape 함수를 이용하여 (1 x (p_size x p_size x p_depth)) 크기의 행렬로 모양을 바꾼 후, F 변수에 할당합니다. F 변수는 Flatten을 의미합니다.

44 : print 함수를 호출하여 F 행렬의 값을 출력합니다.

45 : print 함수를 호출하여 F 행렬의 모양을 출력합니다.

❷ ▶ 버튼을 눌러 프로그램을 실행시킵니다. 다음은 실행 결과 화면입니다.

```
F =
 [[ 2.019  1.685  2.245  2.270  2.105  1.978  2.422  2.654]]
F.shape = (1, 8)
```

Tensorflow 예제와 결과가 같은지 비교해 봅니다.

출력 층 추가하기

여기서는 출력 층을 추가해 봅니다.

Tensorflow로 구현하기

먼저 Tensorflow로 구현해 봅니다.

❶ 다음과 같이 예제를 수정합니다.

616_1.py

```
01~24 #이전 예제와 같습니다.
25 model = tf.keras.Sequential([
26        tf.keras.layers.InputLayer(input_shape=(IMG_SIZE, IMG_SIZE, I_DEPTH)),
27        tf.keras.layers.Conv2D(C_DEPTH, (K_SIZE, K_SIZE), padding= ' same ' ),
28        tf.keras.layers.MaxPooling2D((2, 2)),
29        tf.keras.layers.Flatten(),
30        tf.keras.layers.Dense(NUM_OUT),
31 ])
32
33 model.layers[0].set_weights([WC, BC])
34 model.layers[3].set_weights([WO, BO])
35
36 optimizer=tf.keras.optimizers.SGD(learning_rate=0.01)
```

```
37 loss=tf.keras.losses.MeanSquaredError()
38
39 for epoch in range(1):
40
41     with tf.GradientTape() as tape:
42
43             O = model(I)
44             print('O =\n', O.numpy())
45             print('O.shape =', O.shape)
```

30 : tf.keras.layers.Dense 클래스를 이용하여 신경망 층을 생성합니다. 여기서는 단위 인공 신경 NUM_OUT개를 생성합니다. 여기서는 활성화 함수를 설정하지 않습니다.

34 : set_weights 함수를 호출하여 model.layers[3]의 가중치와 편향을 WO와 BO로 변경합니다.

44 : 출력 층의 값을 출력합니다.

45 : 출력 층의 모양을 출력합니다.

2 ▶ 버튼을 눌러 프로그램을 실행시킵니다. 다음은 실행 결과 화면입니다.

```
O =
[[ 7.927  9.985  6.703]]
O.shape = (1, 3)
```

NumPy로 구현하기

다음은 NumPy로 구현해 봅니다.

1 다음과 같이 예제를 수정합니다.

616_2.py

```
01 import numpy as np
02
03 np.set_printoptions(formatter={'float_kind':lambda x: "{0:6.3f}".format(x)})
04
05 IMG_SIZE = 4
06 HALF_SIZE = int(IMG_SIZE/2)
07
08 I_DEPTH = 1
09 C_DEPTH = 2
10 K_SIZE = 3
11 P_SIZE = 2
12 NUM_OUT = 3
13
14 np.random.seed(1)
15
16 I = np.random.rand(1,IMG_SIZE,IMG_SIZE,I_DEPTH)
```

```
17 WC = np.random.rand(K_SIZE,K_SIZE,I_DEPTH,C_DEPTH)
18 BC = np.random.rand(C_DEPTH,)
19
20 WO = np.random.rand(HALF_SIZE*HALF_SIZE*C_DEPTH,NUM_OUT)
21 BO = np.random.rand(1, NUM_OUT)
22
23 T = np.zeros((1, NUM_OUT))
24
25 C = np.zeros((IMG_SIZE,IMG_SIZE,C_DEPTH))
26 P = np.zeros((HALF_SIZE,HALF_SIZE,C_DEPTH))
27
28 IP = np.pad(I, ((0,0), (1,1), (1,1), (0,0)))
29
30 for fn in range(C_DEPTH):
31     for row in range(IMG_SIZE):
32         for col in range(IMG_SIZE):
33             Win3D = IP[0, row:row+K_SIZE, col:col+K_SIZE]
34             C[row,col,fn] = np.sum(Win3D*WC[:,:,:,fn])+BC[fn]
35
36 for fn in range(C_DEPTH):
37     for row in range(0,HALF_SIZE):
38         for col in range(0,HALF_SIZE):
39             Win3D = C[2*row:2*row+P_SIZE, 2*col:2*col+P_SIZE, fn]
40             P[row,col,fn] = np.max(Win3D)
41
42 (p_size, _, p_depth) = P.shape
43 F = P.reshape((1,p_size*p_size*p_depth))
44
45 O = F@WO + BO
46 print( ' O =\n ', O)
47 print( ' O.shape = ', O.shape)
```

45 : 행렬 곱 연산자 @을 이용하여 입력 F와 가중치 WO에 대해 행렬 곱을 수행한 후, 편향 BO를 더해준 후, O 변수에
할당합니다. 행렬 곱의 순서를 변경하지 않도록 주의합니다.

46 : print 함수를 호출하여 O 행렬 값을 출력합니다.

47 : print 함수를 호출하여 O 행렬의 모양을 출력합니다.

2 ▶ 버튼을 눌러 프로그램을 실행시킵니다. 다음은 실행 결과 화면입니다.

```
O =
[[ 7.927  9.985  6.703]]
O.shape = (1, 3)
```

Tensorflow 예제와 결과가 같은지 비교해 봅니다.

오차 계산하기

여기서는 오차 계산 부분을 추가해 봅니다.

Tensorflow로 구현하기

먼저 Tensorflow로 구현해 봅니다.

1 다음과 같이 예제를 수정합니다.

617_1.py

```
01~38 #이전 예제와 같습니다.
39 for epoch in range(1):
40
41         with tf.GradientTape() as tape:
42
43                 O = model(I)
44
45                 E = loss(T, O)
46                 print('E =', E.numpy())
```

45 : 오차를 계산합니다.
46 : 오차 값을 출력합니다.

2 ▶ 버튼을 눌러 프로그램을 실행시킵니다. 다음은 실행 결과 화면입니다.

```
E  = 69.15464
```

NumPy로 구현하기

다음은 NumPy로 구현해 봅니다.

1 다음과 같이 예제를 수정합니다.

617_2.py

```
01 import numpy as np
02
03 np.set_printoptions(formatter={'float_kind':lambda x: "{0:6.3f}".format(x)})
04
05 IMG_SIZE = 4
06 HALF_SIZE = int(IMG_SIZE/2)
07
08 I_DEPTH = 1
```

```
09 C_DEPTH = 2
10 K_SIZE = 3
11 P_SIZE = 2
12 NUM_OUT = 3
13
14 np.random.seed(1)
15
16 I = np.random.rand(1,IMG_SIZE,IMG_SIZE,I_DEPTH)
17 WC = np.random.rand(K_SIZE,K_SIZE,I_DEPTH,C_DEPTH)
18 BC = np.random.rand(C_DEPTH,)
19
20 WO = np.random.rand(HALF_SIZE*HALF_SIZE*C_DEPTH,NUM_OUT)
21 BO = np.random.rand(1, NUM_OUT)
22
23 T = np.zeros((1, NUM_OUT))
24
25 C = np.zeros((IMG_SIZE,IMG_SIZE,C_DEPTH))
26 P = np.zeros((HALF_SIZE,HALF_SIZE,C_DEPTH))
27
28 IP = np.pad(I, ((0,0), (1,1), (1,1), (0,0)))
29
30 for fn in range(C_DEPTH):
31     for row in range(IMG_SIZE):
32         for col in range(IMG_SIZE):
33             Win3D = IP[0, row:row+K_SIZE, col:col+K_SIZE]
34             C[row,col,fn] = np.sum(Win3D*WC[:,:,:,fn])+BC[fn]
35
36 for fn in range(C_DEPTH):
37     for row in range(0,HALF_SIZE):
38         for col in range(0,HALF_SIZE):
39             Win3D = C[2*row:2*row+P_SIZE, 2*col:2*col+P_SIZE, fn]
40             P[row,col,fn] = np.max(Win3D)
41
42 (p_size, _, p_depth) = P.shape
43 F = P.reshape((1,p_size*p_size*p_depth))
44
45 O = F@WO + BO
46
47 E = np.sum((O-T)**2)/O.shape[1]
48 print( 'E = %.5f ' %E)
```

47 : 평균 제곱 오차를 구합니다.

48 : 평균 제곱 오차를 출력합니다.

❷ ▶ 버튼을 눌러 프로그램을 실행시킵니다. 다음은 실행 결과 화면입니다.

```
E = 69.15463
```

Tensorflow 예제와 결과가 같은지 비교해 봅니다. 소수점 이하 5자리의 값이 1 적습니다. 추후의 결과에 큰 차이는 없습니다.

출력 층의 가중치와 편향 역전파 오차 구하기

여기서는 출력 층의 가중치와 편향 역전파 오차를 구해 봅니다. Tensorflow 예제에서는 합성 곱 층과 출력 층에 대한 가중치와 편향 오차를 동시에 구합니다. NumPy 예제에서는 출력 층에 대한 가중치와 편향 역전파 오차를 먼저 구합니다. 합성 곱 층의 가중치와 편향 역전파 오차는 뒤에서 구합니다.

Tensorflow로 구현하기

먼저 Tensorflow로 구현해 봅니다.

❶ 다음과 같이 예제를 수정합니다.

618_1.py

```
01~38 #이전 예제와 같습니다.
39 for epoch in range(1):
40
41         with tf.GradientTape() as tape:
42
43                 O = model(I)
44
45                 E = loss(T, O)
46
47         gradients = tape.gradient(E, model.trainable_variables)
48         print( 'len(gradients) =' , len(gradients))
49         print( 'WOb =\n' , gradients[2].numpy()[:,0])
50         print( 'BOb =\n' , gradients[3].numpy())
51         print( 'WCb_0 =\n' , gradients[0].numpy()[:,:,0,0])
52         print( 'WCb_1 =\n' , gradients[0].numpy()[:,:,0,1])
53         print( 'BCb =\n' , gradients[1].numpy())
```

47 : 가중치와 편향의 역전파 오차 값을 구합니다.
48~53 : 가중치와 편향의 역전파 오차 값을 출력합니다.

❷ ▶ 버튼을 눌러 프로그램을 실행시킵니다. 다음은 실행 결과 화면입니다.

```
len(gradients) = 4
WOb =
 [10.668  8.904 11.865 11.995 11.122 10.453 12.798 14.022]
BOb =
 [ 5.284  6.657  4.469]
WCb_0 =
 [[ 6.675  6.225 11.794]
 [ 4.144  7.185  7.192]
 [ 8.724  6.844 13.624]]
WCb_1 =
 [[10.182 10.582 18.242]
 [ 6.379 12.560 10.175]
 [12.113  9.803 19.396]]
BCb =
 [24.454 37.625]
```

NumPy로 구현하기

다음은 NumPy로 구현해 봅니다.

1 다음과 같이 예제를 수정합니다.

618_2.py

```python
01 import numpy as np
02
03 np.set_printoptions(formatter={'float_kind':lambda x: "{0:6.3f}".format(x)})
04
05 IMG_SIZE = 4
06 HALF_SIZE = int(IMG_SIZE/2)
07
08 I_DEPTH = 1
09 C_DEPTH = 2
10 K_SIZE = 3
11 P_SIZE = 2
12 NUM_OUT = 3
13
14 np.random.seed(1)
15
16 I = np.random.rand(1,IMG_SIZE,IMG_SIZE,I_DEPTH)
17 WC = np.random.rand(K_SIZE,K_SIZE,I_DEPTH,C_DEPTH)
18 BC = np.random.rand(C_DEPTH,)
19
20 WO = np.random.rand(HALF_SIZE*HALF_SIZE*C_DEPTH,NUM_OUT)
21 BO = np.random.rand(1, NUM_OUT)
22
23 T = np.zeros((1, NUM_OUT))
24
```

```
25 C = np.zeros((IMG_SIZE,IMG_SIZE,C_DEPTH))
26 P = np.zeros((HALF_SIZE,HALF_SIZE,C_DEPTH))
27
28 IP = np.pad(I, ((0,0), (1,1), (1,1), (0,0)))
29
30 for fn in range(C_DEPTH):
31     for row in range(IMG_SIZE):
32         for col in range(IMG_SIZE):
33             Win3D = IP[0, row:row+K_SIZE, col:col+K_SIZE]
34             C[row,col,fn] = np.sum(Win3D*WC[:,:,:,fn])+BC[fn]
35
36 for fn in range(C_DEPTH):
37     for row in range(0,HALF_SIZE):
38         for col in range(0,HALF_SIZE):
39             Win3D = C[2*row:2*row+P_SIZE, 2*col:2*col+P_SIZE, fn]
40             P[row,col,fn] = np.max(Win3D)
41
42 (p_size, _, p_depth) = P.shape
43 F = P.reshape((1,p_size*p_size*p_depth))
44
45 O = F@WO + BO
46
47 E = np.sum((O-T)**2)/O.shape[1]
48
49 Ob = 2*(O-T)/O.shape[1]
50
51 WOb = F.T@Ob
52 BOb = Ob
53 print( 'WOb =\n', WOb[:,0])
54 print( 'BOb =\n', BOb)
```

49   : 예측 값을 가진 O 행렬에서 목표 값을 가진 T 행렬을 뺀 후, 2를 곱해주고 O의 노드 개수로 나눠준 후, 결과 값을 Ob 변수에 할당합니다. 2와 O.shape[1]은 편미분 과정에서 추가된 부분이며, 여기서는 자세한 설명을 하지는 않습니다. Ob는 역전파 오차 값을 갖는 행렬입니다.

51   : F.T는 입력 F의 전치 행렬을 내어줍니다. 행렬 곱 연산자 @을 이용하여 F.T와 Ob에 대해 행렬 곱을 수행한 후, 결과 값을 WOb 변수에 할당합니다. 행렬 곱의 순서를 변경하지 않도록 주의합니다.

52   : Ob 행렬을 Bb에 할당합니다.

53, 54 : print 함수를 호출하여 WOb[:,0], BOb값을 출력합니다.

2 ▶ 버튼을 눌러 프로그램을 실행시킵니다. 다음은 실행 결과 화면입니다.

```
WOb =
 [10.668  8.904 11.865 11.995 11.122 10.453 12.798 14.022]
BOb =
 [[ 5.284  6.657  4.469]]
```

Tensorflow 예제와 결과가 같은지 비교해 봅니다.

Flatten 역전파 오차 구하기

여기서는 Flatten 층의 역전파 오차를 구해 봅니다. 여기서 사용하는 Tensorflow 예제에서는 Flatten 층의 역전파 오차 값을 출력하지 못합니다. 그래서 NumPy 예제에 대해서만 구현해 봅니다.

NumPy로 구현하기

1 다음과 같이 예제를 수정합니다.

619_1.py

```python
01 import numpy as np
02
03 np.set_printoptions(formatter={'float_kind':lambda x: "{0:6.3f}".format(x)})
04
05 IMG_SIZE = 4
06 HALF_SIZE = int(IMG_SIZE/2)
07
08 I_DEPTH = 1
09 C_DEPTH = 2
10 K_SIZE = 3
11 P_SIZE = 2
12 NUM_OUT = 3
13
14 np.random.seed(1)
15
16 I = np.random.rand(1,IMG_SIZE,IMG_SIZE,I_DEPTH)
17 WC = np.random.rand(K_SIZE,K_SIZE,I_DEPTH,C_DEPTH)
18 BC = np.random.rand(C_DEPTH,)
19
20 WO = np.random.rand(HALF_SIZE*HALF_SIZE*C_DEPTH,NUM_OUT)
21 BO = np.random.rand(1, NUM_OUT)
22
23 T = np.zeros((1, NUM_OUT))
24
25 C = np.zeros((IMG_SIZE,IMG_SIZE,C_DEPTH))
26 P = np.zeros((HALF_SIZE,HALF_SIZE,C_DEPTH))
27
28 IP = np.pad(I, ((0,0), (1,1), (1,1), (0,0)))
29
30 for fn in range(C_DEPTH):
31     for row in range(IMG_SIZE):
32         for col in range(IMG_SIZE):
33             Win3D = IP[0, row:row+K_SIZE, col:col+K_SIZE]
34             C[row,col,fn] = np.sum(Win3D*WC[:,:,:,fn])+BC[fn]
35
36 for fn in range(C_DEPTH):
37     for row in range(0,HALF_SIZE):
38         for col in range(0,HALF_SIZE):
```

```
39                    Win3D = C[2*row:2*row+P_SIZE, 2*col:2*col+P_SIZE, fn]
40                    P[row,col,fn] = np.max(Win3D)
41
42 (p_size, _, p_depth) = P.shape
43 F = P.reshape((1,p_size*p_size*p_depth))
44
45 O = F@WO + BO
46
47 E = np.sum((O-T)**2)/O.shape[1]
48
49 Ob = 2*(O-T)/O.shape[1]
50
51 WOb = F.T@Ob
52 BOb = Ob
53
54 Fb = Ob@WO.T
55 print('Fb =\n', Fb)
```

54: Fb 변수를 선언한 후, Flatten 입력 값에 대한 역전파 값을 받습니다. WO.T는 가중치 WO의 전치 행렬을 내어줍니다. 행렬 곱 연산자 @을 이용하여 Ob와 WO.T에 대해 행렬 곱을 수행한 후, 결과 값을 Fb 변수에 할당합니다. 행렬 곱의 순서를 변경하지 않도록 주의합니다.

55: print 함수를 호출하여 Fb값을 출력합니다.

2 ▶ 버튼을 눌러 프로그램을 실행시킵니다. 다음은 실행 결과 화면입니다.

```
Fb =
 [[ 9.265 13.890  7.197  9.727  2.473  6.183  5.519  7.825]]
```

Max Pooling 층 역전파 오차 구하기

여기서는 Pooling 층의 역전파 오차를 구해 봅니다. 여기서 사용하는 Tensorflow 예제에서는 Pooling 층의 역전파 오차 값을 출력하지 못합니다. 그래서 NumPy 예제에 대해서만 구현해 봅니다.

NumPy로 구현하기

1 다음과 같이 예제를 수정합니다.

6110_1.py

```
01 import numpy as np
02
03 np.set_printoptions(formatter={'float_kind':lambda x: "{0:6.3f}".format(x)})
04
05 IMG_SIZE = 4
06 HALF_SIZE = int(IMG_SIZE/2)
07
08 I_DEPTH = 1
```

```
09 C_DEPTH = 2
10 K_SIZE = 3
11 P_SIZE = 2
12 NUM_OUT = 3
13
14 np.random.seed(1)
15
16 I = np.random.rand(1,IMG_SIZE,IMG_SIZE,I_DEPTH)
17 WC = np.random.rand(K_SIZE,K_SIZE,I_DEPTH,C_DEPTH)
18 BC = np.random.rand(C_DEPTH,)
19
20 WO = np.random.rand(HALF_SIZE*HALF_SIZE*C_DEPTH,NUM_OUT)
21 BO = np.random.rand(1, NUM_OUT)
22
23 T = np.zeros((1, NUM_OUT))
24
25 C = np.zeros((IMG_SIZE,IMG_SIZE,C_DEPTH))
26 P = np.zeros((HALF_SIZE,HALF_SIZE,C_DEPTH))
27
28 IP = np.pad(I, ((0,0), (1,1), (1,1), (0,0)))
29
30 for fn in range(C_DEPTH):
31     for row in range(IMG_SIZE):
32         for col in range(IMG_SIZE):
33             Win3D = IP[0, row:row+K_SIZE, col:col+K_SIZE]
34             C[row,col,fn] = np.sum(Win3D*WC[:,:,:,fn])+BC[fn]
35
36 for fn in range(C_DEPTH):
37     for row in range(0,HALF_SIZE):
38         for col in range(0,HALF_SIZE):
39             Win3D = C[2*row:2*row+P_SIZE, 2*col:2*col+P_SIZE, fn]
40             P[row,col,fn] = np.max(Win3D)
41
42 (p_size, _, p_depth) = P.shape
43 F = P.reshape((1,p_size*p_size*p_depth))
44
45 O = F@WO + BO
46
47 E = np.sum((O-T)**2)/O.shape[1]
48
49 Ob = 2*(O-T)/O.shape[1]
50
51 WOb = F.T@Ob
52 BOb = Ob
53
54 Fb = Ob@WO.T
55
56 Pb = Fb.reshape(P.shape)
57 print('Pb =', Pb)
58 print('Pb.shape =', Pb.shape)
```

56 : Fb Flatten 역 입력 층을 reshape 함수를 이용하여 P 행렬의 모양으로 바꾼 후, Pb 변수에 할당합니다. Pb 변수는 역 풀링 층을 가리킵니다.

57 : print 함수를 호출하여 Pb 행렬의 값을 출력합니다.

58 : print 함수를 호출하여 Pb 행렬의 모양을 출력합니다.

❷ ▶ 버튼을 눌러 프로그램을 실행시킵니다. 다음은 실행 결과 화면입니다.

```
Pb = [[[ 9.265 13.890]
  [ 7.197  9.727]]

 [[ 2.473  6.183]
  [ 5.519  7.825]]]
Pb.shape = (2, 2, 2)
```

합성 곱 층 역전파 오차 구하기

여기서는 합성 곱 층의 역전파 오차를 구해 봅니다. 여기서 사용하는 Tensorflow 예제에서는 합성 곱 층의 역전파 오차 값을 출력하지 못합니다. 그래서 NumPy 예제에 대해서만 구현해 봅니다.

NumPy로 구현하기

❶ 다음과 같이 예제를 수정합니다.

6111_1.py

```
01 import numpy as np
02
03 np.set_printoptions(formatter={'float_kind':lambda x: "{0:6.3f}".format(x)})
04
05 IMG_SIZE = 4
06 HALF_SIZE = int(IMG_SIZE/2)
07
08 I_DEPTH = 1
09 C_DEPTH = 2
10 K_SIZE = 3
11 P_SIZE = 2
12 NUM_OUT = 3
13
14 np.random.seed(1)
15
16 I = np.random.rand(1,IMG_SIZE,IMG_SIZE,I_DEPTH)
17 WC = np.random.rand(K_SIZE,K_SIZE,I_DEPTH,C_DEPTH)
18 BC = np.random.rand(C_DEPTH,)
19
20 WO = np.random.rand(HALF_SIZE*HALF_SIZE*C_DEPTH,NUM_OUT)
21 BO = np.random.rand(1, NUM_OUT)
```

```
22
23 T = np.zeros((1, NUM_OUT))
24
25 C = np.zeros((IMG_SIZE,IMG_SIZE,C_DEPTH))
26 P = np.zeros((HALF_SIZE,HALF_SIZE,C_DEPTH))
27
28 IP = np.pad(I, ((0,0), (1,1), (1,1), (0,0)))
29
30 for fn in range(C_DEPTH):
31      for row in range(IMG_SIZE):
32              for col in range(IMG_SIZE):
33                      Win3D = IP[0, row:row+K_SIZE, col:col+K_SIZE]
34                      C[row,col,fn] = np.sum(Win3D*WC[:,:,:,fn])+BC[fn]
35
36 for fn in range(C_DEPTH):
37      for row in range(0,HALF_SIZE):
38              for col in range(0,HALF_SIZE):
39                      Win3D = C[2*row:2*row+P_SIZE, 2*col:2*col+P_SIZE, fn]
40                      P[row,col,fn] = np.max(Win3D)
41
42 (p_size, _, p_depth) = P.shape
43 F = P.reshape((1,p_size*p_size*p_depth))
44
45 O = F@WO + BO
46
47 E = np.sum((O-T)**2)/O.shape[1]
48
49 Ob = 2*(O-T)/O.shape[1]
50
51 WOb = F.T@Ob
52 BOb = Ob
53
54 Fb = Ob@WO.T
55
56 Pb = Fb.reshape(P.shape)
57
58 Cb = np.zeros_like(C)
59
60 for fn in range(C_DEPTH):
61      for row in range(0,HALF_SIZE):
62              for col in range(0,HALF_SIZE):
63                      Win3D = C[2*row:2*row+P_SIZE, 2*col:2*col+P_SIZE, fn]
64                      Win3Db = Cb[2*row:2*row+P_SIZE, 2*col:2*col+P_SIZE, fn]
65                      Win3Db[Win3D==np.max(Win3D)] = Pb[row,col,fn]
66
67 print( ' Cb_0 =\n ' , Cb[:,:,0])
68 print( ' Cb_1 =\n ' , Cb[:,:,1])
69 print( ' Cb.shape = ' , Cb.shape)
```

60 : fn값을 0에서 C_DEPTH 미만까지 바꾸어가며 61~65줄을 수행합니다.

61 : row값을 0에서 HALF_SIZE 미만까지 62~65줄을 수행합니다.

62 : col값을 0에서 HALF_SIZE 미만까지 63~65줄을 수행합니다.

63 : C 행렬의 [2*row 이상 (2*row+P_SIZE) 미만, 2*col 이상 (2*col+P_SIZE) 미만, fn 깊이]에 있는 행렬을 Win3D 변수가 가리키게 합니다. 예를 들어, (row=0, col=0, fn=0)일 경우 Win3D 변수는 C[0:2, 0:2, 0] 행렬을 가리키게 됩니다.

64 : Cb 행렬의 [2*row 이상 (2*row+P_SIZE) 미만, 2*col 이상 (2*col+P_SIZE) 미만, fn 깊이]에 있는 행렬을 Win3Db 변수가 가리키게 합니다. 예를 들어, (row=0, col=0, fn=0)일 경우 Win3Db 변수는 Cb[0:2, 0:2, 0] 행렬을 가리키게 됩니다.

65 : Win3D 행렬의 최대 값 항목의 위치와 같은 Win3Db 행렬의 항목 위치로 Pb 행렬의 (row, col, fn) 항목 값을 전달합니다. 즉, 순전파때 C 행렬로 전달됐던 최대 값의 위치로 역전파때 역전파 값이 전달됩니다.

67 : print 함수를 호출하여 Cb[:,:,0] 행렬 값을 출력합니다.

68 : print 함수를 호출하여 Cb[:,:,1] 행렬 값을 출력합니다.

68 : 합성 곱 역전파 행렬의 모양을 출력합니다.

❷ ▶ 버튼을 눌러 프로그램을 실행시킵니다. 다음은 실행 결과 화면입니다.

```
Cb_0 =
 [[ 0.000  0.000  0.000  0.000]
 [ 9.265  0.000  7.197  0.000]
 [ 0.000  0.000  5.519  0.000]
 [ 0.000  2.473  0.000  0.000]]
Cb_1 =
 [[ 0.000  0.000  0.000  0.000]
 [13.890  0.000  9.727  0.000]
 [ 0.000  0.000  7.825  0.000]
 [ 0.000  6.183  0.000  0.000]]
Cb.shape = (4, 4, 2)
```

합성 곱 층의 가중치와 편향 역전파 오차 구하기

여기서는 합성 곱 층의 가중치와 편향 역전파 오차를 구해 봅니다. Tensorflow 예제의 경우 앞에서 구현하였습니다. 여기서는 NumPy 예제에 대해서만 구현해 봅니다.

NumPy로 구현하기

❶ 다음과 같이 예제를 수정합니다.

6112_1.py

```
01 import numpy as np
02
03 np.set_printoptions(formatter={'float_kind':lambda x: "{0:6.3f}".format(x)})
04
05 IMG_SIZE = 4
06 HALF_SIZE = int(IMG_SIZE/2)
07
08 I_DEPTH = 1
09 C_DEPTH = 2
10 K_SIZE = 3
11 P_SIZE = 2
```

```
12 NUM_OUT = 3
13
14 np.random.seed(1)
15
16 I = np.random.rand(1,IMG_SIZE,IMG_SIZE,I_DEPTH)
17 WC = np.random.rand(K_SIZE,K_SIZE,I_DEPTH,C_DEPTH)
18 BC = np.random.rand(C_DEPTH,)
19
20 WO = np.random.rand(HALF_SIZE*HALF_SIZE*C_DEPTH,NUM_OUT)
21 BO = np.random.rand(1, NUM_OUT)
22
23 T = np.zeros((1, NUM_OUT))
24
25 C = np.zeros((IMG_SIZE,IMG_SIZE,C_DEPTH))
26 P = np.zeros((HALF_SIZE,HALF_SIZE,C_DEPTH))
27
28 IP = np.pad(I, ((0,0), (1,1), (1,1), (0,0)))
29
30 for fn in range(C_DEPTH):
31     for row in range(IMG_SIZE):
32         for col in range(IMG_SIZE):
33             Win3D = IP[0, row:row+K_SIZE, col:col+K_SIZE]
34             C[row,col,fn] = np.sum(Win3D*WC[:,:,:,fn])+BC[fn]
35
36 for fn in range(C_DEPTH):
37     for row in range(0,HALF_SIZE):
38         for col in range(0,HALF_SIZE):
39             Win3D = C[2*row:2*row+P_SIZE, 2*col:2*col+P_SIZE, fn]
40             P[row,col,fn] = np.max(Win3D)
41
42 (p_size, _, p_depth) = P.shape
43 F = P.reshape((1,p_size*p_size*p_depth))
44
45 O = F@WO + BO
46
47 E = np.sum((O-T)**2)/O.shape[1]
48
49 Ob = 2*(O-T)/O.shape[1]
50
51 WOb = F.T@Ob
52 BOb = Ob
53
54 Fb = Ob@WO.T
55
56 Pb = Fb.reshape(P.shape)
57
58 Cb = np.zeros_like(C)
59
60 for fn in range(C_DEPTH):
61     for row in range(0,HALF_SIZE):
```

```
62                    for col in range(0,HALF_SIZE):
63                        Win3D = C[2*row:2*row+P_SIZE, 2*col:2*col+P_SIZE, fn]
64                        Win3Db = Cb[2*row:2*row+P_SIZE, 2*col:2*col+P_SIZE, fn]
65                        Win3Db[Win3D==np.max(Win3D)] = Pb[row,col,fn]
66
67 IPb = np.zeros_like(IP)
68 WCb = np.zeros_like(WC)
69 BCb = np.zeros_like(BC)
70
71 for fn in range(C_DEPTH):
72     for row in range(IMG_SIZE):
73            for col in range(IMG_SIZE):
74                Win3D = IP[0, row:row+K_SIZE, col:col+K_SIZE]
75                WCb[:,:,:,fn] += Win3D*Cb[row,col,fn]
76
77 for fn in range(C_DEPTH):
78     BCb[fn] = np.sum(Cb[:,:,fn])
79
80 for fn in range(C_DEPTH):
81     for row in range(IMG_SIZE):
82            for col in range(IMG_SIZE):
83                Win3Db = IPb[0,row:row+K_SIZE, col:col+K_SIZE]
84                Win3Db += Cb[row,col,fn]*WC[:,:,:,fn]
85
86 print( ' WCb_0 =\n ', WCb[:,:,0,0])
87 print( ' WCb_1 =\n ', WCb[:,:,0,1])
88 print( ' BCb =\n ', BCb)
89 # print( ' Ib =\n ', IPb[0, 1:-1,1:-1,:])
```

71 : fn값을 0에서 C_DEPTH 미만까지 바꾸어가며 72~75줄을 수행합니다. fn은 filter number를 의미합니다.

72 : row값을 0에서 IMG_SIZE 미만까지 바꾸어가며 73~75줄을 수행합니다.

73 : col값을 0에서 IMG_SIZE 미만까지 바꾸어가며 74~75줄을 수행합니다.

74 : IP 행렬의 0번 이미지에 대해 row 이상 (row+K_SIZE) 미만까지, col 이상 (col+K_SIZE) 미만까지의 행렬을 Win3D 변수가 가리키게 합니다. 예를 들어, (row=0, col=0)일 경우 Win3D 변수는 IP[0, 0:3, 0:3] 행렬을 가리키게 됩니다.

75 : Win3D 행렬의 모든 항목에 Cb 행렬의 (row, col, fn) 항목을 곱한 후, WCb[:,:,:,fn]의 대응되는 항목에 더해줍니다. 이 과정은 Cb값이 Win3D를 통해 WCb로 역전파되는 과정입니다. 즉, 가중치 역전파 과정입니다.

77 : fn값을 0에서 C_DEPTH 미만까지 바꾸어가며 78줄을 수행합니다.

78 : np.sum 함수를 호출하여 Cb[:,:,fn] 행렬의 모든 항목 값을 더해 BCb[fn]에 할당합니다.

80 : fn값을 0에서 C_DEPTH 미만까지 바꾸어가며 81~84줄을 수행합니다. fn은 filter number를 의미합니다.

81 : row값을 0에서 IMG_SIZE 미만까지 바꾸어가며 82~84줄을 수행합니다.

82 : col값을 0에서 IMG_SIZE 미만까지 바꾸어가며 83~84줄을 수행합니다.

83 : IPb 행렬의 0번 이미지 역전파 값에 대해 row 이상 (row+K_SIZE) 미만까지, col 이상 (col+K_SIZE) 미만까지의 행렬을 Win3Db 변수가 가리키게 합니다. 예를 들어, (row=0, col=0)일 경우 Win3Db 변수는 IPb[0, 0:3, 0:3] 행렬을 가리키게 됩니다.

84 : WC[:,:,:,fn] 행렬의 모든 항목에 Cb 행렬의 (row, col, fn)항목을 곱한 후, Win3Db의 대응되는 항목에 더해줍니다. 이 과정은 Cb값이 WC를 통해 IPb로 역전파되는 과정입니다. 즉, 입력 역전파 과정입니다.

86 : print 함수를 호출하여 WCb[:,:,0,0] 행렬 값을 출력합니다.

87 : print 함수를 호출하여 WCb[:,:,0,1] 행렬 값을 출력합니다.

88 : print 함수를 호출하여 BCb 행렬 값을 출력합니다.

89 : 입력 역전파 출력 부분입니다. 출력을 보고자 할 경우엔 주석을 해제해 줍니다.

2 ▶ 버튼을 눌러 프로그램을 실행시킵니다. 다음은 실행 결과 화면입니다.

```
WCb_0 =
[[ 6.675  6.225 11.794]
 [ 4.144  7.185  7.192]
 [ 8.724  6.844 13.624]]
WCb_1 =
[[10.182 10.582 18.242]
 [ 6.379 12.560 10.175]
 [12.113  9.803 19.396]]
BCb =
[24.454 37.625]
```

Tensorflow 예제와 결과가 같은지 비교해 봅니다.

가중치와 편향 갱신하기

여기서는 가중치와 편향을 갱신해 봅니다. 이 과정에서 가중치와 편향에 학습이 이루어집니다.

Tensorflow로 구현하기

먼저 Tensorflow로 구현해 봅니다.

1 다음과 같이 예제를 수정합니다.

6113_1.py

```
01~38 #이전 예제와 같습니다.
39 for epoch in range(1):
40
41        with tf.GradientTape() as tape:
42
43                O = model(I)
44
45                E = loss(T, O)
46
47        gradients = tape.gradient(E, model.trainable_variables)
48
49        optimizer.apply_gradients(zip(gradients, model.trainable_variables))
50        print( 'len(model.layers) = ', len(model.layers))
51        print( 'WO =\n ', model.layers[3].get_weights()[0][:,0])
52        print( 'BO =\n ', model.layers[3].get_weights()[1])
53        print( 'WC_0 =\n ', model.layers[0].get_weights()[0][:,:,0,0])
54        print( 'WC_1 =\n ', model.layers[0].get_weights()[0][:,:,0,1])
55        print( 'BC =\n ', model.layers[0].get_weights()[1])
```

49 : 가중치와 편향의 역전파 오차 값을 적용합니다.

50~55 : 갱신된 가중치와 편향 값을 출력합니다.

❷ ▶ 버튼을 눌러 프로그램을 실행시킵니다. 다음은 실행 결과 화면입니다.

```
len(model.layers) = 4
WO =
 [ 0.580  0.661  0.162  0.328  0.177  0.574  0.364  0.007]
BO =
 [ 0.049  0.347  0.650]
WC_0 =
 [[ 0.351  0.078  0.683]
 [ 0.272  0.805  0.013]
 [ 0.083  0.030  0.822]]
WC_1 =
 [[ 0.457  0.092  0.786]
 [ 0.629  0.769 -0.063]
 [ 0.757  0.323  0.339]]
BC =
 [ 0.447 -0.061]
```

NumPy로 구현하기

다음은 NumPy로 구현해 봅니다.

❶ 다음과 같이 예제를 수정합니다.

6113_2.py

```python
01 import numpy as np
02
03 np.set_printoptions(formatter={'float_kind':lambda x: "{0:6.3f}".format(x)})
04
05 IMG_SIZE = 4
06 HALF_SIZE = int(IMG_SIZE/2)
07
08 I_DEPTH = 1
09 C_DEPTH = 2
10 K_SIZE = 3
11 P_SIZE = 2
12 NUM_OUT = 3
13
14 np.random.seed(1)
15
16 I = np.random.rand(1,IMG_SIZE,IMG_SIZE,I_DEPTH)
17 WC = np.random.rand(K_SIZE,K_SIZE,I_DEPTH,C_DEPTH)
18 BC = np.random.rand(C_DEPTH,)
19
20 WO = np.random.rand(HALF_SIZE*HALF_SIZE*C_DEPTH,NUM_OUT)
21 BO = np.random.rand(1, NUM_OUT)
22
23 T = np.zeros((1, NUM_OUT))
24
25 C = np.zeros((IMG_SIZE,IMG_SIZE,C_DEPTH))
26 P = np.zeros((HALF_SIZE,HALF_SIZE,C_DEPTH))
27
```

```
28  IP = np.pad(I, ((0,0), (1,1), (1,1), (0,0)))
29
30  for fn in range(C_DEPTH):
31      for row in range(IMG_SIZE):
32          for col in range(IMG_SIZE):
33              Win3D = IP[0, row:row+K_SIZE, col:col+K_SIZE]
34              C[row,col,fn] = np.sum(Win3D*WC[:,:,:,fn])+BC[fn]
35
36  for fn in range(C_DEPTH):
37      for row in range(0,HALF_SIZE):
38          for col in range(0,HALF_SIZE):
39              Win3D = C[2*row:2*row+P_SIZE, 2*col:2*col+P_SIZE, fn]
40              P[row,col,fn] = np.max(Win3D)
41
42  (p_size, _, p_depth) = P.shape
43  F = P.reshape((1,p_size*p_size*p_depth))
44
45  O = F@WO + BO
46
47  E = np.sum((O-T)**2)/O.shape[1]
48
49  Ob = 2*(O-T)/O.shape[1]
50
51  WOb = F.T@Ob
52  BOb = Ob
53
54  Fb = Ob@WO.T
55
56  Pb = Fb.reshape(P.shape)
57
58  Cb = np.zeros_like(C)
59
60  for fn in range(C_DEPTH):
61      for row in range(0,HALF_SIZE):
62          for col in range(0,HALF_SIZE):
63              Win3D = C[2*row:2*row+P_SIZE, 2*col:2*col+P_SIZE, fn]
64              Win3Db = Cb[2*row:2*row+P_SIZE, 2*col:2*col+P_SIZE, fn]
65              Win3Db[Win3D==np.max(Win3D)] = Pb[row,col,fn]
66
67  IPb = np.zeros_like(IP)
68  WCb = np.zeros_like(WC)
69  BCb = np.zeros_like(BC)
70
71  for fn in range(C_DEPTH):
72      for row in range(IMG_SIZE):
73          for col in range(IMG_SIZE):
74              Win3D = IP[0, row:row+K_SIZE, col:col+K_SIZE]
75              WCb[:,:,:,fn] += Win3D*Cb[row,col,fn]
76
77  for fn in range(C_DEPTH):
```

```
78          BCb[fn] = np.sum(Cb[:,:,fn])
79
80 for fn in range(C_DEPTH):
81      for row in range(IMG_SIZE):
82              for col in range(IMG_SIZE):
83                      Win3Db = IPb[0,row:row+K_SIZE, col:col+K_SIZE]
84                      Win3Db += Cb[row,col,fn]*WC[:,:,:,fn]
85
86 lr = 0.01
87 WO -= lr*WOb
88 BO -= lr*BOb
89 WC -= lr*WCb
90 BC -= lr*BCb
91
92 print( ' WO =\n ' , WO[:,0])
93 print( ' BO =\n ' , BO)
94 print( ' WC_0 =\n ' , WC[:,:,0,0])
95 print( ' WC_1 =\n ' , WC[:,:,0,1])
96 print( ' BC =\n ' , BC)
```

86   : lr 변수를 선언한 후, 0.01로 초기화합니다. lr은 학습률 변수입니다.

87   : WO 가중치 변수를 갱신합니다.

88   : BO 편향 변수를 갱신합니다.

89   : WC 가중치 변수를 갱신합니다.

90   : BC 편향 변수를 갱신합니다.

92   : print 함수를 호출하여 WO 값을 출력해 봅니다.

93   : print 함수를 호출하여 BO 값을 출력해 봅니다.

94, 95 : print 함수를 호출하여 WC 값을 출력해 봅니다.

96   : print 함수를 호출하여 BC 값을 출력해 봅니다.

2 ▶ 버튼을 눌러 프로그램을 실행시킵니다. 다음은 실행 결과 화면입니다.

```
WO =
 [ 0.580  0.661  0.162  0.328  0.177  0.574  0.364  0.007]
BO =
 [[ 0.049  0.347  0.650]]
WC_0 =
 [[ 0.351  0.078  0.683]
 [ 0.272  0.805  0.013]
 [ 0.083  0.030  0.822]]
WC_1 =
 [[ 0.457  0.092  0.786]
 [ 0.629  0.769 -0.063]
 [ 0.757  0.323  0.339]]
BC =
 [ 0.447 -0.061]
```

Tensorflow 예제와 결과가 같은지 비교해 봅니다.

02 _ NumPy CNN 활용하기

여기서는 합성 곱의 순전파 과정과 역전파 과정을 2가지 형태의 함수로 구현해 봅니다. 첫 번째 형태는 앞에서 구현한 형태를 정리한 3차원 형태의 순전파 역전파 함수입니다. 두 번째 형태는 3차원 형태의 입력 이미지와 4차원 형태의 가중치를 2차원 형태의 행렬로 변경한 후, 행렬 곱 연산을 수행하는 2차원 형태의 순전파 역전파 함수입니다. 결론적으로 2차원 형태의 함수는 3차원 형태의 함수보다 6배 정도 빠르게 동작합니다. 합성 곱의 2차원 순전파 역전파 함수를 구현한 후에는 이 함수들을 이용하여 Fashion MNIST 데이터를 처리해 봅니다.

3D 순전파 역전파 함수 구현하기

다음은 합성 곱의 순전파 과정과 역전파 과정을 정리한 그림입니다. 여기서는 입력 이미지와 가중치(필터)에 대해 높이, 너비, 깊이를 기준으로 한 3차원 순전파 과정과 역전파 과정을 함수로 정리해 봅니다. 함수로 정리하면 프로그램을 확장하기가 편리합니다.

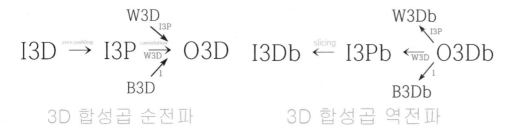

이제 3D 순전파 역전파 함수를 구현해 봅니다.

■1 my_cnn3D.py 파일을 새로 생성합니다. 이 파일은 사용자 정의 라이브러리 파일입니다.
■2 다음과 같이 예제를 작성합니다.

my_cnn3D.py

```
001 import numpy as np
002
003 def conv_3D_f(I3D, W3D, B3D, padding=True):
004
005     (I_SIZE, _, I_DEPTH) = I3D.shape
006     (K_SIZE, _, KI_DEPTH, KO_DEPTH) = W3D.shape
007     (BO_DEPTH, ) = B3D.shape
008
```

```
009        assert I_DEPTH == KI_DEPTH, "Input depth must be the same as weight depth"
010        assert KO_DEPTH == BO_DEPTH, "Weight depth must be the same as bias depth"
011
012        O_DEPTH = KO_DEPTH
013
014        I3P = I3D
015        if padding:
016                I3P = np.pad(I3D, ((1,1), (1,1), (0,0)))
017
018        O3D = np.zeros((I_SIZE,I_SIZE,O_DEPTH))
019
020        for fn in range(O_DEPTH):
021                for row in range(I_SIZE):
022                        for col in range(I_SIZE):
023                                Win3D = I3P[row:row+K_SIZE, col:col+K_SIZE]
024                                O3D[row,col,fn] = np.sum(Win3D*W3D[:,:,:,fn])+B3D[fn]
025
026        return O3D
027
028 def max_pool_3D_f(I3D, P_SIZE=2):
029
030        (I_SIZE, _, I_DEPTH) = I3D.shape
031        H_SIZE = int(I_SIZE/2)
032
033        P3D = np.zeros((H_SIZE,H_SIZE,I_DEPTH))
034
035        for fn in range(I_DEPTH):
036                for row in range(0,H_SIZE):
037                        for col in range(0,H_SIZE):
038                                Win3D = I3D[2*row:2*row+P_SIZE, 2*col:2*col+P_SIZE, fn]
039                                P3D[row,col,fn] = np.max(Win3D)
040
041        return P3D
042
043 def max_pool_3D_b(O3Db, I3D, P_SIZE=2):
044
045        (I_SIZE, _, I_DEPTH) = I3D.shape
046        H_SIZE = int(I_SIZE/2)
047
048        I3Db = np.zeros_like(I3D)
049
050        for fn in range(I_DEPTH):
051                for row in range(0,H_SIZE):
052                        for col in range(0,H_SIZE):
053                                Win3D = I3D[2*row:2*row+P_SIZE, 2*col:2*col+P_SIZE, fn]
054                                Win3Db = I3Db[2*row:2*row+P_SIZE, 2*col:2*col+P_SIZE, fn]
```

```
055                                           Win3Db[Win3D==np.max(Win3D)] = O3Db[row,col,fn]
056
057        return I3Db
058
059 def conv_3D_b(O3Db, I3D, W3D, B3D, padding=True, input_back=True):
060
061        (I_SIZE, _, I_DEPTH) = I3D.shape
062        (K_SIZE, _, KI_DEPTH, KO_DEPTH) = W3D.shape
063        (BO_DEPTH,) = B3D.shape
064
065        assert I_DEPTH == KI_DEPTH, "Input depth must be the same as weight depth"
066        assert KO_DEPTH == BO_DEPTH, "Weight depth must be the same as bias depth"
067
068        O_DEPTH = KO_DEPTH
069
070        I3P = I3D
071        if padding:
072                I3P = np.pad(I3D, ((1,1), (1,1), (0,0)))
073
074        W3Db = np.zeros_like(W3D)
075        B3Db = np.zeros_like(B3D)
076
077        for fn in range(O_DEPTH):
078                for row in range(I_SIZE):
079                        for col in range(I_SIZE):
080                                Win3D = I3P[row:row+K_SIZE, col:col+K_SIZE]
081                                W3Db[:,:,:,fn] += Win3D*O3Db[row,col,fn]
082
083        for fn in range(O_DEPTH):
084                B3Db[fn] = np.sum(O3Db[:,:,fn])
085
086        I3Db = None
087        if input_back:
088
089                I3Pb = np.zeros_like(I3P)
090
091                for fn in range(O_DEPTH):
092                        for row in range(I_SIZE):
093                                for col in range(I_SIZE):
094                                        Win3Db = I3Pb[row:row+K_SIZE, col:col+K_SIZE]
095                                        Win3Db += O3Db[row,col,fn]*W3D[:,:,:,fn]
096
097                I3Db = I3Pb
098                if padding:
099                        I3Db = I3Pb[1:-1,1:-1,:]
100
101        return W3Db, B3Db, I3Db
```

03~28 : conv_3D_f 함수를 정의합니다. 이 함수는 합성곱 순전파를 정리한 함수입니다. 매개변수로는 입력 이미지를 전달받는 I3D, 가중치를 전달받는 W3D, 편향을 전달받는 B3D, padding이 있습니다. padding은 True로 기본 설정되어 내부적으로 zero padding을 수행하도록 하였습니다.

05 : I3D의 모양을 받아 입력 이미지의 (가로, 세로)의 크기는 I_SIZE, 깊이는 I_DEPTH로 받습니다.

06 : W3D의 모양을 받아 가중치의 (가로, 세로)의 크기는 K_SIZE, 깊이는 KI_DEPTH, 개수는 KO_DEPTH로 받습니다. KO_DEPTH는 출력 이미지의 개수를 결정합니다.

07 : B3D의 모양을 받아 편향의 개수를 BO_DEPTH로 받습니다.

09 : I_DEPTH와 KI_DEPTH가 같은지 비교합니다. 입력 이미지의 깊이와 가중치의 깊이는 같아야 합니다.

10 : KO_DEPTH와 BO_DEPTH가 같은지 비교합니다. 가중치의 개수와 편향의 개수는 같아야 합니다.

12 : O_DEPTH 변수를 선언한 후, KO_DEPTH로 초기화합니다. O_DEPTH는 합성곱 출력 이미지의 깊이를 저장하는 변수입니다.

14 : I3P 변수를 선언한 후, I3D로 초기화합니다.

15 : padding이 True로 설정되어 있으면

16 : np.pad 함수를 호출하여 I3D 행렬과 같은 모양의 행렬을 내부적으로 생성한 후, 행을 상하로 한 칸씩, 열을 좌우로 한 칸씩 늘려 0으로 채운 후, I3P 변수에 할당합니다.

18 : 초기 값 0을 갖는 (I_SIZE x I_SIZE x O_DEPTH) 행렬을 생성한 후, 변수 C에 할당합니다. O3D는 합성 곱을 수행한 후의 결과 값을 갖는 행렬입니다.

20 : fn값을 0에서 O_DEPTH 미만까지 바꾸어가며 21~24줄을 수행합니다. fn은 filter number를 의미합니다.

21 : row값을 0에서 I_SIZE 미만까지 바꾸어가며 22~24줄을 수행합니다.

22 : col값을 0에서 I_SIZE 미만까지 바꾸어가며 23~24줄을 수행합니다.

23 : I3P 행렬의 0번 이미지에 대해 row 이상 (row+K_SIZE) 미만까지, col 이상 (col+K_SIZE) 미만까지의 행렬을 Win3D 변수가 가리키게 합니다. 예를 들어, (row=0, col=0)일 경우 Win3D 변수는 I3P[0, 0:3, 0:3] 행렬을 가리키게 됩니다.

24 : np.sum 함수를 호출하여 Win3D*W3D[:,:,fn] 행렬의 모든 항목의 값을 더하고, B3D[fn] 값을 더한 후, O3D 행렬의 (row, col, fn) 항목에 할당합니다.

26 : O3D를 내어줍니다.

28~40 : max_pool_3D_f 함수를 정의합니다. 이 함수는 모으기 순전파를 정리한 함수입니다. 매개변수로는 입력 이미지를 전달받는 I3D, 모으기(Pooling) 크기를 전달받는 P_SIZE가 있습니다. I3D 입력 이미지는 일반적으로 합성 곱의 출력 이미지입니다. P_SIZE는 2로 기본 설정되어 있습니다.

30 : I3D의 모양을 받아 입력 이미지의 (가로, 세로)의 크기는 I_SIZE, 깊이는 I_DEPTH로 받습니다.

31 : H_SIZE 변수를 선언한 후, I_SIZE의 반으로 초기화합니다. 풀링 층에서 사용할 이미지의 가로 세크 크기 값입니다.

33 : 초기 값 0을 갖는 (H_SIZE x H_SIZE x I_DEPTH) 행렬을 생성한 후, 변수 P3D에 할당합니다. P3D는 max pooling을 수행한 후의 결과 값을 갖는 행렬입니다.

35 : fn값을 0에서 I_DEPTH 미만까지 바꾸어가며 36~39줄을 수행합니다.

36 : row값을 0에서 H_SIZE 미만까지 바꾸어가며 37~39줄을 수행합니다.

37 : col값을 0에서 H_SIZE 미만까지 바꾸어가며 38~39줄을 수행합니다.

38 : I3D 행렬의 [2*row 이상 (2*row+P_SIZE) 미만, 2*col 이상 (2*col+P_SIZE) 미만, fn 깊이]에 있는 행렬을 Win3D 변수가 가리키게 합니다. 예를 들어, (row=0, col=0, fn=0)일 경우 Win3D 변수는 I3D[0:2, 0:2, 0] 행렬을 가리키게 됩니다.

39 : np.max 함수를 호출하여 Win3D가 가리키는 행렬의 항목 중에 최대값을 갖는 항목을 P3D 행렬의 (row, col, fn) 항목에 할당합니다.

41 : P3D를 내어줍니다.

43~57 : max_pool_3D_b 함수를 정의합니다. 이 함수는 모으기 역전파를 정리한 함수입니다. 매개변수로는 역전파값을 전달받는 O3Db, 입력 이미지를 전달받는 I3D, 모으기(Pooling) 크기를 전달받는 P_SIZE가 있습니다. O3Db는 모으기로 전달되는 역전파 값입니다. I3D 입력 이미지는 일반적으로 합성 곱의 출력 이미지입니다. P_SIZE는 2로 기본 설정되어 있습니다.

45 : I3D의 모양을 받아 입력 이미치의 (가로, 세로)의 크기는 I_SIZE, 깊이는 I_DEPTH로 받습니다.

46 : H_SIZE 변수를 선언한 후, I_SIZE의 반으로 초기화합니다. 풀링 층에서 사용할 이미지의 가로 세크 크기 값입니다.

48 : 초기 값 0을 갖는 I3D 모양의 행렬을 생성한 후, 변수 I3Db에 할당합니다. P3D는 max pooling의 역전파를 수행한 후의 결과 값을 갖는 행렬입니다.

50 : fn값을 0에서 I_DEPTH 미만까지 바꾸어가며 51~55줄을 수행합니다.

51 : row값을 0에서 H_SIZE 미만까지 바꾸어가며 52~55줄을 수행합니다.

52 : col값을 0에서 H_SIZE 미만까지 바꾸어가며 53~55줄을 수행합니다.

53 : I3D 행렬의 [2*row 이상 (2*row+P_SIZE) 미만, 2*col 이상 (2*col+P_SIZE) 미만, fn 깊이]에 있는 행렬을 Win3D 변수가 가리키게 합니다. 예를 들어, (row=0, col=0, fn=0)일 경우 Win3D 변수는 I3D[0:2, 0:2, 0] 행렬을 가리키게 됩니다.

54 : I3Db 행렬의 [2*row 이상 (2*row+P_SIZE) 미만, 2*col 이상 (2*col+P_SIZE) 미만, fn 깊이]에 있는 행렬을 Win3Db 변수가 가리키게 합니다. 예를 들어, (row=0, col=0, fn=0)일 경우 Win3Db 변수는 I3Db[0:2, 0:2, 0] 행렬을 가리키게 됩니다.

55 : Win3D 행렬의 최대 값 항목의 위치와 같은 Win3Db 행렬의 항목 위치로 O3Db 행렬의 (row, col, fn) 항목 값을 전달합니다. 즉, 순전파때 I3D 행렬로 전달됐던 최대 값의 위치로 역전파때 역전파 값이 전달됩니다.

57 : I3Db를 내어줍니다.

59~97 : conv_3D_b 함수를 정의합니다. 이 함수는 합성곱 역전파를 정리한 함수입니다. 매개변수로는 역전파값을 전달받는 O3Db, 입력 이미지를 전달받는 I3D, 가중치를 전달받는 W3D, 편향을 전달받는 B3D, padding, 입력 역전파 여부를 설정하는 input_back이 있습니다. padding은 True로 기본 설정되어 내부적으로 zero padding을 수행하도록 하였습니다. input_back은 True로 기본 설정되어 내부적으로 입력 역전파를 기본 동작으로 수행합니다. 합성 곱 역전파가 입력 층으로 연결될 경우엔 입력 역전파가 필요 없으며, 이런 경우엔 input_back을 False로 설정하여 입력 역전파 동작을 수행하지 않도록 합니다.

61 : I3D의 모양을 받아 입력 이미지의 (가로, 세로)의 크기는 I_SIZE, 깊이는 I_DEPTH로 받습니다.

62 : W3D의 모양을 받아 가중치의 (가로, 세로)의 크기는 K_SIZE, 깊이는 KI_DEPTH, 개수는 KO_DEPTH로 받습니다. KO_DEPTH는 출력 이미지의 개수를 결정합니다.

63 : B3D의 모양을 받아 편향의 개수를 BO_DEPTH로 받습니다.

65 : I_DEPTH와 KI_DEPTH가 같은지 비교합니다. 입력 이미지의 깊이와 가중치의 깊이는 같아야 합니다.

66 : KO_DEPTH와 BO_DEPTH가 같은지 비교합니다. 가중치의 개수와 편향의 개수는 같아야 합니다.

68 : O_DEPTH 변수를 선언한 후, KO_DEPTH로 초기화합니다. O_DEPTH는 합성곱 출력 이미지의 깊이를 저장하는 변수입니다.

70 : I3P 변수를 선언한 후, I3D로 초기화합니다.

71 : padding이 True로 설정되어 있으면

72 : np.pad 함수를 호출하여 I3D 행렬과 같은 모양의 행렬을 내부적으로 생성한 후, 행을 상하로 한 칸씩, 열을 좌우로 한 칸씩 늘려 0으로 채운 후, I3P 변수에 할당합니다.

74 : 초기 값 0을 갖는 W3D 모양의 행렬을 생성한 후, 변수 W3Db에 할당합니다. W3Db는 가중치 역전파를 수행한 후의 결과 값을 갖는 행렬입니다.

75 : 초기 값 0을 갖는 B3D 모양의 행렬을 생성한 후, 변수 B3Db에 할당합니다. B3Db는 편향 역전파를 수행한 후의 결과 값을 갖는 행렬입니다.

77 : fn값을 0에서 O_DEPTH 미만까지 바꾸어가며 78~81줄을 수행합니다. fn은 filter number를 의미합니다.

78 : row값을 0에서 I_SIZE 미만까지 바꾸어가며 79~81줄을 수행합니다.

79 : col값을 0에서 IMG_SIZE 미만까지 바꾸어가며 80~81줄을 수행합니다.

80 : I3P 행렬의 0번 이미지에 대해 row 이상 (row+K_SIZE) 미만까지, col 이상 (col+K_SIZE) 미만까지의 행렬을 Win3D 변수가 가리키게 합니다. 예를 들어, (row=0, col=0)일 경우 Win3D 변수는 I3P[0, 0:3, 0:3] 행렬을 가리키게 됩니다.

81 : Win3D 행렬의 모든 항목에 O3Db 행렬의 (row, col, fn) 항목을 곱한 후, W3Db[:,:,:,fn]의 대응되는 항목에 더해줍니다. 이 과정은 O3Db값이 Win3D를 통해 W3Db로 역전파되는 과정입니다. 즉, 가중치 역전파 과정입니다.

83 : fn값을 0에서 O_DEPTH 미만까지 바꾸어가며 84줄을 수행합니다. fn은 filter number를 의미합니다.

84 : np.sum 함수를 호출하여 O3Db[:,:,fn] 행렬의 모든 항목 값을 더해 B3Db[fn]에 할당합니다.

86 : I3Db 변수를 선언한 후, None으로 초기화합니다. I3Db는 입력 역전파를 받는 변수입니다.

87 : input_back이 True로 설정되어 있으면 89~99줄을 수행합니다.

89	: 초기 값 0을 갖는 I3P 모양의 행렬을 생성한 후, 변수 I3Pb에 할당합니다. I3Pb는 입력 역전파를 수행한 후의 결과 값을 갖는 행렬입니다.
91	: fn값을 0에서 O_DEPTH 미만까지 바꾸어가며 92~95줄을 수행합니다. fn은 filter number를 의미합니다.
92	: row값을 0에서 I_SIZE 미만까지 바꾸어가며 93~95줄을 수행합니다.
93	: col값을 0에서 I_SIZE 미만까지 바꾸어가며 94~95줄을 수행합니다.
94	: I3Pb 행렬의 0번 이미지 역전파 값에 대해 row 이상 (row+K_SIZE) 미만까지, col 이상 (col+K_SIZE) 미만까지의 행렬을 Win3Db 변수가 가리키게 합니다. 예를 들어, (row=0, col=0)일 경우 Win3Db 변수는 I3Pb[0, 0:3, 0:3] 행렬을 가리키게 됩니다.
95	: W3D[:,:,:,fn] 행렬의 모든 항목에 O3Db 행렬의 (row, col, fn)항목을 곱한 후, Win3Db의 대응되는 항목에 더해줍니다. 이 과정은 O3Db값이 W3D를 통해 I3Pb로 역전파되는 과정입니다. 즉, 입력 역전파 과정입니다.
97	: I3Db 변수를 선언한 후, I3Pb를 할당합니다.
98	: padding이 True로 설정되어 있으면
99	: 파이썬의 slicing 기능을 이용하여 I3Pb의 크기를 위 1칸, 아래 1칸, 좌 1칸, 우 1칸씩 줄여준 후, I3Db에 재할당합니다.
101	: W3Db, B3Db, I3Db를 내어줍니다.

3D 순전파 역전파 함수 사용해 보기

이제 앞에서 구현한 3차원 함수를 사용해 봅니다.

1 다음과 같이 예제를 작성합니다.

622_1.py

```
01 import numpy as np
02 from my_cnn3D import *
03
04 np.set_printoptions(formatter={'float_kind':lambda x: "{0:6.3f}".format(x)})
05
06 IMG_SIZE = 4
07 HALF_SIZE = int(IMG_SIZE/2)
08
09 I_DEPTH = 1
10 C_DEPTH = 2
11 K_SIZE = 3
12 P_SIZE = 2
13 NUM_OUT = 3
14
15 np.random.seed(1)
16
17 I = np.random.rand(1,IMG_SIZE,IMG_SIZE,I_DEPTH)
18 WC = np.random.rand(K_SIZE,K_SIZE,I_DEPTH,C_DEPTH)
19 BC = np.random.rand(C_DEPTH,)
20
21 WO = np.random.rand(HALF_SIZE*HALF_SIZE*C_DEPTH,NUM_OUT)
22 BO = np.random.rand(1, NUM_OUT)
23
24 T = np.zeros((1, NUM_OUT))
```

```
25
26 C = conv_3D_f(I[0], WC, BC)
27
28 P = max_pool_3D_f(C)
29
30 (p_size, _, p_depth) = P.shape
31 F = P.reshape((1,p_size*p_size*p_depth))
32
33 O = F@WO + BO
34
35 E = np.sum((O-T)**2/O.shape[1])
36
37 Ob = 2*(O-T)/O.shape[1]
38
39 WOb = F.T@Ob
40 BOb = Ob
41
42 Fb = Ob@WO.T
43
44 Pb = Fb.reshape(P.shape)
45
46 Cb = max_pool_3D_b(Pb, C)
47
48 WCb, BCb, Ib = conv_3D_b(Cb, I[0], WC, BC, input_back=False)
49
50 lr = 0.01
51 WO -= lr*WOb
52 BO -= lr*BOb
53 WC -= lr*WCb
54 BC -= lr*BCb
55
56 print( 'WO =\n' , WO[:,0])
57 print( 'BO =\n' , BO)
58 print( 'WC_0 =\n' , WC[:,:,0,0])
59 print( 'WC_1 =\n' , WC[:,:,0,1])
60 print( 'BC =\n' , BC)
```

02 : my_cnn3D 라이브러리의 모든 함수를 불러옵니다.

26 : conv_3D_f 함수를 호출하여 합성 곱 순전파를 수행합니다. 인자로 I[0], WC, BC를 넘겨주며, C로 결과값을 받습니다. C는 합성 곱을 수행한 결과 값을 가지고 있습니다.

28 : max_pool_3D_f 함수를 호출하여 모으기 순전파를 수행합니다. 인자로 C를 넘겨주며, P로 결과 값을 받습니다. P는 max pooling을 수행한 결과 값을 가지고 있습니다.

46 : max_pool_3D_b 함수를 호출하여 모으기 역전파를 수행합니다. 인자로 Pb, C를 넘겨주며, Cb로 결과 값을 받습니다. Cb는 max pooling 역전파를 수행한 결과 값을 가지고 있습니다.

48 : conv_3D_b 함수를 호출하여 합성 곱 역전파를 수행합니다. 인자로 Cb, I[0], WC, BC, input_back을 넘겨주며, WCb, BCb, Ib로 결과 값을 받습니다. input_back은 False로 설정하여 입력 역전파 계산 동작을 수행하지 않도록 합니다. WCb는 합성 곱 가중치 역전파, BCb는 합성 곱 편향 역전파, Ib는 합성 곱 입력 역전파를 수행한 결과 값을 가지고 있습니다.

2 ▶ 버튼을 눌러 프로그램을 실행시킵니다. 다음은 실행 결과 화면입니다.

```
W0 =
 [ 0.580  0.661  0.162  0.328  0.177  0.574  0.364  0.007]
B0 =
 [[ 0.049  0.347  0.650]]
WC_0 =
 [[ 0.351  0.078  0.683]
 [ 0.272  0.805  0.013]
 [ 0.083  0.030  0.822]]
WC_1 =
 [[ 0.457  0.092  0.786]
 [ 0.629  0.769 -0.063]
 [ 0.757  0.323  0.339]]
BC =
 [ 0.447 -0.061]
```

2D 순전파 역전파 함수 구현하기

3D 순전파 역전파 함수의 경우 수행 시간이 많이 걸립니다. 여기서는 합성 곱에 대한 순전파 역전파 함수를 2D 행렬을 이용하여 구현해 봅니다. 새로 구현하는 함수들은 2D 순전파 역전파 함수라고 합니다. 2D 순전파 역전파 함수는 3D 순전파 역전파 함수에 비해 6배 이상 속도가 빨라지는 효과가 있습니다. 다음은 합성 곱에 대해 3D 순전파 역전파 함수를 2D 순전파 역전파 함수로 바꿀 때 필요한 과정을 나타냅니다.

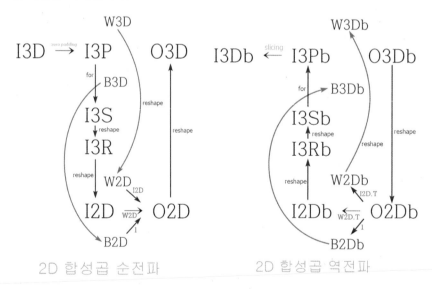

3D 입력을 2D로 바꾸기

먼저 3차원 형태의 입력을 2차원 행렬로 바꾸어야 합니다. 다음은 6x6x1 크기의 I3P를 16x9 크기의 I2D로 변경하는 과정을 나타냅니다.

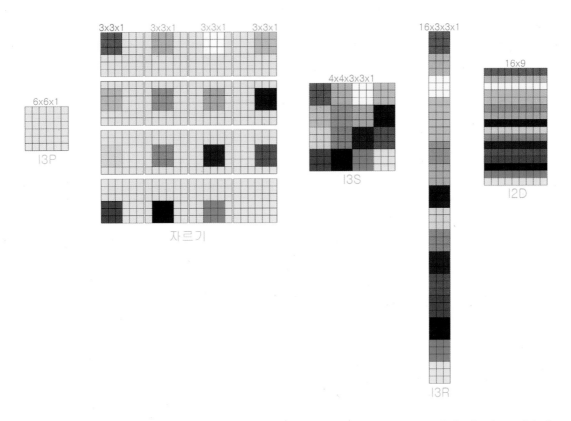

I3P는 zero padding을 수행한 6x6x1 크기의 입력 이미지입니다. 3x3x1 크기의 윈도우를 이용하여 3x3x1 크기의 하위 이미지 16개로 재구성합니다. 이렇게 재구성된 이미지가 바로 I3S입니다. 즉, I3S는 3x3x1 크기의 하위 이미지를 기본 단위로 하여 4행 4열로 재구성된 이미지입니다. I3S는 Input 3D Sliced의 약자입니다. I3R은 I3S 이미지를 16행으로 재구성한 이미지입니다. I3R은 Input 3D Reshaped의 약자입니다. I2D는 16x3x3x1의 4차원 행렬인 I3R을 16x9로 재구성한 2차원 행렬입니다. 이렇게 행렬로 바꾸면 행렬 연산을 수행할 수 있으며 결론적으로 합성 곱의 실행 속도를 아주 빠르게 할 수 있습니다.

※ 중간에 행렬을 재구성하는 과정이 있기는 하지만 결론적으로 실행 속도가 충분히 빨라지는 효과가 있습니다.

3D 가중치를 2D로 바꾸기

다음은 4차원 형태의 가중치도 2차원 행렬로 바꾸어야 합니다. 다음은 3x3x1x2 크기의 W3D를 9x2 크기의 W2D로 변경하는 과정을 나타냅니다.

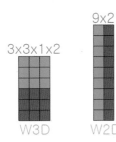

W3D는 3x3x1x2 형태의 4차원 행렬입니다. 맨 마지막에 오는 2는 3x3x1 행렬의 개수를 의미합니다. W2D는 W3D를 9x2로 재구성한 2차원 행렬입니다.

I2D와 W2D의 행렬 곱 수행하기

다음은 I2D와 W2D의 행렬 곱을 수행하는 과정입니다.

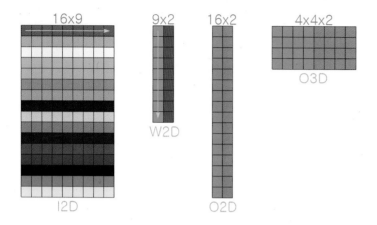

I2D와 W2D에 대해 행렬 곱을 수행한 결과는 O2D로 16x2 크기의 2차원 행렬입니다. O2D는 O3D 로 재구성되어 다음 단계에서 사용할 수 있도록 합니다.

2D 순전파 역전파 함수 구현하기

이제 2D 순전파 역전파 함수를 구현해 봅니다.

1 my_cnn2D.py 파일을 새로 생성합니다. 이 파일은 사용자 정의 라이브러리 파일입니다.
2 다음과 같이 예제를 작성합니다.

my_cnn2D.py

```
01 import numpy as np
02
03 def conv_2D_f(I3D, W3D, B3D, padding=True):
04
05     (I_SIZE, _, I_DEPTH) = I3D.shape
06     (K_SIZE, _, KI_DEPTH, KO_DEPTH) = W3D.shape
07     (BO_DEPTH, ) = B3D.shape
08
09     assert I_DEPTH == KI_DEPTH, "Input depth must be the same as weight depth"
10     assert KO_DEPTH == BO_DEPTH, "Weight depth must be the same as bias depth"
11
12     O_DEPTH = KO_DEPTH
13
14     I3P = I3D
15     if padding:
16             I3P = np.pad(I3D, ((1,1), (1,1), (0,0)))
17
18     I3S = np.zeros((I_SIZE, I_SIZE, K_SIZE, K_SIZE, I_DEPTH))
```

```
19
20        for row in range(I_SIZE):
21                for col in range(I_SIZE):
22                        Win3D = I3P[row:row+K_SIZE, col:col+K_SIZE]
23                        I3S[row,col] = Win3D
24
25        I3R = I3S.reshape(I_SIZE*I_SIZE, K_SIZE, K_SIZE, I_DEPTH)
26
27        I2D = I3R.reshape(1*I_SIZE*I_SIZE, K_SIZE*K_SIZE*I_DEPTH)
28        W2D = W3D.reshape(K_SIZE*K_SIZE*I_DEPTH,O_DEPTH)
29        B2D = B3D
30
31        O2D = I2D@W2D + B2D
32
33        O3D = O2D.reshape(I_SIZE, I_SIZE, O_DEPTH)
34
35        cache = (I3R, I3S, I3P)
36
37        return O3D, cache
38
39 def conv_2D_b(O3Db, I3D, W3D, B3D, cache, padding=True, input_back=True):
40
41        (I_SIZE, _, I_DEPTH) = I3D.shape
42        (K_SIZE, _, KI_DEPTH, KO_DEPTH) = W3D.shape
43        (BO_DEPTH, ) = B3D.shape
44
45        assert I_DEPTH == KI_DEPTH, "Input depth must be the same as weight depth"
46        assert KO_DEPTH == BO_DEPTH, "Weight depth must be the same as bias depth"
47
48        O_DEPTH = KO_DEPTH
49
50        (I3R, I3S, I3P) = cache
51
52        I2D = I3R.reshape(1*I_SIZE*I_SIZE, K_SIZE*K_SIZE*I_DEPTH)
53        W2D = W3D.reshape(K_SIZE*K_SIZE*I_DEPTH,O_DEPTH)
54
55        O2Db = O3Db.reshape(I_SIZE*I_SIZE,O_DEPTH)
56
57        W2Db = I2D.T@O2Db
58
59        B2Db = np.zeros_like(B3D)
60        for fn in range(O_DEPTH):
61                B2Db[fn] = np.sum(O2Db[:,fn])
62
63        W3Db = W2Db.reshape(W3D.shape)
64        B3Db = B2Db.reshape(B3D.shape)
65
66        I3Db = None
67        if input_back:
68
```

```
69                 I2Db = O2Db@W2D.T
70
71                 I3Rb = I2Db.reshape(I3R.shape)
72                 I3Sb = I3Rb.reshape(I3S.shape)
73                 I3Pb = np.zeros_like(I3P)
74
75                 for row in range(I_SIZE):
76                         for col in range(I_SIZE):
77                                 Win3Db = I3Sb[row,col]
78                                 I3Pb[row:row+K_SIZE, col:col+K_SIZE] += Win3Db
79
80                 I3Db = I3Pb
81                 if padding:
82                         I3Db = I3Pb[1:-1,1:-1,:]
83
84         return W3Db, B3Db, I3Db
```

03~37 : conv_2D_f 함수를 정의합니다. 매개변수는 conv_3D_f 함수와 같습니다.

18 : 초기 값 0을 갖는 (I_SIZE x I_SIZE x K_SIZE x K_SIZE x I_DEPTH) 행렬을 생성한 후, 변수 I3S에 할당합니다. I3S는 20~23줄에서 I3P를 이용하여 재구성합니다.

05~18 : conv_3D_f 함수와 같습니다.

20 : row값을 0에서 I_SIZE 미만까지 바꾸어가며 21~23줄을 수행합니다.

21 : col값을 0에서 I_SIZE 미만까지 바꾸어가며 22~23줄을 수행합니다.

22 : I3P 행렬의 0번 이미지에 대해 row 이상 (row+K_SIZE) 미만까지, col 이상 (col+K_SIZE) 미만까지의 행렬을 Win3D 변수가 가리키게 합니다. 예를 들어, (row=0, col=0)일 경우 Win3D 변수는 I3P[0, 0:3, 0:3] 행렬을 가리키게 됩니다.

23 : I3S (row, col) 항목에 Win3D 행렬을 할당합니다.

25 : I3S 행렬을 (I_SIZE x I_SIZE , K_SIZE , K_SIZE , I_DEPTH) 모양의 행렬로 재구성한 후, I3R에 할당합니다.

27 : I3R 행렬을 (1 x I_SIZE x I_SIZE , K_SIZE x K_SIZE x I_DEPTH) 모양의 행렬로 재구성한 후, I2D에 할당합니다.

28 : W3D 행렬을 (K_SIZE x K_SIZE x I_DEPTH, O_DEPTH) 모양의 행렬로 재구성한 후, W2D에 할당합니다.

29 : B3D를 B2D에 할당합니다. B3D는 모양을 변경하지 않고 그대로 사용합니다.

31 : I2D와 W2D에 대해 합성 곱을 수행한 후, B2D를 더해주어 O2D에 대입합니다.

33 : O2D를 (I_SIZE , I_SIZE, O_DEPTH) 모양의 행렬로 재구성한 후, O3D에 할당합니다.

35 : I3R, I3S, I3P를 튜플로 묶어, cache에 할당합니다. cache는 2D 합성곱 역전파 함수에서 사용합니다.

37 : O3D, cache를 내어줍니다.

39~81 : conv_2D_b 함수를 정의합니다. 매개변수는 conv_3D_b 함수와 같으며, 다섯 번째에 cache 매개변수가 더해집니다. cache로는 conv_2D_f 함수에서 생성된 I3R, I3S, I3P를 전달받습니다.

41~48 : conv_3D_b 함수와 같습니다.

50 : I3R, I3S, I3P 변수로 cache 값을 전달 받습니다.

52 : I3R 행렬을 (1 x I_SIZE x I_SIZE , K_SIZE x K_SIZE x I_DEPTH) 모양의 행렬로 재구성한 후, I2D에 할당합니다.

53 : W3D 행렬을 (K_SIZE x K_SIZE x I_DEPTH, O_DEPTH) 모양의 행렬로 재구성한 후, W2D에 할당합니다.

55 : O3Db를 (I_SIZE x I_SIZE, O_DEPTH) 모양의 행렬로 재구성한 후, O2Db에 할당합니다.

57 : I2D.T와 O2Db에 대해 행렬 곱을 수행하여, W2Db에 할당합니다.

59 : 초기 값 0을 갖는 B3D 모양의 행렬을 생성한 후, 변수 B2Db에 할당합니다. B2Db는 편향 역전파를 수행한 후의 결과 값을 갖는 행렬입니다.

60 : fn값을 0에서 O_DEPTH 미만까지 바꾸어가며 61줄을 수행합니다. fn은 filter number를 의미합니다.

61 : np.sum 함수를 호출하여 O2Db[:,fn] 행렬의 모든 항목 값을 더해 B2Db[fn]에 할당합니다.

63 : W2Db를 W3D의 모양으로 재구성한 후, W3Db에 할당합니다.

64 : B2Db를 B3D의 모양으로 재구성한 후, B3Db에 할당합니다.

66 : I3Db 변수를 선언한 후, None으로 초기화합니다. I3Db는 입력 역전파를 받는 변수입니다.

67 : input_back이 True로 설정되어 있으면 66~79줄을 수행합니다.

69 : O2Db와 W2D.T에 대해 행렬 곱을 수행하여, I2Db에 할당합니다.

71 : I2Db를 I3R의 모양으로 재구성한 후, I3Rb에 할당합니다.

72 : I3Rb를 I3S의 모양으로 재구성한 후, I3Sb에 할당합니다.

73 : 초기 값 0을 갖는 I3P 모양의 행렬을 생성한 후, 변수 I3Pb에 할당합니다. I3Pb는 입력 역전파를 수행한 후의 결과 값을 갖는 행렬입니다.

75 : row값을 0에서 I_SIZE 미만까지 바꾸어가며 73~75줄을 수행합니다.

76 : col값을 0에서 I_SIZE 미만까지 바꾸어가며 74~75줄을 수행합니다.

77 : I3Sb 행렬의 (row, col) 행렬을 Win3Db 변수가 가리키게 합니다. 예를 들어, (row=0, col=0)일 경우 Win3D 변수는 I3Sb[0, 0] 행렬을 가리키게 됩니다.

78 : I3Pb 행렬의 (row 이상 (row+K_SIZE) 미만, col 이상 (col+K_SIZE) 미만) 행렬에 Win3Db 행렬 값을 더해줍니다.

80~84 : conv_3D_b 함수와 같습니다.

2D 순전파 역전파 함수 사용해 보기

이제 앞에서 구현한 2차원 함수를 사용해 봅니다.

1 622_1.py 예제를 복사합니다.

2 다음과 같이 예제를 수정합니다.

624_1.py

```
01 import numpy as np
02 from my_cnn3D import *
03 from my_cnn2D import *
```

03 : my_cnn2D 라이브러리의 모든 함수를 불러옵니다.

```
27 C, cache = conv_2D_f(I[0], WC, BC)
```

27 : conv_2D_f 함수를 호출하여 합성 곱 순전파를 수행합니다. 인자로 I[0], WC, BC를 넘겨주며, C, cache로 결과 값을 받습니다. C는 합성 곱을 수행한 결과 값을 가지고 있습니다. cache는 I3R, I3S, I3P 행렬을 받습니다. cache는 conv_2D_b 함수에서 사용합니다.

```
49 WCb, BCb, Ib = conv_2D_b(Cb, I[0], WC, BC, cache, input_back = False)
```

49 : conv_2D_b 함수를 호출하여 합성 곱 역전파를 수행합니다. 인자로 Cb, I[0], WC, BC, cache, input_back을 넘겨주며, WCb, BCb, Ib로 결과 값을 받습니다. input_back은 False로 설정하여 입력 역전파 계산 동작을 수행하지 않도록 합니다. WCb는 합성 곱 가중치 역전파, BCb는 합성 곱 편향 역전파, Ib는 합성 곱 입력 역전파를 수행한 결과 값을 가지고 있습니다.

3 ▶ 버튼을 눌러 프로그램을 실행시킵니다. 다음은 실행 결과 화면입니다.

```
WO =
 [ 0.580  0.661  0.162  0.328  0.177  0.574  0.364  0.007]
BO =
 [[ 0.049  0.347  0.650]]
WC_0 =
 [[ 0.351  0.078  0.683]
 [ 0.272  0.805  0.013]
 [ 0.083  0.030  0.822]]
WC_1 =
 [[ 0.457  0.092  0.786]
 [ 0.629  0.769 -0.063]
 [ 0.757  0.323  0.339]]
BC =
 [ 0.447 -0.061]
```

NumPy CNN 확장하기

여기서는 NumPy CNN 인공 신경망으로 MNIST 데이터를 학습시키기 위한 준비를 합니다. 여기서 학습에 사용할 CNN 신경망의 모양은 다음과 같습니다.

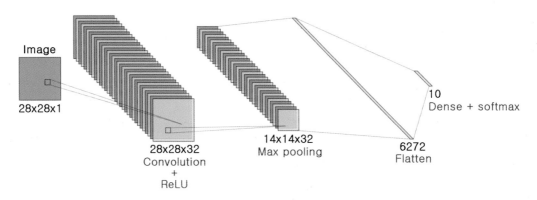

입력 층의 이미지 크기는 28, 합성 곱 층의 깊이는 32, 출력 층의 노드 개수는 10개로 변경합니다. 또 합성 곱 층의 활성화 함수로 relu, 출력 층의 활성화 함수로 softmax, 오차 함수로 cross entropy 함수를 설정합니다. 입력 이미지는 임의의 값으로 설정한 후, 수행 결과를 Tensorflow 예제와 비교해 봅니다.

Tensorflow로 구현하기

먼저 Tensorflow로 구현해 봅니다.

1 6113_1.py 파일을 복사합니다.

2 다음과 같이 예제를 수정합니다. # 표시된 부분은 추가되거나 수정된 부분을 나타냅니다.

625_1.py

```
01 import tensorflow as tf
02 import numpy as np
03
04 np.set_printoptions(formatter={'float_kind':lambda x: "{0:6.3f}".format(x)})
05
06 IMG_SIZE = 28 #
07 HALF_SIZE = int(IMG_SIZE/2)
08
09 I_DEPTH = 1
10 C_DEPTH = 32 #
11 K_SIZE = 3
12 NUM_OUT = 10 #
13
14 np.random.seed(1)
15
16 I = np.random.rand(1,IMG_SIZE,IMG_SIZE,I_DEPTH)
17 WC = np.random.rand(K_SIZE,K_SIZE,I_DEPTH,C_DEPTH)
18 BC = np.random.rand(C_DEPTH,)
19
20 WO = np.random.rand(HALF_SIZE*HALF_SIZE*C_DEPTH,NUM_OUT)
21 BO = np.random.rand(NUM_OUT,)
22
23 T = np.zeros((1, NUM_OUT))
24
25 model = tf.keras.Sequential([
26     tf.keras.layers.InputLayer(input_shape=(IMG_SIZE, IMG_SIZE, I_DEPTH)),
27     tf.keras.layers.Conv2D(C_DEPTH, (K_SIZE, K_SIZE), padding='same', activation='relu'),
#
28     tf.keras.layers.MaxPooling2D((2, 2)),
29     tf.keras.layers.Flatten(),
30     tf.keras.layers.Dense(NUM_OUT, activation='softmax'), #
31 ])
32
33 model.layers[0].set_weights([WC, BC])
34 model.layers[3].set_weights([WO, BO])
35
36 optimizer=tf.keras.optimizers.SGD(learning_rate=0.01)
37 loss=tf.keras.losses.CategoricalCrossentropy() #
38
39 for epoch in range(1):
40
41     with tf.GradientTape() as tape:
42
43         O = model(I)
44         print('O =\n', O.numpy()) #
45
46         E = loss(T, O)
47         print('E =\n', E.numpy()) #
48
49     gradients = tape.gradient(E, model.trainable_variables)
50
```

```
51        optimizer.apply_gradients(zip(gradients, model.trainable_variables))
52
53 print( ' len(model.layers) = ' , len(model.layers))
54 print( ' WO =\n ' , model.layers[3].get_weights()[0][:,0])
55 print( ' BO =\n ' , model.layers[3].get_weights()[1])
56 print( ' WC_0 =\n ' , model.layers[0].get_weights()[0][:,:,0,0])
57 print( ' WC_1 =\n ' , model.layers[0].get_weights()[0][:,:,0,1])
58 print( ' BC =\n ' , model.layers[0].get_weights()[1])
```

06 : IMG_SIZE 값을 28로 변경합니다.

10 : C_DEPTH 값을 32로 변경합니다.

12 : NUM_OUT 값을 10으로 변경합니다.

27 : 활성화 함수로 relu를 추가합니다.

30 : 활성화 함수로 softmax를 추가합니다.

37 : 오차 함수를 cross entropy 함수로 변경합니다.

44 : 예측값 출력을 추가합니다.

47 : 오차값 출력을 추가합니다.

53~58 : 가중치와 편향 출력을 for문 바깥으로 뺍니다.

❸ ▶ 버튼을 눌러 프로그램을 실행시킵니다. 다음은 실행 결과 화면입니다.

```
O =
 [[ 0.000  0.000  0.000  0.000  0.000  1.000  0.000  0.000  0.000  0.000]]
E =
 0.0
len(model.layers) = 4
WO =
 [ 0.918  0.127  0.293 ...  0.965  0.344  0.300]
BO =
 [ 0.300  0.915  0.872  0.209  0.599  0.671  0.475  0.619  0.909  0.459]
WC_0 =
 [[ 0.014 -0.159 -0.134]
 [-0.119  0.012 -0.249]
 [-0.257 -0.400 -0.419]]
WC_1 =
 [[-0.141 -0.333 -0.259]
 [-0.220  0.370  0.200]
 [-0.061  0.156 -0.054]]
BC =
 [-0.774 -0.156 -0.066 -0.509 -0.353 -0.376 -0.388 -0.146 -0.778 -0.112
 -0.423 -0.834 -0.741 -0.424 -0.789 -0.859 -0.859 -0.115 -0.395 -0.076
 -0.645 -0.468 -0.358 -0.402 -0.922 -0.218 -0.078 -0.465 -0.838 -0.225
 -0.942 -0.612]
```

NumPy로 구현하기

다음은 NumPy로 구현해 봅니다.

① 624_1.py 파일을 복사합니다.

② 다음과 같이 예제를 수정합니다. # 표시된 부분은 추가되거나 수정된 부분을 나타냅니다.

```python
01 import numpy as np
02 from my_cnn3D import *
03 from my_cnn2D import *
04
05 np.set_printoptions(formatter={'float_kind':lambda x: "{0:6.3f}".format(x)})
06
07 IMG_SIZE = 28 #
08 HALF_SIZE = int(IMG_SIZE/2)
09
10 I_DEPTH = 1
11 C_DEPTH = 32 #
12 K_SIZE = 3
13 P_SIZE = 2
14 NUM_OUT = 10 #
15
16 np.random.seed(1)
17
18 I = np.random.rand(1,IMG_SIZE,IMG_SIZE,I_DEPTH)
19 WC = np.random.rand(K_SIZE,K_SIZE,I_DEPTH,C_DEPTH)
20 BC = np.random.rand(C_DEPTH,)
21
22 WO = np.random.rand(HALF_SIZE*HALF_SIZE*C_DEPTH,NUM_OUT)
23 BO = np.random.rand(1, NUM_OUT)
24
25 T = np.zeros((1, NUM_OUT))
26
27 for epoch in range(1): #
28
29     C, cache = conv_2D_f(I[0], WC, BC)
30     C = (C>0)*C # relu
31
32     P = max_pool_3D_f(C)
33
34     (p_size, _, p_depth) = P.shape
35     F = P.reshape((1,p_size*p_size*p_depth))
36
37     O = F@WO + BO
38     OM = O - np.max(O) #
39     O = np.exp(OM)/np.sum(np.exp(OM)) # softmax
40     print('O =\n', O) #
41
42     E = np.sum(-T*np.log(O)) #
43     print('E =\n', E) #
44
45     Ob = (O-T) #
46     # nothing for softmax
47
48     WOb = F.T@Ob
49     BOb = Ob
50
51     Fb = Ob@WO.T
```

```
52
53          Pb = Fb.reshape(P.shape)
54
55          Cb = max_pool_3D_b(Pb, C)
56          Cb = Cb*(C>0)*1 # relu
57
58          WCb, BCb, Ib = conv_2D_b(Cb, I[0], WC, BC, cache, input_back=False)
59
60          lr = 0.01
61          WO -= lr*WOb
62          BO -= lr*BOb
63          WC -= lr*WCb
64          BC -= lr*BCb
65
66 print('WO =\n', WO[:,0])
67 print('BO =\n', BO)
68 print('WC_0 =\n', WC[:,:,0,0])
69 print('WC_1 =\n', WC[:,:,0,1])
70 print('BC =\n', BC)
```

07   : IMG_SIZE 값을 28로 변경합니다.

11   : C_DEPTH 값을 32로 변경합니다.

14   : NUM_OUT 값을 10으로 변경합니다.

27   : for 문을 추가합니다.

30   : 활성화 함수로 relu를 추가합니다.

38, 39 활성화 함수로 softmax를 추가합니다.

40   : 예측값 출력을 추가합니다.

42   : 오차 함수를 cross entropy 함수로 변경합니다.

43   : 오차값 출력을 추가합니다.

45, 46 오차 역전파를 cross entropy 함수에 맞춰 변경합니다.

56   : 활성화 함수로 relu에 대한 역전파를 추가합니다.

❸ ▶ 버튼을 눌러 프로그램을 실행시킵니다. 다음은 실행 결과 화면입니다.

```
O =
 [[ 0.000  0.000  0.000  0.000  0.000  1.000  0.000  0.000  0.000  0.000]]
E =
 0.0
WO =
 [ 0.918  0.127  0.293 ...  0.965  0.344  0.300]
BO =
 [[ 0.300  0.915  0.872  0.209  0.599  0.671  0.475  0.619  0.909  0.459]]
WC_0 =
 [[ 0.014 -0.159 -0.134]
 [-0.119  0.012 -0.249]
 [-0.257 -0.400 -0.419]]
WC_1 =
 [[-0.141 -0.333 -0.259]
 [-0.220  0.370  0.200]
 [-0.061  0.156 -0.054]]
BC =
 [-0.774 -0.156 -0.066 -0.509 -0.353 -0.376 -0.388 -0.146 -0.778 -0.112
 -0.423 -0.834 -0.741 -0.424 -0.789 -0.859 -0.859 -0.115 -0.395 -0.076
 -0.645 -0.468 -0.358 -0.402 -0.922 -0.218 -0.078 -0.465 -0.838 -0.225
 -0.942 -0.612]
```

Tensorflow 예제와 결과가 같은지
비교해 봅니다.

Fashion MNIST 파일 읽어보기

여기서는 Fashion MNIST 파일을 읽어보고 초기 10개 데이터에 대한 학습을 수행해 봅니다.

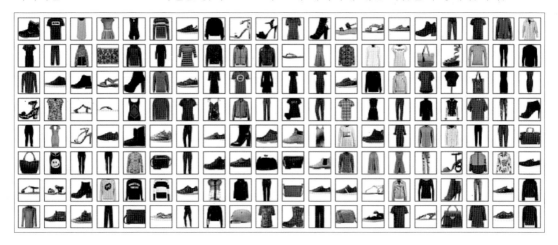

■1 이전 예제를 복사합니다.

■2 다음과 같이 파일을 수정합니다. # 표시된 부분은 추가되거나 수정된 부분을 나타냅니다.

626_1.py

```
01 import numpy as np
02 from my_cnn3D import *
03 from my_cnn2D import *
04 import tensorflow as tf #
05
06 mnist = tf.keras.datasets.fashion_mnist #
07
08 (x_train, y_train), (x_test, y_test) = mnist.load_data() #
09 x_train, x_test = x_train / 255.0, x_test / 255.0 #
10 x_train = x_train.reshape((60000, 28, 28, 1)) #
11 y_train = np.array(tf.one_hot(y_train, depth=10)) #
12 x_test = x_test.reshape((10000, 28, 28, 1)) #
13
14 np.set_printoptions(formatter={'float_kind':lambda x: "{0:6.3f}".format(x)})
15
16 IMG_SIZE = 28
17 HALF_SIZE = int(IMG_SIZE/2)
18
19 I_DEPTH = 1
20 C_DEPTH = 32
21 K_SIZE = 3
22 P_SIZE = 2
23 NUM_OUT = 10
24
25 I = x_train #
```

```
26 WC = np.random.randn(K_SIZE,K_SIZE,I_DEPTH,C_DEPTH)
27 WC /= np.sqrt(K_SIZE*K_SIZE*I_DEPTH/2) # He
28 BC = np.zeros((C_DEPTH,))
29
30 WO = np.random.randn(HALF_SIZE*HALF_SIZE*C_DEPTH,NUM_OUT)
31 WO /= np.sqrt(HALF_SIZE*HALF_SIZE*C_DEPTH) # Lecun
32 BO = np.zeros((1, NUM_OUT))
33
34 T = y_train #
35
36 for n in range(10): #
37
38     C, cache = conv_2D_f(I[n], WC, BC) #
39     C = (C>0)*C # relu
40
41     P = max_pool_3D_f(C)
42
43     (p_size, _, p_depth) = P.shape
44     F = P.reshape((1,p_size*p_size*p_depth))
45
46     O = F@WO + BO
47     OM = O - np.max(O)
48     O = np.exp(OM)/np.sum(np.exp(OM)) # softmax
49
50     E = np.sum(-T[n]*np.log(O))
51     print(n, "%.4f" %E)
52
53     Ob = (O - T[n]) #
54     # nothing for softmax
55
56     WOb = F.T@Ob
57     BOb = Ob
58
59     Fb = Ob@WO.T
60
61     Pb = Fb.reshape(P.shape)
62
63     Cb = max_pool_3D_b(Pb, C)
64     Cb = Cb*(C>0)*1 # relu
65
66     WCb, BCb, Ib = conv_2D_b(Cb, I[n], WC, BC, cache, input_back=False)
67
68     lr = 0.01
69     WO -= lr*WOb
70     BO -= lr*BOb
71     WC -= lr*WCb
72     BC -= lr*BCb
```

04 : import문을 이용하여 tensorflow 모듈을 tf라는 이름으로 불러옵니다. tensorflow 모듈은 구글에서 제공하는 인공 신경망 라이브러리입니다. 여기서는 06 번째 줄에서 fashion_mnist 데이터 셋을 사용하기 위해 필요합니다.

06 : mnist 변수를 생성한 후, tf.keras.datasets.fashion_mnist 모듈을 가리키게 합니다.

08 : mnist.load_data 함수를 호출하여 fashion 데이터를 읽어와 x_train, y_train, x_test, y_test 변수가 가리키게 합니다.

09 : x_train, x_test 변수가 가리키는 6만개, 1만개의 그림은 각각 28x28 픽셀로 구성된 그림이며, 1픽셀의 크기는 8비트로 0에서 255사이의 숫자를 가집니다. 모든 픽셀의 숫자를 255.0으로 나누어 각 픽셀을 0.0에서 1.0사이의 실수로 바꾸어 인공 신경망에 입력하게 됩니다.

10 : x_train 변수가 가리키는 6만개 그림은 28x28 픽셀로 구성되어 있습니다. NumPy CNN의 경우 그림 데이터를 입력할 때 28x28 픽셀을 (28,28,1) 형태로 입력하게 됩니다. 그래서 x_train의 모양을 (60000, 28, 28, 1)로 변경해 줍니다.

11 : tf.one_hot 함수를 호출하여 y_train의 값을 10개의 0또는 1로 구성된 형태의 배열로 변경합니다. 이런 형태의 라벨 변환을 one hot encoding이라고 합니다.

25 : I을 x_train으로 할당합니다.

26, 27 : 합성 곱 층 가중치를 He 초기화해 줍니다.

30, 31 : 출력 층 가중치를 Lecun 초기화해 줍니다.

34 : T를 y_train으로 할당합니다.

36 : fashion_mnist 학습용 데이터 초기 10개에 대해서 수행합니다.

38 : I[0]을 I[n]으로 변경합니다.

50 : T를 T[n]으로 변경합니다.

51 : 오차값에 대해 소수점 이하 4자리까지 출력해 봅니다.

53 : T를 T[n]으로 변경합니다.

❸ ▶ 버튼을 눌러 프로그램을 실행시킵니다. 다음은 실행 결과 화면입니다.

```
0 2.9393
1 13.8134
2 0.0097
3 10.3016
4 5.1759
5 17.0352
6 6.3501
7 0.0027
8 3.2516
9 0.1736
```

Fashion MNIST 학습시키기

이제 NumPy CNN으로 Fashion MNIST 데이터를 학습시켜 봅니다.

필자의 경우 3회 학습시키는데 4시간 정도 소요되었습니다. 독자 여러분의 컴퓨터 성능에 따라 시간이 더 걸리거나 덜 걸릴 수 있습니다.

1 이전 예제를 복사합니다.

2 다음과 같이 파일을 수정합니다. # 표시된 부분은 추가되거나 수정된 부분을 나타냅니다.

627_1.py

```
001 import numpy as np
002 from my_cnn3D import *
003 from my_cnn2D import *
004 import tensorflow as tf
005 import time #
006 import random #
007
008 mnist = tf.keras.datasets.fashion_mnist
009
010 (x_train, y_train), (x_test, y_test) = mnist.load_data()
011 x_train, x_test = x_train / 255.0, x_test / 255.0
012 x_train = x_train.reshape((60000, 28, 28, 1))
013 y_train = np.array(tf.one_hot(y_train, depth=10))
014 x_test = x_test.reshape((10000, 28, 28, 1))
015
016 np.set_printoptions(formatter={'float_kind':lambda x: "{0:6.3f}".format(x)})
017
018 IMG_SIZE = 28
019 HALF_SIZE = int(IMG_SIZE/2)
020
021 NUM_PATTERN = 60000 #
022 I_DEPTH = 1
023 C_DEPTH = 32
024 K_SIZE = 3
025 P_SIZE = 2
026 NUM_OUT = 10
027
028 I = x_train
029 WC = np.random.randn(K_SIZE,K_SIZE,I_DEPTH,C_DEPTH)
030 WC /= np.sqrt(K_SIZE*K_SIZE*I_DEPTH/2) # He
031 BC = np.zeros((C_DEPTH,))
032
033 WO = np.random.randn(HALF_SIZE*HALF_SIZE*C_DEPTH,NUM_OUT)
034 WO /= np.sqrt(HALF_SIZE*HALF_SIZE*C_DEPTH) # Lecun
035 BO = np.zeros((1, NUM_OUT))
036
037 T = y_train
038
039 shuffled_pattern = [0 for node in range(NUM_PATTERN)] #
040
041 random.seed(int(time.time())) #
042
```

```
043  for pc in range(NUM_PATTERN) : #
044       shuffled_pattern[pc] = pc #
045
046  begin = time.time() #
047
048  for epoch in range(1, 4): #
049
050      tmp_a = 0; #
051      tmp_b = 0; #
052      for pc in range(NUM_PATTERN) : #
053               tmp_a = random.randrange(0,NUM_PATTERN) #
054               tmp_b = shuffled_pattern[pc] #
055               shuffled_pattern[pc] = shuffled_pattern[tmp_a] #
056               shuffled_pattern[tmp_a] = tmp_b #
057
058      sumError = 0. #
059
060      hit, miss = 0, 0 #
061
062      t_prev = time.time() #
063
064      for rc in range(NUM_PATTERN) : #
065
066               n = shuffled_pattern[rc] #
067
068               C, cache = conv_2D_f(I[n], WC, BC)
069               C = (C>0)*C # relu
070
071               P = max_pool_3D_f(C)
072
073               (p_size, _, p_depth) = P.shape
074               F = P.reshape((1,p_size*p_size*p_depth))
075
076               O = F@WO + BO
077               OM = O - np.max(O)
078               O = np.exp(OM)/np.sum(np.exp(OM)) # softmax
079               if np.argmax(O)==np.argmax(T[n]) : #
080                       hit+=1 #
081               else : #
082                       miss+=1 #
083
084               E = np.sum(-T[n]*np.log(O))
085
086               sumError += E #
087
088               Ob = O - T[n]
```

```
089                 # nothing for softmax
090
091                 WOb = F.T@Ob
092                 BOb = Ob
093
094                 Fb = Ob@WO.T
095
096                 Pb = Fb.reshape(P.shape)
097
098                 Cb = max_pool_3D_b(Pb, C)
099                 Cb = Cb*(C>0)*1 # relu
100
101                 WCb, BCb, Ib = conv_2D_b(Cb, I[n], WC, BC, cache, input_back=False)
102
103                 lr = 0.01
104                 WO -= lr*WOb
105                 BO -= lr*BOb
106                 WC -= lr*WCb
107                 BC -= lr*BCb
108
109                 if rc%100 == 99 : #
110                     print(" epoch: %2d rc: %6d " %(epoch, rc+1), end=' ') #
111                     print(" hit: %6d miss: %6d " %(hit, miss), end=' ') #
112                     print(" loss: %f accuracy: %f" %(sumError/100, hit/(hit+miss)),
end=' ') #
113                     sumError = 0 #
114
115                     t_now = time.time() #
116                     time_taken = t_now - t_prev #
117                     t_prev = t_now #
118                     print(" {:10.3f}sec ".format(time_taken)) #
119
120 end = time.time()
121 time_taken = end - begin
122 print(" \nTotal time taken (in seconds) = {}".format(time_taken))
```

005   : time 모듈을 불러옵니다. 041 번째 줄에서 임의 숫자 생성기 모듈을 초기화하기 위해 사용합니다.

006   : random 모듈을 불러옵니다. 041, 055 번째 줄에서 임의 숫자를 생성하기 위해 사용합니다.

021   : NUM_PATTERN 변수를 선언한 후, 60000으로 초기화합니다.

039   : NUM_PATTERN 개수의 정수 배열 shuffled_pattern을 선언합니다.

041   : random.seed 함수를 호출하여 임의 숫자 생성기 모듈을 초기화합니다. time.time() 함수를 호출하여 현재 시간을 정수 값으로 변환하여 입력 값으로 줍니다.

043, 044 : shuffled_pattern 배열의 각 항목을 순서대로 초기화해 줍니다.

046   : time.time() 함수를 호출하여 begin 변수에 학습 시작 시간을 써줍니다.

048   : epoch 변수에 대해 0에서 4 미만까지 050~118줄을 수행합니다. 즉, 학습을 3회 수행합니다.

050, 051 : 입력 데이터의 순서를 변경하기 위해 사용할 정수 변수 2개를 선언합니다.

052   : pc 변수에 대해 0에서 NUM_PATTERN 미만까지 053~056줄을 수행합니다.

053	: random.randrange 함수를 호출하여 0에서 NUM_PATTERN 미만 사이 값을 생성하여 tmp_a 변수에 할당합니다. 이 예제에서는 0에서 10 미만 사이의 값이 생성됩니다.
054~056	: shuffled_pattern의 tmp_a 번째 항목과 pc 번째 항목을 서로 바꿔줍니다.
058	: sumError 변수를 선언한 후, 0.0으로 초기화해줍니다.
060	: hit, miss 변수를 생성한 후, 각각 0으로 초기화합니다. hit 변수는 080줄에서 예측이 맞을 때, miss는 082줄에서 예측이 틀릴 때, 하나씩 증가시킵니다. hit, miss는 매 100회마다 113줄에서 0으로 초기화되어 전체 입력 데이터에 대해 맞은 예측과 틀린 예측을 기록합니다.
062	: time.time() 함수를 호출하여 t_prev 변수에 학습 시작 시간을 써줍니다. t_prev 변수는 117줄에서 사용하여 100개의 데이터를 학습할 때마다의 시간을 저장합니다.
064	: rc 변수에 대해 0에서 NUM_PATTERN 미만까지 065~118줄을 수행합니다.
066	: shuffled_pattern의 rc 번째 항목을 n으로 가져옵니다.
079~082	: np.argmax 함수를 호출하여 O 행렬의 가장 큰 항목 색인값과 T[n] 행렬의 가장 큰 항목 위치값을 비교하여 같으면 hit 값을 1 증가시키고, 그렇지 않으면 miss 값을 1 증가시킵니다.
086	: 074줄에서 얻은 오차 값을 sumError에 더해줍니다.
109	: rc값이 100으로 나눈 나머지가 99일 때, 즉, 매 100번 마다 110~119줄을 수행합니다.
110~112	: epoch, rc+1, hit, miss, loss, accuracy 값을 출력합니다.
113	: sumError 값을 0으로 초기화합니다. sumError 값은 매 100번 마다 초기화되어 100번 수행에 대한 오차 합을 기록합니다.
115	: time.time() 함수를 호출하여 t_now 변수에 현재 시간을 써줍니다.
116	: time_taken 변수에 100개 데이터 학습에 걸린 시간을 계산해 써줍니다.
117	: t_prev 변수를 t_now 값으로 갱신해 줍니다.
118	: print 함수를 호출하여 학습에 걸린 시간을 출력해 줍니다. 소수점 이하 3자리까지 출력합니다.
120	: time.time() 함수를 호출하여 end 변수에 학습 종료 시간을 써줍니다.
121	: time_taken 변수에 전체 학습에 걸린 시간을 계산해 써줍니다.
122	: print 함수를 호출하여 학습에 걸린 시간을 출력해 줍니다.

❸ ▶ 버튼을 눌러 프로그램을 실행시킵니다. 다음은 실행 결과 화면입니다.

```
epoch: 3 rc: 59600 hit: 53955 miss:  5645 loss: 0.016590 accuracy: 0.905285        7.989sec
epoch: 3 rc: 59700 hit: 54047 miss:  5653 loss: 0.022002 accuracy: 0.905310        7.985sec
epoch: 3 rc: 59800 hit: 54137 miss:  5663 loss: 0.031462 accuracy: 0.905301        8.060sec
epoch: 3 rc: 59900 hit: 54226 miss:  5674 loss: 0.027498 accuracy: 0.905275        7.954sec
epoch: 3 rc: 60000 hit: 54323 miss:  5677 loss: 0.013336 accuracy: 0.905383        8.038sec

Total time taken (in seconds) = 14612.707508325577
```

3회 학습을 수행한 후, 90.54%의 정확도로 학습 데이터를 예측하고 있습니다. 맨 마지막의 학습 결과는 60000개의 입력 데이터에 대해 54323개를 올바르게 예측하고, 5677개를 틀리게 예측합니다. 100개 데이터에 대한 학습 수행 시간은 약 8초 정도 걸립니다. 전체 학습 수행 시간은 약 14612초 정도 걸립니다. 14612초는 4시간 3분 정도에 해당하는 시간입니다.

Python with AI

부록

편미분과 연쇄법칙을 통한 역전파 수식 유도

부록에서는 편미분과 연쇄법칙을 통한 역전파 수식 유도 과정을 자세히 소개합니다.

01 _ 기본 인공 신경

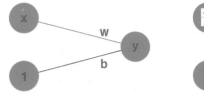

1. 순전파

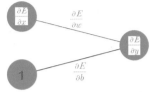

2. 역전파 오차 편미분

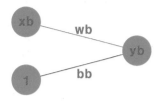

3. 역전파 오차

1 다음과 같이 순전파 수식으로 y에 대한 편미분을 구합니다.

$$xw + 1b = y$$

$$\frac{\partial y}{\partial x} = w \qquad \frac{\partial y}{\partial w} = x \qquad \frac{\partial y}{\partial b} = 1$$

2 오차 E에 대한 편미분을 구합니다. 앞에서 구한 편미분과 연쇄법칙을 이용합니다. 이 수식에 대한 유도가 역전파의 핵심입니다.

$$\frac{\partial E}{\partial x} = \frac{\partial y}{\partial x}\frac{\partial E}{\partial y} = w\frac{\partial E}{\partial y}$$

$$\frac{\partial E}{\partial w} = \frac{\partial y}{\partial w}\frac{\partial E}{\partial y} = x\frac{\partial E}{\partial y}$$

$$\frac{\partial E}{\partial b} = \frac{\partial y}{\partial b}\frac{\partial E}{\partial y} = 1\frac{\partial E}{\partial y}$$

3 역전파를 의미하는 변수로 치환합니다.

$$x_b \Leftarrow \frac{\partial E}{\partial x} = \frac{\partial y}{\partial x}\frac{\partial E}{\partial y} = w\frac{\partial E}{\partial y} \Rightarrow y_b$$

$$w_b \Leftarrow \frac{\partial E}{\partial w} = \frac{\partial y}{\partial w}\frac{\partial E}{\partial y} = x\frac{\partial E}{\partial y} \Rightarrow y_b$$

$$b_b \Leftarrow \frac{\partial E}{\partial b} = \frac{\partial y}{\partial b}\frac{\partial E}{\partial y} = 1\frac{\partial E}{\partial y} \Rightarrow y_b$$

4 수식을 정리합니다.

$$x_b = wy_b$$
$$w_b = xy_b$$
$$b_b = 1y_b$$

02 _ 편미분 정리하기

여기서는 편미분에 대해 간단히 정리해 봅니다.

1 다음은 우리가 중학교 때 보던 일차 함수입니다.

$y = ax + b$ (x는 변수, a, b는 상수)

이 수식에서 x는 변수, a, b는 상수가 됩니다.

2 다음은 이 수식에 대한 점 (x, y)에서의 순간 변화율을 의미합니다. x의 미세 변화에 대한 y의 미세 변화의 비를 나타내며, x에 대한 y의 기울기라고도 합니다. 이 경우 기울기는 a가 됩니다.

$$\frac{dy}{dx} = a$$

즉, 이 수식은 점 (x, y)에서의 x에 대한 y의 순간 변화율을 의미합니다.

3 다음은 앞에서 보았던 기본 인공 신경 수식입니다.

$y = wx + b$ (w, x, b는 변수)

이 수식에서는 w, x, b 모두 변수입니다.

4 변수가 여러 개일 경우 각각의 변수의 미세 변화에 대한 y의 미세 변화의 비를 구할 때 편미분을 사용합니다. 이 경우 위 수식은 다음과 같이 3개의 수식으로 나뉘게 됩니다.

❶ $y = wx + b$ (x는 변수, w, b는 상수)
❷ $y = wx + b$ (w는 변수, x, b는 상수)
❸ $y = wx + b$ (b는 변수, w, x는 상수)

5 그리고 각 변수에 대한 편미분은 다음과 같습니다.

❶ $\dfrac{\partial y}{\partial x} = w$ ❷ $\dfrac{\partial y}{\partial w} = x$ ❸ $\dfrac{\partial y}{\partial b} = 1$

03 _ 2입력 1출력 인공 신경

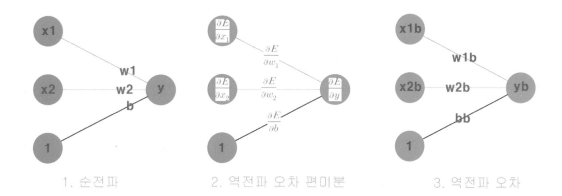

1. 순전파   2. 역전파 오차 편미분   3. 역전파 오차

1 다음과 같이 순전파 수식으로 y에 대한 편미분을 구합니다.

$$x_1 w_1 + x_2 w_2 + 1b = y$$

$$\frac{\partial y}{\partial x_1} = w_1 \qquad \frac{\partial y}{\partial x_2} = w_2$$

$$\frac{\partial y}{\partial w_1} = x_1 \qquad \frac{\partial y}{\partial w_2} = x_2 \qquad \frac{\partial y}{\partial b} = 1$$

2 오차 E에 대한 편미분을 구합니다. 앞에서 구한 편미분과 연쇄법칙을 이용합니다. 이 수식에 대한 유도가 역전파의 핵심입니다.

$$\frac{\partial E}{\partial x_1} = \frac{\partial y}{\partial x_1} \frac{\partial E}{\partial y} = w_1 \frac{\partial E}{\partial y}$$

$$\frac{\partial E}{\partial x_2} = \frac{\partial y}{\partial x_2} \frac{\partial E}{\partial y} = w_2 \frac{\partial E}{\partial y}$$

$$\frac{\partial E}{\partial w_1} = \frac{\partial y}{\partial w_1} \frac{\partial E}{\partial y} = x_1 \frac{\partial E}{\partial y}$$

$$\frac{\partial E}{\partial w_2} = \frac{\partial y}{\partial w_2} \frac{\partial E}{\partial y} = x_2 \frac{\partial E}{\partial y}$$

$$\frac{\partial E}{\partial b} = \frac{\partial y}{\partial b} \frac{\partial E}{\partial y} = 1 \frac{\partial E}{\partial y}$$

❸ 역전파를 의미하는 변수로 치환합니다.

$$x_{1b} \Leftarrow \frac{\partial E}{\partial x_1} = \frac{\partial y}{\partial x_1}\frac{\partial E}{\partial y} = w_1\frac{\partial E}{\partial y} \Rightarrow y_b$$

$$x_{2b} \Leftarrow \frac{\partial E}{\partial x_2} = \frac{\partial y}{\partial x_2}\frac{\partial E}{\partial y} = w_2\frac{\partial E}{\partial y} \Rightarrow y_b$$

$$w_{1b} \Leftarrow \frac{\partial E}{\partial w_1} = \frac{\partial y}{\partial w_1}\frac{\partial E}{\partial y} = x_1\frac{\partial E}{\partial y} \Rightarrow y_b$$

$$w_{2b} \Leftarrow \frac{\partial E}{\partial w_2} = \frac{\partial y}{\partial w_2}\frac{\partial E}{\partial y} = x_2\frac{\partial E}{\partial y} \Rightarrow y_b$$

$$b_b \Leftarrow \frac{\partial E}{\partial b} = \frac{\partial y}{\partial b}\frac{\partial E}{\partial y} = 1\frac{\partial E}{\partial y} \Rightarrow y_b$$

❹ 수식을 정리합니다.

$$x_{1b} = w_1 y_b$$
$$x_{2b} = w_2 y_b$$
$$w_{1b} = x_1 y_b$$
$$w_{2b} = x_2 y_b$$
$$b_b = 1 y_b$$

04 _ 2입력 2출력 인공 신경망

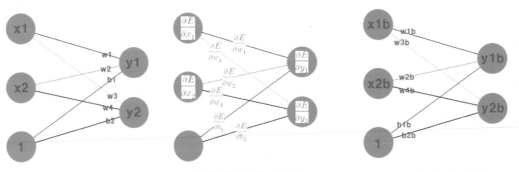

1. 순전파   2. 역전파 오차 편미분   3. 역전파 오차

1 다음과 같이 순전파 수식으로 y에 대한 편미분을 구합니다.

$$x_1 w_1 + x_2 w_2 + 1 b_1 = y_1$$
$$x_1 w_3 + x_2 w_4 + 1 b_2 = y_2$$

$$\frac{\partial y_1}{\partial x_1} = w_1 \qquad \frac{\partial y_1}{\partial x_2} = w_2$$

$$\frac{\partial y_2}{\partial x_1} = w_3 \qquad \frac{\partial y_2}{\partial x_2} = w_4$$

$$\frac{\partial y_1}{\partial w_1} = x_1 \qquad \frac{\partial y_1}{\partial w_2} = x_2 \qquad \frac{\partial y_1}{\partial b_1} = 1$$

$$\frac{\partial y_2}{\partial w_3} = x_1 \qquad \frac{\partial y_2}{\partial w_4} = x_2 \qquad \frac{\partial y_2}{\partial b_2} = 1$$

2 오차 E에 대한 편미분을 구합니다. 앞에서 구한 편미분과 연쇄법칙을 이용합니다. 이 수식에 대한 유도가 역전파의 핵심입니다.

$$\frac{\partial E}{\partial x_1} = \frac{\partial y_1}{\partial x_1}\frac{\partial E}{\partial y_1} + \frac{\partial y_2}{\partial x_1}\frac{\partial E}{\partial y_2} = w_1\frac{\partial E}{\partial y_1} + w_3\frac{\partial E}{\partial y_2}$$

$$\frac{\partial E}{\partial x_2} = \frac{\partial y_1}{\partial x_2}\frac{\partial E}{\partial y_1} + \frac{\partial y_2}{\partial x_2}\frac{\partial E}{\partial y_2} = w_2\frac{\partial E}{\partial y_1} + w_4\frac{\partial E}{\partial y_2}$$

$$\frac{\partial E}{\partial w_1} = \frac{\partial y_1}{\partial w_1}\frac{\partial E}{\partial y_1} = x_1\frac{\partial E}{\partial y_1}$$

$$\frac{\partial E}{\partial w_2} = \frac{\partial y_1}{\partial w_2}\frac{\partial E}{\partial y_1} = x_2\frac{\partial E}{\partial y_1}$$

$$\frac{\partial E}{\partial w_3} = \frac{\partial y_2}{\partial w_3}\frac{\partial E}{\partial y_2} = x_1\frac{\partial E}{\partial y_2}$$

$$\frac{\partial E}{\partial w_4} = \frac{\partial y_2}{\partial w_4}\frac{\partial E}{\partial y_2} = x_2\frac{\partial E}{\partial y_2}$$

$$\frac{\partial E}{\partial b_1} = \frac{\partial y_1}{\partial b_1}\frac{\partial E}{\partial y_1} = 1\frac{\partial E}{\partial y_1}$$

$$\frac{\partial E}{\partial b_2} = \frac{\partial y_2}{\partial b_2}\frac{\partial E}{\partial y_2} = 1\frac{\partial E}{\partial y_2}$$

3 역전파를 의미하는 변수로 치환합니다.

$$x_{1b} \Leftarrow \frac{\partial E}{\partial x_1} = \frac{\partial y_1}{\partial x_1}\frac{\partial E}{\partial y_1} + \frac{\partial y_2}{\partial x_1}\frac{\partial E}{\partial y_2} = w_1\frac{\partial E}{\partial y_1} + w_3\frac{\partial E}{\partial y_2} \Rightarrow y_{1b} \quad y_{2b}$$

$$x_{2b} \Leftarrow \frac{\partial E}{\partial x_2} = \frac{\partial y_1}{\partial x_2}\frac{\partial E}{\partial y_1} + \frac{\partial y_2}{\partial x_2}\frac{\partial E}{\partial y_2} = w_2\frac{\partial E}{\partial y_1} + w_4\frac{\partial E}{\partial y_2} \Rightarrow y_{1b} \quad y_{2b}$$

$$w_{1b} \Leftarrow \frac{\partial E}{\partial w_1} = \frac{\partial y_1}{\partial w_1}\frac{\partial E}{\partial y_1} = x_1\frac{\partial E}{\partial y_1} \Rightarrow y_{1b}$$

$$w_{2b} \Leftarrow \frac{\partial E}{\partial w_2} = \frac{\partial y_1}{\partial w_2}\frac{\partial E}{\partial y_1} = x_2\frac{\partial E}{\partial y_1} \Rightarrow y_{1b}$$

$$w_{3b} \Leftarrow \frac{\partial E}{\partial w_3} = \frac{\partial y_2}{\partial w_3}\frac{\partial E}{\partial y_2} = x_1\frac{\partial E}{\partial y_2} \Rightarrow y_{2b}$$

$$w_{4b} \Leftarrow \frac{\partial E}{\partial w_4} = \frac{\partial y_2}{\partial w_4}\frac{\partial E}{\partial y_2} = x_2\frac{\partial E}{\partial y_2} \Rightarrow y_{2b}$$

$$b_{1b} \Leftarrow \frac{\partial E}{\partial b_1} = \frac{\partial y_1}{\partial b_1}\frac{\partial E}{\partial y_1} = 1\frac{\partial E}{\partial y_1} \Rightarrow y_{1b}$$

$$b_{2b} \Leftarrow \frac{\partial E}{\partial b_2} = \frac{\partial y_2}{\partial b_2}\frac{\partial E}{\partial y_2} = 1\frac{\partial E}{\partial y_2} \Rightarrow y_{2b}$$

$x_{1b} = w_1 y_{1b} + w_3 y_{2b}$
$x_{2b} = w_2 y_{1b} + w_4 y_{2b}$
$w_{1b} = x_1 y_{1b}$
$w_{2b} = x_2 y_{1b}$
$w_{3b} = x_1 y_{2b}$
$w_{4b} = x_2 y_{2b}$
$b_{1b} = 1 y_{1b}$
$b_{2b} = 1 y_{2b}$

05 _ 2입력 2은닉 2출력 인공 신경망

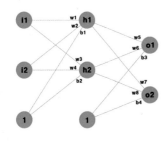
1. 순전파

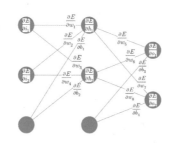
2. 역전파 오차 편미분

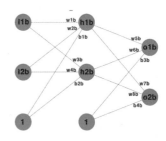
3. 역전파 오차

1 다음과 같이 순전파 수식으로 y에 대한 편미분을 구합니다.

$i_1 w_1 + i_2 w_2 + 1 b_1 = h_1$ $h_1 w_5 + h_2 w_6 + 1 b_3 = o_1$
$i_1 w_3 + i_2 w_4 + 1 b_2 = h_2$ $h_1 w_7 + h_2 w_8 + 1 b_4 = o_2$

$\dfrac{\partial h_1}{\partial i_1} = w_1$ $\dfrac{\partial h_1}{\partial i_2} = w_2$ $\dfrac{\partial o_1}{\partial h_1} = w_5$ $\dfrac{\partial o_1}{\partial h_2} = w_6$

$\dfrac{\partial h_2}{\partial i_1} = w_3$ $\dfrac{\partial h_2}{\partial i_2} = w_4$ $\dfrac{\partial o_2}{\partial h_1} = w_7$ $\dfrac{\partial o_2}{\partial h_2} = w_8$

$\dfrac{\partial h_1}{\partial w_1} = i_1$ $\dfrac{\partial h_1}{\partial w_2} = i_2$ $\dfrac{\partial h_1}{\partial b_1} = 1$ $\dfrac{\partial o_1}{\partial w_5} = h_1$ $\dfrac{\partial o_1}{\partial w_6} = h_2$ $\dfrac{\partial o_1}{\partial b_3} = 1$

$\dfrac{\partial h_2}{\partial w_3} = i_1$ $\dfrac{\partial h_2}{\partial w_4} = i_2$ $\dfrac{\partial h_2}{\partial b_2} = 1$ $\dfrac{\partial o_2}{\partial w_7} = h_1$ $\dfrac{\partial o_2}{\partial w_8} = h_2$ $\dfrac{\partial o_2}{\partial b_4} = 1$

2 오차 E에 대한 편미분을 구합니다. 앞에서 구한 편미분과 연쇄법칙을 이용합니다. 이 수식에 대한 유도가 역전파의 핵심입니다.

$$\frac{\partial E}{\partial i_1} = \frac{\partial h_1}{\partial i_1}\frac{\partial E}{\partial h_1} + \frac{\partial h_2}{\partial i_1}\frac{\partial E}{\partial h_2} = w_1\frac{\partial E}{\partial h_1} + w_3\frac{\partial E}{\partial h_2}$$

$$\frac{\partial E}{\partial i_2} = \frac{\partial h_1}{\partial i_2}\frac{\partial E}{\partial h_1} + \frac{\partial h_2}{\partial i_2}\frac{\partial E}{\partial h_2} = w_2\frac{\partial E}{\partial h_1} + w_4\frac{\partial E}{\partial h_2}$$

$$\frac{\partial E}{\partial w_1} = \frac{\partial h_1}{\partial w_1}\frac{\partial E}{\partial h_1} = i_1\frac{\partial E}{\partial h_1}$$

$$\frac{\partial E}{\partial w_2} = \frac{\partial h_1}{\partial w_2}\frac{\partial E}{\partial h_1} = i_2\frac{\partial E}{\partial h_1}$$

$$\frac{\partial E}{\partial w_3} = \frac{\partial h_2}{\partial w_3}\frac{\partial E}{\partial h_2} = i_1\frac{\partial E}{\partial h_2}$$

$$\frac{\partial E}{\partial w_4} = \frac{\partial h_2}{\partial w_4}\frac{\partial E}{\partial h_2} = i_2\frac{\partial E}{\partial h_2}$$

$$\frac{\partial E}{\partial b_1} = \frac{\partial h_1}{\partial b_1}\frac{\partial E}{\partial h_1} = 1\frac{\partial E}{\partial h_1}$$

$$\frac{\partial E}{\partial b_2} = \frac{\partial h_2}{\partial b_2}\frac{\partial E}{\partial h_2} = 1\frac{\partial E}{\partial h_2}$$

$$\frac{\partial E}{\partial h_1} = \frac{\partial o_1}{\partial h_1}\frac{\partial E}{\partial o_1} + \frac{\partial o_2}{\partial h_1}\frac{\partial E}{\partial o_2} = w_5\frac{\partial E}{\partial o_1} + w_7\frac{\partial E}{\partial o_2}$$

$$\frac{\partial E}{\partial h_2} = \frac{\partial o_1}{\partial h_2}\frac{\partial E}{\partial o_1} + \frac{\partial o_2}{\partial h_2}\frac{\partial E}{\partial o_2} = w_6\frac{\partial E}{\partial o_1} + w_8\frac{\partial E}{\partial o_2}$$

$$\frac{\partial E}{\partial w_5} = \frac{\partial o_1}{\partial w_5}\frac{\partial E}{\partial o_1} = h_1\frac{\partial E}{\partial o_1}$$

$$\frac{\partial E}{\partial w_6} = \frac{\partial o_1}{\partial w_6}\frac{\partial E}{\partial o_1} = h_2\frac{\partial E}{\partial o_1}$$

$$\frac{\partial E}{\partial w_7} = \frac{\partial o_2}{\partial w_7}\frac{\partial E}{\partial o_2} = h_1\frac{\partial E}{\partial o_2}$$

$$\frac{\partial E}{\partial w_8} = \frac{\partial o_2}{\partial w_8}\frac{\partial E}{\partial o_2} = h_2\frac{\partial E}{\partial o_2}$$

$$\frac{\partial E}{\partial b_3} = \frac{\partial o_1}{\partial b_1}\frac{\partial E}{\partial o_1} = 1\frac{\partial E}{\partial o_1}$$

$$\frac{\partial E}{\partial b_4} = \frac{\partial o_2}{\partial b_2}\frac{\partial E}{\partial o_2} = 1\frac{\partial E}{\partial o_2}$$

3 역전파를 의미하는 변수로 치환합니다.

$$i_{1b} \Leftarrow \frac{\partial E}{\partial i_1} = \frac{\partial h_1}{\partial i_1}\frac{\partial E}{\partial h_1} + \frac{\partial h_2}{\partial i_1}\frac{\partial E}{\partial h_2} = w_1\frac{\partial E}{\partial h_1} + w_3\frac{\partial E}{\partial h_2} \Rightarrow h_{1b}\ h_{2b}$$

$$i_{2b} \Leftarrow \frac{\partial E}{\partial i_2} = \frac{\partial h_1}{\partial i_2}\frac{\partial E}{\partial h_1} + \frac{\partial h_2}{\partial i_2}\frac{\partial E}{\partial h_2} = w_2\frac{\partial E}{\partial h_1} + w_4\frac{\partial E}{\partial h_2} \Rightarrow h_{1b}\ h_{2b}$$

$$w_{1b} \Leftarrow \frac{\partial E}{\partial w_1} = \frac{\partial h_1}{\partial w_1}\frac{\partial E}{\partial h_1} = i_1\frac{\partial E}{\partial h_1} \Rightarrow h_{1b}$$

$$w_{2b} \Leftarrow \frac{\partial E}{\partial w_2} = \frac{\partial h_1}{\partial w_2}\frac{\partial E}{\partial h_1} = i_2\frac{\partial E}{\partial h_1} \Rightarrow h_{1b}$$

$$w_{3b} \Leftarrow \frac{\partial E}{\partial w_3} = \frac{\partial h_2}{\partial w_3}\frac{\partial E}{\partial h_2} = i_1\frac{\partial E}{\partial h_2} \Rightarrow h_{2b}$$

$$w_{4b} \Leftarrow \frac{\partial E}{\partial w_4} = \frac{\partial h_2}{\partial w_4}\frac{\partial E}{\partial h_2} = i_2\frac{\partial E}{\partial h_2} \Rightarrow h_{2b}$$

$$b_{1b} \Leftarrow \frac{\partial E}{\partial b_1} = \frac{\partial h_1}{\partial b_1}\frac{\partial E}{\partial h_1} = 1\frac{\partial E}{\partial h_1} \Rightarrow h_{1b}$$

$$b_{1b} \Leftarrow \frac{\partial E}{\partial b_2} = \frac{\partial h_2}{\partial b_2}\frac{\partial E}{\partial h_2} = 1\frac{\partial E}{\partial h_2} \Rightarrow h_{2b}$$

$$h_{1b} \Leftarrow \frac{\partial E}{\partial h_1} = \frac{\partial o_1}{\partial h_1}\frac{\partial E}{\partial o_1} + \frac{\partial o_2}{\partial h_1}\frac{\partial E}{\partial o_2} = w_5\frac{\partial E}{\partial o_1} + w_7\frac{\partial E}{\partial o_2} \Rightarrow o_{1b}\ o_{2b}$$

$$h_{2b} \Leftarrow \frac{\partial E}{\partial h_2} = \frac{\partial o_1}{\partial h_2}\frac{\partial E}{\partial o_1} + \frac{\partial o_2}{\partial h_2}\frac{\partial E}{\partial o_2} = w_6\frac{\partial E}{\partial o_1} + w_8\frac{\partial E}{\partial o_2} \Rightarrow o_{1b}\ o_{2b}$$

$$w_{5b} \Leftarrow \frac{\partial E}{\partial w_5} = \frac{\partial o_1}{\partial w_5}\frac{\partial E}{\partial o_1} = h_1\frac{\partial E}{\partial o_1} \Rightarrow o_{1b}$$

$$w_{6b} \Leftarrow \frac{\partial E}{\partial w_6} = \frac{\partial o_1}{\partial w_6}\frac{\partial E}{\partial o_1} = h_2\frac{\partial E}{\partial o_1} \Rightarrow o_{1b}$$

$$w_{7b} \Leftarrow \frac{\partial E}{\partial w_7} = \frac{\partial o_2}{\partial w_7}\frac{\partial E}{\partial o_2} = h_1\frac{\partial E}{\partial o_2} \Rightarrow o_{2b}$$

$$w_{8b} \Leftarrow \frac{\partial E}{\partial w_8} = \frac{\partial o_2}{\partial w_8}\frac{\partial E}{\partial o_2} = h_2\frac{\partial E}{\partial o_2} \Rightarrow o_{2b}$$

$$b_{3b} \Leftarrow \frac{\partial E}{\partial b_3} = \frac{\partial o_1}{\partial b_1}\frac{\partial E}{\partial o_1} = 1\frac{\partial E}{\partial o_1} \Rightarrow o_{1b}$$

$$b_{4b} \Leftarrow \frac{\partial E}{\partial b_4} = \frac{\partial o_2}{\partial b_2}\frac{\partial E}{\partial o_2} = 1\frac{\partial E}{\partial o_2} \Rightarrow o_{2b}$$

4 수식을 정리합니다.

$$i_{1b} = w_1 h_{1b} + w_3 h_{2b} \qquad h_{1b} = w_5 o_{1b} + w_7 o_{2b}$$
$$i_{2b} = w_2 h_{1b} + w_4 h_{2b} \qquad h_{2b} = w_6 o_{1b} + w_8 o_{2b}$$
$$w_{1b} = i_1 h_{1b} \qquad w_{5b} = h_1 o_{1b}$$
$$w_{2b} = i_2 h_{1b} \qquad w_{6b} = h_2 o_{1b}$$
$$w_{3b} = i_1 h_{2b} \qquad w_{7b} = h_1 o_{2b}$$
$$w_{4b} = i_2 h_{2b} \qquad w_{8b} = h_2 o_{2b}$$
$$b_{1b} = 1 h_{1b} \qquad b_{3b} = 1 o_{1b}$$
$$b_{2b} = 1 h_{2b} \qquad b_{4b} = 1 o_{2b}$$

※ 여기서는 최적화 함수에 대한 편미분 과정은 따로 소개하지 않습니다.

함께 보면 도움되는 추천 도서

아두이노로 코딩하며 배우는 딥러닝

머신러닝과 딥러닝 원리와 모델을 78개 아두이노 예
제로 직접 구현

서민우 저 | 20,000원

진짜 코딩하며 배우는 파이썬

바리스타 프로그램 만들기

서민우, 박준원 공저 | 17,700원

마이크로비트로 배우는 파이썬

하드웨어를 동작시키며 진짜 재미있게 배우는 파이썬 입문
활용서!

서민우 저 | 18,800원

한 권으로 끝내는
아두이노 입문+실전(종합편)

기초부터 수준 높은 프로젝트까지

서민우, 박준원 공저 | 20,000원